权威·前沿·原创

皮书系列为
"十二五""十三五"国家重点图书出版规划项目

北京国际城市发展研究院社会建设研究重点项目
贵州大学贵阳创新驱动发展战略研究院重点项目
北京国际城市文化交流基金会智库工程出版基金资助项目

贵阳蓝皮书
BLUE BOOK OF GUIYANG

# 贵阳城市创新发展报告 No.2
## 清镇篇

THE INNOVATION DEVELOPMENT REPORT OF GUIYANG No.2:
QINGZHEN CHAPTER

主　编／连玉明
执行主编／朱颖慧

社会科学文献出版社
SOCIAL SCIENCES ACADEMIC PRESS (CHINA)

图书在版编目（CIP）数据

贵阳城市创新发展报告. No. 2. 清镇篇／连玉明主编. --北京：社会科学文献出版社，2017.5
（贵阳蓝皮书）
ISBN 978－7－5201－0678－8

Ⅰ.①贵… Ⅱ.①连… Ⅲ.①城市建设－研究报告－清镇 Ⅳ.①F299.277.31

中国版本图书馆 CIP 数据核字（2017）第 074917 号

## 贵阳蓝皮书
## 贵阳城市创新发展报告 No.2 清镇篇

主　　编／连玉明
执行主编／朱颖慧

出 版 人／谢寿光
项目统筹／邓泳红　郑庆寰
责任编辑／王　展　郑庆寰

出　　版／社会科学文献出版社·皮书出版分社（010）59367127
　　　　　地址：北京市北三环中路甲29号院华龙大厦　邮编：100029
　　　　　网址：www.ssap.com.cn

发　　行／市场营销中心（010）59367081　59367018
印　　装／三河市东方印刷有限公司

规　　格／开本：787mm×1092mm　1/16
　　　　　印张：26　字数：435千字

版　　次／2017年5月第1版　2017年5月第1次印刷
书　　号／ISBN 978－7－5201－0678－8
定　　价／98.00元

皮书序列号／PSN B－2015－489－1/10

本书如有印装质量问题，请与读者服务中心（010－59367028）联系

▲ 版权所有 翻印必究

# 贵阳蓝皮书编委会

**编委会名誉主任** 龙永图

**编委会主任** 陈 刚

**编委会常务副主任** 刘文新

**编委会副主任** 李岳德　陈少荣　朱江华　王华平
　　　　　　　　兰义彤　庞　鸿　聂雪松　杨赤忠
　　　　　　　　徐　沁　向虹翔　刘玉海　王玉祥
　　　　　　　　陈小刚　徐　昊　钟汰甬　魏定梅

**编　　委** 向虹翔　杨明晋　蒋志伦　钟　阳
　　　　　　刘本立　王　黔　王建忠　朱丽霞
　　　　　　常文松　李　瑞　钮力卿　张海波
　　　　　　林　刚　朱　刚　梅　俊　唐兴伦
　　　　　　邹　杰　唐　矛　孙绍雪　佘　龙
　　　　　　卓　飞　李仕勇　沈　兵　田胜松
　　　　　　洪　兵　宋书平　仇　玮　梁淑莲
　　　　　　谢国波　何发兵　金　松　王　峰
　　　　　　杨炜锋　吴永康　赵代刚　罗晓斌
　　　　　　张　恺　邱　斌　唐　樾　廖　勇
　　　　　　胡　勇　童祖强

## 《贵阳城市创新发展报告 No.2 清镇篇》编 写 组

**主　　　　编**　连玉明

**执 行 主 编**　朱颖慧

**副　主　编**　武建忠　宋　青　胡海荣　张俊立　文　颖

**核心研究人员**　连玉明　朱颖慧　武建忠　宋　青　胡海荣
　　　　　　　　张俊立　文　颖　陈惠阳　王鹏飞　陶泽敬
　　　　　　　　金光华　张　涛　李　敏　左乾荣　张　俊
　　　　　　　　葛传坤　马　隽　龙邦美　李文华　赵　兵
　　　　　　　　陈　曦　严　旭　龚　诚　胡焯雅　叶梁婕
　　　　　　　　梅　杰　陈　慧　李明环

**学 术 秘 书**　严　旭

# 主编简介

**连玉明** 著名城市专家，教授、博士，北京国际城市发展研究院院长，贵州大学贵阳创新驱动发展战略研究院院长，北京市人民政府专家咨询委员会委员，北京市社会科学界联合会副主席，北京市哲学社会科学京津冀协同发展研究基地首席专家，基于大数据的城市科学研究北京市重点实验室主任，北京市社会发展研究中心理事长，北京市朝阳区发展研究中心首席顾问，大数据战略重点实验室主任，阳明文化（贵阳）国际文献研究中心主任。

研究领域为城市学、决策学和社会学。近年来致力于大数据战略、生态文明理论及实践等研究。首创"大数据战略重点实验室"，打造中国特色大数据新型高端智库。首次提出"贵阳指数"，该指数成为中国生态文明发展风向标。主编《贵阳蓝皮书：贵阳城市创新发展报告 No.1》《中国生态文明发展报告》《贵阳建设全国生态文明示范城市报告》等论著60余部。最新研究成果《块数据：大数据时代真正到来的标志》《块数据2.0：大数据时代的范式革命》《块数据3.0：秩序互联网与主权区块链》成为中国国际大数据产业博览会的重要理论成果，《六度理论》《绿色新政》《双赢战略》成为生态文明贵阳国际论坛的重要理论成果。

# 摘 要

"创新、协调、绿色、开放、共享"的发展理念正在成为当下中国发展的主旋律。"十二五"期间，贵阳在创新领域先行一步、先棋一着，引入大数据思维、大数据技术，推动产业转型、创新发展模式，逐步探索出了一条模范守住"两条底线"、实现"双赢发展"的新路径，这也是践行"五大发展理念"的自觉行动。以此为基础，贵阳审时度势，主动承担发展的责任与使命，将"一个目标、三个建成"（打造创新型中心城市，建成大数据综合创新试验区、建成全国生态文明示范城市、建成更高水平的全面小康社会）作为"十三五"时期的奋斗目标，并科学提出"以大数据引领经济转型升级""提升政府治理能力""改善民生服务水平"三大任务，以科技、人才、金融、安全为支撑，以培育创新环境、扩大开放合作、深化体制改革、健全法规标准、完善评价考核为保障，把建设"块数据"城市作为创新型中心城市的实现形态和战略抓手，增强区域发展的影响力、创造力和竞争力。贵阳市十个区（市、县）坚持以大数据为引领，服务大局、错位发展，发挥优势，补齐劣势，多维度、多层面进行实践探索：做强创新驱动引擎，加快构建全产业链；优化开放合作环境，加快构建全治理链；统筹民生事业发展，加快构建全服务链，为贵阳市建成创新型中心城市发挥强劲支撑。

《贵阳城市创新发展报告No.2清镇篇》围绕"做好两湖保护、推动要素融合、实施'两化'支撑，打造生态文明示范城市样板区"主题，坚持理论探讨与实证研究相结合，在全面梳理清镇市"十二五"发展历程，客观分析其规划指标、主要项目与任务完成情况基础上，重点对清镇市未来五年发展形势与定位、发展重点和路径进行探究。在贵阳市建设"千园之城"重要战略背景下，结合清镇市的生态优势与发展需求，对清镇市建设"山水环楔·园中湖城"进行理论研究和实践探讨。同时，为了解当前清镇市基层社会治理的重点难点并探讨其"十三五"期间的发展思路，本书对清镇市所有乡

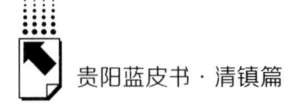

（镇）、社区主要负责人进行深度访谈，在此基础上形成调研报告与案例报告。

本书认为，"十三五"时期是清镇市新型工业化、新型城镇化加速推进的后发赶超期，是城市对内扩容提质、对外深度协作的提速转型期，是保护生态和加快发展、实现双赢的战略机遇期，是经济社会发展基础夯实、建设更高水平全面小康启动的重要窗口期。清镇市应保护好红枫湖和百花湖，明确"绿水青山就是金山银山"发展理念，积极推动"城、产、教、景"四大要素融合发展，以新型工业化和新型城镇化为支撑，营造良好的自然生态、经济生态、社会生态和政治生态，奋力打造生态文明示范城市样板区，为贵阳加快建成全国生态文明示范城市提供更加强大的生态支撑。

# Abstract

The concept of development of "innovation, coordination, green, open, sharing" is becoming the main theme and the strongest voice of the development of China. During the Twelfth Five-Year Plan period, Guiyang first introduced big data concept and big data technology in the field of innovation to promote industrial restructuring and innovation and development models, and gradually explored a new path to hold the "two bottom line" and achieve the "win-win development", which is also a conscious action in practicing "five development concepts". On the basis of this, Guiyang, taking the initiative to assume the responsibility and mission of development, with "one objective and three establishments" as the goal during the period of Thirteenth Five-Year Plan, put forward the three major tasks of the data-leading economic transformation and upgrading, improvement of the management capacity of the government and improvement of the level of people's livelihood services, supported by science and technology, personnel, finance and security by cultivating an innovative environment, expanding open cooperation, deepening the system reform, improving the standards, and strengthening the assessment, to build a block data city as an innovative central city and to enhance the influence, creativity and competitiveness of the regional development. The ten districts (cities and counties) of Guiyang City have made multi-dimensional, multi-level exploration, strengthened the innovation-driven engine, and accelerated the construction of the whole industry chain by adhering to the principle of being led by big data, considering the overall situation, dislocation development, playing the "long board" advantage and filling the "short board" disadvantage; optimized the open and cooperative environment and sped up the construction of the whole governance chain; coordinated the development of people's livelihood and accelerated the construction of full service chain, thus providing a strong support for Guiyang City to build an innovative center city.

Themed by "Conserving the two lakes, proceeding with factor integration, implementing urbanization and industrialization as support and building a demo zone of ecological civilization pilot city", the *Innovation Development Report of Guiyang No. 2: Qingzhen Chapter* focuses on exploring the development trend, ideas and path for Qingzhen in the next five years by combing the theoretical discussion and the empirical research based on a comprehensive understanding of the development process of Qingzhen during the period of Twelfth Five-Year Plan and the objective analysis of its planning indicators, main projects and completion of tasks. In the important strategic background of building Guiyang City as a "Park City", combined with the ecological advantages and development needs of Qingzhen City, the Book will also research the basic concept and basic theory relating to the park city and explore the practice of how to build "a city surrounded by mountains and waters and located in the lake". At the same time, in order to understand the current focuses and difficulties in social governance at the grassroots level and to explore the development ideas during the Thirteenth Five-Year Plan period, research reports and case reports are produced in the Book based on in-depth interviews with the main leaders of all the communities and townships in Qingzhen City.

In the opinion of this Book, the Thirteenth Five-year Plan period will be a period available for Qingzhen City to catch up with brother cities in new industrialization and new urbanization at a faster pace, a period available for the city to improve the quality and deepen external collaboration, a strategic opportunity period available for the period to balance ecological conservation and faster development, and an important window period available for the city to start building a comprehensive well-off society at a higher level. Qingzhen City should adhere to the conservation of the Hongfeng Lake and the Baihua Lake, establish the development concept of "blue waters and green mountains are also great wealth", and actively carry forward the developing integrating the four factors of "city, industry, education and landscape". The city should press ahead with new industrialization and new urbanization as the support, build a good natural ecosystem, economic ecosystem, social ecosystem and political ecosystem, spare no effort to build itself into a pilot zone of ecological civilization city, and provide a mightier ecological support for Guiyang to build a national ecological civilization pilot city at a faster speed.

# 目 录

导论：生态保护与经济发展双赢需要转变发展方式 ………………………… 001

## Ⅰ 总报告

B.1 做好两湖保护　推动要素融合　实施"两化"支撑
　　打造生态文明示范城市样板区
　　——贵阳市清镇市"十三五"发展思路研究 ……………… 001
　　一　清镇市"十三五"发展基础与形势分析 ………………… 002
　　二　清镇市"十三五"发展形势研判与发展定位研究 ……… 006
　　三　清镇市"十三五"发展重点与路径思考 ………………… 011

## Ⅱ 评估篇

B.2 清镇市"十二五"规划实施情况的分析报告 ……………………… 019

## Ⅲ 理论篇

B.3 公园城市的基本概念及基础理论研究 ……………………………… 054
B.4 清镇市规划建设"山水环楔·园中湖城"的研究与思考 ……… 068

001

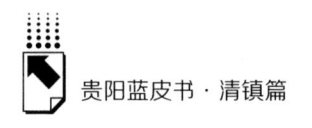

## Ⅳ 调研篇

B.5 清镇市社区调研报告 …… 090
B.6 清镇市居委会调研报告 …… 108
B.7 清镇市乡镇调研报告 …… 124
B.8 清镇市行政村调研报告 …… 149

## Ⅴ 案例篇

B.9 坚持五大理念　实现五个跨越　坚定不移地
履行"保湖、富民"使命
——清镇市红枫湖镇"十三五"发展思路研究 …… 167

B.10 实施产业转型与城镇建设双轮驱动战略
示范特色小城镇绿色发展样板
——清镇市站街镇"十二五"发展思路研究 …… 187

B.11 服务发展大局　完善城市体系　着力打造清镇城市副中心
——清镇市卫城镇"十三五"发展思路研究 …… 201

B.12 同城化、特色化、项目化、精细化并举
推动经济社会发展实现新跨越
——清镇市新店镇"十三五"发展思路研究 …… 214

B.13 以生态农业、苗乡旅游为特色打造农旅型小城镇
——清镇市流长乡"十三五"发展思路研究 …… 228

B.14 探索农旅型小城镇发展模式　建设实力犁倭、
活力犁倭、美丽犁倭
——清镇市犁倭镇"十三五"发展思路研究 …… 239

B.15 实施"四个带动"战略　打造以铝工业、铝精深加工
为特色的工贸型小城镇
——清镇市王庄布依族苗族乡"十三五"发展思路研究 …… 257

目录

B.16 "三轮驱动"破解"三农"新难题的基层探索
——清镇市暗流镇"十三五"发展思路研究 …………………… 270

B.17 以产业生态化与城乡一体化为重点
探索农旅型示范小城镇建设模式
——清镇市麦格苗族布依族乡"十三五"发展思路研究 ……… 286

B.18 以大数据深化社区模式创新 实现治理精准化与服务高效化
——清镇市红新社区"十三五"发展思路研究 …………………… 299

B.19 探索"以人为本、分类服务、共建共享"的社区治理模式
——清镇市新岭社区"十三五"发展思路研究 …………………… 313

B.20 构建新型农村社区服务体系 增强社区服务功能
——清镇市百花社区"十三五"发展思路研究 …………………… 328

B.21 强化服务优环境 筑巢引凤促发展
——清镇市巢凤社区"十三五"发展思路研究 …………………… 339

B.22 创新工作方法 建立长效机制 维护安全稳定
保障村居混合型社区转型发展
——清镇市红塔社区"十三五"发展思路研究 …………………… 353

B.23 关于创新校区、园区、社区联动发展模式的研究
——清镇市时光社区"十三五"发展思路研究 …………………… 369

B.24 加强顶层设计 推动协同创新 探索社区发展新模式
——清镇市乡愁社区"十三五"发展思路研究 …………………… 380

皮书数据库阅读使用指南

003

# CONTENTS

Introduction: A win-win model for achieving both ecological
protection and economic development makes it necessary
to reshape the development pattern / 001

## I  General Report

**B**.1  Conserving the Two Lakes, Proceeding with Factor Integration,
Implementing Urbanization and Industrialization as Support
and Building a Demo Zone of Ecological Civilization Pilot City
—*A Study on the Development Concept of Qingzhen City of
Guiyang City during the Thirteenth Five-year Plan* / 001

    1. *An analysis of development foundation and situation of Qingzhen
City during the Thirteenth Five-Year Plan* / 002

    2. *A research on the development situation and positioning of
Qingzhen City during the Thirteenth Five-year Plan* / 006

    3. *A probe into of development focus and route of Qingzhen City
during the Thirteenth Five-Year Plan* / 011

## II  Evaluation Report

**B**.2  Analysis Report on Qingzhen City's Implementation of the
Twelfth Five-Year Plan / 019

# CONTENTS

## Ⅲ  Theory Reports

**B**.3  A Research on Basic Concepts and Fundamental Theories
about Park City / 054

**B**.4  A Research and Thinking on Qingzhen City's Planning and
Implementation of "A City Surrounded by Mountains
and Waters and Located in the Lake" / 068

## Ⅳ  Investigation Reports

**B**.5  A Survey Report on the Communities of Qingzhen City / 090
**B**.6  A Survey Report on the Residents' Committees of Qingzhen City / 108
**B**.7  A Survey Report on the Towns of Qingzhen City / 124
**B**.8  A Survey Report on the Administrative Villages of Qingzhen City / 149

## Ⅴ  Case Studies

**B**.9  Adhere to Five Concepts, Realize Five Transcendences and Perform
the "Conserving Lakes and Enriching People" Mission without Cease
—*A Study on the Development Concept of Hongfenghu Town
of Qingzhen City during the Thirteenth Five-year Plan* / 167

**B**.10  Implement the Two-wheel Drive Strategy of Industrial
Transformation and Urban Construction and Build A Green
Development Template of Personalized Small Towns
—*A Study on the Development Concept of Zhanjie Town of
Qingzhen City during the Thirteenth Five-year Plan* / 187

**B**.11  Serve the Overall Development Vision, Refine the Urban System
and Build a Sub-center of Qingzhen City
—*A Research on the Development Concept of Weicheng Town
of Qingzhen City during the Thirteenth Five-year Plan* / 201

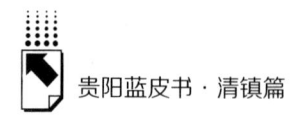

**B**.12　Implement Intercity, Personalization, Project Drive and Lean Development Strategies Simultaneously, and Promote Economic and Social Development to Realize New Leaps

　　*—A Study on the Development Concept of Xindian Town of Qingzhen City during the Thirteenth Five-year Plan* / 214

**B**.13　Build A Personalized Rural Tourism-oriented Small Town Feature Ecological Agriculture and Miao Area Tourism

　　*—A Study on the Development Concept of Liuchang Town of Qingzhen City during the Thirteenth Five-year Plan* / 228

**B**.14　Explore the Development Mode of Agricultural Tourism-oriented Small Town, and Build Liwo of Strength, Liwo of Vitality and Liwo of Beauty

　　*—A Study on the Development Concept of Liwo Town of Qingzhen City during the Thirteenth Five-year Plan* / 239

**B**.15　Implement the "Four Drives" Strategy and Build an Industry & Trade-oriented Small Town Featuring Aluminum Industry and Fine & Deep Aluminum Processing

　　*—A Study on the Development Concept of Buyi & Miao Autonomous Town of Qingzhen City during the Thirteenth Five-year Plan* / 257

**B**.16　An Exploration to Resolve the New Difficulties in "Agriculture, Countryside and Farmer" Issue with the "Three Drives" Strategy at the Grassroots Level

　　*—A Study on the Development Concept of Anliu Town of Qingzhen City during the Thirteenth Five-year Plan* / 270

**B**.17　Explore the Construction Mode of Agriculture Tourism-oriented Small Pilot Town with Focus on Industrial Ecosystem and Urban-rural Integration

　　*—A Study on the Development Concept of Maige Town of Qingzhen City during the Thirteenth Five-year Plan* / 286

# CONTENTS

**B**.18 Deepen the Community Mode Innovation Based on Big Data
and Realize Precise Governance and Efficient Service
　　—*A Study on the Development Concept of Hongxin Community
　　　of Qingzhen City during the Thirteenth Five-year Plan* / 299

**B**.19 Explore the Community Governance Mode Featuring
"People Orientation, Classified Service, Joint Building and Sharing"
　　—*A Study on the Development Concept of Xinling Community
　　　of Guanshanhu District during the Thirteenth Five-year Plan* / 313

**B**.20 Build New Rural Community Service System and Strengthen
Community Service Function
　　—*A Study on the Development Concept of Baihua Community
　　　of Qingzhen City during the Thirteenth Five-year Plan* / 328

**B**.21 Reinforce Services, Optimizing the Environment and Build
Infrastructures to Promote Development
　　—*A Study on the Development Concept of Chaofeng Community
　　　during the Thirteenth Five-year Plan* / 339

**B**.22 Innovate Working Methods, Build Long-acting Mechanisms,
Maintain Security and Stability and Assure Transformation
of Village-resident Mixing Communities
　　—*A Study on the Development Concept of Hongta Community
　　　of Qingzhen City during the Thirteenth Five-year Plan* / 353

**B**.23 A Study on the Mode for Interlinked Development of
Innovative Campuses, Parks and Communities
　　—*A Study on the Development Concept of Shiguang Community
　　　of Qingzhen City during the Thirteenth Five-year Plan* / 369

**B**.24 Strengthen Top-level Design, Carrying Forward Collaborative
Innovation and Explore New Mode of Community Development
　　—*A Study on the Development Concept of Xiangchou Community of
　　　Qingzhen City during the Thirteenth Five-year Plan* / 380

# 导论：生态保护与经济发展双赢需要转变发展方式

"十二五"期间，清镇市抢抓建设黔中经济区、贵安新区等重大机遇，围绕"打造清镇发展升级版、建设生态文明示范市"目标，以推进建设"国家可持续发展实验区"为抓手，深入实施"4+1"发展战略（打好生态牌、职教牌、贵安牌、中铝牌这四张王牌，突出一个主战场，深入推进清镇"西部大开发"），探索坚持生态保护与经济发展的双赢路径。一方面，主动适应和引领经济发展新常态，推动全市经济社会发展不断迈上新台阶，并先后获得国家可持续发展实验区、国家现代农业示范区、全国电子商务进农村综合示范县、全国平安建设先进县（市、区）、全国文明城市提名城市等荣誉称号。2015年，清镇市全面小康实现程度达97.2%，全省排名第一。另一方面，创新生态保护举措，精心呵护红枫湖、百花湖这两口事关贵阳发展全局、事关全市群众幸福的"水缸"，红枫湖取水口水质达到Ⅱ类标准，保障了中心城区饮水安全。

清镇市在生态保护和经济发展方面的探索对贵阳、贵州实现后发赶超、同步小康起到了显著的示范作用。"十三五"时期是贵州省与全国同步全面建成小康社会的决胜阶段，作为贵州省经济社会发展"火车头"与"发动机"的贵阳市，正在以"守底线、走新路、打造升级版"为总览，培植后发优势，奋力后发赶超，以大数据为引领，加快打造创新型中心城市，推动贵阳发展升级，走出西部欠发达城市经济发展与生态保护双赢的可持续发展之路。作为贵阳市饮用水源保护地，清镇市理应在生态文明建设方面继续为贵阳市"作表率、走前列"，积极转变发展方式，推动生态保护与经济发展双赢，创造在全市、全省乃至全国可复制、可借鉴、可推广的清镇经验、清镇模式，为贵阳加快建成全国生态文明示范城市提供更加强大的生态支撑。

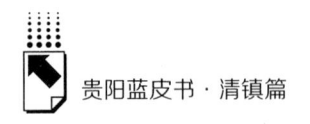

## 生态保护与经济发展是辩证统一关系

第一次工业革命后，人类开启了以科学技术迅速改造自然世界的工业文明时代。直至今日，在实现生产日益高效化、生活日益便捷化的同时，资源枯竭、环境污染、气候异常等生态问题也与日俱增，严重威胁人类的生存与发展。如何破解生态保护与经济发展的矛盾，实现可持续发展，是全世界都在探索的课题。

从本质上看，生态保护与经济发展理应是辩证统一的关系。首先，生态保护与经济发展确实存在一定的矛盾。这种矛盾集中体现在工业革命以来由粗放型经济所导致的生态危机：大规模、快速的经济发展主要仰赖于大量资源的开发和利用，严重违反自然发展规律，破坏生态环境；其次，如果顺应自然发展规律，环境保护的时间、资金、人力、技术成本势必又影响经济发展速度。与此同时，经济发展与生态保护又有着密切联系：一方面，经济发展的确可以为生态保护创造必要的物质基础，尤其是在技术和资金方面，而且经济发展有助于文明开化，从而也有利于提升人类的生态保护意识；另一方面，经济发展的可持续性又仰赖于生态环境和自然资源的支撑，良好的生态环境也是经济社会发展所追求的更高层次的目标之一。

## 绿水青山关乎民生福祉

绿水青山首先关乎民生福祉，生态环境良好与否直接影响百姓的生活质量高低。保护和改善生态环境，实际上是在改善民生。探索生态文明的绿色发展道路，不仅是世界各国发展的新趋势和新方向，也是人们的基本需求和共同愿望。

生态兴则文明兴。人与自然不可割裂开来，自然生态本就是人类生存和发展的必要条件之一。经济社会的健康发展，也与生态环境直接相关。随着百姓的物质文化需要日益增长，在满足生存的基本需求之后，亟须以生态文明建设满足百姓对生态环境的需求。我国全面建成的小康社会，是推进全面发展，并以改革发展成果满足提升人民获得感的小康社会，生态文明也是全面建成小康社会重要的基础和保障。因此，生态文明不仅仅是保护生态环境，更是一场彻底的绿色变革，将生态文明的理念融入经济、政治、文化、社会发展的各个方面，推进绿色发展、循环发展、低碳发展，建设永续发展的美丽中国。

## 金山银山要靠绿水青山

从发展的视角来看，"金山银山"的可持续性需要依靠绿水青山。

《2001年世界发展报告》指出，当人均收入刚开始增长的时候，环境污染上升；人均收入达到一定程度之后，环境污染下降，就形成了库兹涅茨的倒U形曲线。人均收入与环境污染倒U形关系其实指向的是经济社会发展如何转向生态保护与经济发展双赢的路线。这一转向背后需要的是大量技术变化，以及随之而来的发展方式的变化，然后基于这些变化推动经济发展与生态保护形成良性互动。这无疑为经济欠发达但拥有良好生态环境和发展潜力的地区提供了改善生态保护与经济发展关系，并最终实现双赢的路径借鉴。生态保护与经济发展良性互动，意味着经济发展要在实质上给予生态环境保护支撑，不仅要在发展方式上转型为生态友好型，更要以制度化的形式为生态环境保护提供资金等保障。同时，良好的生态环境也将发挥其优势，助力城市的招商引资和产业结构调整，尤其是助力旅游业的发展，推动城市经济发展进入可持续和可循环的模式，从而让生态保护与经济发展产生正向的乘数效应。

## 大数据开启双赢新时代

从目标上看，生态保护与经济发展统一于"以人为本"的理念；从路径上看，二者则统一于发展方式的转变。生态环境问题，实际上是发展方式问题。因此，解决生态环境问题的根本在于转变发展方式。

"十三五"期间，大数据将作为贵州省发展的战略引擎，引领经济社会发展、服务广大民生、提升政府治理能力。贵阳市也提出以大数据为引领、加快打造创新型中心城市的目标，把大数据的理念、技术和方法贯穿到稳定改革发展的各方面和全过程。

大数据是实现生态保护与经济发展双赢的重要发展模式，其核心特征是跨

界融合。融合也是清镇的重要特点，作为重要的饮用水源地，清镇多年来面临着平衡生态保护与经济发展的难题。"城、产、教、景"四大要素造就了清镇独特的发展优势，也为清镇市以融合创新破解保护与发展难题提供了思路。因此，"十三五"期间，清镇市应把握全省、全市大数据发展的战略机遇，充分利用大数据的融合特征，加速推动"城、产、教、景"四大要素融合发展，并以新型工业化和新型城镇化互促互融为支撑，积极转变发展方式，实现生态保护与经济发展的双赢，营造良好的自然生态、经济生态、社会生态和政治生态，打造生态文明示范区，为贵阳加快建成全国生态文明示范城市提供更加强大的生态支撑。

# 总 报 告

General Report

**B.1**

# 做好两湖保护　推动要素融合　实施"两化"支撑　打造生态文明示范城市样板区

——贵阳市清镇市"十三五"发展思路研究

摘　要：　随着我国进入"十三五"发展时期，从中央到地方都在探索新的发展道路。清镇市作为贵阳市重要的饮用水源保护地，一直面临着平衡生态保护与经济发展的问题。在清镇市"十三五"规划的开局之年，本课题组采取实地调研、座谈讨论以及深度访谈的形式，对清镇市的产业发展、公园城市建设、养老事业、扶贫事业、棚户区改造及"十三五"规划编制等工作进行深入调查研究，总结分析了清镇市"十三五"时期发展的基础与问题，结合清镇市"十三五"时期的发展形势，对其"十三五"时期的发展定位进行研究，并就清镇市如何建设好自然生态、经济生态、社会生态和政治生态，打造生态文明示范城市样板区的路径进行思考与探索。创新清镇市

"十三五"时期的发展路径对同样面临生态保护问题的地区来说具有重要的参考和借鉴意义。

关键词： 生态保护　经济发展　融合发展　新型工业化　新型城镇化

# 一　清镇市"十三五"发展基础与形势分析

## （一）认识清镇市的发展基础

**1. 综合实力显著增强，产业结构不断优化**

"十二五"期间，清镇市着力推动县域经济发展，综合实力显著增强。GDP、人均GDP、固定资产投资（50万元口径）、财政总收入、公共财政预算收入等5个指标实现翻番（见图1），在全省31个经济强县中排第22位，其中GDP绝对值在全省排第11位，在贵阳市排第4位，并获得"第四批省级开放型经济示范县"荣誉称号。

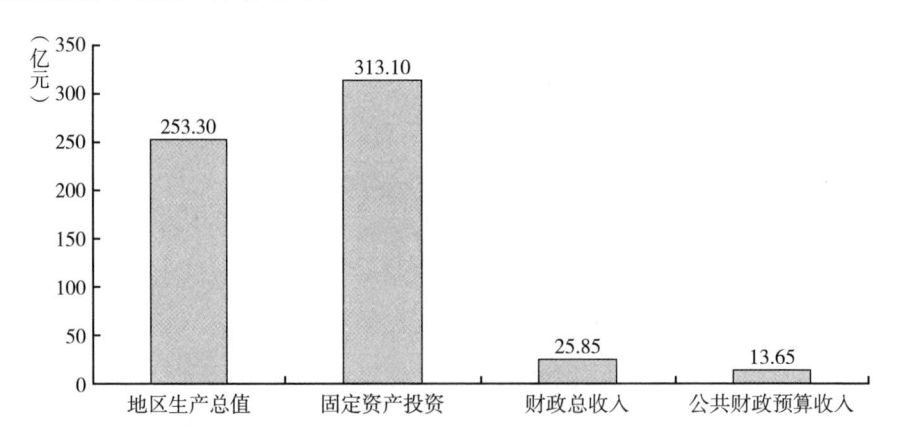

**图1　"十二五"期间清镇市主要经济指标情况**

资料来源：《2015年清镇市国民经济和社会发展统计公报》。

与此同时，清镇市坚持守住发展和生态两条底线，结合实际创新发展思路和实施路径，通过实施"生态工业、都市农业、现代服务业"三大振兴

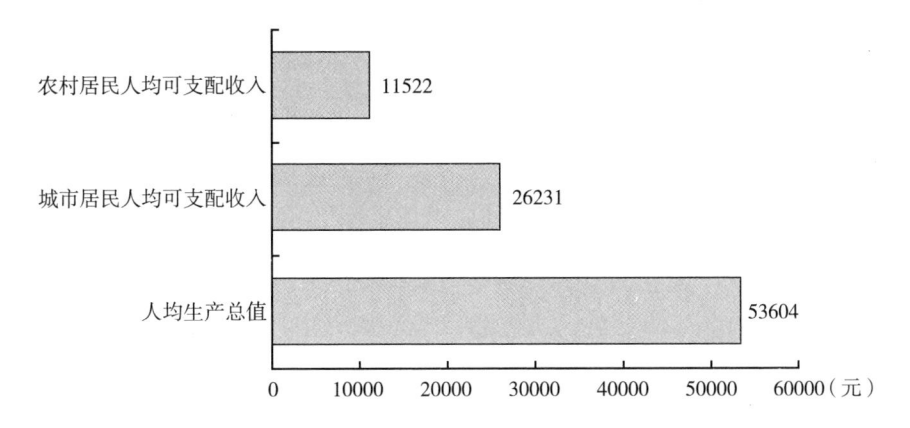

|  |  |
|---|---|
| 农村居民人均可支配收入 | 11522 |
| 城市居民人均可支配收入 | 26231 |
| 人均生产总值 | 53604 |

**图2　"十二五"期间清镇市人民生活水平有关指标情况**

资料来源：《2015年清镇市国民经济和社会发展统计公报》。

行动，推动产业结构不断优化。清镇市首先对多家高能耗污染企业进行"关迁改转"，减少产值贡献43亿元，然后积极引进20个亿元新型工业项目、74个现代农业项目以及90个现代服务业项目等。"十二五"期间，清镇市的三次产业结构比由2010年的11.52∶44.88∶43.60调整为2015年的9.01∶45.79∶45.20。

**2. 改革开放步伐加快，城乡面貌明显改观**

"十二五"期间，清镇市以供给侧结构性改革为主抓手，协调推进一批重点领域和关键环节的改革，完成政府机构、市属国有企业、社区等改革任务。财政体制改革方面，稳步扩大"营改增"范围；商事制度改革方面，实施"先照后证"，强力推进工商执照、组织机构代码证、税务登记证"三证合一"；投融资体制创新方面，大力推广运用PPP模式建设基础设施和公共服务类项目。

与此同时，清镇市积极推动新区开发、旧城改造、小城镇建设和美丽乡村建设，城乡面貌明显改观。新区开发方面，职教新城、物流新城、百花生态新城建设粗具规模，城区面积从11.98平方公里扩大到19平方公里，城镇化率达47.18%。旧城改造方面，实施项目21个，拆除违法建筑5138户，223.6万平方米。小城镇与美丽乡村建设方面，完成示范小城镇项目133个，实施美丽乡村基础设施项目985个。

### 3. 生态环境持续改善，文化建设多姿多彩

"十二五"期间，清镇市着力创新，在环境保护机构设置方面创下多个全国首家；① 全力开展蓝天、碧水、绿地、清洁、田园等保护治理行动，生态环境明显改善；先后获得"全国绿化模范先进集体""全国节水型社会建设示范区"等称号。截至"十二五"时期末，清镇市集中式饮用水源地水质达标率为100%；城市污水处理率达96%；城乡垃圾处理率达80.1%；空气质量优良率达97.5%；森林覆盖率达45.27%；红枫湖水质持续稳定在Ⅲ类以上，取水口水质达到Ⅱ类标准。

与此同时，清镇市积极推动文化建设。全国首创"诚信农民建设"，以诚信建设为切入点，大力弘扬社会主义核心价值观，传播"诚信实干·创新争先"的清镇城市精神。

### 4. 治理创新成效明显，人民生活日益改善

"十二五"期间，清镇市创新社会治理，重点实施"两严一降"和禁毒"人民战争"等举措，保障群众安全。截至"十二五"期末，清镇市群众安全感达97.39%，被评为"全国平安建设先进县""全国社区戒毒社区康复示范单位"。与此同时，清镇市加大投入，着力解决"民生十困"问题，人民生活日益改善。"十二五"期间，实现城镇新增就业5.74万人，实现3个贫困乡、115个贫困村"减贫摘帽"，93628人脱贫。

## （二）把握清镇市的发展难点

### 1. 中心城区与边远乡村发展不均衡

清镇市中心城区与边远乡村发展不均衡的问题，主要体现为东部城区与西部乡村在规划管理、基础设施、公共服务、居民收入等方面的差距较为明显。当前清镇市"小城市、大农村"的基本市情仍未改变，尤其是西部地区小城镇的规划、建设、管理较为滞后，小城镇吸附各种优质资源的能力较弱。民生欠账较大，水、路、气、讯等基础设施建设还不完善，城乡群众收入仍有较大差距。区域公共服务发展不均衡，东部主城区服务水平较高，西部乡镇公共服

---

① 全国首家由政府委托第三方监督相关企业和政府职能部门开展环保工作，全国首家县级生态保护联合会，全省首家编制县级环保总体规划，全国首家基层人民法院环境保护法庭。

务发展较为缓慢、建设标准较低、服务能力较弱。此外，农村面源污染问题也较为突出。

**2. 量的扩张与质的提升不均衡**

量的扩张与质的提升不均衡的问题，主要是指近年来清镇市经济发展在量上有扩张，GDP绝对值在全市、全省排名靠前，但在发展质量方面，三次产业参差不齐，各自存在瓶颈。

工业方面，当前支撑清镇市工业发展的主要是铝及铝加工、现代制造、能源、建材和医药食品五大产业。除医药食品外，其余均为资源型产业，清镇资源依赖和高能耗企业占比依然较大（重工业达86.37%以上），工业产品附加值低。服务业方面，企业小、散、乱问题比较突出，技术水平较低，且主要以商贸零售为主，数量较少、结构单一，同南明、云岩、花溪等地还有较大差距。农业方面，农技队伍青黄不接的现象日趋突出，全市30岁以下的农技人员仅占4.65%，30~40岁的仅占11.4%，难以满足现代都市生态农业发展的需要。

**3. 传统产业与新兴产业不均衡**

清镇市传统产业与新兴产业不均衡的问题，主要体现在传统产业正处于转型期，而新兴产业正处于起步期，二者发展并不均衡。

传统产业方面，现有企业多数转型升级压力大，尤其是在红枫湖周边传统产业"退二进三"、"退城进园"和"腾笼换鸟"等工作的开展中，存在政策、资金、招商和职工安置等多方面问题。农业的企业带动、加工带动、旅游带动还比较弱。与此同时，大数据、大健康等新兴业态还处于起步期，产业发展青黄不接。企业技术创新主体意识不强，创新投入不足，缺乏高层次和创新型人才，科技成果转化率低，对经济发展贡献能力弱。尤其是在大数据产业方面，尽管近年来清镇市举全市之力大力发展大数据产业，初步形成了六大大数据产业[①]发展格局，但是整个大数据产业基础还比较薄弱，大多还在规划建设中，还没有产出效益。清镇市发展大数据产业面临要素配套制约和专业人才不足的问题。

---

① 六大大数据产业，即大数据职教与培训、服务外包及呼叫中心、电子商务、互联网金融后台服务、智能端产品制造、VR/AR。

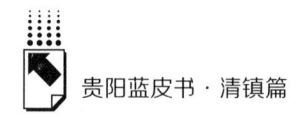

**4. 身份市民化与素质市民化不均衡**

清镇市身份市民化与素质市民化不均衡的问题，主要是指在大规模推进项目开发和城镇化建设的过程中，农民虽然可以实现身份的市民化，但仍未实现素质市民化，二者之间并不均衡。

清镇市城乡二元结构比较突出，"十二五"期间人口突破了50万，城镇化率从2010年的34.63%提升到47.2%。不少被征地农民实现身份市民化。但由于尚未实现素质市民化，即农民转变为城市户籍居民后，尚不具备城市户籍居民应具备的身体素质、文化技能素质、政治法律素质、思想道德素质和心理素质[1]，导致该类群体适应城市生活的能力较差。加之失去土地后心态难以调整，容易自我封闭，与城市生活和文化有疏离感，甚至出现社会网络中断、失去社会认同等一系列社会问题。随着清镇市职教园区的扩大、中铝"退城进园"等项目的建设，城市面积不断扩大，清镇人口将持续增加，亟须加快进城农民素质市民化的进度，保障群众的生活稳定和社会和谐。

## 二 清镇市"十三五"发展形势研判与发展定位研究

### （一）从标志性事件看清镇发展历程

**1. "两口水缸"所在地，城市生态功能日益突出**

清镇市的红枫湖、百花湖建于20世纪五六十年代，一直是贵阳市的"两口水缸"。由于工业、农业和生活污染，2007年红枫湖和百花湖水质已恶化为五类水质，局部水域暴发蓝藻。此后，贵阳市通过成立"两湖一库"[2]环保审判庭、"两湖一库"管理局、基金会等举措，切实加强对"两湖一库"的治理和保护力度。"十二五"期间，清镇市实施五大工程——生态移民搬迁工程、污水收集处理工程、湖滨生态修复工程、面源污染治理工程、卫生长效保洁工

---

[1] 梁伟军、马雪娇、李虹苇：《基于市民化意愿的新生代农民工市民化素质提升研究——对湖北省294位新生代农民工的调查分析》，《中南民族大学学报（人文社会科学版）》2016年第3期。

[2] "两湖一库"，即红枫湖、百花湖和阿哈水库。

程——使红枫湖取水口水质达到Ⅱ类标准，保障了中心城区群众饮水安全。

保护红枫湖、百花湖"两口水缸"事关贵阳发展全局、事关全市群众幸福。对正在打造生态文明示范城市的贵阳市来说，清镇市的生态功能无疑非常重要。2013年，国务院关于贵阳市城市总体规划的批复中更是明确要求加强对红枫湖等特殊生态功能区的保护。

**2. 区划调整、交通发展，同城化速度不断加快**

1996年1月，经国家民政部批准，清镇市从安顺地区划出，归贵阳市管辖。清镇市从当时的安顺地区划归省会贵阳已有20年，通过抓住行政区划调整的重大历史机遇，清镇市与贵阳市中心城区的融合更加紧密。同时，随着贵黄公路、环城高速、金清大道等道路以及沪昆高铁的开通，清镇已经整合进了贵阳半小时经济圈，日益成为黔中经济区核心区的重要组成部分。

"十二五"期间，清镇市的职教新城、物流新城、百花新城、生态新城已粗具规模。城市建设的步伐加快，城市功能的逐渐完善，不断推动着清镇市与临近的观山湖区、贵安新区在规划、产业、配套和环保等方面的深度融合、互联互通、同城化发展。

**3. 中铝贵州"退城进园"，新型工业化进程加速**

2016年8月，中铝贵州分公司"退城进园"项目建设在清镇市成功启动，为"贵州清镇千亿级生态循环铝工业示范基地"提供了重要支撑，为清镇加快推进新型工业化注入了强劲动力。

中铝贵州分公司"退城进园"是重要的产业项目、生态项目和民生项目，符合贵州省铝产业发展战略和煤电铝一体化的工作部署，符合贵阳建设全国生态文明示范城市的战略需要，符合广大老百姓的需求，有助于清镇市走新型工业化道路，有利于传统企业产能转移升级、壮大竞争力，同时也有利于振兴贵阳传统产业的转型升级。

**4. 与全市同步实现全面小康，经济社会实现历史性跨越**

"十二五"期间，清镇市以建设生态清镇、创新清镇、宜居清镇、诚信清镇、和谐清镇、阳光清镇为抓手，积极推进小康创建。截至2012年，清镇市已实现3个贫困乡、115个贫困村"减贫摘帽"，93628人脱贫，与全市同步、比全省提前五年实现全面小康，实现了经济社会发展的历史性跨越。其中值得一提的是，2015年清镇市全面小康实现程度达97.2%，排名贵州省第一。

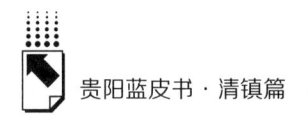

## （二）从发展性特征看清镇发展形势

**1. 新型工业化、新型城镇化加速推进的后发赶超期**

"十三五"时期是清镇市加速同步推进新型工业化和新型城镇化的后发赶超期。新型工业化和新型城镇化是清镇跨越发展的基础所在、潜力所在、希望所在。一方面经过这些年的发展，清镇无论城市建设还是产业发展都已有一定基础，做好了提速转型升级迈向新型工业化和新型城镇化的准备；另一方面在全省、全市实施创新驱动发展战略的大背景下，清镇也不能再"穿新鞋走老路"，而必须"迈开拥堵走高速""打通断头走直路"，借一批重大项目落地之机推进"两化"互促发展。通过新型工业化与新型城镇化的双加速，转换发展动力，拓展发展空间，有效推动清镇市后发赶超。

**2. 城市对内扩容提质、对外深度协作的提速转型期**

"十三五"时期是清镇市对内扩容提质、对外深度协作的提速转型期。所谓扩容提质，就是城市发展空间的拓展和综合承载能力的提高。对内而言，清镇市发展的巨大空间和潜力在西部。因此，通过坚持"西部大开发"战略，向西扩展发展空间，完善西部各城镇功能，改善其人居环境和公共服务水平。所谓深度协作，就是强化区域间的融合发展与深度合作，以实现区域间的优势互补，互利共赢。对外方面，清镇市发展的巨大空间和潜力在东部。接下来五年也是清镇市坚持同城化发展，创新体制机制，加强与贵安新区、观山湖区深度协作，实现产业相互影响，基础设施相互配套，资源相互利用。通过对内扩容提质和对外深度协作，大力推动清镇市发展速度和质量双提升。

**3. 保护生态和加快发展开始实现双赢的战略机遇期**

"十三五"时期是清镇市保护生态和加快发展开始实现双赢的战略机遇期。"十二五"期间，清镇市对守住发展和生态两条底线有深刻正确的认识，并把两者辩证统一起来：一方面积极关停高能耗高污染企业，对落后产能"关迁改转"；另一方面积极引进现代高效产业，努力调整产业结构，初步探索了坚守保护生态与加快发展的路径。而清镇市坚持两条底线的发展路径，正好契合了国家提出的绿色发展理念。随着以绿色发展理念引领经济发展方式创新成为经济新常态的必然选择，接下来五年，清镇市无疑将迎来保护生态和加快发展的红利,并因此抓住更多发展的战略机遇。

**4. 夯实经济社会发展基础、建设更高水平全面小康启动的重要窗口期**

"十三五"时期是夯实清镇市经济社会发展基础、建设更高水平全面小康启动的重要窗口期。"十二五"期间,清镇市的同步小康创建已通过省级达标验收,与全市同步、比全省提前五年实现全面小康。但面对广大人民群众的需求——更舒适的住所、更满意的收入、更良好的教育、更优美的环境、更健康的生活——接下来的五年无疑是清镇市坚持"共享"发展理念,积极顺应广大人民群众对美好生活的向往,全力推进可持续发展,夯实经济社会发展基础,启动建设更高水平全面小康,让清镇人民有更多的获得感的重要时期。

## (三)从全局性任务看清镇发展定位

### 1. 从"两湖"保护明理念,绿水青山就是金山银山

"十三五"期间,从"两湖"保护出发,清镇市应坚持生态优先、绿色发展,明确绿水青山就是金山银山的发展理念。红枫湖和百花湖很大部分特别是取水口在清镇的辖区范围内,一方面,保护好治理好"两湖"是时代和人民赋予清镇的重大使命,是清镇不可推卸的生态义务;另一方面,实现"两湖"长治久清是清镇实现永续发展的内在需要,是满足市民群众对生活环境质量要求的实际行动。就贵阳来讲,虽然贵阳雨量充沛,但工程性缺水问题十分突出,是全国严重缺水的城市之一。红枫湖、百花湖作为贵阳市乃至贵安新区的重要饮用水源地,关乎全市老百姓生存,关乎城市可持续发展,是贵阳加快建设全国生态文明示范城市的命门。"十三五"期间,随着工业化和城镇化的加速推进,清镇、贵阳以及贵安新区必将聚集更多的人口,对水的需求只会增

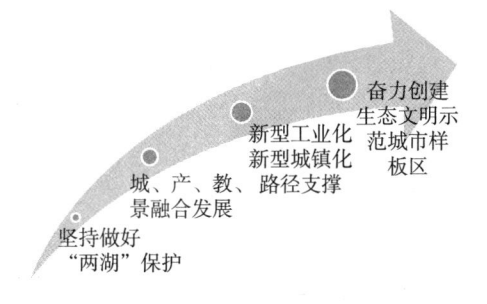

**图3 "十三五"时期清镇市发展定位**

加、不会减少。加之红枫湖、百花湖还是贵阳风景名胜区,随着旅游业加快发展游客倍增,加上周边生产生活、农业面源污染、历史遗留的工业污染等因素,"两湖"保护的压力只会越来越大。在这样的形势下,清镇必须更好担负起保护贵阳"水缸"的重任,一切的发展都要以生态保护为出发点和落脚点,切实保护饮用水源地的安全,为清镇市乃至贵阳市的永续发展提供生态保障,并将生态优势转变为发展优势。

**2. 从四大要素看优势,打好"城、产、教、景"融合牌**

"十三五"期间,从把握自身发展规律特点出发,清镇市应发挥优势、融合发展,打好"城、产、教、景"融合牌。从"城"的要素看,清镇地处黔中腹地,毗邻贵安新区、观山湖区、花溪区,区位优势明显;境内国道、省道、县道纵横交错,多条高速、铁路穿境而过,交通路网发达;职教新城、百花生态新城、物流新城粗具规模,清镇西部的"三中心"小城镇发展格局基本形成。从"产"的要素看,经济开发区、职教园区、物流园区、百花生态新城四大发展平台初步形成;未来五年,职教园区的人才红利将逐步释放,经济开发区、物流园区的产业项目将逐步集聚,清镇"西部大开发"的战场将全面铺开,经济社会发展潜力巨大。从"教"的要素看,职教园区目前已入驻职业院校19所,11所实现招生办学,共入驻师生8万人,成为全省职教发展的龙头。职教园区作为重要的发展载体,将挑起清镇东部城镇化和西部工业化的重担。从"景"的要素看,清镇境内"四湖托市,三水萦城",水域总面积达92平方公里(占全市辖区面积的6.5%),总储水量近20亿立方米。市内聚集了红枫湖、暗流河、"时光贵州"等国家级、省级重点风景名胜区。清镇平均海拔1200米,夏季平均气温为22.7℃。

**3. 从两化同步找支撑,推进新型工业化与新型城镇化**

"十三五"期间,从自身发展基础与前景出发,清镇市应坚持新型工业化和新型城镇化,以"两化"同步推进支撑经济社会发展的转型升级。所谓新型工业化,就是清镇市坚持创新驱动,以信息化带动工业化,以工业化促进信息化,发展科技含量高、经济效益好、资源消耗低、环境污染少、人力资源优势得到充分发挥的工业,加速推动产业结构转型升级。所谓新型城镇化,就是清镇市坚持以人为本,在城市规划、建设、管理和发展过程中,按照城乡统筹、城乡一体、产业互动、节约集约、生态宜居、和谐发展的理念,加速推进城市内涵式发展。未来五年，清镇市要通过产城一体、城乡一体等路径，推动新型工业化与新型城镇化相互促进。

**4. 从创建示范定目标，奋力打造生态文明样板区**

"十三五"期间，从全市发展战略背景和自身优势出发，清镇市应坚持模式创新、示范引领，以打造生态文明样板区作为发展目标。中共贵阳市九届五次全会提出"十三五"时期贵阳市发展的奋斗目标是到2020年，实现"一个目标、三个建成"[①]，其中，建成全国生态文明示范城市是贵阳市的目标之一。"十二五"期间，清镇市在生态保护发展区建设中表现突出，应该而且可以在生态文明建设方面继续为贵阳市作表率，积极创造出在全市乃至全省、全国可复制、可借鉴、可推广的"清镇经验""清镇模式"，为贵阳加快建成全国生态文明示范城市提供更加强大的生态支撑。

## 三 清镇市"十三五"发展重点与路径思考

### （一）营造良好的自然生态，确保城乡山清水秀

**1. 牢记生态使命，筑牢"两湖"生态屏障**

"十三五"期间，清镇市应牢记生态使命，以"三个坚持"筑牢"两湖"生态屏障。坚持系统谋治，跳出就水治水、就湖治湖的思路，结合"一河百山千园"布局，把"山水林田湖"整个生命共同体维护好。积极实施清镇市红枫湖国家湿地公园总体规划，推进红枫湖国家湿地公园试点，切实治好山、护住林、多植树，做到山清水秀。坚持源头施治，加快建设"清镇市地理空间信息系统"，实现污染源排查建档立卡，推动精准管控到位、监测评估到位。重点加强工业污染、农业面源污染以及生活垃圾的治理，强化各入湖支流的污染防控，杜绝任何排污入湖的行为。结合地形地貌特征，建立健全"两湖"周边污水处理设施，保障"两湖"水质安全。坚持共享共治，树立全局性、整体性、长远性思维，统筹跨行政区域力量、激发政府社会积极性，共同

---

① "一个目标"，即打造创新型中心城市；"三个建成"，即建成大数据综合创新试验区、建成全国生态文明示范城市、建成更高水平的全面小康社会。

谋划"两湖"治理。一方面，深入调研与贵安新区、观山湖区等行政区域在"两湖"保护方面职能交叉、责任不清、合力不够等问题，并在此基础上进一步优化共享共治的顶层设计，完善落实生态补偿等有关政策制度，更好统筹相关区县等多方力量、采取多种形式参与"两湖"治理保护，实现多方享用、共同担责。另一方面，在政府主导的基础上，进一步增强群众爱湖护湖的意识，充分发挥群众参与"两湖"治理保护的积极性，采取有效措施教育引导激励群众参与垃圾收集分类处理等工作，形成低碳健康的生产生活方式和行为习惯，搞好居住地、承包地、山林地等的清洁卫生，为保护"两湖"做出应有的贡献。

**2. 加强系统谋划，强化全域生态建设**

"十三五"期间，清镇市应在规划、计划手段方面进行系统性谋划，强化全域性生态建设。首先，应建立科学系统的规划。进一步优化功能分区，统筹好全区域的生态环境资源，完善生态环境保护规划，把生态文明的理念贯穿和融入经济社会发展的各方面和全过程。其次，应推进有针对性的行动计划。找准清镇市生态文明建设的长板和短板，采取有针对性的措施把长板做优、短板补长。要更加明确生态环境保护目标，进一步推进碧水、蓝天、绿地等保护计划，强化生态管理，切实改善生态环境。最后，应积极创新生态治理的手段。重点加强城乡综合治理，采取有效措施解决好城乡"脏乱差"等问题。结合美丽乡村、绿色城镇等建设，优化环境保护硬件设施，尤其应该用好、用足大数据手段，建立生态资源数据库，对生态环境资源进行有效监测，对生态建设软硬件资源进行整合提升。

**3. 着眼建章立制，创新生态文明机制**

"十三五"期间，清镇市应着力建章立制，把生态文明建设纳入制度化、法治化轨道。首先，应重点研究国务院出台的《关于健全生态保护补偿机制的意见》以及贵州省、贵阳市的有关文件，针对当前生态保护补偿范围仍然偏小、标准偏低等问题，进一步完善生态补偿机制。其次，应在河流湖泊保护治理、大气污染防治、石漠化治理、采矿迹地修复等方面，以清镇市为主，联合贵阳市直有关部门、相关区县，进一步完善统筹协调机制，形成日常化的联动协调机制，并建立和完善生态文明绩效评价考核和责任追究制度。最后，应进一步完善环保监督机制。一方面，清镇市应完善有关审核机制，从产业引进培育到生活方式转变等各个方面，把好环境保护关，严禁任何形式的环境污染行为；另一方面，建议清镇市积极创新多方治理机制，探索建设"生态绿云"，积极向公众和企业提供生态环境信息化服务，完善生态文明建设公众、行政、司法三联动机制，全面推广"政府+环保公益组织+企业+社会公众"四位一体"非对抗"环境治理模式，并加强对企业、城乡居民的教育，转变发展方式，形成文明的生活方式，调动全社会力量做好生态文明建设。

## （二）营造良好的经济生态，促进"城、产、教、景"深度融合

### 1. 以铝产业为突破口，进一步推动产城融合

"十三五"期间，清镇市应以铝产业为突破口，进一步推动产城融合，实现以产兴城、产城互动。一方面，清镇市应加快形成产的集聚。以经济开发区、职教园区、物流园区、百花生态新城四大发展平台作为加快产业发展的重要抓手，加大招商引资、招大引强、招才引智力度，加快形成产业集群，进一步优化"一区四园三带"的产业空间布局。应围绕铝加工、新能源汽车关键零部件等龙头项目，强化企业服务配套，强化企业上下游配套，实现工业兴城。应围绕大旅游、大物流、大数据等产业，加快旅游业、物流业与信息产业的深度融合，培育衍生出更多的新业态，实现三产兴城。应围绕现代高效农业发展目标，培育一批农特产品牌，提高农产品保供能力；扎实推进"三变"工作，加快培育新型农业经营主体，激发农村发展活力；以筹办农业嘉年华活动为契机，促进农旅一体化发展；搭上"黔货出山"这趟快车，加快农村电商发展，实现一产兴城。

另一方面，清镇市应加快形成城的辐射。按照《清镇市城市总体规划（2015～2030年）》，重点发展小城镇体系，加快形成"一核两轴三片区"的市域空间发展格局。发挥清镇作为贵阳、贵安、毕节连接地段的区位优势，坚持科学规划、合理布局、因地制宜、注重实效，发展主要交通沿线小城镇，重点强化基础设施建设，提高小城镇建设质量和水平，逐步提高小城镇综合功能。其中，针对清镇自身主城区不在区域地理中心位置，而其他乡镇对农村地区辐射能力弱的实际情况，在站街、卫城、王庄等地加快打造中心城镇，形成多中心带动、整体性提升的格局。

表1　清镇市全面"联通工程"

| 建设一批<br>供水工程 | 建设一批<br>供电工程 | 建设一批<br>畅通工程 | 建设一批<br>供气工程 | 建设一批<br>通信工程 |
|---|---|---|---|---|
| 加快戈家寨水库、席关水库等8个骨干水源工程建设进度，强化城乡供水设施建设和升级改造，重点推进西部乡镇13个供水工程建设 | 重点推进王庄变电站、物流新城110千伏变电站、500千伏贵阳西变电站等项目建设。加快规划建设一批新能源汽车充电桩及充电停车场 | 全力推进211省道、307省道提级改造工程。全力打通城区断头路、外联路，推进农村道路改造工程，实现城乡路网无缝对接，着力扩大城乡公共交通覆盖范围 | 加快天然气站及配气管网设施建设，提高城镇燃气使用普及率和供应保障率，实现乡镇镇区供气全覆盖 | 实施乡镇数字化广电网络工程。推进全市通信骨干网络的扩容升级，实现移动网络全覆盖、无盲区。全力实施"光网行动"三年计划。推动公共免费WiFi城市建设 |

**2. 以职教园区为突破口，进一步推动教城融合**

"十三五"期间，清镇市应以职教园区为突破口，加强产业支撑，进一步推动教城融合。一方面，清镇市发展教育应更好地顺应市场。在专业设置上，坚持以市场为导向，既有大数据等科技含量高的专业，又有学得快、见效快的接地气的专业。在教育培训上，思想应更加开放、思路应更加开阔，立足本土教育的同时，采取更加灵活的方式引进发达地区优质教育教学资源，不断提升办学质量。在校企结合上，要充分研究产业发展、企业经营的需求，通过实习基地、订单培养等方式，使开展的专业教育和各项培训尽可能地贴近经济社会发展实际。

另一方面，清镇市的城市建设应更好地培育市场。进一步理清职教园区管委会的体制机制，加快提升职教园区管理服务水平，让该区域聚集的近10万人享受到高品质的城市生活便利。在城中及其周边做好企业孵化，强化技能研发，尽快集聚起与职教园区关联的众多企业，形成教产城的良性互动。并进一步营造创新氛围，建设技能创新实践基地，让职教园区真正成为创新之城。

**3. 以建公园为突破口，进一步推动景城融合**

"十三五"期间，清镇市应发挥山水资源、文化资源丰富的优势，以建公园为突破口，进一步推动景城融合。一方面，重点加快"连景"。积极整合资源，加大以交通为主的城乡基础设施建设，通过建设美丽乡村和绿色小城镇，串联美丽村落和景区景点，打造农民生产生活的乐园和市民周末休闲的后花园。超前规划、积极组织，充分调动群众把自家房屋、院落打扫干净、建设美丽乡村，为连片发展农家乐、乡村客栈创造更好的条件，更快实现生态美、百姓富的目标。另一方面，重点加快"造景"，在发现发掘旅游景点的过程中，将生态文化、少数民族文化以及丰富多彩的民族节日等人文要素与自然风光相结合，提升景点景区的内涵品质。其中，可积极运用"时光贵州"和"乡愁贵州"的建设经验，围绕合适的卖点打造自然人文景观，把景点、景观的打造融入城乡开发建设、生态文明建设之中，通过更有效的市场化运作，产生更好的经济效益和社会效益。

### （三）营造良好的社会生态，维护一方和谐稳定

#### 1. 推进脱贫攻坚，解决好"兜好底"的问题

"十三五"期间，清镇市应积极推进脱贫攻坚，解决好"兜好底"的问题。应坚持精准化扶贫脱贫，把大数据与大扶贫深度结合起来，充分用好用活大数据技术，实现精准识别、精准帮扶、精准管理。重点发挥民生监督等制度的作用，着力解决好政策不公开、不公平等问题，严禁扶贫资金管理不规范、挪作他用或者不管用。坚持产业化扶贫脱贫，应以发展产业、提供就业作为贫困群众稳定脱贫的关键所在，按照宜农则农、宜工则工、宜商则商、宜游则游的原则，因地制宜发展产业，增加贫困人口的就业量，加快实现"高一格"脱贫目标。重点在扶贫脱贫中紧紧依靠返乡创业农民工、本地致富带头人等优秀群体。坚持公益化扶贫脱贫，应结合加强基层基础建设的改革创新探索，有针对性地增设一些公益性岗位，帮助年龄比较大、文化水平低、无专业技能的贫困户获得稳定收入。充分发挥职教园区的作用，加大对贫困人口和农民工的就业培训，整合用好各类就业信息，实现"职教一人、就业一个、增收一户"。

#### 2. 创新社会管理，解决好"管好人"的问题

"十三五"期间，清镇市应积极创新社会管理，解决好"管好人"的问题。首先，清镇市应充分发挥社区、居委会的作用，发扬网格化、社区民警、志愿者服务等成功经验，摸清底数、因户因人施策，进一步夯实基层基础。重点依托大数据手段，运用好"社会和云"等平台，调动广大群众运用手机等载体及时发现问题、及时上报信息、促进问题解决。同时，应进一步理顺体制

机制，发扬在推进"两严一降"、禁毒人民战争、拥军爱军"贵阳行动"、信访维稳中"条专块统"的成功经验，形成党委领导、政府主导、全社会参与的共建共治共享格局。重点建立"条专块统"长效机制，在以党委、政府作为统筹的前提下，充分发挥好基层组织和人民群众的作用，真正实现"人民城市人民管"。此外，应进一步用好诚信农民的经验，以创建"国家社会信用示范城市"为目标，积极弘扬践行以诚信文化为代表的社会主义核心价值观，把诚信融入社会管理的方方面面。重点在扶贫脱贫攻坚、农村电商发展等方面讲好诚信、用好诚信，形成人人讲诚信的良好社会氛围。

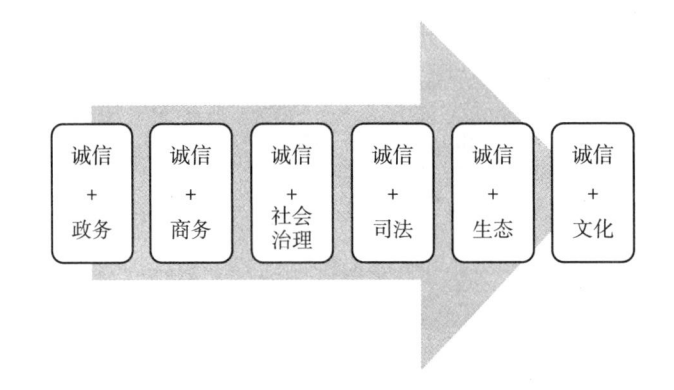

诚信+政务　诚信+商务　诚信+社会治理　诚信+司法　诚信+生态　诚信+文化

图4　清镇市"六位一体"诚信体系

#### 3. 做实民生事业，解决好"服好务"的问题

"十三五"期间，清镇市应做实民生事业，解决好"服好务"的问题。首先建议清镇市尽快补齐民生的品质短板，加大教育文化、医疗卫生、就业、社保等方面的工作力度，切实提升群众的获得感。随着工业化、城镇化步伐加快，清镇人口会大量增加，对教育、医疗的需求也会不断加大，清镇市应依托职教园区等高品质片区，提供优质教育、优质卫生。同时，应尽快补齐民生的区域短板，积极统筹资源，加快交通等基础设施建设，打通主干道、改造优化通村公路，促进公共服务设施等延伸到乡村，让广大农民也逐步享有市民的便利。重点围绕品质较高、开发潜力较强的景区景点，加快推进基础设施建设。此外，应补齐民生的安全短板，把安全当作最大的民生来抓好，做好生态、生产、生活、社会等方方面面的安全工作，坚决拒绝黑色、灰色GDP。

## （四）营造良好的政治生态，凝聚发展的强大合力

### 1. 落实好思想建党的要求

"十三五"期间，清镇市应加强思想建设，深化学习型班子和学习型党组织建设，强化讲政治、讲学习、讲团结、讲奉献，增强政治意识、大局意识、核心意识、看齐意识。完善各项制度，积极推进党内政治生活常态化、制度化。深化"两学一做"学习教育，在"学、问、做、干"四个方面下功夫，创新五种模式（领导大宣讲、湖城大讲坛、小组大讨论、警示大教育、干部大遍访），提升学习效果；认真开展"四问"（信念是否坚定、意识是否增强、作风是否转变、群众是否满意），找准突出问题并切实整改，争做合格党员，争当实干先锋。

### 2. 落实好制度治党的要求

"十三五"期间，清镇市应以"两抓两建两树"为载体，压实"两个责任"，扎实抓好党风廉政建设和反腐败工作。始终把纪律和规矩挺在前面，严格执行《廉洁自律准则》《纪律处分条例》《新形势下党内政治生活的若干准则》《党内监督条例》。重点依托"数据铁笼"、民生监督等成功经验，结合实际完善制度，加强对权力运行的制约和监督，把权力关进制度的"笼子"里。

### 3. 强化基层党组织建设

"十三五"期间，清镇市应建设重视基层、善抓党建的县级领导班子，抓好"三支队伍"建设，重点选好配强一批有公心、闯劲足、敢担当的农村党组织领头人。应针对性抓好村（居）党建工作，进一步整顿软弱涣散基层党组织，巩固提升村级集体经济发展质量，以基层党建水平的提高加快百姓致富。在基层党组织中探索建立"权力清单"，着力解决基层干部办事不讲政策、管理不循章法、工作随意性大的问题。在村（居）集体经济建设、生态环境保护、社会共建共治等急难险重任务中，充分发挥好党员的先锋模范作用，使之真正成为群众的"主心骨"。

### 4. 发扬好党建活动的经验

"十三五"期间，清镇市应认真总结用好党的群众路线教育实践活动、"三严三实"专题教育、"两学一做"学习教育等过程中形成的成绩经验，进一步认真查办和梳理本地本单位领导干部存在的突出问题，实行"销号"整

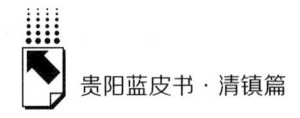

改，更加严格、更加务实地把党建活动成果转变为实实在在的行动，转变为广大群众看得见、摸得着的好事实事，从而进一步密切党群干群关系，进一步凝聚推动清镇市实现新跨越的强大正能量。

## 参考文献

中共清镇市委、清镇市人民政府：《关于清镇市经济社会发展情况的报告》，2016年12月15日。

中共贵阳市委、贵阳市政府联合调研组：《清镇市发展情况调研报告》，2016年12月5日。

清镇市人民政府：《清镇市国民经济和社会发展第十三个五年规划纲要》，2016年5月。

清镇市统计局：《2015年清镇市国民经济和社会发展统计公报》，2016年9月13日。

梁伟军、马雪娇、李虹韦：《基于市民化意愿的新生代农民工市民化素质提升研究——对湖北省294位新生代农民工的调查分析》，《中南民族大学学报》2016年第3期。

# 评 估 篇

Evaluation Report

## B.2 清镇市"十二五"规划实施情况的分析报告

摘　要：　"十二五"时期是清镇市发展进程中不寻常、不平凡的五年。规划评估是规划实施管理的重要环节，是促进规划有效落实的重要手段。对"十二五"经济社会发展进行评估有利于总结成绩、发现问题、分析形势、判断趋势、提出建议、促进发展，对顺利完成和确定"十三五"期间清镇市经济社会发展的目标和任务，实现后发赶超具有重大意义。在这一背景下，本文结合清镇市"十二五"指标完成情况、重点项目推进情况、主要任务完成情况，对"十二五"规划实施过程中存在的体制机制问题等方面进行系统分析，总结实施过程中的特点与模式，对清镇市"十三五"规划的实施重点、方向和路径进行展望。

关键词：　清镇市　"十二五"规划　经济社会发展评估　问题分析

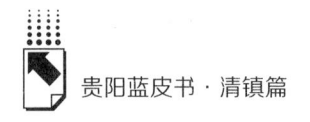

# 一　从发展思路调整看清镇市"十二五"规划

《清镇市国民经济和社会发展第十二个五年规划纲要》（以下简称《纲要》）作为清镇市近五年发展的中长期规划和顶层设计，是全市人民共同的行动纲领，是政府履行职责的重要依据。《纲要》确定了清镇市五年的发展方向、主要任务、主要项目。在新形势和新环境下，清镇市通过"十二五"规划年度评估及规划实施情况、发展优势和遇到的问题，并进行相关环境分析，进行下一步的思路、规划调整。

## （一）发展基调调整：从"加速发展、加快转型、推动跨越"到"稳中求进、改革创新、又好又快"

"十二五"初期，清镇市以"加速发展、加快转型、推动跨越"为主基调，以"东区城镇化、西区工业化、全市生态化"为主战略，以"十路一区三园"为主战场，以项目建设为主阵地，"争山头""抢阵地"，紧紧围绕"发展、保护、民生、稳定、党建"五大工作重点。清镇市委四届十二次全会提出了"十二五"时期要以全心全意为人民谋幸福为主线统揽发展和民生两大主题，破解"水缸不净、农民不富、蛋糕不大"三大突出问题。清镇市2014年政府工作报告中提出，经济社会发展的总体思路是坚持"稳中求进、改革创新、又好又快"的总基调，"高举一面旗帜、围绕一个目标、遵循一个路径、处理好三个关系、坚持24字方针、构建六大体系"，全力打造清镇发展升级版，加快建设生态文明示范市，推进经济社会又好又快、更好更快发展。

## （二）发展战略调整：以"工业强市"和"城镇化带动"推动产业转型和新型城镇化建设

清镇市"十二五"规划以实施工业强市和城镇化带动为主战略。"十二五"规划初期，省委、省政府实施黔中城镇群重点突破，把清镇市工业西区列为省级新型工业化产业示范基地和省级经济开发区，贵阳市委、市政府将煤化工、铝加工等产业重点布局在清镇市，将清镇市纳入贵阳市城市建设"五大组团"，建设环城高速、环城快铁、城市公交、城市轻轨，为清镇市加快发展提供了强有力的支持。2011年,清镇市第五次党代会确定"工业化、城镇化、生态化"三大战略。2013年,清镇市第五届五次全会提出,加快以"东区城镇化、西区工业化、全市生态化"为主战略,以园区为平台、项目为抓手,以创先争优、增比进位、奋力赶超为评判标准,紧紧围绕"发展、生态、稳定、民生、党建"五大工作重点,推动全市经济社会又好又快、更好更快发展。2014年五届七次全会做出"走可持续发展道路、打造清镇发展升级版、加快生态文明示范城市建设步伐"的决策,实施"生态工业振兴行动计划、都市生态农业振兴行动计划、现代服务业振兴行动计划"三大计划,深化生态文明建设机制改革,以"最严格"的态度保护生态环境。

(三)城市定位调整:建设生态型宜居宜业宜游中等山水园林城市

"十二五"初期,在生态型宜居宜业宜游中等山水园林城市的城市发展定位之下,清镇市突出"湖城""国际旅游休闲度假城市""国际休闲体育城市"的城市定位和"清凉世界、休闲天堂"的形象定位,按照"两城一带"的规划布局展开城镇化建设。其中,"两城"即"百花生态新城""贵安新城"。"十二五"中期,按照"尚湖城"规划优化功能布局,加快推进城乡一体化发展。坚持突出"休闲世界·避暑天堂"的功能定位和"西贵清镇·中国黔景"的角色定位。"十二五"末,为进一步实现生态保护发展区功能定位和产城互动要求,清镇市围绕打造"高原明珠·滨湖新城"的城市形象和品牌进行城市规划,城市功能日益凸显,城市品位逐步提升。

## 二 清镇市"十二五"规划主要指标完成情况的比较分析

(一)清镇市"十二五"规划主要指标完成情况

《贵阳市"十二五"规划纲要》对贵阳市"十二五"期间国民经济和社会发展提出共计33项指标,在市规划指标的基础上,清镇市结合本区实际,在《清镇市国民经济和社会发展第十二个五年规划纲要》(下文简称《纲要》)共明确33项指标,从经济发展、社会发展、人民生活、资源环境四个方面对13个约束性、20个预期性指标进行评估,包括:公共财政预算收入年均增长,农村新型合作医疗参合率、农村饮水安全普及率、主要污染物排放总量减少,甲、乙类急性传染病发病率等。"十二五"期间,清镇市坚持以科学发展观为指导,推进规划实施。规划确定的33项指标完成情况良好(见表1)。

## (二)清镇市"十二五"规划主要指标完成情况的比较分析

### 1. 五大指标看经济发展水平

地区GDP逐年增长。清镇市"十二五"期间地区GDP年均增长16.6%,达到253.3亿元。随着重大项目集中开工,高新区产业集聚发挥效应,2011年的增速为五年内最快,达20.3%;2013上半年达到规划目标,GDP在2014年完成219.38亿元,突破200亿元大关,增长率为14.3%,2015年地区生产总值达253.33亿元(见图1)。

人均GDP实现翻番。人均GDP是提高居民人均收入水平、生活水平的重要参照指标。《纲要》提出清镇市"十二五"末人均GDP年均增长15%的发展目标,应实现人均GDP3.5万元。2015年,清镇人均GDP突破5万元大关,从19820元提高到53604元,年均增长15.78%,比目标值高出19262元。从增速来看,2011年增长20.8%,超规划目标5.8个百分点。从绝对值来看,2012年比2011年增加5589元,2013年比2012年增加7386元,2014年比2013年增加9043元,2015年达53604元,比2014年增加6614元。

全社会固定资产投资完成预期目标。"十二五"期间,清镇市全社会固定资产投资规划目标为年均增长30%,2011年和2012年年均增长分别达到53.4%、60.7%,远远高于预期目标。从图3可见,2013~2015年清镇市全社会固定资产投资增速分别为-30.4%、19.9%和20.6%。从目标值来看,2012年与2015年完成效果较好。"十二五"期间,得益于全社会固定资产投资的高速增长,清镇市经济社会发展通过明显的投资拉动,全区交通基础设施、旅游配套设施、园区基础设施发展迅速。特别是交通基础设施的大力改善,有效破解了制约清镇市发展的交通瓶颈,推动了清镇市的发展。

表1 《清镇市"十二五"规划纲要》二十三项指标及其执行情况

| 类别 | 序号 | 指标 | 预期年均增长目标值 | 目标值 | 年均增长实现值 | 实现值 | 预期与实现比较 | 完成情况 |
|---|---|---|---|---|---|---|---|---|
| 经济发展 | 1 | 生产总值 | 17% | 200亿元 | 16.66% | 253.33亿元 | −0.34% | 进展正常 |
| | 2 | 人均生产总值 | 15% | 3.5万元 | 15.78% | 53604元 | 0.78% | 超预期 |
| | 3 | 全社会固定资产投资 | 30% | 356亿元 | 31.4% | 243.06亿元 | 1.4% | 超预期 |
| | 4 | 社会消费品零售总额 | 25% | 53亿元 | 15.9% | 40.45亿元 | −9.1% | 进展滞后 |
| | 5 | 公共财政预算收入年 | 18% | 22亿元 | 22.268% | 13.65亿元 | 4.268% | 超预期 |
| | 6 | 城镇化率 | 47% | 3.3亿元 | | | | 进展正常 |
| | 7 | 总人口 | 2.9% | 58万人 | | 53.684万人 | −4.316万人 | 进展滞后 |
| | 8 | 人口自然增长率 | 7‰ | | 5.1‰ | | −1.9‰ | 超预期 |
| | 9 | 人均受教育年限 | 0.4% | 11年 | | | | 超预期 |
| | 10 | 高中阶段人毛学率 | 7.1% | 60% | | | | 超预期 |
| 社会发展 | 11 | 全社会R&D占GDP比重 | | 2%以上 | | | | 进展较好 |
| | 12 | 城镇基本养老保险覆盖率 | | 85% | | | | 进展较好 |
| | 13 | 农村新型合作医疗参合率 | | 98% | | | | 超预期 |
| | 14 | 甲、乙类急性传染病发病率 | | 250(1/10万) | | | | 达到进度 |
| | 15 | 孕产妇死亡率 | | 29(1/10万) | | | | 进展正常 |
| | 16 | 婴幼儿死亡率 | | 7.5‰ | | | | 超预期 |
| | 17 | 全市人均住房面积 | | 30平方米 | | | | 达到进度 |
| | 18 | 全市人均拥有道路面积(平方米) | | 10平方米以上 | | | | |
| | 19 | 亿元GDP生产安全事故死亡人数 | | 0.2人 | | | | 进展正常 |

续表

| 类别 | 序号 | 指标 | 预期年均增长目标值 | 目标值 | 年均增长实现值 | 实现值 | 预期与实现比较 | 完成情况 |
|---|---|---|---|---|---|---|---|---|
| 人民生活 | 20 | 城市居民人均可支配收入 | 14% | 30000元 | 12.8% | 26231元 | -1.2% | 进展滞后 |
|  | 21 | 农民人均纯收入 | 15% | 10000元 | 15.7% | 11522元 | 0.7% | 超预期 |
|  | 22 | 人口平均预期寿命 | 0.8% | 74岁 |  |  |  | 超预期 |
|  | 23 | 居民消费价格指数 |  | 控制在全国平均水平以内 |  |  |  | 超预期 |
|  | 24 | 城镇登记失业率 | 1.3% | 4.2(‰)以内 |  | 3.63% |  | 进展正常 |
|  | 25 | 农村饮水安全普及率 | 0.6% | 98% |  | 100% |  | 超预期 |
| 资源环境 | 26 | 规模以上工业增加值用水量（吨/万元） |  | 控制国家和省要求以内 |  |  |  | 进展正常 |
|  | 27 | 单位GDP综合能耗（吨标准煤/万元） |  | 5.38吨/万元 |  | 5.49吨/万元 |  | 进展正常 |
|  | 28 | 单位GDP二氧化碳排放量 |  | 2.95吨/万元 |  |  |  | 进展正常 |
|  | 29 | 主要污染物排放总量 |  | 控制到国家和省要求以内分别控制在COD4307吨、NH₃~N：284吨、SO₂：38008吨、NOx：11975吨分别比2010年下降14.9%、10.61%、7%和14% |  |  |  | 每年均完成目标任务 |
|  | 30 | 森林覆盖率 |  | 41% | 10.01% | 45.27% |  | 进展正常 |
|  | 31 | 人均公共绿地面积 |  | 9平方米 |  | 12.2平方米 | 1.01% | 超预期 |
|  | 32 | 空气质量优良率 |  | 95% |  | 97.5% |  | 进展正常 |
|  | 33 | 城市生活污水集中处理率 |  | 100% |  |  |  | 进展正常 |

资料来源：《清镇市国民经济和社会发展第十二个五年规划纲要》《2014年清镇市国民经济和社会发展统计公报》《2015年清镇市国民经济和社会发展统计公报》。

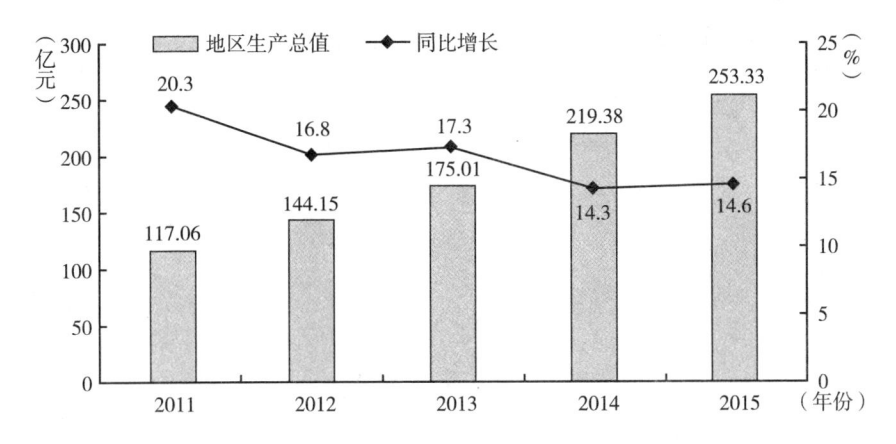

图1 清镇市"十二五"GDP及增速变化情况

注：生产总值绝对数为当年价格，增长速度按可比价格计算。图2~图7的算法同此。
资料来源：2011~2015年《清镇市经济和社会发展统计公报》。

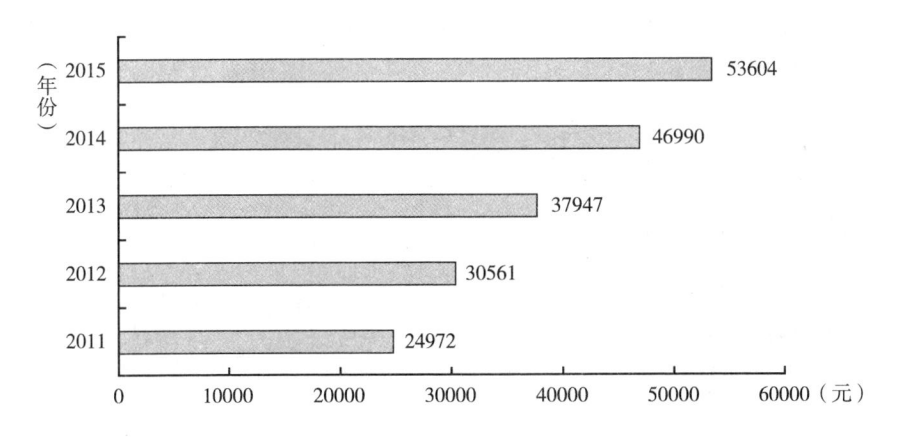

图2 清镇市"十二五"人均GDP情况

资料来源：2011~2015年《清镇市经济和社会发展统计公报》。

社会消费品零售额年均增长达15.9%。作为衡量经济发展水平的重要指标，与《纲要》提出16.2%的目标增长值相比，2011~2015年清镇市社会消费品零售额年均增速整体上放缓（见图4），但社会消费品零售总额呈逐年上升趋势。其中，2015年比2011年增加了186335万元。

"十二五"期间，随着清镇市城镇化的发展，农产品平台的建设，15个园区农产品销售平台及网点的建立，有机农产品实现生产、加工、销售一体化发

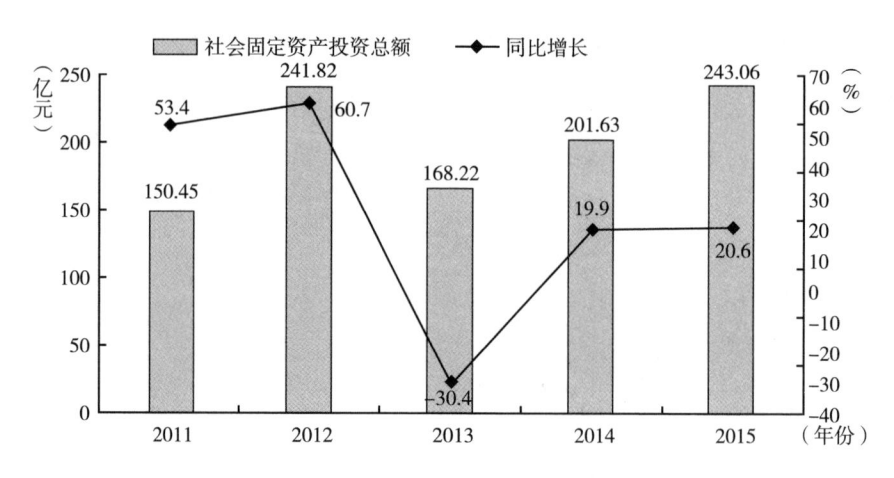

**图3　清镇市"十二五"全社会固定资产投资情况**

资料来源：2011~2015年《清镇市经济和社会发展统计公报》。

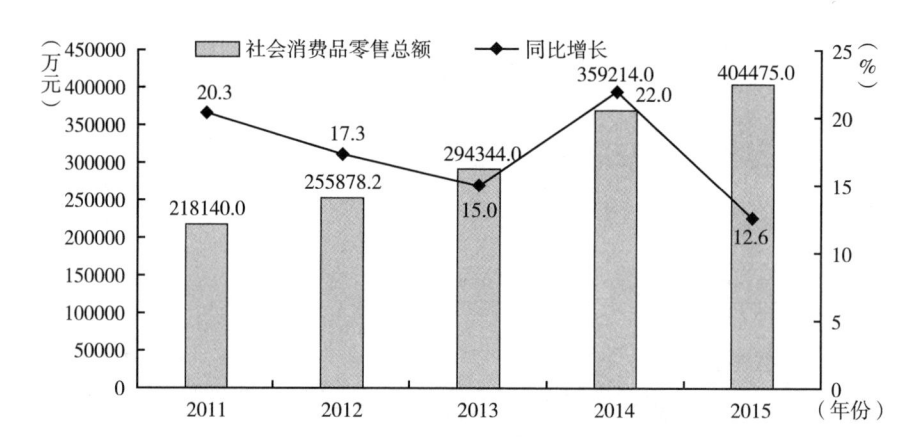

**图4　清镇市"十二五"社会消费品零售总额及增速变化情况**

资料来源：2011~2015年《清镇市经济和社会发展统计公报》。

展。清镇市充分利用职教园区、物流新城聚集人气，加快发展餐饮、住宿、医疗保健、休闲娱乐、社区服务等生活性服务业，积极发挥市场的资源配置作用，加快推动运输、仓储、包装、流通加工、物流配送等业态发展。促进信息消费，推进电子商务创新发展。抢抓贵广高铁开通带来的发展红利，加大对外宣传推介力度，吸引外来消费者到清镇购房置业、旅游度假，积极培育消费热点，刺激消费需求，使社会消费品零售额快速增长。

公共财政预算收入年均增长逐年上升。《纲要》提出，公共财政预算收入年均增长18%的发展目标，"十二五"期间均增速达到22.268%，实际完成目标比规划目标提高了4.268个百分点。其中，2015年年末，清镇市实现公共财政预算收入136465万元，比2010年增长了269.8%。2011~2015年，清镇市公共财政预算收入总量实现了逐年增长（见图5）。

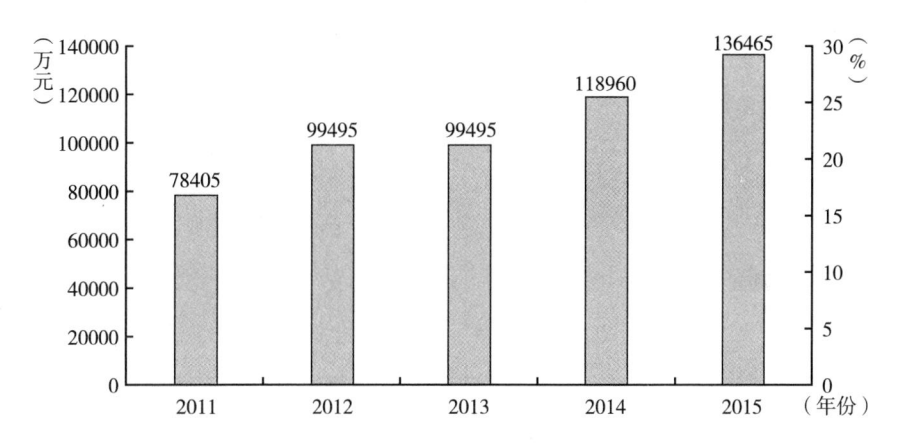

图5 清镇市"十二五"公共财政预算收入及增速变化情况

资料来源：2010~2015年《清镇市经济和社会发展统计公报》。

公共财政预算收入是保障和改善民生条件的重要来源。"十二五"期间，随着公共财政预算收入的逐年增长，清镇市民生社会事业发展迅速，全面推进社会就业、劳动保障、计生卫生、教育事业、公共文化工作，社会事业取得了明显进步。虽然总量实现了逐年增长，但是增速逐年下降，主要是因为"十二五"期间，随着我国经济发展迈入新常态，各类经济指标增速逐步放缓。特别是经济下行压力的持续存在，各类工业企业和重点纳税行业增收放缓，制约了清镇市公共财政预算收入的高速增长，虽然增速呈逐年下降趋势，但是清镇市"十二五"期间公共财政预算收入年均增长达22.268%，仍然处于一个较高的增速状态。

2.三次产业结构变化看产业发展特点

三产呈上升趋势，一产、二产比例有所降低。三次产业结构是国民经济中产业结构问题的第一位重要关系，合理的三产结构，凸显着经济发展的竞争力和活力。2011~2015年，清镇市三次产业比重由2010年的11.52∶44.88∶43.60转变为2015年的9.01∶45.79∶45.20，产业结构日趋优化。总体趋势是一产比重呈现下降，二产趋于平稳，三产比重上升（见图6）。"十二五"期间，清镇市三次产业结构比重变化情况中，第三产业变化最为明显，第三产业占三次产业比重从2011年的41.97%上升到2015年的45.21%，实现了3个百分点的增长。

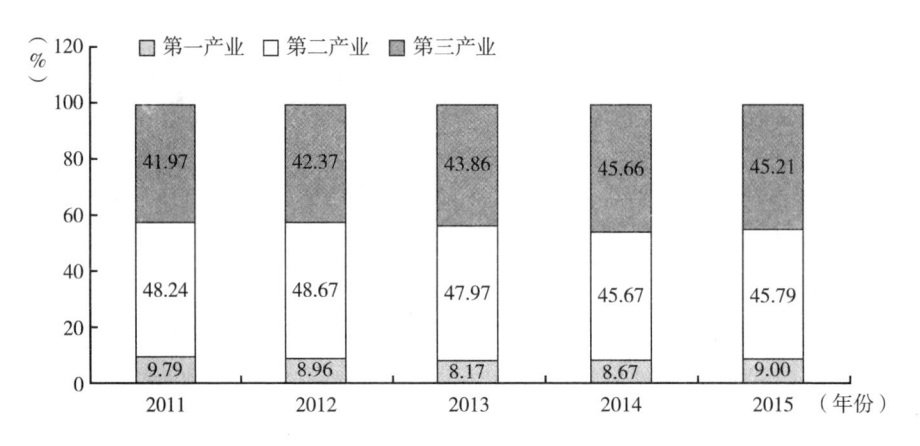

**图6　清镇市"十二五"三产占比情况**

资料来源：2010~2015年《清镇市经济和社会发展统计公报》。

从清镇市三次产业结构看，"十二五"期间，清镇市通过实施现代工业、现代农业、现代服务业"三大振兴行动"计划，三次产业结构逐渐由2010年的"二三一"结构实现了向2015年的"三二一"转变。通过传统产业加速改造升级，淘汰落后产能，先后关停五矿铁合金、贵阳煤气气源厂、贵州化肥厂等一批高污染、高能耗企业，新兴产业不断进驻，第二产业比重有所下降。2015年，全市第二产业增加值1160129万元，增长18.1%。相较于第二产业而言，"十二五"期间，清镇市大力实施现代服务业振兴行动计划，商贸物流产业发展不断加快，第三产业发展速度逐渐高于第二产业。以旅游业为例，2011~2015年接待游客人数和旅游总收入分别由340.49万人次上升到835.04万人次，24.22亿元上升到45.14亿元。

**3. 四类指标看民生发展程度**

城市居民人均可支配收入持续增长。清镇市城镇居民人均可支配收入"十二五"预期年均增长目标为14%，实际完成情况为12.8%。2015年城镇居民人均可支配收入达26231元，相比2011年的18261.2元，增长7969.8元（见图7）。2011~2013年的增长速度在10%左右，总体来看，从2011年的16.44%下降到2015年的11%。

农村居民人均可支配收入年均增长优于城镇。清镇市农村居民可支配收入"十二五"预期年均增长目标为15%，实际完成情况为15.7%，比预计目标提高了0.7个百分点，2015年农村居民人均纯收入达11522元，高于全国平均水平。相比2011年的6897.5元，增长了4624.5元（见图7）。2011~2015年增长速度呈下降趋势，从2011年的26.25%降到了2015年的10.4%。

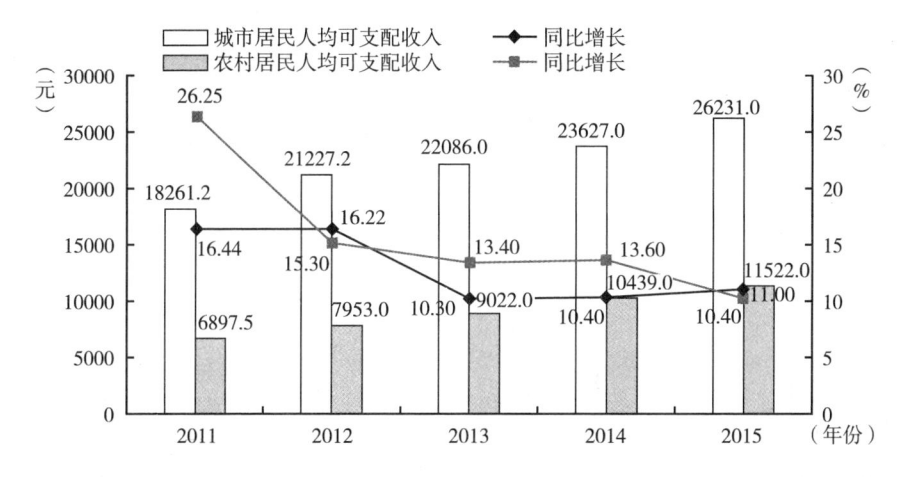

图7 清镇市"十二五"城乡居民人均可支配收入及增速变化情况

资料来源：2010~2015年《清镇市经济和社会发展统计公报》。

综合分析，清镇市"十二五"城镇居民人均可支配收入和农民人均纯收入均实现了逐年增长，增速同比也均呈逐年下降趋势。农民人均纯收入年均增速高于城镇居民可支配收入2.9个百分点，但是城镇居民可支配收入是农民人均纯收入的两倍多，城乡差距明显。

"十二五"期间，为了全面实现小康目标，清镇市大力推进城乡统筹发展，引导和鼓励创新创业，启动清镇市"双创"示范基地建设。公共财政预算投入民生资金21.5亿元，占公共财政预算支出的76.34%，教育、就业、医疗、社保、扶贫、保障性住房等民生事业扎实推进。随着一系列民生项目有序推进，基本实现了加快统筹城乡发展、改善社会民生的预期目标。城镇、农村居民人均可支配收入持续增长，并且均高于同期国内GDP增速，农村居民和城镇居民分配差距有所缩小，居民消费价格指数控制在全国平均水平以内，但是发展水平仍然不高。

城镇登记失业率连续五年控制在4%以内。《纲要》提出城镇居民失业率控制在4.2%以内的发展目标，"十二五"期间，清镇市城镇登记失业率均控制在规划目标内。但综合分析来看，从2011～2015年，清镇市城镇登记失业率有降有增，除了2011～2013年三年的同比增长实现下降外，城镇登记失业率分别低于规划目标0.22、1.21、1.23个百分点，形势较好。2014年、2015年均有所上升，其中2015年相较于2011年下降了0.35个百分点（见图8）。

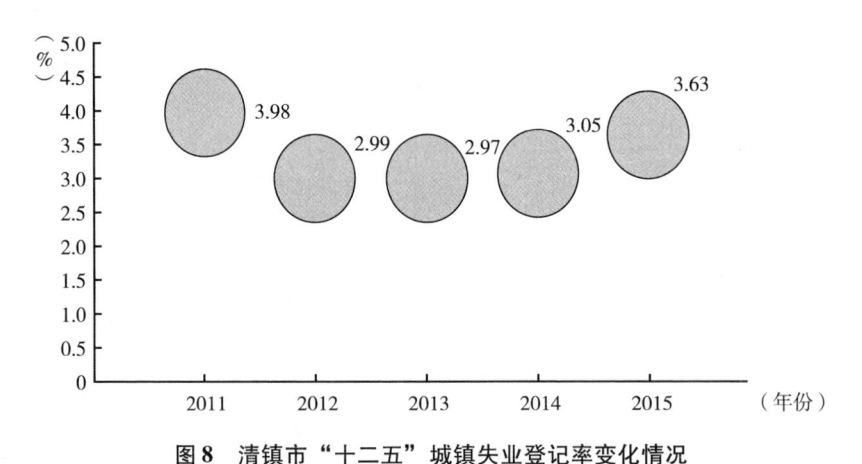

图8 清镇市"十二五"城镇失业登记率变化情况

资料来源：2011～2015年《清镇市经济和社会发展统计公报》。

"十二五"期间，在我国经济新常态背景下，经济增速放缓，下行压力持续，随着深化改革的逐步推进，就业压力进一步凸显，即便地处西部欠发达的清镇市，就业形势也受到了经济下行压力的影响，就业环境也随着全国整体环境的变化而变化。同时，面对大环境的影响，清镇市人社部门着力开展全市人力资源调查，了解劳动力资源状况，分析就业形势，拓宽就业渠道，落实就业政策。通过举办各类招聘会、开展技能培训等方式，让更多城镇新增就业人员就业，城镇登记失业率保持在合理范围。

农村饮水安全普及超预期完成。"十二五"初期，清镇市将农村饮水安全普及率纳入《纲要》的主要指标中,提出农村饮水安全普及率的目标值为98%。2011~2015年清镇市农村饮水安全普及率平稳上升,其中,2014年和2015年均到达到了100%(见图9)。"十二五"期间,清镇市实施农村饮水安全工程126处。2015年供水总量1360万立方米,售水总量1107万立方米。

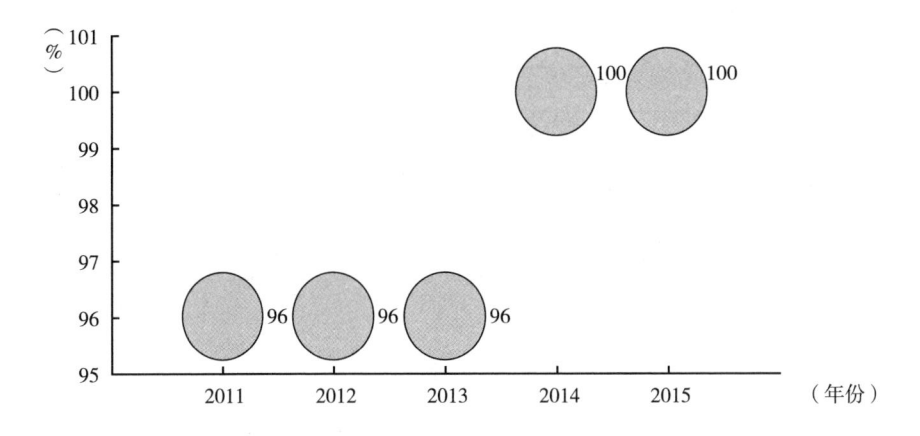

**图9 清镇市"十二五"农村饮水安全普及率变化情况**

资料来源:2011~2015年《清镇市经济和社会发展统计公报》。

**4. 四个百分比看生态文明建设**

单位GDP综合能耗完成规划目标。"十二五"期间,清镇市单位GDP综合能耗超额完成省下达的目标任务。其中,2013年的清镇市单位GDP综合能耗超额完成,低于目标值1.16个百分点。虽然2014年、2015年有所上升,但均控制在国家和贵州省要求以内。另外,规模以上工业增加值用水量达到规划要求。

森林覆盖率达完成规划目标。清镇市"十二五"时期森林覆盖率规划目标为41%,2015年森林覆盖率为45.27%,超过规划目标4.27个百分点。虽然2011年、2012年、2013年年森林覆盖率分别低于规划目标2.96个、1.71个、0.18个百分点,但从图11可以看出,2011~2015年清镇市森林覆盖率实现了逐年增长。

人均公共绿地面积提前完成规划目标。清镇市"十二五"时期人均公共

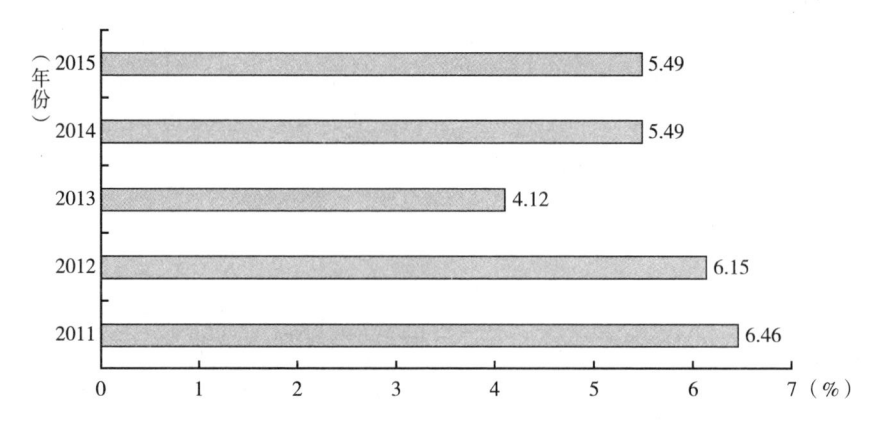

图10 清镇市"十二五"单位GDP综合能耗变化情况

资料来源：2011~2015年《清镇市经济和社会发展统计公报》。

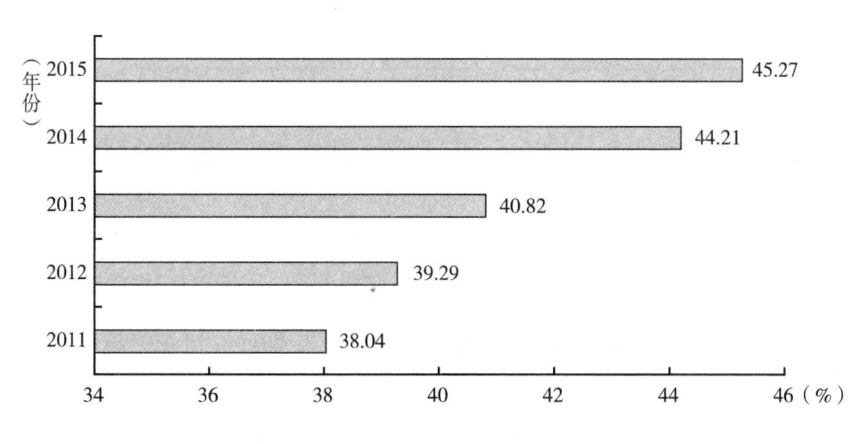

图11 清镇市"十二五"森林覆盖率变化情况

资料来源：2011~2015年《清镇市经济和社会发展统计公报》。

绿地面积发展目标值为9平方米，从图12可以看到，清镇市2012年人均公共绿地面积达到9.10平方米，提前三年完成了规划目标，2015年人均公共绿地面积达到12.20，超出规划目标3.2平方米。

空气质量优良率完成规划目标。清镇市"十二五"空气质量优良率规划目标为95%，2015年空气质量优良率为97.5%，较好完成了规划目标（见图13）。但综合分析2011~2015年数值，五年总体有增有降，数值最高的年份为

清镇市"十二五"规划实施情况的分析报告

2013年,空气质量优良率达到了98.10%,最低为2014年的94.30%,从最高年限到最低年限,下降幅度为3.8个百分点。

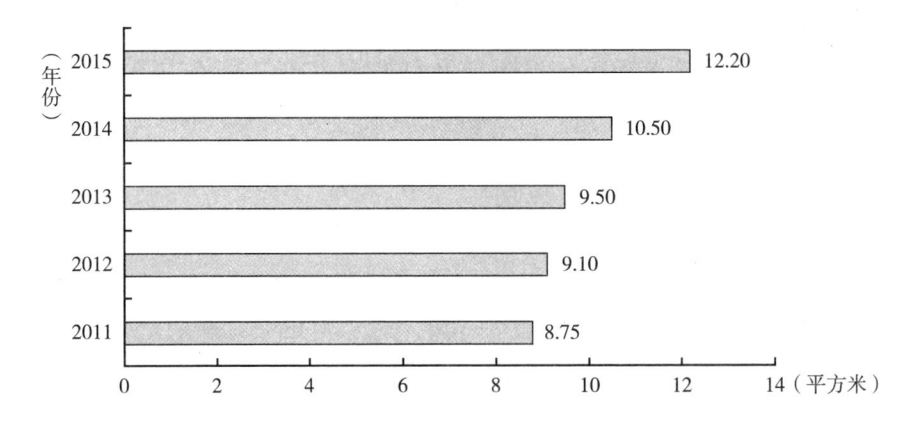

**图12 清镇市"十二五"人均公共绿地面积变化情况**

资料来源:2011~2015年《清镇市经济和社会发展统计公报》。

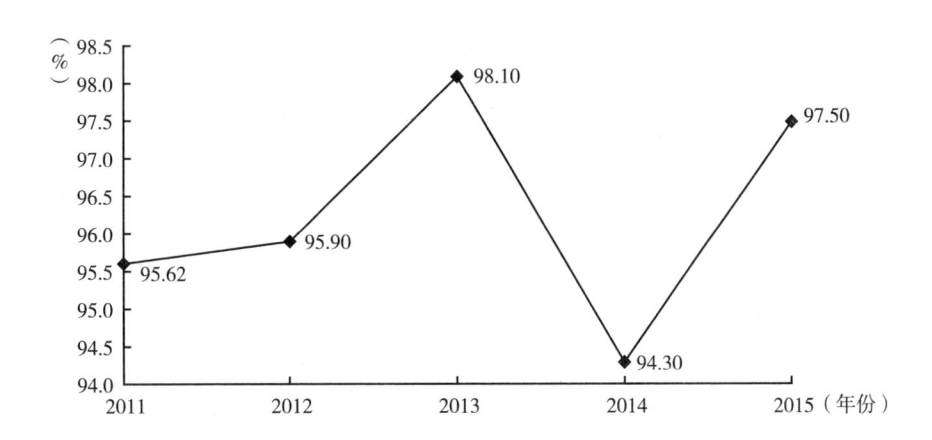

**图13 清镇市"十二五"空气质量优良率变化情况**

资料来源:2011~2015年《清镇市经济和社会发展统计公报》。

"十二五"期间,清镇市设立全国首家基层人民法院环境保护法庭、基层人民检察院生态保护检察局、全省首家县级生态文明建设局,在全国率先实施政府委托第三方监督开展环保工作,"非对抗环境社会治理"模式被列为全国推广项目。清镇市在全省首家编制完成县级环保总体规划,全面推动实施"蓝天守护、

033

碧水治理、绿地保护"三大行动计划。"十二五"期间，清镇市红枫湖国家湿地公园通过国家林业局批复，完成取水口一级保护区核心区搬迁工作，环境空气质量优良率保持贵阳市前列，成为全省生态环境最好的区域之一。

（三）2015年清镇市与贵阳市及其他区（市、县）主要指标比较分析

**1. 地区生产总值排名第四，增速高于全市2.1%**

"十二五"末，清镇市地区生产总值完成253.33亿元，总量在贵阳市十个区（市、县）排名第四（见图14），相当于排名首位的云岩区650.02亿元的39.0%，仍存在一定的差距；比排名末位的修文县高出113.29亿元。同比增速方面，2015年，清镇市地区生产总值同比增速为14.6%，在贵阳市十个区（市、县）排名第六位，比增速最高的乌当区低了1.4个百分点，比增速最低的花溪区高了2.2个百分点。对比全市来看，清镇市2015年地区生产总值仅占贵阳市（2891.16亿元）份额的8.76%，增速高于贵阳全市（12.5%）2.1个百分点。

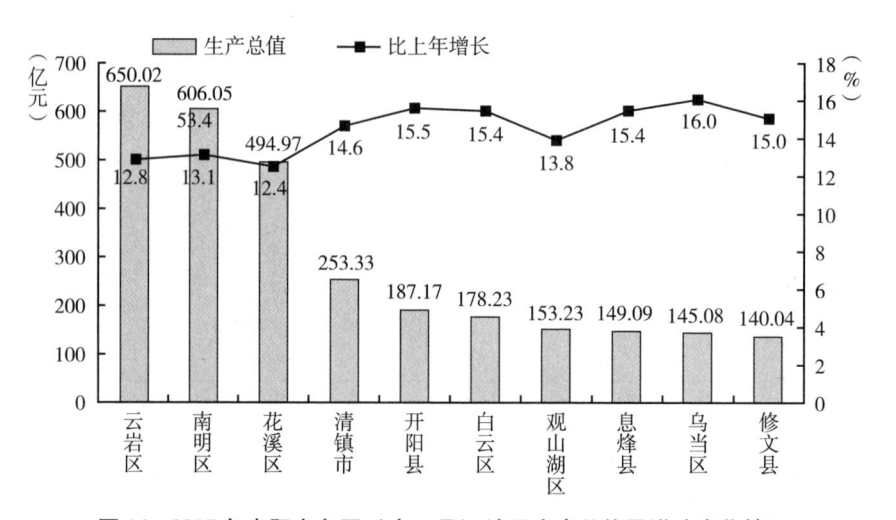

图14 2015年贵阳市各区（市、县）地区生产总值及增速变化情况

注：生产总值绝对值按当年价计算，增长速度按可比价计算。
资料来源：2015年《贵阳市经济和社会发展统计公报》。

**2. 人均GDP排名第五，增速高于全市3.3%**

"十二五"末，清镇市人均GDP为53604元，同比增长13.2%，对比贵阳

市十个区（市、县）（见图15），总量在贵阳市十个区（市、县）排名第八，比排名首位的花溪区的77635元低了24031元，仍存在一定的差距；比排名末位的开阳县的51085元高了2519元。同比增速在贵阳市十个区（市、县）排名第六位，比增速最高的开阳县低了1.4个百分点，比增速最低的观山湖区高了5个百分点。对比全市来看，清镇市2015年人均GDP相对于全市的63003元，差距达到9399元，差距较明显。但增速高于全市平均标准，相比全市的11.3%，高了1.9个百分点。

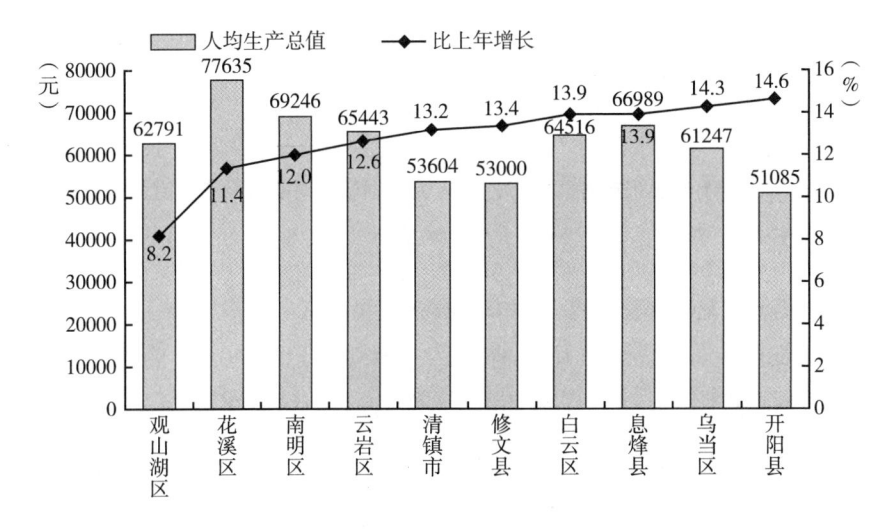

图15　2015年贵阳市各区（市、县）人均GDP及增速变化情况

资料来源：2015年《贵阳市经济和社会发展统计公报》。

### 3. 公共财政预算收入排名靠后，但增速高于全市1.9%

"十二五"末，清镇市一般公共预算收入为13.65亿元，对比贵阳市十个区（市、县），清镇市一般公共预算收入在贵阳市十个区（市、县）排名第七位，排名较靠后，高于排名末位的息烽县6.28亿元，相当于排名首位的观山湖区的44.65亿元的30.57%，与观山湖区、南明区、云岩区等中心城区仍存在一定的差距。同比增速在贵阳市十个区（市、县）排名第五位，比增速最高的白云区、乌当区低了5.9个百分点，比增速最低的息烽县高了7.6个百分点（见图16）。对比全市来看，清镇市2015年一般公共预算收入仅占全市374.15亿元的约3.6%，增速高于全市水平，相比全市的12.8%，高了1.9个百分点。

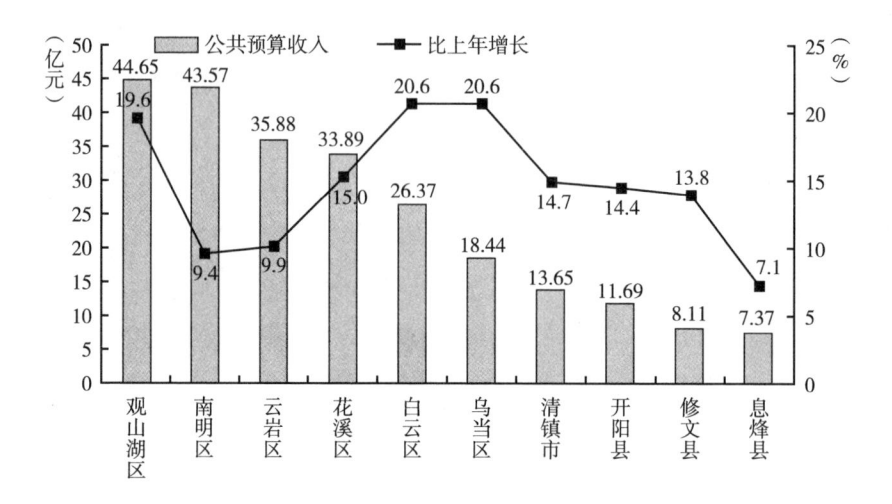

**图16　2015年贵阳市各区（市、县）公共财政预算收入及增速变化情况**

资料来源：2015年《贵阳市经济和社会发展统计公报》。

**4. 社会消费品零售总额较小，但增速高于全市1.5%**

"十二五"末，清镇市社会消费品零售总额达到40.45亿元，增速为12.6%。对比贵阳市十个区（市、县）（见图17），清镇市社会消费品零售总额在贵阳市十个区（市、县）排名第六位，高于开阳县、乌当区、修文县和息

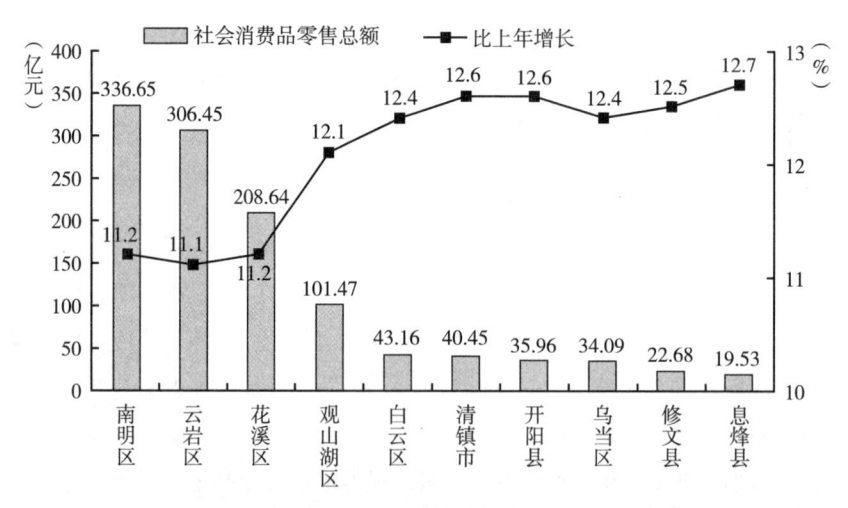

**图17　2015年贵阳市各区（市、县）社会消费品零售总额及增速变化情况**

资料来源：2015年《贵阳市经济和社会发展统计公报》。

烽县，与排名首位的南明区和排名第二位的云岩区相比，清镇市2015年社会消费品零售总额，仅相当于南明区的12%，相当于云岩区的13%，与南明区、云岩区等中心城区的差距较为明显。同比增速方面，清镇市2015年社会消费品零售总额在贵阳市十个区（市、县）排名第二位，仅比增速最高的息烽县低了0.1个百分点，比增速最低的云岩区高了1.5个百分点。对比全市来看，清镇市2015年社会消费品零售总额占全市份额较低，仅占贵阳市份额的3.8%。

**5. 外贸进出口总额排名第六，但同比增速大幅下降达20%以上**

2015年，清镇市外贸进出口总额完成1518万美元，在贵阳市十个区（市、县）排第八名，仅高于开阳县和花溪区。清镇市2015年外贸进出口总额比花溪区高了1128万美元；相当于云岩区的0.77%。同比增速方面，除观山湖区、白云区、开阳县同比实现了增长外，清镇市与云岩区、南明区、乌当区、修文县、息烽县和花溪区2015年外贸进出口总额，同比出现了大幅下降，降幅达到了18%以上（见图18）。对比全市，清镇市2015年外贸进出口总额仅占贵阳市份额的0.16%。

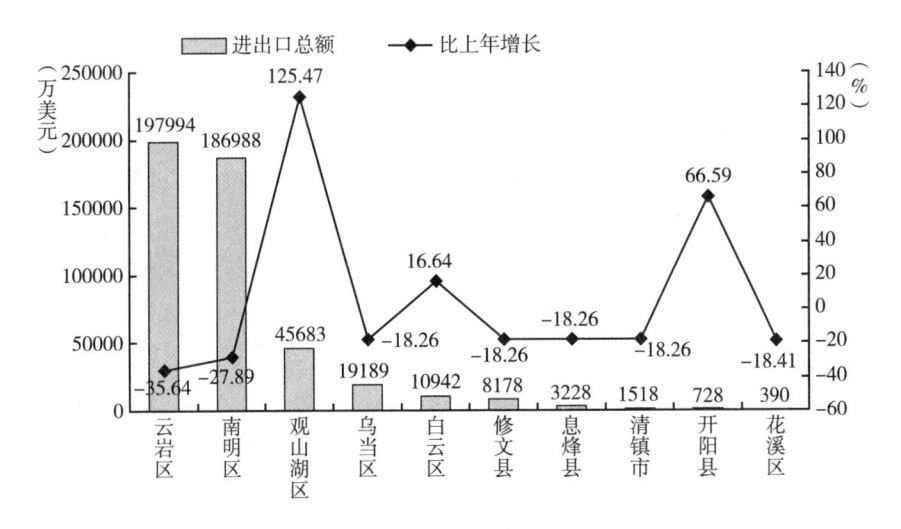

**图18　2015年贵阳市各区（市、县）外贸进出口总额及增速变化情况**

资料来源：2015年《贵阳市经济和社会发展统计公报》。

**6. 城镇居民人均可支配收入排名第八，但增速高于全市4%**

"十二五"末，清镇市城镇居民人均可支配收入达26231元。对比贵阳市十个区（市、县），清镇市城镇居民人均可支配收入在贵阳市十个区（市、县）中排名第八位,与排名首位的云岩区相比,差距达1886元。同比增速方面,清镇市2015年城镇居民人均可支配收入在贵阳市十个区(市、县)中排名第二位,比增速最高的息烽县仅相差0.9个百分点,比增速最低的乌当区高了2.9个百分点(见图19)。对比全市来看,清镇市2015年城镇居民人均可支配收入相比贵阳全市的27241元,低了1010元,增速相比贵阳市的6.6%,提高了4.4个百分点。

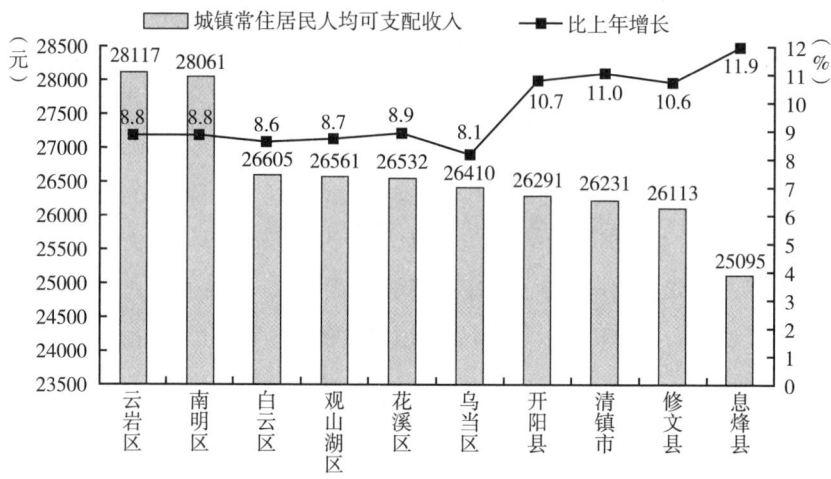

图19 2015年贵阳市各区(市、县)城镇居民人均可支配收入及增速变化情况

资料来源:2015年《贵阳市经济和社会发展统计公报》。

### 7. 农村居民人均可支配收入排名第七,但增速高于全市1.9个百分点

"十二五"末,清镇市农村居民人均可支配收入为11522元,同比增长10.4%。对比贵阳市十个区(市、县),清镇市农村居民人均可支配收入在贵阳市十个区(市、县)排名第七位;与排名首位的云岩区相比,清镇市2015年农村居民人均可支配收入与云岩区差距达2504元。同比增速方面,清镇市2015年农村居民人均可支配收入在贵阳市十个区(市、县)排名第三,比增速最低的白云区高了1.3个百分点(见图20)。对比全市来看,清镇市2015年农村居民人均可支配收入与贵阳全市(11918元)相比基本持平,增速高于贵阳市(8.5%)1.9个百分点。

### 8. 单位GDP综合能耗为5.49,降幅低于全市0.2%

"十二五"末,清镇市单位GDP综合能耗为5.49吨标准煤/万元,同比降低4.9%。对比贵阳市十个区(市、县),清镇市单位GDP综合能耗及下降幅度在十个区(市、县)中均排名末位。与排名靠前的云岩区相比,清镇市

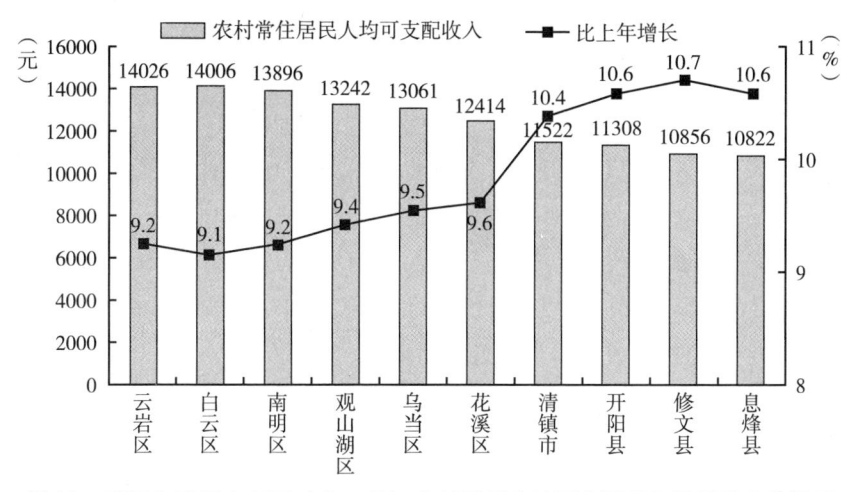

图20 2015年贵阳市各区（市、县）农村居民人均可支配收入及增速变化情况

资料来源：2015年《贵阳市经济和社会发展统计公报》。

2015年单位GDP综合能耗比云岩区高出5.19吨标准煤/万元。同比增速方面，清镇市比下降幅度最大的白云区低了6.7个百分点，比下降幅度最小的云岩区、南明区、观山湖区高了0.4个百分点（见图21）。对比全市来看，清镇市2015年单位GDP综合能耗相比贵阳全市的1.22吨标准煤/万元高出4.27吨标准煤/万元，增速相比全市的-5.1%高了0.2个百分点。

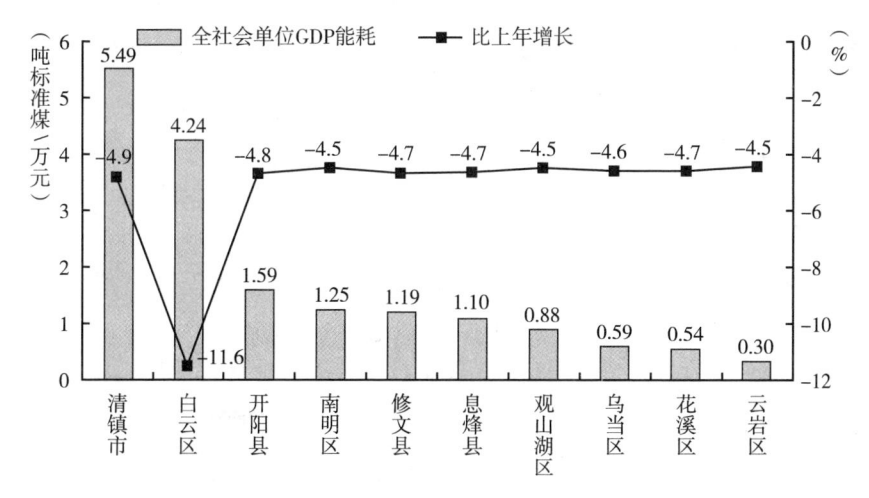

图21 2015年贵阳市区（市、县）全社会单位GDP能耗及增速变化情况

资料来源：2015年《贵阳市经济和社会发展统计公报》。

## 三 清镇市"十二五"规划重点项目推进情况的分析

清镇市"十二五"时期围绕项目建设，深入开展"项目落实年""项目促进年""项目建设年"等活动，制定和落实"县级领导包保服务"和"重大项目指挥部"等制度，强力推进项目建设，拉动了固定资产投资的快速增长，经济发展后劲不断增强。重点建设的项目有200多个，其中列入省市的重点项目累计88个，超额完成了"十二五"时期省、市目标任务。

### （一）引进和聚集了一批产业项目，实现了转型升级，产业结构向好发展

新型工业方面，清镇市传统产业加速改造升级，新兴产业不断进驻，工业产业结构不断优化。中铝煤电铝一体化基地、贵州立诚通信设备研发生产、恒机建材等40个重点项目建设不断推进，其中在建项目31个，恒机建材、今典文柜等5个项目已完工。华锦铝业一期、海螺三期、贵州远成汽车悬架设备生产线等12个项目建成投运。抢抓中关村贵阳科技园清镇园的契机，引进了贵州淘宝生态城、中电贵云数据服务科技园、互联网金融产业园和中铝煤电铝一体化等一批核心项目，中电贵云、淘宝生态城等10余个重点项目建设有序推进。电商物流园总投资约300亿元的88个项目已建成30个，累计完成投资近180亿元，规模以上工业增加值预计达36.1亿元。

都市农业方面，打造"六子登科"保供基地，蔬菜、水果、畜产品、水产品、中药材、茶叶等农业生产目标任务均保质保量完成，扎实推进4个现代高效农业示范园区建设，完成投资12.5亿元，建成三联乳业、华西特驱等一批农业龙头企业。狠抓"米袋子、菜篮子、果盘子、花盆子、肉袋子、药箱子、奶瓶子"项目建设，农业不断增产增效，农民不断增收致富。

现代服务业方面，引进培育清镇汽贸城、华丰物流城、"时光贵州"古镇等一批现代服务业项目，"马上到"公路港一期、湖城雅天大酒店等项目建成投运。"诚信电商"县级运营中心及64个农村电商服务站建成运营，电商物流园入驻物流企业369家，汽车经销商201家，工程机械知名企业16家。全市个体、私营企业达24300家，从业人员近8万人。

表2　清镇市"十二五"规划十大项目

| 序号 | 项目名称 |
|---|---|
| 1 | 华电清镇塘寨电厂一期2×60万千瓦机组、二期4×30万千瓦电铝联营项目 |
| 2 | 贵州广铝80万吨/年氧化铝、40万吨/年电解铝项目 |
| 3 | 中铝猫场矿区铝土矿开发项目、100万吨/年氧化铝、50万吨/年电解铝项目 |
| 4 | 中化集团100万吨/年聚氯乙烯、80万吨/年烧碱、150万吨/年电石、200万吨/年水泥项目 |
| 5 | 山东枣矿新店东、新店西煤矿 |
| 6 | 华能焦化五号、六号、七号炉及尾气综合利用、苯加氢项目建设 |
| 7 | 海螺盘江二期220万吨/年水泥项目 |
| 8 | 中天城投300万吨/年水煤浆项目 |
| 9 | 联塑二期大口径市政管道项目 |
| 10 | 三联乳品工业园 |

资料来源：《清镇市国民经济和社会发展第十二个五年规划纲要》。

（二）关停和搬迁了一批工业项目，生态环境逐步变好

"十二五"期间，清镇市提高企业进驻门槛，在工业项目推进中限制了贵州麦格国际生态旅游度假区、犁倭镇粉煤灰加气砖加工等7个投资总额为91亿元的项目入驻。认真落实"三个凡是、四个不批"项目进驻要求，坚决杜绝"傻、大、黑、粗"项目进入清镇市。实施"蓝天、碧水、绿地"行动计划，完成对海螺、塘寨电厂、华能焦化等14家重点用能企业2013年度节能考核工作，关闭落后产能的五矿铁合金8000千伏安热矿炉1台、湘黔铝铁15立方米高炉1台、宝城铸造80立方米高炉1台，对水晶集团、华能焦化、铁合金厂等15家企业的排放实行在线重点监控，并对其进行沟通协调，推进"退二进三""退城进园"工作。

（三）推进和实施了一批民生工程改善城区生活环境，推动生态宜居城市建设

旧城改造项目取得重大进展。三星村、铁鸡巷和农业局地块等一批棚改项目建设全面提速。实施社区公益项目22个。新区开发取得重大突破，职教园区已入驻职业院校19所，在校师生达8万人，得到了习近平总书记及贵州省委、省政府主要领导的充分肯定。华丰洲际酒店、安峡时代广场、广大上城、

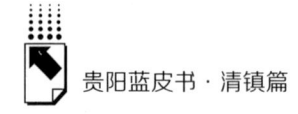

银河世纪等项目有序推进。站街、卫城等示范小城镇实施项目51个，完成投资13.5亿元；6个提高型美丽乡村完成项目89个。2015年年末城镇化率达47.18%。

民生工程提升百姓获得感。"十二五"时期，投入资金27.1亿元，解决事关群众切身利益的"民生十困"问题。实现40个贫困村"减贫摘帽"，10551人脱贫。共立刑事案件1245起，同比下降8.46%，群众安全感达97.39%。信访案件化解率达98.7%，充分利用政务微博，及时发布清镇"好声音"。全面加强食品药品安全、道路交通安全监管和自然灾害防范，公共安全得到较好保障。

## 四 清镇市"十二五"规划主要任务实施情况

"十二五"时期，清镇市以铝及铝加工、装备制造、食品医药、新材料等为支柱的新型工业加快发展，以大数据、大健康、电子商务、金融等为引领的现代服务业蓬勃发展，以改善城乡基础设施为重点，城乡一体化加速发展。顺利完成了"十二五"规划确立的主要任务。

### （一）一、二、三产蓬勃发展

**1. 壮大和优化工业经济**

清镇市按照"全党抓经济、决战在工业、首要建园区、关键建标房、突破在项目"的思路，加快市、乡两级工业园区建设。大力实施生态工业振兴行动计划，工业发展稳步推进。全面推进西部工业园、绿谷产业园、新医药产业园"三园"建设，建成标准厂房16万平方米，新增入园企业15家。园区三联乳业、中精科技、多美门业、贵州博汇铝陶等10余家企业相继建成并试产投产。宏博、华润等9家企业进规入统。工业园区规模以上工业总产值和增加值分别占全市工业总产值和增加值的71%、72%。2015年，全部工业增加值503446万元，比上年增长80%。其中，规模以上工业增加值完成370029万元，比上年增长8.1%。

**2. 加快发展现代服务业**

建"五园"。按照电商物流园、汽车贸易园、工程机械园、粮油食品园、

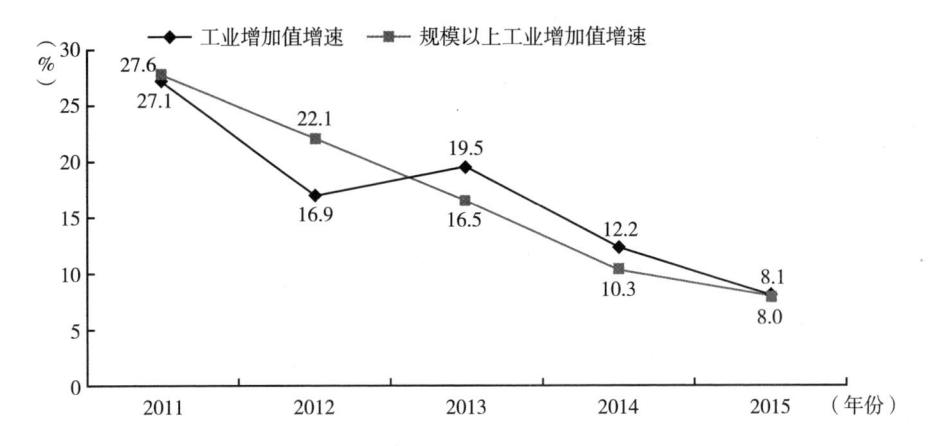

图22 清镇市"十二五"期间工业及规模以上工业增加值增速情况

资料来源：2011~2015年《清镇市经济和社会发展统计公报》。

五金建材园"五园"建设要求，大力发展大数据及电商物流园区，完成"马上到"国际云服务物流园公路港建设、华丰国际物流市场建设，宝马、凯迪拉克、小松等一批汽车和机械市场4S店建成营业。

强商圈。狠抓新老城区建设，着力打造新老城商圈。以中央公园、黔城天街、锦绣蓝湾等旧城商圈改造突出老城生态特色，发展居家、养老等生活性服务业；以"时光贵州"、水岸尚城等新城商圈建设开创城市创新特色发展，发展金融、会展、购物、咨询等生产生活性服务业。

抓旅游。按照"跳出红枫湖抓旅游"的发展理念，实施湖城雅天大酒店、东风湖（鸭池河）贵州西部旅游黄金城等一批重点旅游项目建设，建成贵州省"100个重点旅游景区"项目之一"时光贵州"生态文化旅游小镇，成功承办贵州省第九届旅发大会系列活动"多彩贵州"特色旅游商品展，开展红枫湖环湖自行车赛、"高原明珠·醉美红枫"葡萄文化节等活动。旅游总收入从2010年的16.84亿元增加到2014年45.14亿元。2015年，全市第三产业增加值预计完成114.53亿元，同比增长11.8%。

**3. 加快发展现代农业**

抓龙头。大力实施都市生态农业振兴行动计划，实施"公司+合作社+农户""公司+基地+农户"等模式，推进华西特驱希望、广东润丰等64家龙头企业的发展，切实解决农户资金、技术、销售等难题，推动都市生态农业

龙头企业发展。

建基地。狠抓绿色蔬菜、畜草生态循环、乳品加工3个省级现代高效农业示范园区和畜草生态循环、核桃、蔬菜3个市级现代生态高效农业示范园区建设。示范园区核心区面积3.1万亩,辐射区面积15.7万亩,肉鸡、蔬菜、奶牛、生猪等农业主导产业不断夯实。

抢市场。启动了"一乡一场"、中心城区室内农贸市场和"农改超"建设。建成城区中环国际第一大农贸市场并顺利实现搬迁,取消了新场坝、星坡路、新城路3个马路市场。建成园区农产品销售平台及网点15个,成立各类农民专业合作社198家,家庭农场81个,其中流长乡王院肉牛养殖、犁倭镇玉冠桃、站街镇"三农"蔬菜等9家专业合作社被评为省部级示范社。全市肉鸡出栏量和鸡苗产量、奶牛可存栏容量和乳制品加工、"三品一标"农产品国家认证总量等三项名列全省第一。2015年全市第一产业增加值完成17.81亿元,同比增长达6.9%。

### (二)城市功能扩容提升

坚持突出"休闲世界·避暑天堂"的功能定位和"西贵清镇·中国黔景"的角色定位,完成《清镇市城市总体规划(2012~2030)》《清镇市城市设计》《清镇市城市形象设计》和《职教新城控制详细规划》等重大规划编制。修建城市展示中心,设计城市标识,进一步提升城市品位。全面启动站街镇等5个省、市、县三级示范性小城镇建设。

按照规划推进城市骨架路网建设,加快新区建设和旧城改造步伐。建通了连接观山湖区的金清线,连接清镇新老城区的城北新区1号路、百职路,启动云站大道、站马大道建设,配合抓好连接贵安新区的百马线、金马线等道路建设。依托职教园区、物流新城、百花生态新城建设,城市建成区面积新增3平方公里,新增人口约5万人。完成云岭路、红枫路、红旗路"白改黑"和塔峰路、星坡路等城市道路改造,建成梯青塔湿地公园等一批重点市政基础设施,增强了城市功能。

### (三)可持续发展能力不断增强

组建生态文明建设局,理顺"三联动"机制,抓好《贵阳市建设生态文明城市条例》的贯彻落实，加大以"两湖"保护为核心的生态建设和环境保护力度。实施重点节能减排项目，完成新店污水处理厂建设，站街污水处理厂进水运行，职教园区污水处理管网建设，完成海螺水泥、西南水泥、苗岭建材等企业的脱硝工程。出台《清镇市诚信环保企业创建工作实施方案》，引导企业严格按照清洁生产及节能减排要求从事生产经营活动。狠抓资源就地转化、治矿育林、石漠化治理，森林覆盖率从"十一五"末的37.28%增加至"十二五"末的45.27%。

深入推进"创模"工作，启动实施红枫湖一级水源保护区沿湖村寨生态移民搬迁，申报创建省级卫生镇1个、省级卫生村寨1个、贵阳市级卫生村寨2个，拟创建贵阳市爱国卫生精品社区1个。通过努力，"两湖"水质稳定在Ⅲ类标准以上；环境空气质量达标率为95%，集中式饮用水水源地水质达标率为100%；单位GDP主要污染物排放量逐年下降，环境污染初步得到控制；全社会环保意识明显提高，可持续发展能力得到增强，获得了"国家可持续发展实验区"称号。抢抓红枫湖——百花湖城市湿地公园获国家住建部批准为国家城市湿地公园的机遇，组建红枫湖湿地公园建设管理委员会，启动"五路一中心"规划编制，致力打造红枫湖国际生态文明体验区。

（四）改革开放深入推进

"十二五"期间，清镇市完成撤销青龙街道办事处组建新型社区工作，形成管委会抓发展、社区抓服务的良好格局。出台《关于进一步深化改革扩大开放的意见》，对投融资体制、行政管理体制、资源配置、城乡一体化等重点领域改革工作进行部署。全市15家国有公司被整合为8家，其中城投公司"退平"转型为一般性实体化公司；完成全市91019户1259万平方米农房确权；启动了市信用联社改制组建农村商业银行和暗流乡、犁倭乡撤乡建镇工作；积极做好新的分税制财政管理体制下县级财政管理体制的同步调整和完善，进一步理顺财政分配关系等。

进一步加大招商引资工作力度，2011年首次大规模面向央企和到香港招商取得重大成效；2014年招商引资市外实际利用外资完成2643.85万美元，在北京·贵阳创新驱动合作系列活动中签约总投资达45亿元的中通金域、北京天地超云、北京鑫宏、国机集团等多个项目。大力发展民营经济，非公经济

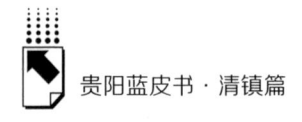

增加值占GDP的比重从2010年的44.65%增加至2014年的60%以上，经济发展结构进一步优化。

## （五）科技发展保民生

**1. 夯实科技创新能力**

一方面，通过高校、贵州省人才博览会、网络等平台招贤纳才，加强人才队伍建设。截至2013年年底，全市各类人才总量达38601人，其中，党政机关人才3600人、企业经营管理人才5730人、专业技术人才12059人、技能人才15614人、农村实用型人才1598人。每万人人才资源数为837人，已超过规划目标。

另一方面，加快职教园区和"绿谷"的规划建设，充分发挥"绿谷"的科技优势、职教园区的技术人才优势，打破部门、院校、行业、企业间的壁垒，搭建以市场为导向、以职业院校为依托、以产业化为目的、以企业为主体的区域创新平台，着力打造全国最大的现代职业教育基地和贵州省重要的科技创新中心，加快技术创新型城市建设，为清镇、贵阳、贵安新区及周边地区产业发展提供技能培训和人才支撑。目前，职教园区入驻职业院校19所，其中11所院校已建成投入使用，8所院校已开工建设；"绿谷"正在进行顶层设计和规划设计编制，贵州网购城、大数据产业等项目正在建设之中。

**2. 切实保障和改善民生**

坚持把全面小康创建活动作为重要载体，按照"三个不能代替"的要求，紧盯"三个核心指标"和薄弱环节，全力攻关。从群众最关心、最直接、最现实的利益问题入手，集中力量办好十件实事，抓好以就业、社保、扶贫为重点的民生工作。实施"营养改善计划"试点，寄宿制学校"留守儿童之家"覆盖率达100%。学前三年入园（班）率达84.3%，学前一年入园（班）率达98.9%，小学、初中辍学率分别较上年降低0.09个、0.48个百分点，随迁子女进入公办学校就读比例达86%，高中阶段毛入学率86.45%。

城镇职工基本养老、医疗、失业、工伤、生育保险参保率均达目标100%。新开工建设城镇保障性住房2009套，基本建成1940套。完成农村危房改造700户。医疗资源建设加快，医药卫生体制改革不断深化，群众健康水平持续提高。在清镇市一医被评定为二级甲等综合医院的基础上，推进市中医院创建二级甲等医院工作，启动实施市一医搬迁建设。着力解决影响社会和谐稳定的源头性问题，确保社会和谐稳定。

深入开展"两严一降"，采取"一打七防""平安网格"等措施巩固平安创建成果，切实提升群众安全感。安全生产事故起数、死亡人数实现"双降"，分别下降31.25%和16.60%。

## 五 清镇市"十二五"规划落实存在的问题分析

### （一）经济总量仍然偏小，创新能力较弱

"十二五"时期，清镇市社会R&D占GDP比重较规划目标还有一定差距，其中一个重要原因是企业投入低。从贵阳全市来看，企业占65%左右，而清镇市企业则不到25%。此外，企业的创新主体意识不强，创新投入不足，高层次和创新人才的产业链融合的机制尚未形成，科技成果的转换率较低，对经济发展的贡献率不够。2015年清镇市GDP为253.33亿元，占贵阳市GDP的8.8%，占比较低。

### （二）投资结构有待改善，投资效益不理想

在投资结构、投资效益方面，主要表现为以下几个方面。

投资结构有待改善。2015年，一产投资占全社会固定资产投资的11.34%，比贵阳市高出7.94个百分点；二产投资占全社会固定资产投资的33.87%，比贵阳市高出16.57个百分点；而三产投资占全社会固定资产投资为54.79%，比贵阳市低24.51个百分点。

表3 清镇市2015年固定资产投资与贵阳市比较情况表

| 地区 | 总投资 | 第一产业（农、林、牧、渔） || 第二产业（采矿、制造、能源供应、建筑） || 第三产业 ||
|---|---|---|---|---|---|---|---|
| | | 投资额（亿元） | 占比（%） | 投资额（亿元） | 占比（%） | 投资额（亿元） | 占比（%） |
| 清镇 | 243.06 | 27.5666 | 11.34 | 82.3164 | 33.87 | 133.1776 | 54.79 |
| 贵阳 | 2804.45 | 95.35 | 3.40 | 485.22 | 17.30 | 2223.87 | 79.3 |

资料来源：2015年《贵阳市经济和社会发展统计公报》，2015年《清镇市经济和社会发展统计公报》。

从投资拉动率来看，清镇市固定资产投资对清镇经济增长的拉动情况随着投资的波动而变化。1995年最低为3.5%，2009年固定资产投资对经济增长的拉动率达到了77%。近年来，由于清镇市加大了固定资产投资的力度，经济的发展也步入了快车道，固定资产投资对经济发展的拉动保持在两位数以上。从整体发展来看，固定资产投资对经济发展的拉动率不断提高。

投资转化率不高。2013年，GDP与固定资产投资的占比为59.45%（贵阳是68.5%、贵州是87.1%、全国是151.6%），固定资产投资对GDP的贡献率低于全国水平，财政总收入与GDP的占比仅为11.4%（贵阳是20%、贵州是21%、全国是38%）；2012年亿元投资解决就业44.16人（贵阳是69人、贵州是54人），投资转化率不高。

表4 清镇市固定资产投资对GDP增长的拉动率

| | 年份 | 固定资产投资对GDP增长的拉动率 | | 年份 | 固定资产投资对GDP增长的拉动率 |
|---|---|---|---|---|---|
| "九五"计划 | 1996 | 0.051777 | "十一五"规划 | 2006 | 0.099785 |
| | 1997 | 0.000592 | | 2007 | 0.12652 |
| | 1998 | 0.067671 | | 2008 | 0.110895 |
| | 1999 | 0.034044 | | 2009 | 0.769871 |
| | 2000 | 0.025188 | | 2010 | 0.334684 |
| | 平均拉动率 | 0.039035 | | 平均拉动率 | 0.245041 |
| "十五"计划 | 2001 | 0.067227 | "十二五"规划 | 2011 | 0.35895 |
| | 2002 | 0.028702 | | 2012 | 0.684686 |
| | 2003 | 0.109269 | | 2013 | 0.2862 |
| | 2004 | 0.088551 | | 2014 | 0.118524 |
| | 2005 | 0.177952 | | 平均拉动率 | 0.335304 |
| | 平均拉动率 | 0.117756 | | | |

资料来源：1996~2014年《清镇市经济和社会发展统计公报》。

表5 清镇市2013年固定资产投资数和GDP情况

| 区域 | 固定资产投资完成数（亿元） | GDP 数值（亿元） | GDP 占固投的比值（%） | 财政总收入 数值（亿元） | 财政总收入 占固投的比值（%） |
|---|---|---|---|---|---|
| 清镇 | 294.38 | 175.01 | 59.45 | 199.62 | 67.81 |
| 贵阳 | 3030.38 | 2085.42 | 68.82 | 277.21 | 9.15 |
| 全省 | 7102.78 | 8006.79 | 112.73 | 2366.24 | 33.31 |
| 全国 | 447074 | 568845 | 127.24 | 129143 | 28.89 |

资料来源：2013年《清镇市经济和社会发展统计公报》。

## （三）高耗能产业占比较大，资源依存度高

结构粗，转型慢。结构性的矛盾仍然存在，工业结构不尽合理，资源依托和高能耗企业占比依然较大（重工业达到87.8%以上）。产品结构总体处于产业链的初级，价值链的底端。农业基础仍不牢固，农业产业化经营发展总体滞后，传统农业的发展格局还没有得到根本转变。服务业带动能力不强，现代服务业发展滞后，旅游业发展存在战略转型和定位提升的问题。高耗能产业占比大导致推动市场转型升级的任务仍然艰巨，产业结构的层次较低，传统产业的产品占比高，高新技术产业、高附加值的产品较少。清镇市仍处于经济发展初期。

## （四）金融机构活力不足，服务能力较弱

近年来，清镇市金融机构发展活力不足，对地方经济发展的支持仍有增长空间。全市金融机构存贷比大致在61%，作为以工业经济为主的县域，资金仅在银行沉淀，就不能进入实体经济去撬动地方经济发展，金融机构尚需增强金融服务力度，提升金融活力。同时，在金融机构支持结构上，由于国有股份制银行受制度规范限制，过度依赖相对灵活的地方股份制银行，导致融资主体资格、融资需求与金融机构资金不能有效对接。

表6　2008~2013年金融机构（存）贷款余额情况

单位：万元

| 年度 | 2008 | 2009 | 2010 | 2011 | 2012 | 2013 |
| --- | --- | --- | --- | --- | --- | --- |
| 人民币各项存款余额 | 432748 | 517521 | 676733 | 746847 | 877358 | 1120600 |
| 金融机构贷款余额 | 241528 | 313622 | 411485 | 463277 | 538224 | 733800 |
| 存贷比（%） | 55.81 | 60.60 | 60.80 | 62.03 | 61.35 | 65.48 |

数据来源：2008~2013年《清镇市经济和社会发展统计公报》。

## （五）有效资源约束大，建设资金缺口大

清镇市内部交通运输体系薄弱，工程性缺水问题突出，能源基础设施差，土地指标、环境保护、节能减排等因素，特别是红枫湖饮用水源地的保护，严

重制约招商引资项目进驻和旅游、矿产等资源的开发。清镇市的有效资源约束大主要表现为土地等瓶颈约束十分突出，生态环保的压力十分巨大，基础配套设施建设任务还很繁重，建设资金缺口大。比如，全市教育、卫生、社保、扶贫等民生事业每年需要投入大量资金，2014年投入21.5亿元，占公共财政预算支出的76.34%，属典型的"吃饭财政"。2014年全市公共财政预算收入11.9亿元，可支配财力为23.3亿元，2013年实行新的财政管理体制及"营改增"税收改革，每年地方财政减收2亿元以上，进一步加大了资金压力。

## 六 清镇市"十二五"规划实施的成效与启示

### （一）攻坚克难，经济发展取得"五个历史性突破"

"十二五"以来，清镇市把加快经济发展作为首要任务，把转型升级作为主攻方向，把发展壮大实体经济、加快推进城镇化作为战略重点，以提速增效、增比进位作为检验标准，奋力推进经济加快发展、转型发展、跨越发展。

营造规范有序的环境，聚集发展的动力。严格依法办事，不断规范政府依法行政行为，只有形成小政府、大职能、高效办事、全力服务、干事创业的行政环境和办事环境，才能更好地促进投资商和市场主体投资兴业，加快发展。

经济发展迈上新台阶，实现五个历史性突破。"十二五"期间，在国家深入实施西部大开发的强力支持下，清镇市坚守发展底线，努力扩大投资，在攻坚克难中快速前进，全市经济增长明显，取得了五个历史性突破。2014年，地方GDP突破200亿元大关、人均GDP突破45000元大关、固定资产投资突破200亿元大关、财政总收入突破20亿元大关、公共财政预算收入突破10亿元大关。2015年经济发展仍然保持平稳增长态势。

### （二）科技创新，产业发展加快转型升级

开拓创新是推动跨越的关键。只有抢抓各种政策机遇，"敢闯敢试"，才能在发展中占得先机，加快转型发展、跨越发展的步伐。"十二五"以来，清镇市以科技创新为核心、以体制机制创新为根本，不断增强发展的内生动力，着力提升科技、人才支撑和引领经济社会发展的能力，不断增强科技创新驱动

发展的动力；着力深化重点领域和关键环节改革，增强发展活力、释放改革红利，通过扩大开放寻求新的发展机遇。

狠抓"创新清镇"建设，产业结构转型升级。"十二五"期间，清镇市三次产业结构持续优化升级，通过"三大振兴行动"计划将三次产业结构转变为"三二一"的结构。坚持创新发展战略，不断提高创新预算支出在GDP中的比重。

## （三）三轮驱动，城镇化建设迈出新步伐

坚持改革开放是加速发展的动力。坚持以改革带开放、以开放促改革，用改革创新解决体制性、机制性矛盾。坚持深化改革，扩大开放，敢啃"硬骨头"、敢于"涉险滩"，让一切技术、管理、资本和人才的活力竞相迸发。

城镇化建设步伐加快。通过大力实施旧城改造、新区开发和小城镇建设"三轮驱动"战略，完成一批城市主干道、棚户区改造和居民新区项目建设，基本建成职教新城、物流新城、百花生态新城、站街、美丽乡村等项目建设扎实有序推进。

在旧城改造方面，完成红枫大街、云岭大街、红旗路、外环路、塔峰路、星坡路等道路及管网提升改造，建成了"倾国倾城"、西班牙风情街、御景华府、锦绣蓝湾、黔城天街等一批小区，启动三星村棚改、铁鸡巷棚改和农业局地块棚改、东门桥棚改、清纺厂棚改等建设项目。

在新区开发方面，以职教园区为引领，大力推动职教新城、百花生态新城、经济开发区新城、物流新城的建设；金马线、百马线、云站路等主要市政干道建成通车；湖城国际、凤凰栖、水岸尚城等小区相继建成。

在小城镇建设方面，积极推进"四在农家·美丽乡村"行动计划，启动了省级示范小城镇站街镇、贵阳市级示范小城镇卫城镇和麦格乡的建设；围绕过境的沪昆高速、厦蓉高速、贵黔高速、成贵高铁、林织铁路等项目建设，大力推动犁倭镇、卫城镇高速匝道建设，启动站马线、麦惠路、卫城开发大道等城镇道路建设，建成通村油路173.8公里；实施广铝100米范围搬迁、站街污水处理厂、新店污水处理厂等基础设施建设；实施了一批城乡电网、通信、邮政网络设施改造提升工程，"三网融合"加快推进，4G开通运行，全市基本实现移动通信网络全覆盖和互联网全覆盖。

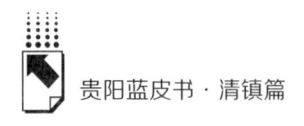

## （四）民生稳定，社会事业加快全面发展

坚持民生为本，正确处理好民生和稳定的关系。只有坚持以人为本，心系群众，才能凝聚人心，和谐共进。通过改善民生，进一步激发全市人民加快发展的热情，为推动经济社会发展提供不竭的动力。"十二五"以来，清镇市加强和创新社会管理，着力推进平安创建、城市应急能力建设，及时有效化解各种社会矛盾，千方百计维护社会稳定、促进社会和谐，为经济社会发展和居民安居乐业营造良好的社会环境。秉承为人民谋幸福的理念，坚持从最广大人民群众的根本利益出发想问题、做决策、办事情，推进十大民生工程，加快推进基本公共服务均等化，不断提高城乡居民收入水平，使发展的成果惠及全体人民。

社会事业全面发展。深入实施"六大行动"，社会公共服务能力得到提升。教育优先发展成效显著，"两基"成果进一步巩固，实现学前教育、义务教育、高中教育、职业教育加快发展。

## （五）双赢战略，生态与经济发展相得益彰

坚守"两条底线"是持续发展的前提。"十二五"以来，清镇市坚持以生态文明引领经济社会发展，抢抓"东区城镇化、西区工业化、全市生态化"发展机遇，加强制度创新，强化生态建设、环境保护，大力发展循环工业、生态农业、绿色交通、绿色建筑，加快推进经济绿色转型，实现经济快速发展与生态环境不断改善的双赢，走出一条具有清镇特色的绿色、可持续的发展道路。只有牢固树立生态文明发展观念，坚持把循环经济理念贯穿到经济发展各个环节，才能使经济发展和环境保护相得益彰，在有限的资源环境下实现永续发展。

生态环境改善成效明显。"十二五"期间，清镇市编制完成贵州省首家县级环保总体规划。深入推进"控违、治水、护林、净气、保土、强管"六大执法战役和"绿化、美化、亮化、净化、序化、畅通"六大整治工程，重点实施退耕还林、石漠化治理、红枫湖水体治理、污水处理厂等一批生态保护和治理项目。在贵阳首家实施城市生活污水处理中水回用工程。拆除违法建筑739户50.21万平方米。完成石漠化治理3万余亩，新增绿地面积12万平方

米，森林覆盖率提高到45.27%，全年空气质量优良率达97.5%。成功创建一批生态文明乡（镇）、村、机关、学校、企业。查处破坏生态环境违法案件104件，查办生态领域职务犯罪案件9件17人。"非对抗环境社会治理"模式被列为全国推广项目。

## 参考文献

贵阳市人民政府：《贵阳市国民经济和社会发展第十三个五年规划纲要》，2016年1月。

贵阳市统计局：《2015年贵阳市国民经济和社会发展统计公报》，http：//tjj. gygov. gov. cn/art/2016/4/12/art_ 27747_ 967560. html，最后访问日期：2017年4月12日。

清镇市人民政府：《清镇市国民经济和社会发展第十三个五年规划纲要》，2016。

清镇市人民政府：《清镇市国民经济和社会发展第十二个五年规划纲要》，http：//www. gygov. gov. cn/art/2011/4/1/art_ 18331_ 405846. html，最后访问日期：2017年4月12日。

清镇市发改局：《清镇市国民经济和社会发展第十二个五年规划纲要实施情况研究》，2015年5月。

清镇市统计局：《2011年清镇市国民经济和社会发展统计公报》，2012。

清镇市统计局：《2012年清镇市国民经济和社会发展统计公报》，2013。

清镇市统计局：《2013年清镇市国民经济和社会发展统计公报》，2014。

清镇市统计局：《2014年清镇市国民经济和社会发展统计公报》，2015。

清镇市统计局：《2015年清镇市国民经济和社会发展统计公报》，2016。

# 理论篇
Theory Reports

## B.3
## 公园城市的基本概念及基础理论研究

摘　要： 城市问题一直是困扰人类发展的主要问题之一，面对人口快速增长、城市空间紧张、城市生态环境被破坏等一系列城市问题，人类一直在努力寻求一条科学的城市可持续发展之路。19世纪，英国学者埃比尼泽·霍华德针对城市发展问题，提出了"田园城市"这一概念和理论，对人类的城市发展理念产生了巨大影响，此后在学界陆续产生了田园城市、园林城市、花园城市、生态城市、宜居城市等城市发展理论。文章认为，前人的相关理论在当今对于城市发展依然发挥着重要的指导作用，但时代的局限性也日渐凸显，"公园城市"贯彻了以人为本、绿色发展等理念，强调生态与经济双重效益并重，是当今城市可持续发展路径的典范。

关键词： 城镇化　可持续发展　公园城市

# 一　从城市规划理论视角理解公园城市理论

## （一）城市规划理论的功能导向

**1. 城市发展到一定阶段普遍出现"城市病"**

20世纪80年代以来，我国城市发展速度加快，城镇化水平显著提高。1980年，中国的城镇化水平为19.39%，2011年提升到51.27%，城镇化水平首次超过50%，成为中国城市发展史上的标志性事件，开启了全新的城市发展进程。2015年我国城镇化率达到56.1%，城镇常住人口达到7.7亿。[①] 城镇化的快速推进，推动了我国经济社会的高速发展，但也给中国城市在经济、社会、生态层面上带来一系列的压力，引发"城市病"。

"城市病"是指城市经济、社会、生态发展滞后于过快的城镇化进程，从而引发的一系列负面效应。"城市病"主要表现在三个方面。经济方面，城镇化使产业及劳动力不断向城市集聚，但城市基础设施和社会公共服务相对滞后，城市发展的承载力不足，导致集聚经济产生拥挤效应。社会方面，城镇化导致大量人口涌入城市，有可能出现交通拥堵、环境恶化、住房紧张甚至犯罪行为，给政府社会治理带来难度。生态方面，快速的城镇化可加剧城市人口经济社会活动，有可能超过城市负荷，造成资源消耗与环境污染，将给城市带来更大压力。

**2. 解决"城市病"的关键在于优化城市功能**

旧的发展理念和发展方式的偏差，以及传统城市规划和建设中存在的问题，导致了"城市病"多发。要解决城镇化进程中的"城市病"，必须以科学发展观为指导，走以人为本的新型城镇化道路，以科学、合理的规划推进我国城镇化进程，使城市功能得到最大优化，这也成为目前解决"城市病"的关键所在。

城市功能的优化和提升正在成为影响我国实现可持续发展的重要因素。

---

[①] 新华网：《2015年全国城镇常住人口达到7.7亿城镇化率近6成》，http://news.xinhuanet.com/city/2016-01/30/c_128686507.htm，2016年1月30日。

在可持续发展观这一理念下,我国城市必须进行发展转型和功能优化。以可持续发展观为核心的城市功能优化,就是要科学谋划、统筹布局、整体联动、共同提升,遵循科学协调原则;在城市建设中,要合理确定城市的发展方向和发展规模,使整个城市的建设和发展达到技术先进、经济合理、布局协调、环境优美的综合效果,进而促进城市的整体发展,建设功能更加齐全的现代化城市。

**3. 城市规划理论致力于以规划为引领、优化城市功能**

城市规划是城市建设的依据,它确定了城市规模和发展方向,其目的是合理配置城市资源,协调城市空间布局,优化城市功能。

城市建设的导向是以规划为引领。城市规划理论具有科学性及指导性作用,从整体上明确了城市建设的方向,致力于促进城市要素的紧密结合,并产生关联力和凝聚力,使之相互作用于城市建设,促进城市资源更加公平地分配,使城市布局更加科学合理,进而在最大限度上优化城市功能。

优化城市功能是城市规划的目的。开展城市规划就是为了合理利用城市土地,促进城市资源均衡分配,维护城市发展的稳定以及和谐。城市规划要科学规划城市的建设布局和产业布局,促进城市协调发展及产业快速融合,提高城市综合竞争力。当前,城市发展已经进入新阶段,城市规划理论更加致力于科学规划、合理统筹,进一步优化城市功能,使城市发展更加科学、协调、可持续。

## (二)现代城市规划理论的可持续发展观

**1. 全球背景下可持续发展理论的提出**

20世纪50~60年代,人类社会进入蓬勃发展阶段,城镇化进程加快,带来人口膨胀、资源过度消耗等问题,生态环境恶化趋势明显。人们开始认识到生态环境的重要性,必须把保护生态环境放在首位,人类才有可能得到长远发展。这种认知让人们逐步开始探索一种全新的发展模式,可持续发展理论也正是在这样的背景下提出的。自1972年罗马俱乐部[①]提出"持续增长"及"合理、持久、均衡"发展理念之后,可持续发展理论历经提出概念、阐述概念、

---

① 关于未来学研究的国际性民间学术团体。

明确战略选择、落实发展理念四个阶段（见图1），最终被确立为全人类的战略选择，也被世界各国普遍接受并付诸实践。

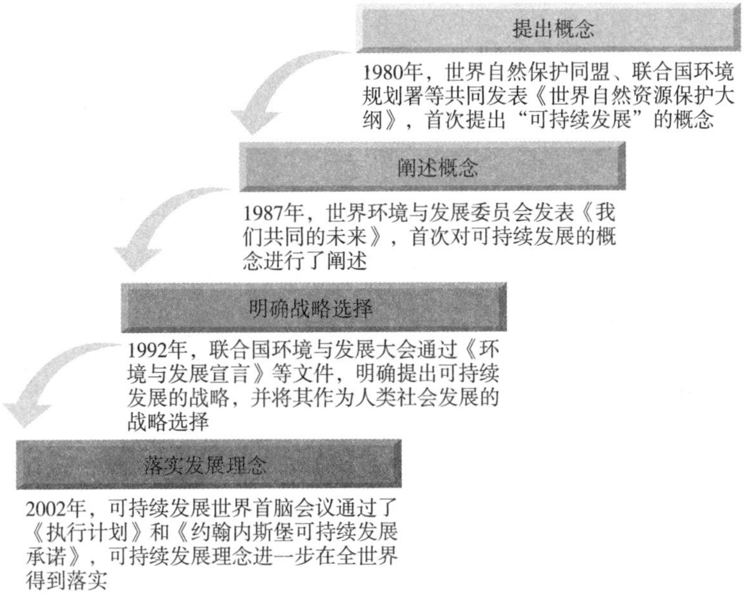

```
提出概念
1980年，世界自然保护同盟、联合国环境规划署等共同发表《世界自然资源保护大纲》，首次提出"可持续发展"的概念

阐述概念
1987年，世界环境与发展委员会发表《我们共同的未来》，首次对可持续发展的概念进行了阐述

明确战略选择
1992年，联合国环境与发展大会通过《环境与发展宣言》等文件，明确提出可持续发展的战略，并将其作为人类社会发展的战略选择

落实发展理念
2002年，可持续发展世界首脑会议通过了《执行计划》和《约翰内斯堡可持续发展承诺》，可持续发展理念进一步在全世界得到落实
```

**图1　可持续发展理论的确立过程**

### 2. 现代城市发展的资源瓶颈与环境制约

随着城镇化进程的加快，城市日益成为人类主要的聚居地和现代经济活动的中心。城市人口总量和城市常住人口数量的快速增加，GDP和城镇居民人均可支配收入的显著提高，城市朝着高质量和多功能方向发展，城乡差别逐渐缩小，且城乡融合程度加深，都标志着城市发展取得了长远进步，我国城市逐步进入现代化阶段。

以经济发展情况为例。1978年，我国GDP为3645亿元，城镇居民可支配收入为343元，2015年，GDP增长到67.67万亿元，城镇居民可支配收入增长到3.12万元[①]。经济增长促进了城市的发展，加快了城镇化进程，导致大量人口涌入城市，造成了城市资源消耗和环境污染等问题。为实现我国经济社

---

① 《2016年全国人民代表大会政府工作报告》。

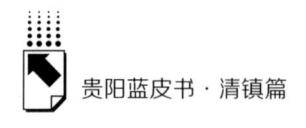

会实现可持续发展，建设现代城市，走出一条现代化新路，必须尽快突破资源短缺与环境污染瓶颈。

**3. 现代城市规划理论旨在推动城市的可持续发展**

传统的城市规划理论是基于可持续发展最基本的解释提出的，考虑了人类发展需满足当代和后代人的需求，但却仅仅局限在经济问题上，忽略了其他更多可持续发展的要素，如建立社会公平、推动经济持久力等。

现代城市规划理论建立在传统城市规划理论之上，是传统城市规划理论的补充和升华，囊括了经济、社会、环境等各个方面，将城市发展要素作为一个整体来进行规划，旨在推动城市的协调、可持续发展。现代城市规划理论以环境责任为价值观，致力于建设人与自然和谐共存的生活环境，在此基础上，正确对待城市发展建设与生态环境之间的关系，力求城市与自然共生，实现城市生态系统的良性循环。现代城市规划理论以可持续发展为导向，将城市规划与可持续发展结合在一起，引导城市逐步走上可持续发展之路。

## （三）公园城市理论是以推动城市可持续发展为目标的现代城市规划理论

**1. 公园城市理论沿袭城市规划理论对优化城市功能的追求**

城市规划的目的是争取城市功能的最大优化，这就要求城市必须依据自身资源及发展状况来制定城市发展方案，协调资源配置，促进城市发展，城市规划具有战略性和综合性。

公园城市理论是对传统城市规划理念的创新，并在其基础上，力求对城市功能进行再次优化。公园城市理论的核心是建设城市公园，即依据城市资源，如森林、湿地、山体等，改造、建设不同类型的城市公园，促进形成规模广、类型多、层次丰富的城市公园体系，改善城市生态环境，提升城市品位，最终将城市打造成宜居、宜学、宜商、宜游的公园城市，将城市建成"大公园"，让市民住进"公园"里。

实施公园城市建设必须在城市老城区和新城区同时着力。在老城区进行城市功能疏解，推进棚户区、城中村改造，减少新项目修建，多腾出绿地和市民活动空间，改造、提升社区公园；同时完善配套服务设施，促进城市公共服务设施均衡布局，让百姓生活更加便利，逐步引导人口、功能向周边城区疏散。

在新城区应积极完善新区城市功能，增加新区公共资源配置，如教育、医疗、文化等，同时依据新区优势合理进行规划，大力推进城市公园建设，促进形成公园城市体系，争取新老城区城市功能的最大优化。

**2. 公园城市理论倡导将城市建设为"公园化"的可持续发展的绿色生态系统**

公园城市建设旨在以维护城市生态安全为原则，保护山体和水体，凸显山水特色，形成绿地体系完整、园林景观风貌良好、人文内涵丰富的城市绿色生态系统。

公园城市理论倡导将城市建设为"公园化"的绿色生态系统。加强各类公园建设，完善公园体系，增加公园数量，丰富公园类型，提高公园质量，提升服务品质，改善人居环境。提高绿地率、绿化覆盖率、人均公园绿地面积、公园服务半径覆盖率、万人综合公园指数、各区人均公园绿地面积、国家级公园数量、城市居民对公园建设满意度等各项指标水平，将整个城市建设成为一个环境优美、功能齐全、生活便利的大公园。

公园城市理论倡导将城市建设为可持续发展的绿色生态系统。我国经济的长期、高速增长，创造了越来越多的物质财富，加速推进了工业化和城镇化进程，但也带来了较大的生态破坏和环境污染。我们必须清醒地认识到，城市生态环境非常脆弱，一旦被破坏很难修复。为了平衡、协调发展与生态之间的矛盾，就必须牢牢守住生态这条底线，坚持走可持续发展之路。而公园城市理论所倡导的，就是将城市建设为可持续发展的绿色生态系统，使自然生态和现代城市紧密融合。

## 二　公园城市的理论基础与概念辨析

### （一）公园城市相关理论的发展与演变

**1. 田园城市：新型"城市—乡村"协调聚居形式**

1898 年，埃比尼泽·霍华德[①]出版《明日：一条通往真正改革的和平道

---

① 埃比尼泽·霍华德，英国"田园城市"运动创始人。

路》① 一书，提出了"田园城市"理论。田园城市理论倡议把城市和乡村联系在一起，结合城市和乡村的优点，建设新型城乡一体化的社会结构形态。

霍华德提出的"田园城市"是兼具城市乡村优点、推崇城乡一体化发展的理想形态。霍华德认为，城市和乡村各有优劣，而二者的结合体"城市—乡村"模式则取其精华，扬长避短，更加有利于城市建设，城市和乡村的结合必然会产生全新的积极效果。田园城市理论认为，城市、农村、城市—农村三种生活形态犹如三块磁铁，它们之间相互作用、密不可分，为此，霍华德绘制了著名的三磁铁图。

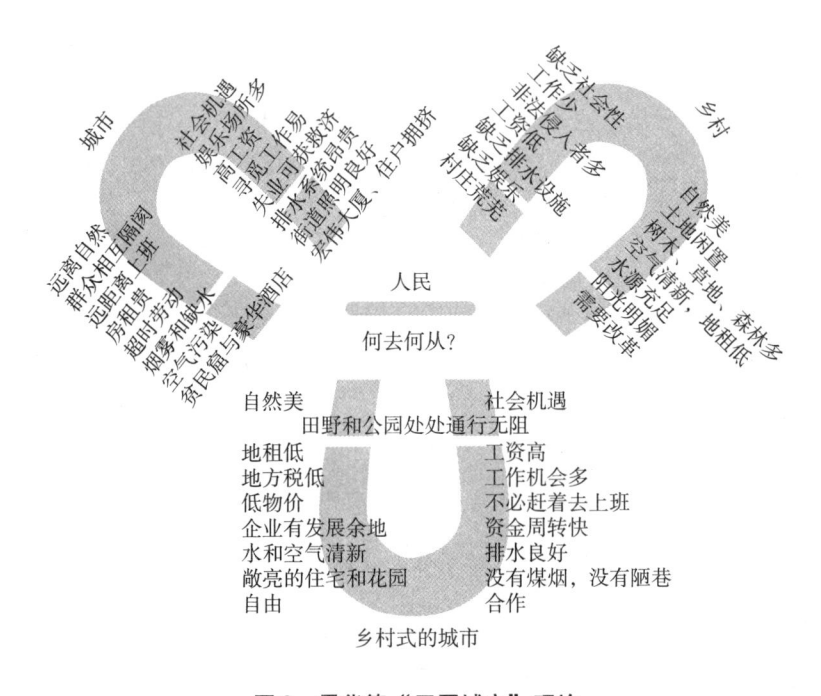

城市：社会机遇、娱乐场所多、高工资、寻觅工作易、失业可获救济、排水系统良好、街道照明良好、宏伟大厦、住户拥挤
远离自然、群众相互隔阂、远距离上班、房租贵、超时劳动、烟雾和缺水、空气污染、贫民窟与豪华酒店

乡村：缺乏社会性、工作少、非法侵入者多、工资低、缺乏排水设施、缺乏娱乐、村庄荒芜
自然美、土地闲置、树木、草地、森林多、空气清新、地租低、水源充沛、阳光明媚、需要改革

人民
何去何从？

自然美　　　　　　社会机遇
田野和公园处处通行无阻
地租低　　　　　　工资高
地方税低　　　　　工作机会多
低物价　　　　　　不必赶着去上班
企业有发展余地　　资金周转快
水和空气清新　　　排水良好
敞亮的住宅和花园　没有煤烟，没有陋巷
自由　　　　　　　合作
乡村式的城市

**图 2　霍华德"田园城市"理论**

从三磁铁图我们可以看到，城市、农村、城市—农村三块磁铁各自以其优点作为引力，吸引着人民向其靠拢，那么人民到底应该何去何从呢？为了实现均衡、协调的发展，必须打破城市与农村的隔离状态，将城市与农村有机地结合起来，建设"田园城市"，实现二者之间的平衡、协调发展。

---

① 1902 年修订再版，更名为《明日的田园城市》。

### 2. 园林城市：注重以城市绿化为切入点、以文化审美为指导

按照建设部《园林城市评选标准》，建设园林城市就是要"保护城市依托的自然山川地貌，搞好大环境的绿化建设、改善城市生态、形成城市独有的风貌特色。"

由此可见，园林城市建设就是以城市绿化为切入点，以文化审美为指导的城市建设模式。因此，园林城市既是一种生态意识，又是一种文化意识，园林城市建设就是要融合自然山水之美与人文之美，使两者相互协调，创造出一种有情的意境之美。

园林城市建设要以城市绿化为切入点，做好道路绿化、居住区绿化、单位绿化、苗圃建设和城市立体绿化，组织城市全民义务植树，提高城市绿化覆盖率、建成区绿地率、人居公共绿地面积指标水平，建设分布均衡、结构合理、功能完善、景观优美、人居生态环境清新舒适、安全宜人的园林城市。

园林城市建设要以文化审美为指导。城市是人类文化的载体，历史建筑、历史地段、传统街区、古典园林等历史文化遗产是城市文化的重要组成部分，它最直观、最生动地反映城市的历史文化信息。在园林城市的规划中，应注重城市历史文脉的延续，关注传统文化，保护具有深刻文化底蕴的历史地段和重点文物，不断丰富和拓展城市的历史文化内涵，提升城市的文化品位。

### 3. 花园城市：以新加坡为典范的城市建设

"花园城市"这一概念最早是在1820年由著名的空想社会主义者罗伯特·欧文[①]提出的。花园城市提出城市建设要科学规划，突出园林绿化，旨在促进城市的可持续发展。花园城市理论在世界许多城市的规划和建设方面得到体现，新加坡堪称其中典范。

在新加坡独立之初，为了改善人民的生活环境，避免欧美国家在工业化进程中出现的一些城市问题，新加坡领导人李光耀提出了建设"花园城市"的构想。

20世纪60年代，新加坡兴起全民参与绿化运动，在路旁和道路隔离带上广泛种植树木和灌木，通过路面绿化奠定了新加坡"花园城市"的基础。

20世纪70年代，着重于城市美化，注重植物多样性搭配，强调垂直绿化及在公园中增设休闲设施，成为新加坡打造"花园城市"的重要一步。

---

① 罗伯特·欧文（Robert Owen），19世纪初英国空想社会主义者。

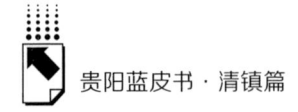

20世纪80年代，加强园林规划和绿化管理，实现规划科学性及管理信息化，为"花园城市"建设提供支撑保障。

20世纪90年代，注重强化国民绿化意识，追求生态平衡，实现生态环境的可持续发展，继续推动"花园城市"建设进程。

新加坡"花园城市"建设实现了共计10000公顷的植被区覆盖，占国家陆地面积的14%，其中包括自然保护区3327公顷、城市公园及开放空间3318公顷、公园绿道200多公里，实现记录在册树木140万株[①]，城市景观繁茂葱翠，生态环境良好宜人。

通过几十年的建设，新加坡"花园城市"构想逐步成为现实，为人们提供了良好的生活环境和发展基础，实现了从贫穷落后的第三世界国家向全球新兴发达经济体的转变，并以优化的城市布局、完善的绿化体系闻名于世，从根本上体现了可持续发展的思想。

**4. 生态城市：强调人与自然的和谐共生**

20世纪70年代，城市环境问题在西方发达国家的爆发，引起国际社会关注和重视，也掀起了环境与生态问题科学研究的热潮。20世纪80年代，联合国教科文组织发起并启动了"人与生物圈计划"，该计划专家工作组主要成员——苏联学者亚尼茨基（Oleg Yanitsky），基于20世纪80年代世界各国城市生态问题的研究成果，率先提出并系统阐述了"生态城市"的概念。

有学者认为生态城市是集约、有活力、低碳并与自然和谐共存的聚居地，生命力、公平和美是生态城市的标准，并提出了关于建立生态城市的十条原则：社区建设紧凑多样原则、交通建设优先原则、城市环境修复原则、宜居原则、社会公正原则、发展城市绿化项目原则、发展新兴科技原则、生态效益与经济效益并重原则、简单生活方式原则、提高公众生态文明意识原则。关于生态城市建设的原则，体现了生态城市建设强调民众利益、城市功能均衡发展、公共基础设施建设优先、公众参与、城市生态修复、注重人文景观、城市集约化发展以及城市可持续发展等核心理念。

**5. 宜居城市：重点以提高居民生活质量为目标**

宜居城市一般是指适宜人类生产、生活和居住的城市。随着城市规划的发

---

① 陈传康：《从城市建公园到如何使城市成为公园》，《城市问题》1993年第3期。

展,对舒适和宜人的居住环境的追求,在城市规划中的地位得到确立。宜居城市的研究历程是伴随着城市发展面临的问题而产生的。在我国城镇化快速推进的过程中,由于过度偏重经济效益而忽视了城市居民生活环境的质量,导致如今城市发展面临着诸如环境污染、交通可达性不高、居住空间和建设空间紧缺等一系列问题。宜居城市的提出成为解决城市可持续发展的重要选择。城市的宜居性涵盖了多方面、多维度的要素。市民对生活质量和城市宜居性的评价,不仅包括收入、住房、就业、安全、健康等基本层面的因素,还包括社区参与、城市活动、个人发展与自我实现等更高层面的因素。"可持续发展"既是城市发展目标,也是城市发展模式和发展途径。随着城市发展的人本主义逐渐回归,城市的决策者们越来越注重从民众需求的角度来规划和建设城市的空间结构。宜居城市是以人本主义为核心的城市发展理念,目标是为了提高城市宜居性。宜居城市关注的是城市的生态环境是否适宜于居住和生活,以及如何使城市的生态环境更加符合居住和生活要求。

### (二)公园城市理论与其他相关理论的关系

#### 1. 公园城市理论是对田园城市、园林城市、宜居城市等理论的继承和升华

公园城市理论建立在上述理论基础之上,与田园城市、花园城市、园林城市、宜居城市等城市发展理论相比较,公园城市理论与之既有区别,又紧密联系。上述城市发展理论各有自己的侧重点,如田园城市理论主张以围绕一个中心城建卫星城的中小城市群建设模式来避免传统大城市固有的弊病,构建城乡一体化的城市发展体系;花园城市、园林城市相关理论则侧重于城市景观的改造和优化,着力于改善城市生态环境、提升市人文环境品位;而宜居城市理论则是在城市发展中贯彻了以人为本的理念,力求探索出一条舒适、公平、共享、尊重、可持续的城市发展之路。概言之,上述城市可持续发展理论在城市发展历史上贡献卓越,但还存在着时代的局限性,不能完全满足现代城市发展的需求。

公园城市是城市可持续发展理论的继承和升华,公园城市以城市公园建设为基础,从规划层面来说,公园城市将城市作为公园来进行规划,前人的相关理论侧重通过改善城市生态环境来实现城市的可持续发展,而公园城市则是在"公园里面建城市",将城市视为一个"巨型公园"进行规划,在城市规划中

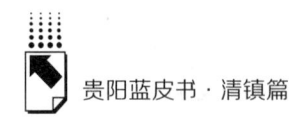

就已经融入了生态、可持续、宜居等城市可持续发展理念。从建设目标层面来看，公园城市将打造以城市公园为主体的绿色城市综合体作为主要手段，从而推动产城融合发展，促进生态与经济协调发展。

**2. 公园城市理论实现从"在城市里建绿地"到"在绿地里建城市"发展理念的转变**

在现代城市发展的过程中，随着城市工业的发展和人口的增长，城市环境和经济发展的矛盾日益严峻。为了解决城市发展面临的种种问题，城市发展研究成为世界各国学者的一项重要研究内容，涌现出了大批为城市发展做出杰出贡献的专家学者，并提出了诸如田园城市、花园城市、园林城市、森林城市、生态城市等著名的城市发展理论，为现代城市可持续健康发展指引了方向。但通过对以上相关理论进行梳理，不难发现这些理论虽然都指向城市生态与经济协调发展的可持续发展之路，却在具体方法路径上如出一辙：都是基于城市建设完成之上的补救性和修复性措施，通过"在城市里面建绿地"来达到改善城市环境，以达到城市宜居和可持续发展的目的，然而这种建设方式具有滞后性，已经不能完全满足当今城市发展的需求。

公园城市建设将人本主义、生态环境修复、国民经济发展等科学发展理念贯彻于城市规划之中，以公园建设为城市建设的主要内容，建城市便是建公园，建公园便是建城市，致力于探索生态效益和经济效益兼顾、民众宜居的城市发展路径。公园城市理论突破了传统的城市发展理论框架，不再局限于"在城市里面建绿地"的模式，而是一种"在绿地里面建城市"，或者说是一种将城市建设与绿地建设有机统一的城市发展理论。

## 三 建设公园城市的核心是推动公园与城市融合发展

### （一）公园城市建设与公园建设的关系

**1. 建设公园城市不等同于在城市里建设公园**

"公园城市"顾名思义，是以一种以公园建设为基础的城市发展模式。然而我们万不可将公园城市建设片面地理解为在城市里面建公园，虽然公园建设是公园城建设的主要内容和重要手段，但公园建设并不是公园城市建设的全部内容。准确地说，公园是公园城市建设的重要载体，但公园城市建设的内容并不局限与公园建设，其建设目标是依托公园建设打造集生态、经济、休闲、居住等功能的城市绿色综合体，构建集约、可持续、宜居的城市发展环境。公园城市建设的最终目的是兼顾生态效益和经济效益，实现人与自然的和谐统一发展。

**2. 构建协调统一且多样化的公园体系是建设公园城市的重要内容**

在城市公园的建设中，决策者常因为缺乏科学的公园建设体系指导，导致公园建设规划不尽合理，公园可达性不高、公园实际价值无法充分发挥的问题出现。如今，公园已经是一个城市不可或缺的重要基础设施，城市中的公园类型主要有综合公园、社区公园、游乐公园、文化公园等，形形色色的公园改善了人们的生活环境，丰富了人们的生活。公园是公园城市建设的重要载体，构建一个科学合理的公园建设体系是公园城市建设的重要内容之一，也是科学规划公园城市建设的重要保障。公园城市建设的目的就是为了实现城市的可持续发展、创造舒适的人居环境、促进生态与经济以及人与自然的协同发展，因而一个科学合理的公园建设体系必不可少。

**3. 公园城市借助公园体系的规划建设优化城市空间结构与功能**

随着社会经济的发展，现代城市发展中的生态环境保护问题和城市可持续发展问题日益被人们所重视，如何兼顾经济和生态双重效益，实现社会经济与生态环境协同发展；如何将生态文明建设的理念融入城市的规划与发展中，使城市功能得以均衡发展，是城市现代化可持续发展所必须面对的问题。公园城市通过城市公园建设使城市功能空间布局得以优化，均衡城市功能空间结构，激发城市发展活力，实现城市发展中的人与自然协调统一，和谐发展。公园城市建设要求以可持续发展为目标进行城市空间规划，尊重城市发展规律，在城市功能空间规划和发展中，以生态文明建设为中心，尊重自然、顺应自然、保护自然，形成集约、环保、可持续发展的空间格局和生产、生活方式。

## （二）公园城市建设的具体路径思考

**1. 科学规划建设城市"公园化"的生态系统，打造宜居环境**

在传统的城市规划中，往往过于偏向社会经济的发展，忽视了对民众生活环境的考虑，导致城市经济发展水平快速提升与城市人居环境每况愈下的畸形发展形态。城市建设的根本目的就是为了改善人类居住环境，推动人类文明的进步，在当今的城市规划中不能片面地追求经济发展而忽视了城市发展的根本目的——实现人的发展。公园城市理论融入了以人为本的理念，强调在城市发展社会经济的同时注重人居环境的改善，将以人为本的理念融入规划之中，致力于打造生态宜居的居住环境。

**2. 注重产城互动融合发展，推动城市生产与生活方式的绿色化**

公园城市建设并不是单纯地在城市里建公园，公园城市建设注重产城互动、融合发展，通过科学合理的规划，在公园建设的基础之上打造现代城市绿色综合体。公园本身具有高度的功能复合性，在功能方面表现出很强的包容性，是建设城市综合体的绝佳载体。城市综合体一般是指融合零售、办公、商务、餐饮、住宿、综合娱乐等功能于一体的"城市中心"，是一种功能高度聚合的集约型城市经济聚集体。基于公园建设的绿色城市综合体则是兼顾生态效益与经济效益，强调在发展经济的同时，还要同步修复或改善城市生态环境，通过绿色综合体将商业、居住、绿地等要素联通起来，实现经济发展和生态发展的有机统一，推动生产生活绿色化，促进人与自然和谐发展。

**3. 因地制宜、突出特色，把城市文化融入公园城市建设**

在城市建设中，突出特色很有必要，只有突出本地历史文化特色，才能真正让人印象深刻，在确保城市生态效益和经济效益的前提下，应着力打造特色人文综合体。公园城市建设也应注重特色公园的建设，充分发掘地方人文资源，将地方人文元素融入绿色综合体的建设中。打造特色鲜明、符合城市发展需求和民众精神需求的特色城市综合体，让民众在娱乐、休闲的同时，能深刻感受到当地的历史文化底蕴，感受到城市现代化进程的脉搏。将人文历史融入公园建设，可以说是势在必行。

**参考文献**

王亚军：《生态园林城市规划理论研究》，博士学位论文，南京林业大学，2007。

谢新松：《新加坡建设"花园城市"的经验及启示》，《东南亚南亚研究》2009年第

1 期。

何刚：《近代视角下的田园城市理论研究》，《城市规划学刊》2006 年第 2 期。

王志章、赵贞、谭霞：《从田园城市到知识城市：国外城市发展理论管窥》，《城市发展研究》2010 年第 8 期。

谢华：《蓝天碧水中的花园城市——新加坡城市美化绿化之研究》，《城市规划》2000 年第 11 期。

王飞：《"花园城市"新加坡探秘》，《生态经济》2006 年第 1 期。

刘岩、张珞平、洪华生：《城市规划与城市可持续发展》，《城市环境与城市生态》2000 年第 6 期。

文华：《城市规划与城市可持续发展》，《科学对社会的影响》2010 年第 4 期。

王桂新：《中国"大城市病"预防及其治理》，《南京社会科学》2011 年第 12 期。

向春玲：《中国城镇化进程中的"城市病"及其治理》，《新疆师范大学学报》2014 年第 2 期。

彭远翔：《山水园林城市规划的思考》，《重庆建筑》2002 年第 2 期。

王君、刘宏：《从"花园城市"到"花园中的城市"——新加坡环境政策的理念与实践及其对中国的启示》，《城市观察》2015 年第 2 期。

# B.4 清镇市规划建设"山水环楔·园中湖城"的研究与思考

**摘　要：** 经过改革开放 30 多年的快速发展，我国城市的经济社会形态以及空间结构都发生了极大变化，但环境资源的有限性与需求急速增长之间的矛盾仍旧突出，如何优化城市规划建设与管理，提高城市发展质量，仍是我国城市当前亟须解决的问题。本文以理论研究与案例研究相结合的方法，在探讨山水城市与公园绿地系统的耦合关系，并对清镇市建设山水城市的现实基础进行分析的基础上，提出清镇市规划建设"山水环楔·园中湖城"的基本思路，以期为进一步探索与创新城市建设，提高城市发展质量、推动城市的可持续发展，提供重要参考和借鉴。

**关键词：** 山水城市　城市规划　清镇市

## 一　建设背景：贵阳确立建设"千园之城"的目标任务

### （一）"千园之城"是打造发展升级版的一个重要载体

贵阳的发展升级，生态是不可或缺的部分。"十三五"期间，贵阳提出推进"六大工程"，其中之一就是推进公园城市工程，打造生态贵阳升级版。"十二五"时期，贵阳市生态文明获得大发展——获批建设全国首个生态文明示范城市并取得阶段性成效，"蓝天、碧水、绿地、清洁、田园"五项保护计划有力推进，环境空气质量优良率达 90% 以上，集中式水源地水质达标率 100%，森林覆盖率达 45.5%，建成区人均公共绿地达 10.95 平方米。①

站在"十三五"的新起点，"千园之城"成为推动贵阳生态升级，建成全国生态文明示范城市的重要载体。按照相关规划，贵阳市将通过改造、提升、建设、规划等手段，构建"五位一体"② 公园体系。到 2020 年，预计城市绿化覆盖率达 50% 以上，建成区人均绿地面积达 17 平方米，③ 达到建设"千园之城"的目标，实现贵阳市生态全面升级。

从长远看，"千园之城"更是推动贵阳发展全面升级、打造创新型中心城市的优势竞争力和亮丽名片。首先，创新型中心城市的发展与核心功能的实现，离不开良好的生态环境作为支撑。其次，未来贵阳城市空间的合理布局、城市功能的日趋完善，也有利于汇集人才、资本、技术等各类资源，形成更加适宜大众创业、万众创新的城市氛围，推动贵阳发展全面升级，建成创新型中心城市。

### （二）"千园之城"是探索新型城镇化的一种创新实践

中国特色新型城镇化的核心在于以人为本，实现产业结构、就业方式、人居环境、社会保障等一系列由"乡"到"城"的转变。④ 而打造"千园之城"的核心正是从以人为本出发，通过公园建设调整城市空间结构，实现城市环境、公共配套、产业业态等一系列的优化。从功能实现的角度来看，"千园之城"亦是探索新型城镇化的创新实践。

打造"千园之城"可有效改善贵阳的城市环境与功能。"五位一体"公园体系的布局和建设，将从空间结构上彻底改变贵阳市当前中心城区人口密度大、建筑密集、活动空间少、绿化水平低的环境状况，并以空间结构的优化来实现城市生态、服务、管理等功能的完善。

打造"千园之城"将进一步推动城乡融合发展。通过结合"疏老城、建

---

① 贵阳日报：《构建"千园之城"新体系展现绿色发展别样魅力——省"两会"内外热议做优生态长板奋力建成全国生态文明示范城市之三》，2016 年 1 月 31 日。
② "五位一体"公园体系，即森林公园、湿地公园、城市公园、山体公园、社区公园。
③ 贵阳市生态文明委、市规划局：《贵阳市绿地系统规划》，2015。
④ 徐绍史：《坚定不移走中国特色新型城镇化道路》，《人民日报》2014 年 3 月 17 日。

新城"改造棚户区、城中村，推动建设"千园之城"，不仅能实现新老城区"扩园增绿"，同时也将优化城市公共服务设施的规划布局，引导城市人口、功能逐步向新建城区疏散，推进城镇基本公共服务常住人口全覆盖，推动农业转移人口市民化，使全体居民共享城市建设发展成果，在城镇化过程中促进人的全面发展和社会公平正义。

打造"千园之城"也是调整产业结构、推动产城融合发展的契机。在"十二五"期间，贵阳逐渐探索出以大数据为引领的创新发展之路。以打造"千园之城"为契机，贵阳市将优化生产、生活、生态空间均衡配置，鼓励和引导绿色产业发展，进一步推动产业结构"腾笼换鸟、凤凰涅槃"，构建资源消耗低、附加值高的现代产业体系，进一步推动贵阳产城融合发展。

### （三）"千园之城"是提升百姓获得感的民生工程

良好的生态环境是最公平的公共产品，是最普惠的民生福祉。从本质上来说，"千园之城"是一项旨在提升百姓获得感的民生工程。

打造"千园之城"有利于人与自然和谐共生。地处喀斯特地貌高原的贵阳自身生态十分脆弱，"十二五"期间贵阳积极探索生态环境治理与保护的路径，在全国首个提出创建生态文明示范城市。当前"千园之城"的建设规划中明确要以提高环境质量为核心，加大对生态环境的保护力度，促进人与自然和谐共生。

打造"千园之城"让城市环境更生态宜居。以绿地系统和公共空间系统为基础，按照有关规划，到2020年，贵阳市预计将新增各类公园660个，全市公园达1000个以上，实现中心城区出行300米见绿、500米见园[1]，为居民创造宜居的生活环境，切实提升居民的获得感。

打造"千园之城"是提升居民生活品质的重要保障。"千园之城"建设不仅是城市环境建设，也是制度和文化的建设。按照"千园之城"的推进要求，贵阳也要推动生产生活方式的绿色化，健全生态文明制度体系，加快形成生态文明建设的良好社会风尚。这些举措无疑都将为居民生活环境与生活品质的持续提高提供重要保障。

---

[1] 中共贵阳市委办公厅、贵阳市人民政府办公厅：《贵阳市推进"千园之城"建设行动计划（2015~2020年）》，2016年3月4日。

## 二 理论基础探析：山水城市与公园绿地系统的耦合关系

山水城市是具有一定规模的自然山水资源，人工环境与自然环境协调发展，城市规模适当，并且具有地域特色的城市。从山水城市的类型来看，有"山脉型""河湖型"和"综合型"三种类型，湖城则属于山水城市中的河湖型山水城市。

### （一）山水城市强调城市与自然的协调发展

山水城市的核心是处理好城市与自然的关系。在山水城市概念中，城市是指人工环境，山水是指自然环境，山水作为构成城市的核心要素，因势利导，形成各有特色的城市构图。山水城市强调城市与自然环境协调发展，目的是建立以城市为代表的人工环境与以山水为代表的自然环境相融合的人类聚居环境。"山—水—城"三者紧密相连并相互作用，"山得水而活，水得山而壮，城得水而灵"[1]。如果城市与山水相连而保持和谐有机的尺度，形成"山—水—城"群体，那么城市就会因为山水增添城市活力，丰富城市的自然美。

### （二）公园绿地系统是自然环境与人工环境的融合

城市公园绿地系统是由公园、公园路和绿道共同构成的一个系统。在公园城市绿地系统中，各类公园实际上是景观要素的重要组成部分。公园绿地系统的规划设计，以可持续发展为基本原则，以符合生态要求、满足市民需要、发扬地方文化为目标，重点是依托自然生态环境，并在此基础上坚持"以人为本"的理念，进行人性化的设计与构建，将自然环境与人工环境相融合，力求发挥绿地调节城市环境的功能，推动城市可持续发展，打造人与自然和谐共生，"山—水—城"相互融合的城市形象[2]。

---

[1] 吴良镛：《"山水城市"与21世纪中国城市发展纵横谈——为山水城市讨论会写》，《建筑学报》1993年第6期。
[2] 林胜钦：《城市公园绿地系统规划综述》，《国土绿化》2013年第1期。

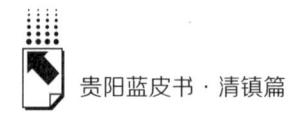

## （三）建设山水城市的关键是城市公园化

城市公园是现代城市发展的产物，城市公园化在于实现城市与自然的交融，是实现山水城市建设的关键之所在。城市的自然环境已经不是原生环境，而是被人类社会改变了的或者污染了的次生环境，城市内由人类建造的房屋、道路、园林等完全是人工环境。城市公园景观体系则可以实现以人工建造的环境来改善城市生态环境，实现因势而造的山水城市。山水城市强调人工与自然环境融合，城市公园是人工、自然环境融合的载体，因此建设山水城市的关键是将城市公园化。

## 三 现实基础分析：优势与问题并存

### （一）山水资源丰富，但生态较为脆弱

**1. 良好的生态条件，山水资源多样**

气候温润，温度、湿度宜人。清镇属北亚热带季风湿润气候。年平均气温14.1℃，极端最高气温34.5℃，极端最低气温-8.6℃。最热月为7月，平均气温22.7℃，平均最高气温27.1℃；最冷月为1月，平均气温4.1℃，平均最低气温1.7℃，气温年较差18.6℃。清镇无霜期平均为283天，市境温度以鸭池河谷地带较高，东部、西南部低中山山地略低。清镇冬半年（10月~下年3月）盛行东北风，夏半年（4~9月）盛行偏南风。雨量由南向北递减，东部和西南部为清镇的雨量中心，北部鸭池河谷雨量偏少。夏半年雨量占年雨量80.4%，夏季（6~8月）占46.5%。雨量丰沛、气候湿润、雨热同季、暖湿共节。因此，清镇冬暖夏凉、气候温和、舒适宜人。[①]

水系发达，湖泊众多。清镇市域水系发达，流域面积大于100平方公里以上的河流有三条，即乌江干流鸭池河、猫跳河及其支流暗流河（又名跳蹬河）。清镇市境内有红枫湖、东风湖和索风湖三大湖泊。其中，红枫湖位于河流上游，是猫跳河六级水电站的第一级，水库集水面积1596平方公里；东风

---

① 贵阳市生态文明建设委员会：《清镇市公园城市建设专项规划》，清镇市人民政府，2016。

湖位于清镇市新店镇，是乌江干流上第二大电站所在地，该水库集水面积达18161平方公里；索风湖位于清镇市与黔西县、修文县交界处，清镇境内湖域长为6公里。丰富的水资源，也使得清镇享有"西部锦绣湖城"的美誉。①

地貌多样，山地丘陵较多。清镇市具有丰富多样的地貌类型。地形总的趋势是东北、西南高，南部和北部低，地势起伏较大，溶蚀地貌类占优势。地形主要有山地、丘陵和坝子等，其中，山地、丘陵分别占全市总面积的31.0%和59.0%，坝子占5.5%。中低山和中山分布在东北部的宝塔山、云归山、九龙山以及西南部老黑山、大威岭等地；西北部流长、新店、卫城镇的暗流、木刻等乡，碳酸盐岩广泛出露，属典型的溶丘洼地区；卫城—站街的暗流河及其支流干河和东南部猫跳河上游地区，第四纪剥蚀面保存较好，地表起伏和缓，红色黏土深厚，坝田、坝土分布较集中。②

**2. 水源保护地，生态较为脆弱**

饮用水水源地存在一定程度的污染。以清镇市目前的水源地红枫湖为代表，各乡镇的主要供水水源地均存在一定程度的水污染问题。红枫湖是清镇市中心城区的主要水源，水质近年来有了较大改善，但仍然存在一定问题，如上游污染工作尚未得到有效治理、周边农村面源污染也未得到有效控制等。各乡镇的供水水源地主要以暗河或出露泉水为主，部分以地表河水为主。由于受来水的水质影响，部分水源地的水质不能达到生活饮用水水质标准要求。根据2010年对各乡镇主要水源地的水质监测资料看，部分水质仍存在不达标的情况。③

饮水安全保障与城市发展规划不相适应。从清镇市的饮用水水源地理位置看，部分水源地的上游及周边是工业及矿区规划发展的重要区域，如站街镇、卫城镇、红枫湖镇、麦格乡、犁倭乡、流长乡、暗流乡等乡镇部分水源地。随着城镇的发展以及工业的发展，区域可供水量与用水矛盾正日益突出，这些都反映出了水资源的安全保障不容乐观。从清镇市各乡镇的水源地看，也存在部分乡镇水源单一的情况，有的水源地存在安全隐患，如王庄的

---

① 贵阳市生态文明建设委员会：《清镇市公园城市建设专项规划》，2016。
② 贵阳市生态文明建设委员会：《清镇市公园城市建设专项规划》，2016。
③ 清镇市水务局：《清镇市饮用水水源地安全保护规划》，2016。

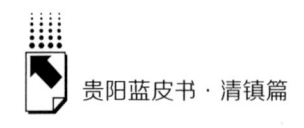

天生水库，供水保证率不高。另外，各乡镇目前均无应急备用水源地，水源地无安全应急措施，无法应对安全事故，无法适应城市发展后的水源保障要求。

### （二）绿地类型多样，但分布支离破碎

#### 1. 清镇市城市网状绿地系统结构布局

清镇市绿地系统可归结为"三面青屏衬新城，一湖蓝缎映盛景；交错绿地织全城，点点绿地秀春色"的递进式中心网状布局模式，形成大、中、小三个层次相结合的布局结构。根据清镇市的历史与发展现状，清镇市建成区绿地系统规划布局结构，可以概括为"一带、三环、四纵、八横、五核、多点"的网状布局结构（见表1）。

表1 清镇市城市网状绿地系统结构布局

| | 清镇市城市网状绿地系统结构布局 |
|---|---|
| 一带 | 由沿东门河至老马河两岸滨河绿地形成的具有滨河景观结构的城市"绿廊" |
| 三环 | 由红旗路、云岭西路、新华路、建设路、前进路围合成的景观道路中心环状绿环；由云岭东路、贵黄公路、321国道和外环围合成的中环道路景观绿圈；由外环形成的三环景观绿环 |
| 四纵 | 由云岭中路—云岭西路—百花路—百马线清镇段—城北新区一号路、新华路—新民路—前进路、红枫大街、沪昆高速清镇段形成的纵向景观绿地 |
| 八横 | 由金清线清镇段、云岭东路、红旗路、建国—富强、兴云路、三号路北段、三号路南段、云岭南路形成的八条横状景观绿带 |
| 五核 | 对中心城区绿地系统起核心作用的大块绿地斑块，主要包括五个公园，即梯青塔湿地公园、青龙山公园、东山巢凤佛文化生态园、乡愁贵州及阳明山水体育文化公园 |
| 多点 | 呈点状布局的绿地如街旁绿地、社区公园及休闲广场等 |

资料来源：《清镇市绿化现状总结及未来发展思路》。

#### 2. 五大绿地分布不均、支离破碎

清镇市内数条道路通道以及环抱河流、公路、铁路的防护绿地和景观绿地构成城市绿地的总体框架，其间散布着公园和各类附属绿地，形成水阔山长、绿地山城、景观丰富、便于休闲的空间格局。以下是五类绿地的分布情况（见表2）。

**表2 清镇市五大绿地分布情况**

| | |
|---|---|
| 公园绿地 | 由于清镇市建筑密度大，人口稠密，公园绿地主要分布于城区边缘。公园绿地主要是依托于河流、广场、山体、街道的中、小、微型公园，而大型的综合性公园和专类公园处于建设、完善或待建中 |
| 生产绿地 | 生产绿地主要分布在城东、城南和城西，总体布局较为分散，距离建成区有一定的距离，难以适应苗圃、花圃等大规模生产 |
| 防护绿地 | 防护绿地主要集中在城市企事业单位、厂矿和道路周边，城西呈片状分布，城南呈带状分布，在城东及城北则分布较少，基本是小片状，环城区四周都有分布。清镇市铁路、高等公路沿线、河流沿岸及一些工厂、市政设施周围的防护绿地建设比较薄弱，需要进一步加强 |
| 附属绿地 | 清镇市建成区附属绿地主要分为道路附属绿地、居住区附属绿地及单位附属绿地。其中，道路附属绿地主要分布在云岭东路、云岭中路、云岭西路、百花路、红枫街、红旗路、星坡路和塔峰路等重点路段，主要是城市与外界沟通的主要通道、城市市政机构周边干道、中心广场周边及景观区段的道路；居住区附属绿地主要分布在老城区，依托新旧居住小区，是构成城市绿地系统中点或面的重要组成部分；清镇市建成区单位多且分布零散，一些大型的工矿企业附属绿地有较高的绿量和质量，可作为公园绿地的储备资源 |
| 其他绿地 | 其他绿地是位于城市建成区以外、控制区以内的绿化隔离带、生态景观林、面山生态防护林、河道防护林及城市周边现状植被较好的山体等，其他绿地景观构成了城市的边界景观 |

资料来源：《清镇市绿化现状总结及未来发展思路》。

总体而言，清镇市建城区缺乏分布均匀的小型公共绿地，整体绿地较为破碎，景观质量参差不齐。城市绿化缺乏维持城市区域生态格局安全和特色的整体绿地系统。城市功能分区、城市周边和过渡区之间缺乏相应的绿化隔离林带。城市周边、公路沿线等方面的绿化没有形成一个完整的绿化体系。

## （三）人文特色突出，但体验推广落后

### 1. 多民族聚居，文化丰富多彩

清镇是一个多民族聚集的地方，少数民族人口有12万余人，占总人口数的23.4%，少数民族主要集中于流长苗族乡、王庄布依族苗族乡、麦格苗族布依族乡。境内红枫湖镇的民族村寨都是民族传统文化、手工艺、民风民俗和民居生态保护比较好的地方，具有丰富多彩的民族风情，有开发民族旅游的潜力和条件。此外，清镇主要的民族节庆活动，如苗族的正月跳花坡、二月桃花节、四月八，布依族的六月六，彝族的火把节，仡佬族的吃新节等节庆，同时

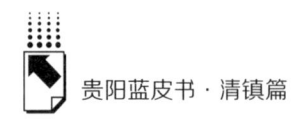

还包括红色文化、茶马古道、寺庙文化等；卫城的贺龙广场、黑泥哨的茶马古道、犁倭玉冠屏道教文化、清镇市巢凤寺文化、尖屏庙文化，对推动民族风情旅游起到重要作用。①

**2. 文化体验落后，旅游带动不足**

清镇市虽然有着丰富的人文资源，但清镇市旅游业起步晚，还存在文化体验落后，旅游带动不足的问题。文化体验方面，目前清镇市文化体验项目仍较为单一，主要是观光类活动，集文化性、参与性和趣味性为一体的文化体验项目较少，品质不高且缺乏本地特色文化内容，导致吸引力不足。与此同时，清镇市旅游还表现为带动不足：对于旅游业的开放性、经济性、综合性、带动性等认识还不足，旅游宣传还缺乏系统性和针对性，致使一批丰富多彩的旅游资源至今仍是"养在深闺人未识"，不被了解；旅游产品开发不足，旅游商品开发档次不高，特色不突出，也未形成规模；信息网络尚未形成，由于与省内外联系较少，因而不能相互提供信息，相互输送游客，使得旅游发展相对滞后。

## 四 对清镇市规划建设"山水环楔·园中湖城"的基本思路的思考

### （一）规划目标：打造现代化宜居湖城

清镇市应依托三面临山、一面临湖的自然生态优势，充分利用绿地系统、河湖湿地、山体资源、民族文化等特色资源，大力推进"五位一体"的生态公园体系建设，加强"城—乡—镇公园配套一体化"建设，营造生态人文融于一体的城市绿地系统，突出自然山水特色，打造现代化宜居湖城。到2020年，清镇市城市绿化覆盖率达到50%以上，建成区人均公园绿地面积达17平方米以上，实现"300米见绿、500米见园"②的目标，有效平衡生态保护与经济发展，有效改善人居环境质量，推动清镇市可持续发展。

---

① 贵阳市生态文明建设委员会：《清镇市公园城市建设专项规划》，2016。
② 贵阳市生态文明建设委员会：《清镇市公园城市建设专项规划》，2016。

## 1. 构建"五位一体"的生态公园系统

清镇市应坚持"山上、天上、水里、地里"四条生态底线，构建"五位一体"的生态公园体系，大力提升城市绿化量，推动城市人工环境与自然环境相融合。在"十三五"期间，清镇市将分阶段、分批次规划近100个各类型公园，构建"五位一体"公园城市体系。在此基础上，大力建设城市生态绿廊道系统，将这些大中小微型公园绿地与邻边建筑物、道路网、其他类型绿地等密切联系，以公园绿地为载体将城市的人工环境与自然环境相融合，形成一个可持续发展的生态公园城市系统。

## 2. 建设"城—乡—镇公园配套一体化"先行区

清镇市"十三五"期间将规划构建"一核两轴三片区"的市域城镇空间结构，即市域综合服务核心，构建清镇市乡镇空间发展轴及区域空间发展轴，建立红枫湖生态保育片区、产业集聚片区、特色农业发展片区；统筹发展以中心城区绿地为核心，带动北部特色农业片区及各级城镇节点协调发展的新型城镇体系，到2020年市域常住人口达到67万人，城镇人口达到40万人，城镇化水平达到60%。[1]

结合城乡规划建设发展方向，清镇市应将公园绿地的规划建设向乡镇延伸，以中心城镇公园建设带动乡镇公园建设，充分考虑满足城市居民及乡镇居民日常活动及需求的差异性，打造市内城乡公园配套一体化、同步化示范区。到2020年，形成覆盖城乡的公园绿地系统，建成城—乡—镇一体化的公园配套网络，实现全市人均公园绿地面积达到17平方米，使清镇市成为绿地系统完善、生态优良，宜居、宜业、宜游的公园城市。

## 3. 完善生态人文融于一体的城市绿地系统

按照"显山、露水、增绿、添景"的总体原则，发挥自然山水资源优势，以公园建设为核心，以口袋公园、街旁绿地等点状绿地为生长点，以滨河绿地和主要道路系统的结构脉络和布局走向形成生长骨架，将城郊林地、城间公园绿地等面状绿地通过网络状的绿色景观廊道连接起来，使整个城市的绿地系统构建紧密、和谐、开放的空间形态，构建山环水绕、树绿花繁的山水园林景观；同时，融入清镇市少数民族文化、巢凤寺佛教文化、玉冠山道教文化、卫

---

[1] 贵阳市生态文明建设委员会：《清镇市公园城市建设专项规划》，2016。

城红色文化以及黑泥哨茶马古道等非物质文化景观，打造兼具生态与人文特色的城市绿地系统。

### （二）规划理念：全面推动城市公园化

**1. 城市公园突出文化品质——以"乡愁贵州"文化公园为例**

城市公园，主要指"用于城市建设用地范围内，向公众开放，以游憩为主要功能，兼具生态、景观、文教、应急避险等功能，有一定游憩和服务设施的绿地。"①

以突出文化品质为理念，清镇市规划建设城市公园共计26个②（见表3），各类公园涉及乡愁、宗教、哲学、运动等多种文化，并根据城市绿地分布特点，将综合性公园、专类公园、休闲广场、滨河公园、文化工业园等融入城市公园建设。以清镇市乡愁贵州文化公园为例，该公园地处清镇乡愁社区，以"望得见山、看得见水、记得住乡愁"为理念，以"贵山秀水忆乡愁"为主题，因地制宜遴选贵州各种乡愁文化中的经典记忆符号，并以具有代表性、历史性、故事性的景观、建筑、场景等加以表现，分南北两个片区进行打造：南区以"贵山"为主题，规划用地1991.62亩，主要以坝、屋、场、田、粮、人等要素进行布局，展现"贵州山地文化"；北区以"秀水"为主题，占地2579亩，主要以桥、井、渔、寨、馆、镇等要素进行布局，展现贵州关于水的生态、文化、文明。③

表3 清镇市城市公园规划概况

| 序号 | 公园名称 | 公园规模（公顷） | 完成年限 |
| --- | --- | --- | --- |
| 1 | 清镇市东山巢凤佛文化生态公园（扩建） | 52.00 | 2016 |
| 2 | 乡愁贵州文化公园 | 132.73 | 2016 |
| 3 | 阳明山水公园 | 32.60 | 2016 |
| 4 | 清镇玉冠山道教文化公园 | 22.00 | 2017 |

---

① 贵阳市生态文明建设委员会：《贵阳市公园建设和管理指南（试行本）》，2016年1月。
② 贵阳市生态文明建设委员会：《清镇市公园城市建设专项规划》，2016。
③ 贵阳市生态文明建设委员会：《清镇市公园建设基本情况》，2016。

续表

| 序号 | 公园名称 | 公园规模(公顷) | 完成年限 |
| --- | --- | --- | --- |
| 5 | 清镇"时光贵州" | 10.00 | 2017 |
| 6 | 职西公园 | 6.84 | 远期 |
| 7 | 生态体育公园 | 143.00 | 远期 |
| 8 | 站街莲花村综合公园 | 12.50 | 远期 |
| 9 | 暗流镇中央公园 | 10.50 | 远期 |
| 10 | 新店镇展览馆休闲公园 | 14.70 | 远期 |
| 11 | 卫城滨水公园 | 18.50 | 远期 |
| 12 | 卫城贺龙广场 | 0.31 | 远期 |
| 13 | 犁倭茶园 | 6.47 | 远期 |
| 14 | 犁倭休闲广场 | 3.95 | 远期 |
| 15 | 麦格滨河公园 | 5.63 | 远期 |
| 16 | 卫城历史文化园 | 28.90 | 远期 |
| 17 | 职西广场 | 1.74 | 远期 |
| 18 | 丹山广场 | 2.58 | 远期 |
| 19 | 滨河广场 | 1.51 | 远期 |
| 20 | 滨湖广场 | 0.69 | 远期 |
| 21 | 红旗广场 | 0.99 | 远期 |
| 22 | 红枫广场 | 0.51 | 远期 |
| 23 | 站前广场 | 4.10 | 远期 |
| 24 | 流长乡中央公园 | 11.28 | 远期 |
| 25 | 茶马古镇公园 | 76.65 | 远期 |
| 26 | 王庄乡城市公园 | 29.17 | 远期 |

资料来源：《清镇市公园城市建设专项规划》。

**2. 森林公园彰显绿色自然——以"竹映威清"清镇站街森林公园为例**

森林公园是指"以森林资源为依托，具有一定规模和质量的森林风景资源与环境条件，可以开展森林旅游，并法定程序申报批准的地域。"[1] 依托当前森林资源的分布，以彰显绿色自然为理念，清镇市共规划建设3个森林公园（见表4），为人们游憩、疗养、避暑、文化娱乐和科学研究提供良好的环境。

---

[1] 贵阳市生态文明建设委员会：《贵阳市公园建设和管理指南（试行本）》，2016年1月。

表4　清镇市森林公园规划概况

| 序号 | 公园名称 | 公园规模（公顷） | 完成年限 |
| --- | --- | --- | --- |
| 1 | "竹映威清"清镇站街森林公园 | 1390.54 | 2017 |
| 2 | 青山森林公园 | 79.46 | 远期 |
| 3 | 暗流郊野公园 | 29.30 | 远期 |

资料来源：《清镇市公园城市建设专项规划》。

以"竹映威清"清镇站街森林公园为例，该公园所在地依山傍水，空间开合有致，富有自然野趣，围绕现状水系有大量可开发建设用地，狭长的水系赋予了空间更多的可能性；同时该地区拥有典型的亚热带湿润常绿落叶针阔混交林植被，主要为常绿、落叶阔叶混交林、落叶阔叶林、针叶林、针阔混交林、竹林、经济林和灌丛植被，竹、樱花马尾松、杉木、柳杉等较多。依照该地区自然的山水地貌，并发挥其植被丰富的特点，"竹映威清"清镇站街森林公园将公园内部分为竹林、松林、湿地、樱花林、草地、湖林等板块。在此基础上，适当融入文化特色，提升其商业游玩价值，将其规划分为竹林探险乐园、滨水山林小镇、野生动物王国、密林幽谷、山水田园、伴山草坡（见图1、图2），打造各具风格的体验型旅游产品。

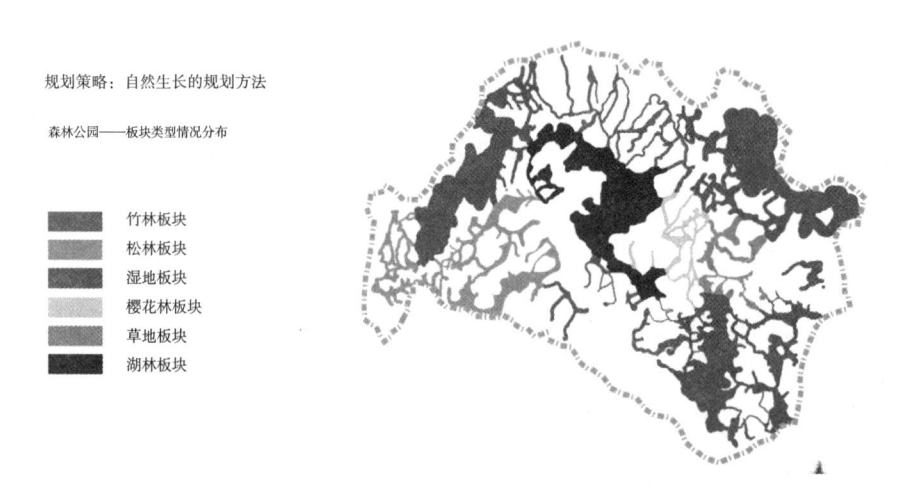

图1　"竹映威清"清镇站街森林公园规划板块

资料来源：《贵州清镇"竹映威清"清镇站街森林公园概念方案》。

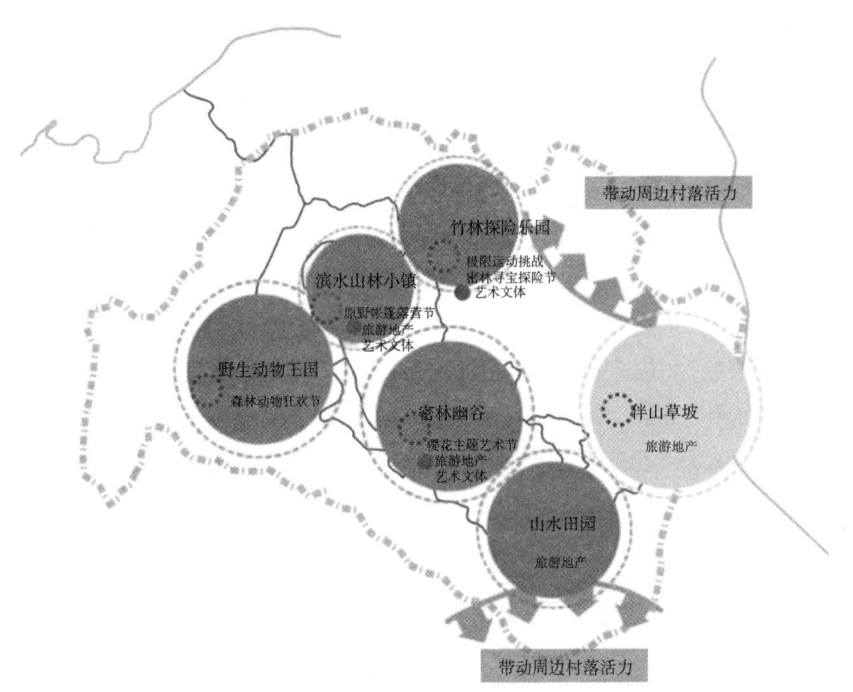

**图2　"竹映威清"清镇站街森林公园规划分区**

资料来源：《贵州清镇"竹映威清"清镇站街森林公园概念方案》。

### 3.山体公园体现休闲野趣——以半山公园为例

山体公园主要是指"城市规划区范围内，在原有山体地形地貌和动植物现状的基础上进行布局、造景的公园"①。山是城市风貌的关键所在，是城市文化的重要载体。依托现有山体资源，以体现休闲野趣为理念，清镇市对市内山体进行精心打造，规划建设共计12个山体公园（见表5），为市民提供绿色的休闲空间，感受大自然的趣味和美好。

以半山公园为例，公园设计依托山体自然地形和线条，形成梯田状艺术流线地形，将贵州文化元素融入自然景观，并通过合理配置漫步广场、环山慢跑道、青年滑板、儿童游乐以及山地周边的趣味座椅等设施，为市民在登山途中提供良好的休息环境，满足其登山、观景、游览、健身等休闲需求（详见图3）。

---

①　贵阳市生态文明建设委员会：《贵阳市公园建设和管理指南（试行本）》，2016年1月。

表5 清镇市山体公园规划概况

| 序号 | 公园名称 | 公园规模（公顷） | 完成年限 |
| --- | --- | --- | --- |
| 1 | 半山公园 | 14.97 | 2016 |
| 2 | 站街美郡公园 | 4.00 | 2016 |
| 3 | 贵州水利水电职业技术学院山体公园 | 3.01 | 2016 |
| 4 | 贵州交通职业技术学院山体公园 | 3.96 | 2017 |
| 5 | 贵阳汽车工业技术学院山体公园 | 3.90 | 2017 |
| 6 | 贵州农业职业学院山体公园 | 5.37 | 2017 |
| 7 | 贵州省财政学校山体公园 | 3.26 | 2017 |
| 8 | 贵州省贸易经济学校山体公园 | 3.60 | 2017 |
| 9 | 犁倭山体公园 | 10.04 | 远期 |
| 10 | 庙儿山塔山公园 | 7.18 | 远期 |
| 11 | 尖山庙山体公园 | 5.43 | 远期 |
| 12 | 站街镇宝塔山山体公园 | 199.00 | 远期 |

资料来源：《清镇市公园城市建设专项规划》。

图3 清镇半山山体公园设计方案

资料来源：《清镇半山山体公园规划设计方案》。

### 4. 湿地公园注重生态涵养——以红枫湖湿地公园为例

湿地公园主要是指"拥有一定规模和范围，以湿地景观为主体，以湿地生态系统保护为核心，兼顾湿地生态系统服务功能展示、科普宣教和湿地合理利用示范，蕴含一定文化或美学价值，可供人们进行科学研究和生态旅游，予以特殊保护和管理的湿地区域。"①

依托丰富的湿地资源，按照水域分布特点，以注重生态涵养为理念，清镇市共规划建设6个湿地公园（见表6），将其打造成为集生态涵养、休闲游赏、民俗展示为一体的城市绿化地标。

**表6 清镇市湿地公园规划概况**

| 序号 | 公园名称 | 公园规模(公顷) | 完成年限 |
| --- | --- | --- | --- |
| 1 | 红枫湖国家湿地公园 | 183.50 | 2017 |
| 2 | 铜鼓滩湿地公园 | 63.60 | 2017 |
| 3 | 老马河湿地公园 | 75.39 | 远期 |
| 4 | 燕尾湿地公园 | 49.76 | 远期 |
| 5 | 东门河湿地公园 | 35.02 | 远期 |
| 6 | 犁倭暗流河湿地公园 | 14.00 | 远期 |

资料来源：《清镇市公园城市建设专项规划》。

以清镇市红枫湖国家湿地公园为例，该湿地公园的生态系统是由永久性的河流、草本沼泽、库塘和森林构成的复合体，其主体红枫湖是贵阳市主要饮用水源地，也是国家重要湿地。按照相关规划，建设红枫湖国家湿地公园的主要目的是更好地发挥湿地生态系统在净化水质等方面的生态服务功能，突出湿地公园在贵安新区发展战略中对于生态涵养的重要作用，兼顾湿地公园位于全球候鸟迁徙路线的重要地理区位，重视喀斯特地貌区以人工湿地为主的水质净化、科普宣教及成果展示（见表7）。通过保护恢复、科研监测、科普宣教及合理利用等相关工程的建设，逐步将湿地公园建成：

（1）贵安新区区域湿地生态屏障的"绿肾"；

---

① 贵阳市生态文明建设委员会：《贵阳市公园建设和管理指南（试行本）》，2016年1月。

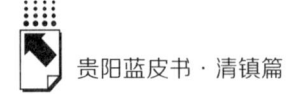

（2）乌江流域上游水源地保护典范；

（3）亚太地区中亚水鸟迁飞的重要通道；

（4）贵阳职教新城湿地科普宣教的新名片；

（5）西南地区最具民俗风情特色的湿地生态旅游实例；

（6）喀斯特高原地区人工库塘与天然河流复合的特色生态系统。①

表7　红枫湖国家湿地公园规划功能分区

| 序号 | 分区 | 规模（公顷） | 备注 |
| --- | --- | --- | --- |
| 1 | 湿地保育区 | 1885.72 | 占湿地公园总面积的33.79% |
| 2 | 恢复重建区 | 2832.44 | 占湿地公园总面积的50.76% |
| 3 | 宣教展示区 | 406.70 | 占湿地公园总面积的7.29% |
| 4 | 合理利用区 | 455.58 | 占湿地公园总面积的8.16% |
| 5 | 管理服务区 | 1.86 | 占湿地公园总面积的0.03% |

资料来源：《贵州清镇红枫湖国家湿地公园总体规划（2015~2024）》。

**5. 社区公园体现便利均衡——以小河村寨公园为例**

社区公园主要是指"在建设用地范围内，用地独立，具有基本休憩和服务设施，主要为一定社区范围内市民就近开展日常休闲活动服务，文化健身和防灾避险等，面积在0.04~10公顷的集中绿地。"②

根据城市社区和乡镇村落的分布情况和居民实际需求，按照便利性和均衡性的原则，清镇市共规划建设改造48个社区公园，通过城乡同步进行科学绿化配置、完善配套设施，为城乡居民提供日常的活动空间（见表8）。

以麒龙城市花园社区公园为例，麒龙城市花园位于清镇市的老城区，属于新岭社区青龙居委会。2001年小区兴建时配套建设了部分绿地和活动设施，但由于绿化设施缺乏后期管理维护，照明、休憩等设施也有部分损坏，加之植物种类单一、部分区域杂草丛生，严重影响景观形象。为了给周边居民住户提供一个就近休闲娱乐的绿色环境，麒龙城市花园规划提升原有绿地与设施，重

---

① 贵阳市生态文明建设委员会：《贵州清镇红枫湖国家湿地公园总体规划（2015~2024）》，2015。

② 贵阳市生态文明建设委员会：《贵阳市公园建设和管理指南（试行本）》，2016年1月。

表8　清镇市社区公园规划概况

| 序号 | 公园名称 | 公园规模（公顷） | 完成年限 |
|---|---|---|---|
| 1 | 清镇湖城国际社区公园 | 1.8 | 2016 |
| 2 | 清镇红树东方社区公园 | 1.5 | 2016 |
| 3 | 清镇麒龙城市花园社区公园 | 2.2 | 2016 |
| 4 | 清镇市倾国倾城社区公园 | 2.8 | 2016 |
| 5 | 清镇水晶社区公园 | 2.5 | 2016 |
| 6 | 清镇市麒龙新天地社区公园 | 2.0 | 2016 |
| 7 | 清镇御景华府社区公园 | 1.5 | 2016 |
| 8 | 清镇中央公园 | 0.8 | 2016 |
| 9 | 站街镇小河村村寨公园 | 26.2 | 2016 |
| 10 | 站街镇杉树村村寨公园 | 73.1 | 2016 |
| 11 | 济辉汽车城社区公园 | 0.7 | 2016 |
| 12 | 贵州省建设职业技术学院社区公园 | 0.2 | 2016 |
| 13 | 贵州省机械工业学校社区公园 | 0.5 | 2016 |
| 14 | 贵州省电力职业技术学校社区公园 | 0.7 | 2016 |
| 15 | 115地质队社区公园 | 5.0 | 2016 |
| 16 | 清镇印象康城社区公园 | 0.4 | 2017 |
| 17 | 清镇水岸尚城社区公园 | 0.4 | 2017 |
| 18 | 清镇锦绣蓝湾社区公园 | 1.8 | 2017 |
| 19 | 清镇米兰绿洲社区公园 | 0.2 | 2017 |
| 20 | 清镇红湖国际社区公园 | 0.5 | 2017 |
| 21 | 清镇市洛卡小城社区公园 | 0.3 | 2017 |
| 22 | 龙凤大道与潜龙路交叉口东北侧社区公园 | 2.1 | 远期 |
| 23 | 老马河与云站中路交叉点北侧社区公园 | 6.1 | 远期 |
| 24 | 云岭大道终点西北侧社区公园 | 6.1 | 远期 |
| 25 | 云岭大道与潜龙路交叉点社区公园 | 4.1 | 远期 |
| 26 | 纵一路与金清线交叉点西北侧社区公园 | 5.0 | 远期 |
| 27 | 纵一路与二号线交叉点西南侧社区公园 | 7.6 | 远期 |
| 28 | 东纵线与金清线东北侧社区公园 | 1.9 | 远期 |
| 29 | 龙云站北路社区公园 | 1.5 | 远期 |
| 30 | 纵九路社区公园 | 4.7 | 远期 |
| 31 | 龙凤大道燕尾湿地公园对面社区公园 | 6.2 | 远期 |
| 32 | 纵十路末端右侧社区公园 | 1.6 | 远期 |
| 33 | 云站中路右侧社区公园 | 4.1 | 远期 |

续表

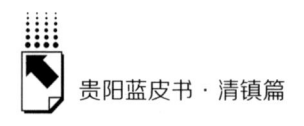

| 序号 | 公园名称 | 公园规模（公顷） | 完成年限 |
| --- | --- | --- | --- |
| 34 | 龙凤大道与纵九路交叉点南侧社区公园 | 1.4 | 远期 |
| 35 | 清镇碧翠红枫社区公园 | 0.3 | 远期 |
| 36 | 新店镇社区公园1 | 3.5 | 远期 |
| 37 | 新店镇社区公园2 | 2.7 | 远期 |
| 38 | 新店镇社区公园3 | 3.4 | 远期 |
| 39 | 新店镇社区公园4 | 2.2 | 远期 |
| 40 | 王庄乡社区公园1 | 0.6 | 远期 |
| 41 | 王庄乡社区公园2 | 0.8 | 远期 |
| 42 | 王庄乡社区公园3 | 1.7 | 远期 |
| 43 | 王庄乡社区公园4 | 1.1 | 远期 |
| 44 | 王庄乡社区公园5 | 4.0 | 远期 |
| 45 | 王庄乡社区公园6 | 9.0 | 远期 |
| 46 | 王庄乡社区公园7 | 1.8 | 远期 |
| 47 | 王庄乡社区公园8 | 1.1 | 远期 |
| 48 | 王庄乡社区公园9 | 9.3 | 远期 |

资料来源：《清镇市公园城市建设专项规划》。

点改造提升景观品质，完善道路铺装、设施修复，丰富"赏、游、憩"等元素，打造麒龙城市花园社区公园。[1]

### （三）规划重点：规划、建设、管理、运营

**1. 规划建设阶段化**

按照《清镇市公园城市建设专项规划》，"十三五"期间清镇市的公园城市建设将分阶段进行（见表9）。在不同的规划建设阶段，清镇市明确了不同的建设重点，有序推进公园城市建设。其中，从公园类别来看，城市公园由于建设面积较大、投资额度较大，故多集中在远期规划建成；从公园所在区域来看，2016~2017年规划建成的公园多集中在清镇市区及周边乡镇，远期规划建成的公园则明显从市区延伸至西部乡镇地区。

---

[1] 贵阳市生态文明建设委员会：《清镇市麒龙城市花园社区公园设计方案》，2016。

表9 清镇市公园城市建设阶段划分

| 规划时间 | 规划建成公园数量(个) | 具体规划建成公园情况 |
| --- | --- | --- |
| 2016年 | 21 | 城市公园3个,山体公园3个,社区公园15个 |
| 2017年 | 16 | 城市公园2个,森林公园1个,山体公园5个,湿地公园2个,社区公园6个 |
| 远期 | 58 | 城市公园21个,山体公园4个,森林公园2个,湿地公园4个,社区公园27个 |

资料来源:《清镇市公园城市建设专项规划》。

**2. 公园打造数字化**

清镇市在建设公园的过程中,应实施公园数字化的路径。即通过对园区数字化建设,做到管理高效性、游客感知度的双提升,使园区成为一个贴近生活,便于管理,安全高效,节能环保,永续经营的公园。重点项目包括:开通免费WiFi无线覆盖业务,便于游客快速获取公园景点介绍和相关导游词,提升公园体验的便捷性和现代性。开通官方网站及新浪微博、微信线上服务平台,定期发布公园的资讯、景点介绍、人文历史、节假日活动、周边食宿等等,动态发布各景区的人流量、天气、等重要讯息,客服、投诉处理、信息反馈等功能,及时反馈处理信息,有效提升服务质量。打造公园红外线监控系统,将公园中有关游客安全、文物资源保护、公园风险防控、温度、湿度、空气质量检测等系统与公园质量管理体系、环境管理体系相结合,保障公园安全。

**3. 绿化管理规范化**

清镇市在公园城市管理过程中,应坚持绿化管理规范化。一方面应以规划为引领,完善相关管理制度,强化城市绿化环境建设。落实城市绿地系统规划,科学划定绿地建设范围,明确控制要求,严格执行城市绿线管理制度。另一方面,应坚持"平灾结合"的原则,编织城市绿地避灾网络。通过加强城市防灾避险公园建设,在建成区设立中心防灾公园、固定防灾公园,以紧急避灾绿地为基本避灾点,以救灾及避灾道路为绿色网络,各条缓冲隔离绿带为安全纽带,各种绿色空间合理布置,形成纵横交错、循环高效的城市绿地避灾网络,完善城市避灾功能,提升避灾能力。

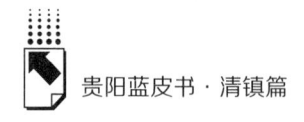

### 4. 运营效益平衡化

清镇市在公园城市的运营阶段，应坚持运营效益平衡化的原则，有效平衡生态效益、经济效益与社会效益。生态效益方面，应强化城市绿地景观体系与外围生态环境的高度融合与统一，形成完整的区域绿地景观和城市生态系统，有效改善清镇市的城市生态环境。经济效益方面，公园建设可采用"谁投资、谁管理、谁受益"的原则，充分发动社会力量参与公园建设及管理；同时应利用公园建设提升城市形象，改善营商投资环境，促进旅游业及商贸业经济的发展，为社会创造劳动岗位，促进本地的经济发展。社会效益方面，应充分发挥城市绿地科普教育及社会服务功能，让公园成为城市文化交流和娱乐休闲的重要载体。

**参考文献**

吴良镛：《"山水城市"与21世纪中国城市发展纵横谈——为山水城市讨论会写》，《建筑学报》1993年第6期。

林胜钦：《城市公园绿地系统规划综述》，《国土绿化》2013年第1期。

贵阳市生态文明委、市规划局：《贵阳市绿地系统规划》，2015。

贵阳市生态文明建设委员会：《清镇市公园城市建设专项规划》，2016。

清镇市生态文明建设局：《清镇市绿化现状总结及未来发展思路》，2016。

清镇市生态文明建设局：《清镇市公园建设基本情况》，2016。

清镇市生态文明建设局：《贵州清镇"竹映威清"清镇站街森林公园概念方案》，2015。

清镇市生态文明建设局：《清镇半山山体公园规划设计方案》，2015。

清镇市生态文明建设局：《贵州清镇红枫湖国家湿地公园总体规划（2015～2024）》，2015。

清镇市生态文明建设局：《清镇市麒龙城市花园社区公园设计方案》，2015。

清镇市水务局：《清镇市饮用水水源地安全保护规划》，2016。

贵阳市生态文明建设委员会：《贵阳市公园建设和管理指南（试行本）》，2016年1月。

贵阳网：《中共贵阳市委九届五次全会举行绘"十三五"蓝图》，http://www.gywb.cn/content/2015-12/25/content_4383001.htm，最后访问日期：2015年12月25日。

中共贵阳市委办公厅、贵阳市人民政府办公厅：《贵阳市推进"千园之城"建设行动计划（2015~2020年）》，2016年3月4日。

吴婷、刘祎：《构建"千园之城"新体系　展现绿色发展别样魅力——省"两会"内外热议做优生态长板奋力建成全国生态文明示范城市之三》，《贵阳日报》2016年1月31日。

徐绍史：《坚定不移走中国特色新型城镇化道路》，《人民日报》2014年3月17日。

# 调研篇

Investigation Reports

# B.5
# 清镇市社区调研报告

**摘　要：** 近年来，随着经济社会的快速发展，城市基层管理面临着新形势和新挑战，传统的基层管理体制和运行机制亟待改革与创新。在此背景下，"十二五"期间，贵阳市积极开展城市基层管理体制改革工作，通过撤销街道办事处，设立社区服务中心，推动了"市—区—街道—社区"四级管理体制向"市—区—社区"三级管理体制的转变，探索出了新型社区建设的"贵阳经验"。为进一步了解基层管理体制改革的后续发展情况，贵阳市委政研室、北京国际城市发展研究院和贵阳创新驱动发展战略研究院联合组成课题组，通过"实地调研＋座谈＋访谈"的方式，对清镇市的相关社区进行了深入调研。本文按照理论研究与实证调研相结合的方法，总结当前清镇市基层治理创新的相关做法与典型经验，客观剖析街居制转变为社区制之后面临的新问题，并有针对性地提出相关建议，以期为清镇市完善基层治理体制与运行机制提供决策参考。

**关键词：** 清镇市　社区治理　基层治理体制改革　经济社会

城市基层管理体制的改革与创新是城市现代化进程的标志。社区是基层管理体制改革的重要主体之一，在城市社会发展进程中，要不断探索新型社区的建设和发展，适应新形势、解决新问题，就要从治理理念、体制机制、治理方式等方面着手，夯实治理基础、筑牢依法治理的模式，深化对治理规律的认识，从源头上推进治理体系和治理能力现代化。

## 一 调研背景

### （一）调查目的与意义

"十三五"期间是贵阳"守底线、走新路、打造升级版"的关键时期，既要在环境保护、创业创新、转型发展等方面下大功夫，又要以提升民众获得感为发展主线，致力于社会建设、全民小康。

"十二五"时期，贵阳市社会建设与群众工作取得显著成效，开创了崭新局面，但随着转型升级步伐的加快，各类问题引发的社会矛盾相对集中，给经济社会持续健康发展埋下了隐患，需要加强社会治理，从源头上、基础上、根本上解决好这些问题。课题组通过对清镇市7个社区进行专题调研，分析总结出清镇市、贵阳市"十二五"时期在基层社会治理方面的成效及问题，并针对问题提出可行性建议，对清镇市、贵阳市、贵州省乃至全国"十三五"时期社会治理的进一步建设探索都有很重要的意义。

### （二）调查时间与过程

为给贵阳市"十三五"规划编制提供可参考的科学建议，课题组于2015年下半年开展了贵阳市10个区市县社区调研工作，收集汇总各社区"十三五"规划，并针对规划进行逐步细化，请社区填制完善《社区工作调查表》。2015年11月，课题组在对有关资料进行梳理分析的基础上，制定调研方案，于2015年12月14~18日采取"座谈+访谈"的形式，对清镇市群工委领导、社区领导班子、社区居民代表等进行了访问，对社区的建设情况、发展思路、重点工作等进行了深入调查。

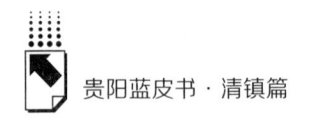

## （三）调查方法与对象

**1. 调查方法**

此次调研历时 5 天，主要通过实地"调研+座谈+访谈"的方式，通过收集社区制定的"十三五"规划和填制的《社区工作调查表》，掌握社区建设、科技和教育资源、体育文化、休闲餐饮、住宿设施、医疗卫生资源、困难群体与特殊群体、班子与队伍、稳定与安全、问题与难点、发展思路等情况；通过与区委办领导、社区代表、社区组织代表和居民代表开展座谈，了解"十二五"时期清镇市社区整体的环境建设、存在问题以及发展思路等；通过与 7 位社区领导面对面交流对话，进一步深入了解该社区情况、发展中的难题问题、领导班子解决问题的思路能力以及下一步发展的重点难点等，并对前期收集资料、调查表进行信息核对，达到收集信息准确、反映问题真实、给出建议合理的效果。

**2. 调查对象**

此次调研遵循社区全覆盖的方针，集中对清镇市群工委及 7 个社区的主要领导进行了重点调研（见表1）。

表1　清镇市社区访谈对象一览表

| 编码 | 性别 | 所在单位 | 编码 | 性别 | 所在单位 |
| --- | --- | --- | --- | --- | --- |
| QZS1 | 女 | 百花社区 | QZS5 | 男 | 新岭社区 |
| QZS2 | 女 | 巢凤社区 | QZS6 | 女 | 时光社区 |
| QZS3 | 男 | 红星社区 | QZS7 | 男 | 乡愁社区 |
| QZS4 | 男 | 红塔社区 | QZS8 | 男 | 清镇市群工委 |

注：文中访谈者姓名处均采用上表编码标示。

## 二　清镇市社区基本情况

### （一）清镇市新型社区建设和发展的历史沿革

"十二五"期间，为加强基层管理，贵阳市积极开展城市基层管理体制改革工作，通过撤销街道办事处，设立社区服务中心，推动了"市—区—街道—社区"四级管理体制向"市—区—社区"三级管理体制的转变，探索出了新型社区建设的"贵阳经验"。新型社区通过构建"一委一会一中心"的组织架构，采取"一社多居"的形式，开展"一站式"服务，进一步增强社区服务、管理、凝聚、维稳的功能，真正把管理服务触角延伸到社会的末梢。

清镇市是贵阳市街道改社区的重点试验区，在不断深化城市基层管理体制改革，提升社区社会治理能力过程中，清镇市以"三创一强一提升"创建活动，及"新型社区·温馨家园"社区公益事业项目建设，进一步健全社区运行机制，提升管理服务水平，使全市新型社区的建设和发展从组建之初"建机构、立制度"的粗放型管理逐步过渡到现在"抓服务、搞创新"的精细化服务上来，运行更加规范化，发展逐渐科学化。

## （二）清镇市社区建设基本情况

清镇市辖7个社区服务中心，自2011年4月启动城市基层管理体制改革以来，撤销了青龙街道办事处，先后组建了红新、新岭、百花、红塔、巢凤、时光和乡愁7个社区服务中心，基本情况见表2。

**表2 清镇市社区概况**

| 社区 | 性质 | 总面积（平方公里） | 总人口（人） | 总户数（户） | 成立时间 | 辖区范围 | 重要资源 |
|---|---|---|---|---|---|---|---|
| 红新 | 城市（2村6居） | 7.0 | 52000 | 17000 | 2011年6月17日 | 东至清镇云岭东路，毗邻百花社区；西至清镇云站路、建国路，毗邻新岭社区；南至清镇富强路；北至清镇云岭中路，毗邻红塔社区 | 1. 科教资源：公立学校5所、私立学校8所 2. 文体设施：图书馆1个、中心广场1个 3. 卫生资源：医院3家、诊所7家 |
| 新岭 | 农村（3村5居） | 5.5 | 45000 | 14879 | | 位于清镇市主城区西南面，东至红旗路，西至塔峰路，南至虎场坝，北至大转盘 | 1. 科教资源：幼儿园8所、小学7所 2. 文体设施：公共文体活动场所5个，总面积3000平方米，其中文化广场5个 3. 卫生资源：各类医疗卫生机构7个，病床1000余张，专业卫生人员700余人，其中执业医师200余人，执业助理医师100余人，注册护士200余人 |

续表

| 社区 | 性质 | 总面积（平方公里） | 总人口（人） | 总户数（户） | 成立时间 | 辖区范围 | 重要资源 |
| --- | --- | --- | --- | --- | --- | --- | --- |
| 百花 | 农村（5村3居） | 23.0 | 35000 | | 2012年4月28日 | 位于清镇市东北面，地处城乡接合部；东接清镇市巢凤社区、观山湖区金华镇；南接清镇市红新社区；西接清镇市红塔社区；北接观山湖区百花湖乡 | 1. 科教资源:高中1所,中学1所,小学5所,幼儿园9所 2. 卫生资源:村级医疗卫生服务所8个,私立医院1所,卫生服务中心1所 |
| 红塔 | 城市（3村3居） | 8.3 | 20979 | 4513 | 2012年4月28日 | 位于清镇市西北部，东邻百花社区，南接新岭社区，西接红枫发电总厂，北抵老马河 | 1. 科教资源:幼儿园1所、小学1所、初中高中2所 2. 文体设施:4个,总面积1500平方米,其中文化广场4个 |
| 巢凤 | 城市（5村3居） | 12.2 | 29705 | 9582 | 2012年4月28日 | 位于清镇市东部，距省城贵阳22公里，观山湖区16公里 | 1. 科教资源:幼儿园9所、小学2所、初高中1所 2 文体设施:9个,总面积2000平方米,其中文化广场8个,社区公园1个 3. 卫生资源:综合医院2个,社区卫生服务站1个,药店4个 |
| 时光 | 农村（2村） | 12.0 | 65859 | 1661 | 2015年12月 | 位于清镇市主城区北面东与百花社区凉水井村毗邻，西至"时光贵州"与乡愁社区隔老马河相望，南抵百花新城以北门河为界与河堤村相邻，北临百花湖与观山湖区石操村交界 | 1. 科教资源:幼儿园2所、小学1所、职业院校9所 2 文体设施:1个,总面积5000平方米 3. 卫生资源:社区卫生服务站2个,药店1个 |

续表

| 社区 | 性质 | 总面积（平方公里） | 总人口（人） | 总户数（户） | 成立时间 | 辖区范围 | 重要资源 |
|---|---|---|---|---|---|---|---|
| 乡愁 | 农村(3村) | 29.5 | 13000 | 2810 | 2015年11月 | 东抵观山湖区,西抵站街镇,南抵红枫湖镇,北抵红塔社区 | 1. 科教资源:幼儿园1所、小学1所、初高中1所、中专中技1所、高等院校2所<br>2. 卫生资源:社区卫生服务站5个 |

注：表格数据与案例篇截止时间不同，存在不一致情况。
资料来源：2015年调研期间由各社区提供。

## 三 清镇市社区发展三大转变

### （一）社区建设更加规范化

**1. 健全社区组织架构，规范运行制度与职责**

建立健全社区组织构架。清镇市社区建立了"一委一会一中心"（社区党委、社区居民议事会、社区服务中心）组织构架，形成了社区党委决策、社区居民议事会共同监督管理，社区服务中心履行服务和管理职能的工作格局。

规范社区运行制度。为规范社区建设，清镇市先后出台了《清镇市全面城市基层管理体制改革工作实施方案》《清镇市2013年加强社区建设工作实施意见》《清镇市社区工作准入制度》《清镇市社区服务中心内设机构职责》《清镇市社区工作职责指导目录》《清镇市社区网格临聘管理员考核管理暂行办法》《清镇市社区工作考核办法》等一系列制度性文件，进一步确保社区的规范运行。

剥离社区经济职能，强化服务管理功能。清镇市以城区7个社区管辖区域为重点，设置了百花生态新城、职教园区、物流新城3个管委会，强化管委会的经济发展职能作用，形成"管委会（园区办）抓发展、社区抓服务"的运行机制。在此基础上实行"大党委"制，由市委常委兼任"大党委"书记，

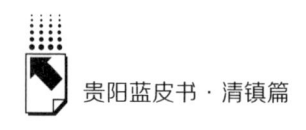

整合市、社区两级力量，推进建设与管理。以此解决清镇市城区在青龙街道办事处撤销后，没有部门抓经济发展的问题，保证既不使改革走样、又不因改革影响经济工作。

**2. 完善社区顶层设计，调整结构、拓展职能**

为进一步巩固城市基层机制改革和社区建设成果，完善结构、优化机制，清镇市于2015年出台了《清镇市关于贯彻落实贵阳市〈关于进一步加强和改进社区工作的十条具体意见〉的实施细则》，对社区领导班子结构、社区主要职能、内设机构设置等事项进行重新调整和明确。

部门结构优化调整。内设机构由原来的"一办四部"（办公室、党政工作部、社会事务部、城市管理部、群众工作部）调整为"二办五部"（综合办公室、网格管理办公室、党建工作部、群众工作部、社会服务部、城乡管理部、经济服务部），社区班子职数明确原则上按照7名的标准配备。

工作职能拓展延伸。社区工作职能由原来的凝聚、服务、管理、维稳四大职能，调整为加强党的建设、提供公共服务、强化综合管理、协助专业管理、维护社会稳定、动员社会参与、指导基层自治、服务经济发展八大职能。

## （二）社区管理更加科学化

**1. 明确网格管理职责与机制**

自社区组建之初，清镇市就大胆探索社区网格化管理新模式，将新型社区共147个平安网格整合为109个社区网格，逐步形成以网格为基本单位的管理服务模式。推进实施社区网格化服务管理。

明确网格管理工作职责。进一步完善和明确了网格管理员作为信息数据采集员、社情民意信息员、社会群众服务员、社会事务管理员、政策法律宣传员、矛盾纠纷调解员等相关工作的职责，把社会治理和社会服务工作延伸到网格，把力量下沉到网格，把职责落实到网格。

建立村（居）统筹网格工作机制。在网格建立"一格一长"或"几格一长"的格长负责制，每个村（居）明确1名网格长，由村（居）委会书记或主任兼任，负责统筹、指导和督查本辖区内网格工作。

**2. 优化网格管理程序与队伍**

在理清工作职责的基础上进一步规范工作程序，建立了"六步法"网格工作标准化流程,即信息收集—案件研判—任务派遣—处理反馈—核查结案—综合评价,并在此基础上推动网格服务管理信息化,健全网格工作队伍,进一步提升社区服务管理水平。

推动网格服务管理信息化。为进一步提高清镇市公共服务能力,2014年,清镇市将原设在市城管局的12319公共服务指挥中心划归市委群工委。2015年,为进一步完善公共服务体系,清镇市将原"12319"公共服务指挥中心、百姓—书记市长交流台、"12369"环保投诉热线平台和清镇市网格化系统进行整合,重新组建了清镇市"社会和云"平台——清镇市网格化服务管理指挥调度中心,有效搭建了政府与群众沟通服务平台。

着力配强网格工作队伍。按照"整合资源、一格多员、分片包干、部门下沉、综合治理"的原则,成立网格工作团队,具体负责网格的日常事务工作。网格团队将"一警两员四队"的人员结构调整为"1+N"模式,由一名网格长和多名网格社工、网格警务员、网格协管员组成的工作团队。

### (三)社区服务更加精细化

#### 1. 坚持"四个纳入",强化社区服务保障

清镇市实行"四个纳入"政策,将机构、人员、经费、办公场所分别纳入事业单位序列、正式编制、财政预算、城市建设规划中,为社区运行提供必要保障。为方便群众办事,有效地整合社区资源,清镇市建成五个社区办公场所,办公场所平均面积达895平方米。在全市109个网格配备网格管理员224人、格警131人,同时明确了网格管理员工资待遇为2.5万元/年/人(含缴纳的社会保险),确保了新型社区"有人管事,有钱办事,有场所议事"。

#### 2. 以"四最服务"为载体,推进服务内容多样化

坚持以"四最服务"为载体,最大范围发挥服务效应,实现社区服务管理全覆盖。立足空巢老人、留守儿童、刑释人员、低保家庭等特殊群体"最盼",进一步强化同各部门的联系,广泛开展"温情关怀"服务,尽力解决特殊群体就业、医疗、教育、生活等难题,赢得群众信任。针对群众"最急",开通24小时值班热线,制作网格社工便民联系卡,开通社区服务QQ群,组建应急队伍,确保服务到位。针对群众"最怨",出台了社区考

勤、考核、接访、车辆管理等20多项制度，不间断开展民生大排查、积案大化解、治安大巡查活动，做到每个"最怨"都有答复，提高服务效率。立足群众的需求，积极争取社区公益事业项目和水库移民"六小项目"支持，针对群众需求，全力改善社区基础设施，努力打造宜居环境，提升群众生活质量。

### 3. 创新"三单制"服务模式，推动服务主体多元化

党组织创新"三单制"服务模式。社区党组织积极创新服务方式，开展"菜单服务"，推行"居民点单、支部下单、党员接单"的"三单制"服务模式。通过召开居民代表座谈会、入户走访群众、问卷调查等形式，让群众点单。然后梳理居民服务需求，建立"菜单库"，并将"菜单"进行责任分解，分派"菜单"任务。通过建立完善以各种硬件服务阵地为服务平台的定点服务和以微博、微信等社交网络为服务平台的网络服务两种服务渠道，为"点单"群众解决问题、提供服务，有效打通了服务群众的"最后一公里"。同时，社区基层党群网络得到进一步夯实。

积极培育小微社会组织来提供服务。进一步扩大社会参与力量，加强社区小微社会组织的培育，成立了清镇市首家将"居家养老"和"志工服务"理念带入网格的社区社会组织公益服务机构——"居家宝服务站"，向老年人提供生活照料、文化娱乐、医疗保健等就近服务。同时积极争取贵阳市支持社会组织参与社会服务项目，动员社会力量参与到社区服务中来，使社区服务水平得到提升，逐步走向多元化和精细化。

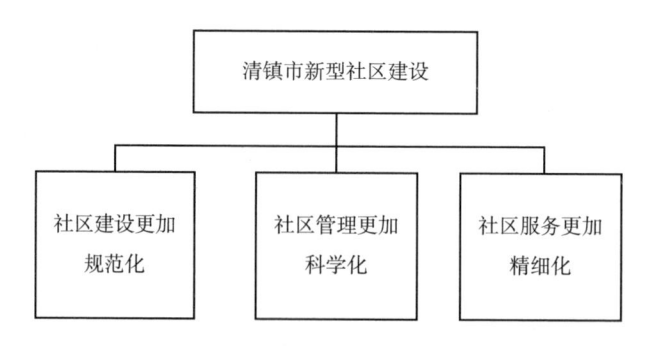

**图1　清镇市新型社区建设情况**

## 四　清镇市社区发展存在的问题

（一）转型尴尬：职能转型不彻底、改革政策未落实、有责无权难工作

**1. 职能过渡转型不彻底，行政性与服务性并存**

基层管理体制改革通过成立新型社区，实现社区去经济职能，着重发挥服务功能。但目前社区的职能过渡转型并不彻底，大量的行政性工作仍然存在。

按照职能要求，社区服务中心直接负责的是社会保障、科技教育、医疗卫生等工作。但在实际工作中，社区还承担着配合职能部门做好辖区城市规划、依法治理、廉租住房的申报审核、建房申请审核上报等工作。这些工作明显还带有行政管理、行政审批、行政执法工作的特征和"影子"，属于"准行政"工作，不仅增加了社区工作量，且与社区自身职能不相符。所以从职能上看，社区从原来的街道办事处过渡转型还不够彻底，社区服务中心还没有完全成为政府基层服务部门。

**2. 转型改革政策未落实，社区建设缺乏有力支持**

在调研中了解到，2012年基层管理体制改革后，为解决社区人力、财力、物力比较薄弱的问题，贵阳市曾提出建立社区工作的准入机制，即符合社区职能的工作才能下沉，不符合社区职能的工作，若需社区协助甚至参与，需通过购买服务的形式。但由于种种原因，社区工作准入机制以及购买服务的方式并未落实，社区的人力、财力、物力难以应对职能部门大量下沉的工作。

如QZS2所说，"我们社区服务中心的编制由原来的七站八所浓缩为现在的4个部室，但是社区并没有像城市基层管理体制改革所要求的那样，将职能部门的职权划转上去，仅仅只承担服务功能，政府购买服务也没有实现，还要迎接各种考核和检查。唯一实现的就是社区没有了经济职能，让社区失去了工作运转的基本保障。"

**3. 行政管理职能仍存在，但执法权已不匹配**

当前社区服务中心仍承担着管理的职责，但基层管理体制改革后，社区不再具备执法权，权责的不匹配导致社区在管理职能上难以发挥实际效用。

如QZS5所说，"现在我们谈的是区域范围内的治理、方案建设、城市管理、信访维稳、环境卫生，还有就是公共服务等，这些全部都是要做的，都属于社区要承担的责任，但是社区没有执法权力。我们总共就有20多个人，以前一个街道办就有100多号人甚至是200号人，有专门的、有执法权去做城市管理。现在我们只能是用宣传教育的方式与老百姓交流，没有强制措施，老百姓不会听，社区也没有办法。"

与此同时，具备执法权的有关职能部门又未派出执法人员配合社区工作，导致社区在管理方面，尤其是执法检查方面缺乏专业性，收效甚微。如QZS3所说，"比如安全检查，我们社区有超市、餐饮比较发达，食品安全和消防安全是重头工作。安检部门要求社区企业做安全检查，却不派出专人指导。我们不具备食品安全检查的知识和能力，只能做表面上的安全检查工作，比如看货架上的日期过期没有过期，看看厨房卫不卫生。"

### （二）两大交叉：社区与管委会交叉，社区内村居交叉

**1. 外部统筹管理：社区与管委会交叉**

基层管理体制改革后，社区的经济职能被去除，为解决没有部门抓经济发展的问题，清镇市在几大园区设立了管委会，并且明确社区负责社会治理、管委会负责经济建设的职责区分。但在实际工作中，经济建设与社会治理之间存在密切联系，社区与管委会的工作仍存在交叉以及协调配合不当的问题。

如QZS8所说，"现在社区不抓经济工作了，为了做好几个园区的经济工作，推动基层建设，清镇在职教园区、物流园区等成立了管委会。管委会和社区就出现了矛盾。在管理上，管委会只抓发展，社区抓服务。那么就出现了两个问题：一是一个社区可能会有多个管委会，二是一个管委会当中也可能有几个社区交叉。那么就出现一个协调配合困难的情况。"

**2. 内部协调管理：村居混杂交叉**

清镇市中心城区面积较小，大部分都是乡镇农村，城区的社区也多与农村交叉，不少社区都是村居混杂，导致管理上存在交叉。如QZS4所说："我们社区地处城乡接合部，特色应该就是村居混杂，有3个村3个居，村居界限不是非常的明显，村里居住有居民，居委会居住有村民，所以管理上有一些交叉。"

有些新成立的社区里甚至都是村委会，"农转非"推进较难。如QZS7所说，"我们社区还没有居委会，现在是典型的农村社区，还不是城乡接合部，我们3个村，其中有1个村所剩无几了，但是农转居的过程中，老百姓的抵触情绪还是大的，农转居的工作不好推，形成一种老百姓身份和户口还是农民，但是已经住进入了安置区、现代化的小区里面。"

此外，由于清镇市生态保护红线较多，城区内土地有限，村集体经济如何落地发展也成为困扰社区的一大难题。如QZS7所说，"从社区党委和社区服务中心的角度来说，对村委会抓经济发展方面，很难给出政策扶持，抓不到一个切入点去帮助他们。比如说征地的问题，所有的项目开发，五年之内要开发的红线区，都批不了。现在村集体经济的这一块，不准搞统一集中安置，不准建农民新村。所以现在从村集体经济发展这块来讲，我们没有土地、没有房屋。"

### （三）三大缺乏：没人、没钱、没时间

#### 1. 机制有待健全，人才力量严重不足

人才力量不足是当前社区面临的一大问题，如QZS3所说："我待过两个小镇，一个乡镇政府一般都是七八十个人，加上临聘的，就有上百名，但是社区就是三四十个人。"

其中，人才引进的渠道和机制不健全是导致人才力量不足的重要原因。如QZS2所说："社区没有建立进人的渠道和机制。上级组织下派人员到基层，是没有给社区的，只给乡镇，在他们的概念里面，乡镇才是基层。这个就造成了现在的社区进口是非常窄的。"

此外，第三方服务力量，如社区的志愿者等，主要是由社区自身主导，并没有真正发挥其作用。如QZS2所说："现在的志愿者群体没有参与到社会化服务性工作中来，主要还是靠社区的工作人员来做，这样一来，社会组织一是失去了本身的意义，二是发展壮大不起来。"

#### 2. 经济职能弱化，服务能力难保障

基层管理体制改革后，社区的经济职能弱化，成为全额拨款的事业单位，导致社区在各项开销上需随时向上级申请，延长了资金到位的时间。如QZS5所说："我们社区是全额拨款的事业单位，也就是说一分钱也要给财政局写报

告,上面审批了才能够实施,没有自主权,也没有弹性空间,申报的周期很长。通过这种渠道为老百姓提供服务,由于申报时间长,老百姓就会对你失望。"

**3. 工作任务繁重,服务精力与时间受限**

在基层管理体制改革的不同阶段,清镇市社区的工作量并没有实质性减少,繁重的任务工作,尤其是"准行政"工作,仍占据了社区工作人员大部分的精力与时间,导致社区服务管理功能的发挥十分有限。

首先,街道办事处改为社区后,不少工作内容没有减少,但是所有社区都得做同样的工作。如 QZS2 所说:"原来我们 5 个社区(后新增 2 个社区,共 7 个社区)是一个办事处,人多力量大,虽然说区域广,村居多,但是它做的内容是一样的。比如说把一个饼划成五个饼,我们现在每个小饼里面和它原来一个大饼里面做工作是一模一样,内容没有一点减少,但是你人少了。比如说原来是一个办事处迎检,现在是我们五个社区迎检,那么五家社区都要做同样的工作。"

调整职能前,清镇市各社区工作队伍的"四部一办"中,平均一个部承担的主要职责均在 10 项以上,还要负责部分"准行政"工作。以社会事务部为例,一个人员配置不过几个人的部室,就承担了计划生育、劳动就业、社会保障、民政、残疾人等事务性服务的职责和任务,也就是要对应社保、劳动、就业、计生、民政、卫生等十多个部门的工作。职能调整后,社区又恢复了经济服务的职能,人少事多的问题非常突出,社区干部一人顶多个岗位的情况比较普遍,工作效率难以提高,进而影响到服务工作的质量和效果。

如 QZS2 所说:"我们社区没有时间去服务了。每天迎接考核和检查,应付上面的各种东西太多。我们每天一个部室,上面要的东西雪片般地飞来,天天要应付这些东西,要交什么材料,或者是要填报一个什么信息,因为上面所有的市直部门,它所有的基础性的东西全部来源于社区,全部让你做,你哪里还有时间服务群众,我们想给群众开个会都没有时间。"

**(四)四大难题:基础设施薄弱、拆迁征收上访多、流动人口管理难、物业管理纠纷多**

**1. 公共基础设施薄弱,难以满足百姓服务需求**

当前清镇市各社区主要是延用原青龙街道时期修建的市政设施和其他公共

设施。因经费不足，没有投入资金新建更多的供居民文化、休闲、医疗的公共服务设施，这与新形势下社区服务工作的要求不相适应。医疗机构方面，各社区均未建有社区医院，主要靠1个社区卫生服务中心来负责一些社区卫生服务工作。有的村虽建有卫生室，但只能开点常用药治感冒等小病，对于严重病症因为没有更多的专业医疗技术人员和没有配备专业的医疗设备，根本无力处理。遇到这种情况，社区居（村）民只好选择到市一医、市中医院等综合大型医院去看病，无法实现就地就近就医。文体设施方面，虽然社区建立了文化活动中心，但同样因经费投入不足，造成文化活动中心功能单一，能提供的服务项目相当有限，仅停留在读书、看报、下棋的状态。总之，现有设施老、旧、简等问题突出，公共服务设施建设滞后，远远不能满足社区居民的物质文化和精神生活的需要。

**2. 拆迁征收上访户多，维稳压力大、问题难解决**

由于正处在城镇化过程中，不少社区所在地都在进行开发建设，拆迁征收面临着许多矛盾。如QZS5所说："我们这儿是老城区，上访人员比较多，因为城市的发展需求，把老百姓的土地全部征了，剩下的3个村基本上都是失地农民，征地的矛盾纠纷比较多。以前农民有地，当被征完之后他就没有了地，那么在征地的过程当中他不一定配合，不一定支持，也不一定理解。农民就是以土地为生，把地征了他们怎么办，所以他不会考虑城市发展的需要。"

面对纠纷，社区又难以从实质上解决问题。如QZS5所说："信访维稳工作是天天干，像昨天我们辖区内二小的一栋宿舍楼，因为旁边进行旧城改造，在做基础的开挖，居民反映他们的房子受到影响，房屋地基下沉，房屋开裂，最后又去堵这个施工方，一面是旧城改造的项目，一面是老百姓的切身利益，我们社区又解决不了。"

**3. 城乡接合部区域多，流动人口管理难、服务难**

清镇市市区村居交叉，流动人口较多，特别是红塔、巢凤社区处在城乡接合部，流动人口情况非常复杂，人口流入、流出、婚入、婚出频繁，数量大、结构复杂，登记信息困难，给服务管理工作带来了很大的困难。流动人口的居住点不固定，社区干部特别是网格格警社工、计生干部等必须要保持动态跟进，经常上门走访登记，才能准确地进行流动人口信息、数据采集。大量的流动人口为社区计划生育管理、平安建设、禁毒帮教、经济普查等工作带来了很大的压力和考验,与常住人口相比,流动人口管理的工作量远大于常住人口。从近期公开宣判的偷抢刑事案件来看,很多属流入人口作案。人口流入使社区服务对象绝对值上升,而相应的服务资源、服务阵地、服务力量并没有增加,也造成服务难的问题。

**4. 物业管理纠纷较多,新旧小区各有难题**

物业管理也是社区面临的一大难题,新社区虽有物业公司进行管理,但仍存在物业公司对业主服务不到位、业主委员会与物业公司争利的问题。如QZS3所说:"有物管公司进来小区,那么这种小区的情况是物管公司为了追求利益,那么就会出现对业主的服务不到位,比如说灯不太亮,或者是灯坏了都拖拖拉拉地不修。但是成立业主委员会,就是业委会和物业公司争利益,有些业委会是说在你们的地段当中拿几层来给业委会管理,物管公司不愿意拿,有些业主委员会是鼓动大家,说这个物业公司不好,我们换人,换一家,或者是干脆我们自己来做,所以它的利益就被侵占。"

而老旧院落则基本没有物业公司进行服务管理,自治基础较差,物业费很难收齐,社区只能进行兜底管理。如 QZS3 所说:"我们这 50 多个老旧院落没有物业公司,因为它都是一些步梯房,住户相对少,有些只有二三十户家人,收不齐物业费,然后就脱管,脱管我们就兜底,兜底就是社区保洁员、社区城管队去给他们打扫,拖垃圾拖杂物。这五六十个老旧院落自治开展不起来,甚至有时候动员一下交点卫生费大家都不交,认为脏乱差政府会管,所以我们在这方面也是比较困惑的。"

## 五 清镇市社区发展对策建议

### (一)加强体制机制建设,构建"五力共治"格局

强化社区顶层设计和体制机制建设。完善机制、强化党建,继续加强社区党的建设,强化社区党委的领导核心作用和政治引领作用。抓好社区"社会建设党委"组建工作,完善以社区党委为核心,社区服务中心、居民议事会、居委会、驻社区企事业单位、社会组织等多元主体共同参与的社区治理体系,形成"党委全力、政府主力、社会协力、群众得力、制度给力"的"五力共

治"格局。

优化内设机构，完善工作职能。按照社区服务中心扁平化、网格化管理的原则，在对社区内设机构进行调整的基础上，继续完善社区"二办五部"机构工作机制，合理划分部门职能。进一步将公共服务直接延伸到社区，充分履行"加强党的建设、提供公共服务、强化综合管理、协助专业管理、维护社会稳定、动员社会参与、指导基层自治、服务经济发展"八大职能，解决新型社区转型的尴尬局面。

强化社区党委政治引领作用。及时调整充实"社区社会建设委员会"，建立健全社会建设党委运行机制。着力打造结构优、能力强、作风硬、服务好的高素质社区党员干部队伍，实现服务居民的立体式全覆盖。全面抓好辖区内居（村）、非公企业和社会组织党的建设，实现党的组织和党的工作全覆盖。

（二）夯实基础创新载体，提升基层治理能力

积极推进社会治理向基层延伸。继续夯实基层基础，以"六小联通"创建活动为载体，细化治理单元，结合社区、居委会实际，大力推进"小微社会组织联合会""院落楼栋物管自管会""商户摊贩自治会""志愿服务联合会""驻地单位共治会""商务楼宇园区服务社"等组建工作，有效推进居民自我管理、自我教育、自我服务。夯实基础、创新载体，提升基层治理能力。

加强居委会建设实现居民自治。严格按照《关于进一步加强居民委员会建设的十条措施》的要求，继续完善居委会建设制度设计，健全居委会日常运行、工作保障、督查考核等相关机制。采取项目支持、协调企事业单位、盘活国有资产房源等方式全面解决社区居委会办公服务用房问题。认真组织开展"星级居委会"创建活动，确保完成"星级居委会"创建任务。以"新型社区·温馨家园"社区公益事业项目建设为抓手，进一步强化居委会建设，提升自治水平。

建立村组群工网络推进农村社会治理。搭建以村党组织为领导核心，村委会为主导，村民为主体，村务监督委员会、村集体经济组织、社会组织和志愿组织等共同参与的村级治理架构，构建多元主体参与农村社区建设的渠道。加强农村法制建设，整合农村社区法治资源，定期组织农村居民学习法律知识，加强农村社区法律援助渠道建设，建成覆盖农村居民的公共法律服务体系。

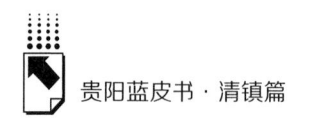

### （三）探索社区混合发展模式，丰富社区功能

探索以实践需求为导向的社区工作方法综合运用。通过调动社区、社会组织及社会力量等各方利益体的积极性，以综合模式解决村居混杂矛盾，满足实践需求。结合清镇市社区建设和社会工作发展的结构性要求，加强社区基础设施建设，提高公共基础设施社区覆盖率。整合社区及社会多种资源，全面提升社区工作能力。

推动社区组织化与参与式社区发展。加强社会组织培育和发展，建立市级社会组织发展服务中心，集中培育扶持社区公益性社会组织，完善政府购买公共服务机制，缓解社区工作压力。通过政府购买服务，建立公共财政对社区社会组织和社工机构发展支持机制，推动公众力量参与，进一步规范社区志愿者管理，建立社区志愿服务督促机制，深化社区志愿者文明、互动活动。

继续抓好社区公益事业项目建设。结合社区居民需求，加大资金投入，加强社区公共服务基础设施建设，尤其是文化、休闲、医疗等方面的公共服务设施。按照"尊重民意、倾听民声、维护民利"的宗旨，扎实组织开展"新型社区·温馨家园"社区公益事业项目建设工作，不断改善社区照明、安保、绿化、交通等基础设施条件，提升群众工作满意度。广泛动员各方力量参加农村社区志愿服务，推动农村社区服务的公益性、市场化发展。

### （四）加强人才队伍建设，创新社区服务水平

形成人才队伍建设坚强合力。进一步理顺政府和社会组织的关系，进一步强化和提升政府、社会在构建和谐社区、增进群众福祉方面的职能和作用。充分发挥第三方服务力量，积极鼓励和引导社会组织参与社区服务，充分发挥社会组织在社区社会工作人才队伍建设中的作用。

强化人才队伍建设。健全社区人才引进渠道、社区人才培养机制及激励机制，打破社区干部"一人顶多岗"的局面。强化社区经济功能，完善公共财政对社区人才建设的投入。倡导探索建立"专业技术资格与岗位挂钩、岗位与薪酬挂钩、待遇与业绩挂钩"的社区社会工作人才待遇保障制度。

## 参考文献

《中共中央关于全面深化改革若干重大问题的决定》，http：//www.gkstk.com/article/60780866.html，最后访问日期：2017年4月15日。

焦若水：《社区社会工作本土化与社区综合发展模式探索》，《探索》2014年第4期。

贵阳市委群工委：《贵阳市"十三五"时期社会建设规划》，2016年5月3日。

清镇市群工委：《清镇市社区建设十二五工作总结》，2016。

清镇市群工委：《清镇市加强群众工作创新社会治理2015年工作总结》，2016。

# B.6
# 清镇市居委会调研报告

摘　要： 近年来，随着我国经济与社会改革发展的不断深入，城市管理体制正在发生着深刻的变化。作为全国社会管理创新综合试点城市，2010年贵阳市全面推进基层管理体制改革，通过撤销街道办事处，设立社区服务中心，变"市—区—街道—社区"四级管理为"市—区—社区"三级管理，实现了管理体制扁平化；构建"一委一会一中心"组织架构，增强了社区服务、管理、凝聚、维稳功能；实行"一社多居"，强化了党组织的领导核心地位；推行"居政分离"，促使居民自治回归，逐步探索出一条新型社区建设的"贵阳经验"。为进一步了解基层管理体制改革在居委会这一层面的情况，贵阳市委政研室、北京国际城市发展研究院和贵阳创新驱动发展战略研究院联合组成课题组，对清镇市的相关居委会进行了深入调研。本文通过实地调研，对居委会自治取得的成效和存在问题进行梳理与分析，并提出相关建议，以期为清镇市乃至贵阳市进一步完善城市基层治理体制改革提供决策参考。

关键词： 清镇市　居委会　基层自治　基层治理体制改革

## 一　调研背景

（一）调查目的与意义

为了解清镇市"十二五"居委会建设情况，进一步全面摸清辖区居委会发展面临的主要问题，理清"十三五"期间清镇市辖区居委会发展的具体思路，课题组通过对居委会情况进行了深入的专题调研。同时，特别关注在清镇市七个社区在撤销街道办事处、成立新型社区过程中，居委会服务意识和治理能力评估，以及重新认识基层体制改革过程中暴露出来的一些问题，提出"十三五"居委会服务管理工作的一些意见与建议。这对于清镇市居委会巩固城市基层管理体制成果，加强和创新社会治理模式具有重要意义。

### （二）调查时间与过程

2015年是"十二五"收官之年，2016年是"十三五"开启之年。编写组在2015年11月下旬对清镇市居委会展开调研，对社区发展规划与社会治理情况进行了解，在11月25日召开了专题研讨会；12月14至12月17日，编写组分小组对9个居委会的党支部书记（或主任）进行了不少于一个小时的面对面访谈和交流。首先，对居委会党支部书记或主任工作情况进行了解，填写好《贵阳市基层社区居委会工作调查表》并予以修正，对所辖居委会的具体情况进行详细了解和核实；其次，针对每个居委会的特殊情况请党支部书记或主任描述和剖析居委会自身存在的问题及原因；最后，与党支部书记或主任对"十三五"居委会工作的难点和希望改革的内容进行探讨和交流，重新认识居委会的现状和未来发展的方向。

### （三）调查方法与对象

**1. 调查方法**

此次调研，课题组通过与社区居委会干部面对面访谈，填制《贵阳市基层社区居委会工作调查表》，对居委会概况、辖区配套公共服务设施、科技、教育和卫生资源、文化（旅游）和体育资源、居住者结构、失业与就业、稳定与安全、劳动与社会保障、管理问题与难点、居委会最大的亮点、居民最不满意的事情、工作中最薄弱的环节、居民反映最强烈的问题、创新成果等进行调查。查阅社区居委会建设政策法规和居委会发展现状、贵阳市居委会职责范围、改制后居委会发展方向转变等相关文献，运用数据统计与分析等调查手段，对9个居委会人文、经济、人口、党员、贫困户、特殊群体等情况进行了全面的了解。着重了解居委会在贵阳市城市基层管理体制改革以来发生的重大变化、"十二五"时期的亮点工作，居委会在运转过程中存在的突出问题等，听取居委会干部对"十三五"期间居委会建设和管理中希望得到解决的难题和思路建议。

2. 调查对象

此次调研在六个社区中每个社区选择1~2个居委会进行重点调研（见表1）。对选取的居委会党支部书记或主任进行采访，对填制的《贵阳市基层社区居委会工作调查表》进行了核对和补全，了解居委会的概况和特点，创新成果的工作方式方法以及居委会工作难点，并对居民反应强烈的问题进行了交流。

表1 清镇市居委会访谈对象一览表

| 编码 | 性别 | 所在居委会 | 编码 | 性别 | 所在居委会 |
| --- | --- | --- | --- | --- | --- |
| QZJ1 | 女 | 新民居委会 | QZJ6 | 女 | 塔山居委会 |
| QZJ2 | 女 | 梯青塔居委会 | QZJ7 | 女 | 岭北居委会 |
| QZJ3 | 女 | 云岭居委会 | QZJ8 | 女 | 水晶东部居委会 |
| QZJ4 | 女 | 新华居委会 | QZJ9 | 女 | 水晶西部居委会 |
| QZJ5 | 男 | 弘业居委会 | | | |

注：文中访谈者姓名处均采用上表编码标示。

## 二 清镇市居委会概况与调研的九个居委会基本情况

清镇市地处黔中腹地，是贵阳市、贵安新区和黔中经济区重要节点，行政区域面积1383平方公里，辖7个新型社区、9个乡（镇），总人口约50万人。

### （一）清镇市居委会整体情况

清镇市辖3乡6镇7社区，7个社区共20个居委会，2个社区未设居委会，基本情况见表2；6镇中共有15个居委会，基本情况见表3；3乡中共有3个，每个乡各有1个居委会，基本情况见表4。

表2 清镇市社区居委会基本情况

| 序号 | 所属社区 | 居委会名称 | 总面积（平方公里） | 总人数（人） | 总户数（户） | 地理位置 |
|---|---|---|---|---|---|---|
| 1 | 红星社区 | 地勘居委会 | 0.04 | 3400 | 900 | 东邻市新客车站，<br>西邻曹家井，<br>南邻市一中，<br>北邻北门村 |
| 2 | | 红旗居委会 | 1.5 | 1614 | 4383 | 东至百花社区下午组，<br>西至盘化家属区，<br>南至红旗路，<br>北至红新社区东北村 |
| 3 | | 盘化居委会 | 0.05 | 985 | 1942 | 东邻(北院)中深楼、(南院)红枫居，<br>西邻(北院)地勘一中队、(南院)清一中，<br>南邻清一中食堂，<br>北邻下午村 |
| 4 | | 前进居委会 | 1.78 | 2200 | 6655 | 东邻清镇市档案局，<br>西邻红新社区服务中心，<br>南邻贵州盐业公司，<br>北邻清镇市第一中学 |
| 5 | | 梯青塔居委会 | 1.1 | 2219 | 6657 | 西邻粮食储备库，<br>南邻电信大楼，<br>北邻锦绣蓝湾 |
| 6 | | 新民居委会 | 1.58 | 2592 | 6253 | 东邻新华居委会，<br>西邻红旗居委会，<br>南邻三星村，<br>北邻青龙居委会 |
| 7 | 新岭社区 | 岭南居委会 | 0.38 | 2066 | 6096 | 东邻周五井居委会，<br>西邻云岭居委会，<br>南邻塔山居委会，<br>北邻新华居委会 |
| 8 | | 云岭居委会 | 1 | 2542 | 6832 | 东邻三星村、新华居，<br>西邻陈亮村，<br>南邻红湖村、塔山村，<br>北邻三星村、河堤村 |
| 9 | | 青龙居委会 | 1 | 2679 | 6976 | 东邻清镇市交警队、老党校(齐山路)，<br>西邻金色湖城小区(富强路)，<br>南邻倾国倾城小区(文笔山)，<br>北邻红枫大街 |

续表

| 序号 | 所属社区 | 居委会名称 | 总面积（平方公里） | 总人数（人） | 总户数（户） | 地理位置 |
|---|---|---|---|---|---|---|
| 10 | 新岭社区 | 周五井居委会 | 1.5 | 1574 | 4883 | 东邻青龙居，<br>西邻岭南居，<br>南邻青龙村，<br>北邻中心村、新华居 |
| 11 | 新岭社区 | 新华居委会 | 1.04 | 3725 | 9226 | 东与建国路富强路三角花园与红新社区新民居委会、新岭社区青龙居交界，<br>西与星云路新华路与新岭社区岭南居委会交界，<br>南与云岭大街与新岭社区云岭居委会交界，<br>北与建设路与新岭社区周五井居委会交界 |
| 12 | 百花社区 | 岭北居委会 | 1.8 | 1895 | 294 | — |
| 13 | 百花社区 | 东山居委会 | 0.75 | — | — | — |
| 14 | | 115居委会 | 1.82 | — | — | |
| 15 | 巢凤社区 | 水晶东部居委会 | 1.5 | 2134 | 5634 | 东接东平路，<br>西接巢凤社区水晶西部居委会，<br>南接巢凤社区扁坡村，<br>北接巢凤社区干河坝村 |
| 16 | 巢凤社区 | 水晶西部居委会 | 2 | 3145 | 7860 | 东邻王二寨村，<br>西邻干河坝村，<br>南邻水晶西部廉租房小区，<br>北邻水晶西部居民楼203栋西山浴室 |
| 17 | | 伟宏居委会 | 2.3 | 418 | 1067 | 东邻黑泥哨村，<br>西邻寒坡岭，<br>南邻毛栗山，<br>北邻济辉汽车城 |
| 18 | 红塔社区 | 弘业居委会 | 0.227 | — | — | 东邻红枫五小相邻，<br>西邻西与铁桥相邻，<br>南邻南抵船厂，<br>北邻北邻工商职业学校 |
| 19 | 红塔社区 | 红枫居委会 | 0.82 | 10111 | 4270 | — |
| 20 | | 塔山居委会 | 1.7 | 960 | 3038 | 东与塔峰中云岭居委会相邻，<br>西与红湖村相邻，<br>南与岭南居委会相信邻，<br>北与又桥路塔山村相邻 |

注：表格数据与案例篇截止时间不同，存在不一致情况。
资料来源：2015年调研期间由各社区提供。

表3 清镇市镇辖居委会

| 序号 | 所属镇 | 居委会名称 | 总面积（平方公里） | 总人数（人） | 总户数（户） | 地理位置 |
|---|---|---|---|---|---|---|
| 1 | 站街镇 | 站街居委会 | 3.5 | 2152 | 810 | 地处站街集镇中心，村综合楼距镇政府100米 |
| 2 | | 康济居委会 | 2.3 | 2505 | 943 | 地处站街镇东部条子场街上，村综合楼距镇政府10公里 |
| 3 | | 七砂居委会 | — | 6242 | 2350 | 七砂居地处站街镇东南部，村综合楼距镇政府2公里 |
| 4 | | 二矿居委会 | | 1151 | 433 | 地处站街镇东北部，村综合楼距镇政府3.5公里 |
| 5 | | 贵化社区（居委会） | — | 5271 | 1964 | 贵化居地处站街镇东部，村综合楼距镇政府7公里 |
| 6 | 红枫湖镇 | 华电公司居委会 | 6.8 | 2860 | — | 位于于红枫湖镇后午 |
| 7 | | 后午居委会 | 2 | 1105 | — | 位于红枫湖镇西南部 |
| 8 | | 电建二公司居委会 | 6.8 | 2682 | — | 位于红枫湖镇后午 |
| 9 | | 农牧场居委会 | 8.5 | 953 | — | 位于红枫湖镇东南部 |
| 10 | | 畜禽水产公司居委会 | 3 | 814 | — | 位于红枫湖镇东南部 |
| 11 | 新店镇 | 新店居委会 | 2.5 | 2403 | — | 位于新店镇中部 |
| 12 | | 东风居委会 | 4 | 1981 | 790 | 位于新店镇政府约0.5公里处 |
| 13 | 犁倭镇 | 犁倭社区（居委会） | 2 | 1100 | 253 | 位于犁倭镇所在地，村综合楼距镇政府0.5公里 |
| 14 | 卫城镇 | 卫城居委会 | 1.13 | 2820 | 2210 | 地处卫城镇区，东与龙井村交界，东南与东门村毗邻，南与南门村相邻，西南接西门村 |
| 15 | 暗流镇 | 暗流居委会 | 1.2 | 1600 | — | 位于清镇市暗流镇人民政府驻地 |

注：表格数据与案例篇截止时间不同，存在不一致情况。
资料来源：2015年调研期间由乡镇提供。

表4 清镇市乡辖居委会基本情况

| 序号 | 所属乡 | 居委会名称 | 总面积（平方公里） | 总人数（人） | 总户数（户） | 地理位置 |
|---|---|---|---|---|---|---|
| 1 | 麦格乡 | 麦格社区（居委会） | 5.1 | 351 | 285 | — |
| 2 | 王庄乡 | 王庄社区（居委会） | 3.79 | 1028 | — | — |
| 3 | 流长乡 | 流长社区（居委会） | 2 | 1954 | — | — |

注：表格数据与案例篇数据截止时间不同，存在不一致情况。

资料来源：2015年调研期间由各乡镇提供。

## （二）九个重点调研的居委会基本情况

在调查中，从居委会典型性和特殊性的角度考虑，重点选取了红星社区的新民、梯青塔居委会，红塔社区的弘业、塔山居委会，百花社区的岭北居委会、巢凤社区的水晶东部、水晶西部居委会，基本情况见表5。

表5 九个调研的居委会基本情况

| 序号 | 居委会名称 | 所属社区 | 基本情况 |
|---|---|---|---|
| 1 | 云岭居委会 | 新岭社区 | 人员、楼群、院落比较多；以常住人口为主，社区治安良好；辖区企事业单位21家，其所属新岭社区也在辖区内；居家养老服务站是居委会的一大亮点，是清镇市唯一一家具有社会支持的居委会 |
| 2 | 新华居委会 | | 地处老城区，人员较为复杂，治安较乱；65岁以上老人占1/4 |
| 3 | 新民居委会 | | 处于老城区，辖区多为老旧小区，老旧单位宿舍多；商铺900余间，人流量大；机关单位5家、企业5家；65岁以上老年人占1/4 |
| 4 | 梯青塔居委会 | 红星社区 | 地处城乡接合部；村民的基地拆迁基本完成，居民和农民混杂，流动性比较大；残疾人217人；外出务工和进城打工的租住户特别多；社会单位共有10家；有梯青塔文物古迹 |
| 5 | 弘业居委会 | 红塔社区 | 2010年从企业的厂场居委会分离而出；人口密度大；流动人口多；多为老旧小区，有2个精品小区；社会单位共5家；辖区公交车线路少 |
| 6 | 塔山居委会 | | 辖区散居户居多，流动人口多；社会单位共计15家；有一个500平方米的街道文体活动场所；辖区有红枫湖湖景区 |
| 7 | 岭北居委会 | 百花社区 | 地处城乡接合部，属于清镇市新开发的小区，集居住、商业为一体，居住类型基本为院落式结构；人口构成青年居多；有专门的物业管理 |

114

续表

| 序号 | 居委会名称 | 所属社区 | 基本情况 |
|---|---|---|---|
| 8 | 水晶东部居委会 | 巢凤社区 | 多为老旧小区;国有企业1家、民营企业15家;有2个街道文体活动场所;水晶集团灰坝下雨天存在安全隐患 |
| 9 | 水晶西部居委会 | | 为"平安建设"星级小区;辖区多为老旧房屋,居民多为水晶集团及华能焦化集团职工家属;流动人口约400人;楼宇113栋;有市属机关单位6家;国有企业1家;有街道文体活动场所2个、居委会健身园6个;65岁以上老年人占45% |

资料来源：2015年调研期间由各社区提供。

## 三 清镇市居委会积极推进城市基层管理体制改革的成就

### （一）发挥本职使命：开展自治、服务群众、化解纠纷

**1. 依法履行自治功能，突出居民主体地位**

清镇社区居委会作为社区居民自治组织，发挥了引导自治的堡垒作用，依法履行了自我管理、自我教育、自我服务的自治职能；每个居委会建有居民议事室、群众工作室，建立了居民委员会委员代表议事制度，深入开展以居民议事协商、居民会议为主要形式的民主决策实践，通过实践，完善、优化了居委会民主管理相关制度；居委会还健全了居务公开制度，定期公开内容，开展民主评议；居民依法直接行使民主权利，有序参与社会公共事务和公益事业，社区群众的参与权、决策权、监督权得到有效体现，突出社区居民的主体地位，提升了居民群众的主人翁意识，促进了居民自治，实现了居民从"被动式"管理向"参与式"自治的转变。

**2. 拓展服务范围，推进服务型居委会建设**

清镇市社区居委会按照社区党委要求，以"四最"进网格，服务大民生活动为抓手，采取多种形式拓宽服务领域，建立便民利民服务组织，抓社区公益事业项目建设，积极推进服务型居委会建设。

"四最"进网格，服务大民生活动成抓手。清镇市社区居委会认真开展了

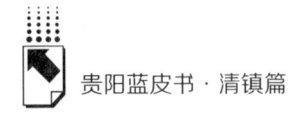

"四最"进网格，服务大民生活动，实现了在群众"最盼"上赢民心，在群众"最急"上见真情，在群众"最怨"上改作风，在群众"最需"上办实事。

采取多种形式拓宽服务领域，建立自身的便民利民服务组织。清镇市社区居委会通过成立政策宣传服务队、矛盾纠纷调解服务队、助老助残服务队、文化宣传表演队、党员突击队等为居民提供各类服务。

扎实抓好社区公益事业项目建设。清镇市社区居委会按照"尊重民意、倾听民声、维护民利"的宗旨，扎实组织开展"新型社区·温馨家园"社区公益事业项目建设工作，不断改善了社区照明、安保、绿化、交通等基础设施条件，切实解决了群众所期所盼。

**3. 发挥调解作用，化解矛盾纠纷**

社区居委会化解民事纠纷是工作中经常遇到的事，而且化解的纠纷涉及整个居委会工作的方方面面。

清镇市社区居委会充分发挥了调解作用。居委会充分发挥了人民调解工作"第一道防线"的作用，调解工作抓得紧，信息畅通，宣传工作到位；充分发挥了基层组织调解作用，把矛盾纠纷化解在基层，减少了刑事案件的发生，给居民营造了治安良好、环境整洁优美、人际关系和谐的新型文明社区。

清镇市社区居委会坚持用心调解纠纷。在调解纠纷的过程中，居委会调解员做到了有耐心，设身处地为群众着想，诚心诚意为群众解决纠纷；同时，居委会网格员还细心地对自己所管楼栋住户进行仔细了解，实时掌握情况，尽其所能地把纠纷消灭在萌芽阶段。

**（二）优化管理机制：理顺关系、明确职责、优化制度**

**1. 进一步理顺居委会各类关系**

清镇市居委会进一步理顺了过去领导与被领导、命令与服从的关系。一方面，更加明确了指导与协助、服务与监督的关系，明确了居委会的任务。另一方面，按照政事分开的思路，将居委会的各项工作进行了梳理，做到"两个明确"：明确哪些属于社区（部门）的工作，哪些属于居委会的工作；明确哪些是政务性工作，哪些是事务性工作。

清镇市居委会进一步理顺了居委会和网格的关系。一方面，充分发挥社区居委会作用，进一步理顺居委会和网格之间关系，建立了居委会统筹网格工作机制。由党支部书记任网格格长，将网格社工纳入居委会统一管理，解决了网格社工游离于社区和居委会之间，社区无法管、居委会不能管的问题，形成居委会干部、网格社工共同推进居委会工作的良好局面。另一方面，加强了社区居委会运行保障，在足额保障居委会干部每月正职1300元、副职1200元、委员1150元待遇的同时，兼职网格格长或网格管理员每月还增加600元，既任格长又是管理员的每月再增加200元。这样，既有效解决了居委会与网格工作脱节的问题，调动了居委会干部工作积极性，还推进了居委会民主自治。

### 2. 进一步明确居委会自身职责

清镇市居委会的行政事务进一步减少。一方面，过去有100余项行政事务需要由居委会盖章，现在全部由社区服务中心来承担。另一方面，将不属于居委会职能的校园安全整治、环境卫生监管、慢性病监测、居民用水用电用气申报等工作全部纳入社区，由各工作部门承担，居委会从繁重的行政性事务中解脱出来，有更多时间和精力为群众服务。

清镇市居委会切实履行了自身职责。针对问题狠抓落实，建立了人民调解、治安保卫、公共卫生等委员会。同时，居委会成员兼任各委员会主任，具体负责相关工作的开展。

清镇市居委会明确规定网格职能。进一步完善和明确了网格管理员作为信息数据采集员、社情民意信息员、社会群众服务员、社会事务管理员、政策法律宣传员、矛盾纠纷调解员等相关工作的职责，把社会治理和社会服务工作延伸到网格，把力量下沉到网格，把职责落实到网格。

### 3. 进一步优化居委会各项制度

清镇市居委会党支部在认真执行"三会一课"的基础上，结合各支部实际，制定了民主协商议事制度、支部书记岗位目标责任制度、支部书记述职述廉制度、党员设岗定责制度、党员公开承诺制度、党员民主评议制度等，使党员管理更加严格，支部运行更加规范。

清镇市居委会优化了居民议事协调制度，引导居民参与管理。通过认真落实"三会一评"制度，广泛收集群众意见，凡需要发动群众广泛参与的，由各居委会动员居民共同参与、共同协商、共同办理。目前通过优化居民议事制度，开展居民议事决策等方式，成功完成了一系列民生工程的改造。例如岭北居委会、东山居委会文化小广场建设、排污沟改造、太阳能路灯安装、道路硬化等民生项目,总投资近200余万元,美化了小区环境,提升了居民满意度。

清镇市居委会优化了日常工作制度,提升了工作效率。以群众路线教育实践活动为契机,居委会健全、完善、优化了上门走访、服务承诺、结对帮扶等制度。建立健全了居委会联席会议制度,财产、档案、公章管理制度,居务党务公开制度,坐班制度,基层群众自治制度等,确保以制度管人、管事、管钱得到有效落实,全面提升了居委会的工作效率。

### (三)实现与辖区单位共驻共建:共建活动、经费支持

**1. 与驻区单位定期开展各种形式的共建活动**

清镇市社区居委会与驻区单位互通信息,遇有需要驻区单位参与的工作,驻区单位及时抽出人力、物力参与其中,使得共驻共建能够持续推进。如QZJ8说:"共驻共建单位是很支持的,比较大的一家就是水晶集团,水晶集团辖区都是他的职工或者是他的家属,所以说他在这块上,我们只要有要求,他都会帮助我们。比如说每年12月,他有个对困难家庭的煤气水的一个补贴,这是第一个补助。另外,他对我们的残疾人,每年都要慰问。"

**2. 驻区单位给予居委会必要的经费支持**

驻区单位在公共服务设施建设、公益性费用收缴等方面,积极配合居委会完善服务设施,规范了服务行为,提高了服务水平。如QZJ7说:"我这边有一个阮开学,是清镇公共资源管理办公室的主任,就非常的好,我真的觉得太感谢他了。我去年来的时候,居委会只有1台电脑,很困难,现在面对居委会这么多工作,我说1台电脑是不够用的,有6个人。他是我的帮扶单位,他来这里我把我实际情况给他讲,他就马上打电话给我配了3台电脑。"

驻区单位与社区居委会共同开展扶贫帮困行动,并提供了必要的资金支持。如QZJ1说:"比如说财政局,因为他们有网格,我们有一个网格是他们包的,上次他们局长来,我们就跟他们提了一下我们办公条件差,办公桌椅这些,他们就给我们买了两套桌椅,然后什么笔墨纸张财政局都给我们提供的;还有文广局也在我们辖区,文广局他们也包了一个网格,他们钱拨下来都是我们居委会统筹来做我们居委会的工作,它也拨了工作经费;还有工会啊这些,帮扶这些计生困难户;企业比如说房开、烟草公司,那么就请他们来参加,他们就交点会费,赞助我们居委会的计生工作,这些房开我们现在有一个棚改,

他就给了我们3000块钱做工作经费，还有一个房开给500，都还是支持我们的工作。"

## 四 清镇市居委会建设存在的问题

### （一）行政事务多：上面千条线，下面一根针

**1. 行政化管理使居委会自治功能难以发挥**

在调查中发现，由于管理行政化，使居委会自我管理、自我服务、自我教育、自我完善的自治功能难以发挥。在清镇市，居委会各项工作都要签订目标责任书，接受社区党委、社区服务中心的考核。据不完全统计，社区向居委会签订的各种目标责任书每年达100余项。如QZJ1说："我们主要是居委会的工作太多了，100多项工作都让我居委会10多个人来干。你大多数的时间都做那些事情了，你哪里有时间去做居民自治、居民服务的工作。行政事务的工作尽量不要安排给我们下面居委会做。我们居委会自治，我们就要接为民服务这块工作了，我们没有时间去做其他工作。"

**2. 大量检查、考核使居委会自治功能难以发挥**

社区采取日督查、月考核居委会干部，导致社区居委会的自治功能难以发挥。如QZJ2说："每个月的检查，要论排名。我这个月受上面的几次检查了，有清镇市的检查，贵阳市的检查。今年，我代表整个清镇市社区检查，当时贵阳市来检查五个社区，我们就是其中之一。"

又如QZJ5说："一个星期就是五天时间，一半以上是在应付政府的测评和检查，实际上为老百姓办事没有几天。当然测评也在为老百姓办事，你下去老百姓问什么事，同样可以带办过来，但是毕竟要分一点心。当然没有办法，因为毕竟居委会就是政府的一个桥梁，都要依托居委会。居委会这个位置比较特殊，既是自治组织，又是党的最基层的组织，两方面都要兼顾，任务比较的重。"

### （二）经费开支多："费随事转"难以实现

**1. 活动经费较少，活动难以开展**

由于经费缺乏，居委会也难以开展活动，如QZJ8所说："现在就是仅仅

只能局限在居委会的水电费、维修这上面。就是我们要开展其他的活动的话，特别是给居民开展一些活动的话，就感觉到困难。"QZJ8 还说："我们党支部肯定要开展一些会议和活动，相对讲肯定要受到经济的限制。比如说我们想出去，都没有办法的。"

QZJ9 又说："开展活动是居委会比较困难的。因为我们居委会不像其他居委会，有些居委会有场地，租一小块地，就像你说收停车费这些。因为我们整个集团公司是属于央企，整个片区这块土地也属于央企，它不像地方政府那些向政府请示请示可以干，在这里想干一件事不容易，必须要有批复。"

**2. 日常办公经费紧张，难以满足日常办公需求**

一方面，由于居委会人员较多，开支较大，经费难以满足日常办公需求。如 QZJ3 所说："2015 年办公经费涨到 2000 元，原来是 1000 元。2000 元的办公经费，所有的人员，云岭居委会是 5 个网格，4 个格警，1 个格警考走了，然后就是 10 个网格管理员，那么加起来就是 14 人，还包括我们的禁毒专干，加起来就是 15 个，在我们办公室里面，所有的开支都是这 2000 块钱。"QZJ1 说："一个月居委会 14 个人有 2000 块钱的工作经费。水电、笔墨纸张这些 2000 块钱也不够，人家一个大单位都是几千，我们这 14 个人，还包括格警下来 20 多个人，工作经费还是有点低。"

另一方面，由于资金得不到保障，导致社区居委会根据居民需求提供的市场化服务体系难以建立，居委会工作开展难度加大。QZJ8 说："以前，这个青龙办事处的时候要好一些，现在怎么说呢，居委会非常需要这个费随事转，因为我们现在的工作经费也就是政府每个月拨 2000 左右经费，那么你要拿这个经费做好居民的工作，确实难。"

**3. "费随事转"落实困难，工作受限制**

贵阳市提出的"费随事转"在实际居委会工作中很难得到落实，很大程度上限制了居民自治工作的开展。如 QZJ2 说："费随事转根本没产生效果，体制改革以后，由于多方面的原因，我们行政的事务也很多，还要处理的临时突发问题。"

### （三）待遇低：青年人才难留住、工作积极性缺乏

**1. 待遇低导致青年人才难以留住**

由于报酬低而有不少人辞职，很难留住青年人才。如 QZJ9 说："我们现

在兼两个职责的，因为居委会的工资比较低，留不住人，而且年轻人也没有耐心和老头老太太打交道。"又如 QZJ1 说："居委会的工资有点低。一个委员1150 块，副主任 1200 块，那么我们主任是 1300 块。1150 扣了养老保险 200 块多，我们才 900 块多的工资，你说现在 900 块钱，比起公益性岗位工资 1600 块，我们才 900 块钱，你说这个留得住人吗？"

**2. 待遇低导致工作人员缺乏工作积极性**

社区居委会委员、网格员工资待遇低，工作人员积极性不高。如 QZJ7 说："我们工资很低的，我们工资 1280 块，我是兼了网格管理员，是双重身份，我现在拿的是 1800 多，网格管理员有 600 块钱的补贴。虽然我们是基层，也属于临聘，但是还是要以干部标准来考核，应该适当提高一下待遇，因为这个也是相结合的，待遇跟着提高，人的素质在跟着提高，这样会有效地把工作推进。"

## 五　清镇市居委会发展的建议

### （一）明确工作职责，持续推进去行政化

**1. 明确居委会职能，规范工作内容**

针对过度行政化使社区居委会没有时间发挥自我管理、自我服务职能的问题，建议明确居委会职能，规范工作内容。

规范工作内容。对当前需要居委会发挥协助职能的，如社会治安综合治理、人口与计划生育、民政、劳动与社会保障、残疾人、城市管理、公共卫生、社区文化、科普和临时性或阶段性等方面的工作，再进行细化明确。

**2. 理顺内外关系，减轻工作量**

进一步理清居委会与社区的关系、社区与职能部门等关系，以便明确各自的工作目标，找准工作切入点。完善居民议事会制度，制定议事章程，设置议事规则，规范议事程序，议事会人员由社区党委、服务中心、村（居）委会、辖区单位、物业公司、社区居民代表等组成，设立由主任、副主任、秘书长及议事会成员组成的议事组织机构，加强民主自治建设，实现居民自我管理、自我服务。

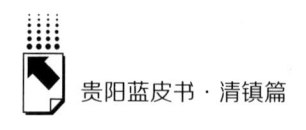

## （二）落实"费随事转"，继续推进自治功能

**1. 明确"费随事转"的四项原则**

针对经费开支多，"费随事转"难以实现的问题，建议由居委会协助开展工作的部门，明确费随事转的四个原则，及时将经费划拨给居委会。其中，坚持费随事转的四项原则：一是花钱养人、养人办事与花钱买服务相结合的原则，二是分级负担、多方筹资相结合的原则，三是坚持标准、量力而行的原则，四是配套联动、逐步完善的原则。

**2. 加强对"费随事转"工作的考核管理**

加强对需要居委会协助部门的考核管理。需要居委会协助开展工作的部门，应接受社区居委会评议，重点评议部门工作进居委会后的作用、效果、经费落实和群众满意情况。评议结果由社区居委会以书面形式分别送达被评议部门，作为年终目标管理绩效考核和行风评议的重要依据。加强对居委会协管职责的考核管理。需要居委会协助开展工作的部门，要制定具体的量化考核办法，对居委会协助开展工作的完成情况进行考核，考核结果作为兑现经费的重要依据，以奖补形式兑现。

## （三）强化基础保障，着力推进人才队伍建设

**1. 提高居委会工作人员的薪酬待遇**

针对居委会工资待遇低、工作人员工作积极性不高、难以留住青年人才的问题，建议提高居委会干部、委员、网格人员的工资待遇。建议参照机关工作人员相同工作年限的工资标准确定，或略高于其标准；建立健全绩效考核工资体系，建立居委会工作人员考核机制，根据考核结果进行奖惩，调动工作积极性；同时，给高学历、高技能人才以适当的学历补贴或岗位技能补贴；建立薪酬增长机制，根据最低工资标准、服务年限、职业资格等动态变化的情况，适时调整工资待遇。

**2. 加强居委会专业人才队伍建设**

加强居委会运行的专业队伍建设。加强对现有居委会工作人员的业务培训，优化居委会工作者队伍组合，努力建设一支高素质的居委会专职工作队伍；大力发展志愿者（义工）队伍，建立志愿者（义工）工作平台和工作机

制，动员热心居民参与社区居委会工作，面向辖区群众开展便民利民服务，帮助群众排忧解难，发动离退休人员志愿参与居委会社会事务服务工作；提高社区居委会干部的待遇，调动居委会干部组织开展社区服务工作的积极性和主动性。

**参考文献**

清镇市人民政府：《清镇市城市总体规划（2015~2030）》，2015。
清镇市人民政府：《清镇市2016年政府工作报告》，2016。
清镇市人民政府：《各居委会基本情况介绍资料》，2016。
清镇市人民政府：《清镇市"十三五"规划纲要》，2015。
贵阳研究院：居委会访谈录音，2015。

# B.7
# 清镇市乡镇调研报告

**摘　要：** 2016年4月25日，习近平总书记在安徽凤阳县小岗村召开的农村改革座谈会上强调，中国要强农业必须强，中国要美农村必须美，中国要富农民必须富。贵州作为农业大省，始终把解决好"三农"问题摆在全省经济社会发展"重中之重"的位置，连续13年以一号文件形式聚焦"三农"。贵阳市作为贵州省经济社会发展的"火车头"和"发动机"，紧紧围绕"农业强、农村美、农民富"的奋斗目标，大力推动现代高效农业示范园区和美丽乡村建设，积极探索都市现代农业体系，着力促进农业发展、农村和谐和农民增收，为率先在省内实现全面建成小康社会，打造贵阳发展升级版提供了有力支撑。为深入了解当前贵阳市农村发展情况，贵阳市委政研室、北京国际城市发展研究院和贵阳创新驱动发展战略研究院联合组成课题组，通过"实地调研+座谈+访谈"的方式，对清镇市的相关乡镇进行了深入调研。本文按照理论研究与实证调研相结合的方法，总结当前清镇市乡镇发展的主要做法，梳理乡镇存在的发展瓶颈，并有针对性地提出建议，以期为清镇市下一步发展提供决策参考。

**关键词：** 清镇市　乡镇　"三农"问题　经济社会　农村改革　调研

## 一　调研背景

### （一）调查目的与意义

就清镇市而言，由于乡镇面积占全市面积90%以上，乡镇既是清镇市的发展空间所在，也是清镇市发展的难点所在。一方面，清镇市各乡镇优美的生态环境为人称道；而另一方面，脆弱的生态又为乡镇的发展带来了挑战。通过对清镇市九大乡镇进行实地调研、座谈和访谈，课题组总结了清镇市乡镇的基本概况和特点，以及乡镇经济社会发展取得的四大成效，针对其存在的发展问题进行深入分析。在此基础上，本文梳理出针对清镇市乡镇经济社会发展的思考建议，以期为清镇市切实推动乡镇实现生态保护与经济发展双赢提供思路。

## （二）调查时间与过程

本次调研时间为2015年12月12日至12月20日。准备期间，为了强化对清镇市乡镇实际发展情况的预判和认识，课题组通过开展预调研活动，强化课题组成员对清镇市整体发展情况的把握，同时，通过走乡串寨的实地调研，进一步强化了对乡镇和农村经济社会发展实际的认识。此外，基于预调研的总体认识，课题组还着重通调研方法培训、访谈对象分析、乡镇特点研究、专访提纲制定，以此做好调研访谈的准备工作。调研期间，课题组与清镇市相关部门进行座谈，并在此基础上，对清镇市9个乡镇进行实地调研和深度访谈，内容主要涉及乡镇"十二五"经济社会发展成就、发展问题和瓶颈分析，乡镇"十三五"经济社会发展思路研讨等。

表1 清镇市乡镇访谈对象

| 编码 | 性别 | 所在乡镇 | 编码 | 性别 | 所在乡镇 |
| --- | --- | --- | --- | --- | --- |
| QZX1 | 女 | 红枫湖镇 | QZX7 | 男 | 暗流镇 |
| QZX2 | 男 | 站街镇 | QZX8 | 男 | 卫城镇 |
| QZX3 | 男 | 犁倭镇 | QZX9 | 男 | 麦格乡 |
| QZX4 | 男 | 流长乡 | QZX10 | 女 | 红枫湖镇 |
| QZX5 | 男 | 王庄乡 | QZX11 | 女 | 清镇市 |
| QZX6 | 男 | 新店镇 | | | |

注：文中访谈者姓名处均采用上表编码标示。

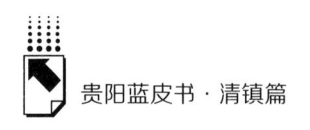

## 二 清镇市乡镇基本情况

### (一)清镇市乡镇基本情况概述

清镇市位于贵州省中部、贵阳市西部,东临观山湖区,东南与花溪区相邻,西南与安顺市平坝县毗连,西北、东北以三岔河、鸭池河、猫跳河为界,分别与毕节市织金县、黔西县和贵阳市修文县相望。清镇市下辖3个乡6个镇、7个社区服务中心,共39个居民委员会、187个村民委员会,其中所辖乡镇分别是:红枫湖镇、站街镇、卫城镇、新店镇、暗流镇、犁倭镇、麦格乡、王庄乡、流长乡,各乡镇基本情况见表2。

表2 清镇市乡镇基本情况

| 乡镇 | 辖区情况 | 总人口(万人) | 面积(平方公里) | 地理位置 |
|---|---|---|---|---|
| 红枫湖镇 | 全镇辖12个行政村、5个居委会,93个村民组 | 4.4 | 139.26 | 位于清镇市南部,与国家4A级风景名胜区红枫湖山水交融 |
| 站街镇 | 全镇辖25个行政村、5个居委会,267个村民组 | 12.4 | 217 | 地处黔中腹地,处在贵阳至毕节发展轴带上,紧邻贵安发展轴,并处在贵阳都市区影响地域,东抵麦格乡,西与犁倭乡交界,南抵红枫湖镇,北与卫城镇相邻,紧邻红枫湖,处于贵安新区的北大门 |
| 卫城镇 | 辖24个行政村、1个社区居委会 | 6.2 | 204 | 东接麦格乡,南接站街镇,东北面以修文为界,西南连接犁倭乡,西和西北以暗流河为界,与王庄乡、暗流乡为邻 |
| 新店镇 | 全镇辖21个行政村、2个居委会 | 5.3 | 142 | 位于清镇市西北60公里的鸭池河东风湖畔,东与王庄乡毗邻,南抵流长乡,西与织金县和黔西县隔河相望,北与暗流镇交界 |
| 暗流镇 | 全乡辖14个行政村、1个居委会 | 2.4 | 104.24 | 位于清镇市西北部,东南接卫城镇,西北连王庄布依族苗族乡、新店镇,西以鸭池河为界,与黔西县隔河相望,东北以猫跳河与修文县相隔 |

续表

| 乡镇 | 辖区情况 | 总人口(万人) | 面积(平方公里) | 地理位置 |
| --- | --- | --- | --- | --- |
| 犁倭镇 | 全镇下辖14个行政村、1个居委会，186个村民组 | 4.1 | 144 | 位于清镇市区西南部，东面与站街镇相连，南面与平坝县齐伯镇毗邻，西面与流长乡交界，北面与卫城镇隔河相望 |
| 麦格乡 | 全乡辖15个行政村、1个居委会，145个村民组 | 2.4 | 125.13 | 地处清镇市东北部 |
| 王庄乡 | 全乡辖10个行政村、1个居委会、96个村民组 | 2.2 | 77.35 | 位于清镇市西北部，东与卫城镇隔河（跳蹬河）相望，南与流长苗族乡山水相连，西与新店镇毗邻，北与暗流镇连接 |
| 流长乡 | 辖39个行政村、1个居委会 | 4.7 | 158 | 东抵清镇市犁倭镇，西抵织金县，北抵清镇市卫城镇和王庄布依族苗族乡，南抵平坝县 |

注：表格数据与案例数据截止时间不同，存在不一致情况。
资料来源：2015年调研期间由各乡镇提供。

## （二）清镇市乡镇的基本特点

**1. 地域面积广博，发展空间较大**

清镇市域面积为1386.6平方公里，其中，截至2015年城区面积51.6平方公里、建成区面积19平方公里[①]，而乡镇的面积占到了全市面积的90%以上，地域面积十分广大，为清镇市提供了重要的发展空间。

2014年7月，清镇市委、市政府响亮提出了"4+1"发展战略。"4"就是打好生态、职教、贵安、中铝"四张牌"；"1"就是实施清镇"西部大开发"。2015年清镇市正式以打响系列重点项目建设攻坚战，拉开清镇西部大开发的序幕，加快西部大开发的进程。其中，作为贵州省级经济开发区的清镇经济开发区位于清镇市西部地区，是中关村贵阳科技园"一城两带六核"中北部产业园高新科技、现代制造和资源精深加工重要组团，它如今已成为清镇西

---

① 清镇市人民政府：《清镇市城市总体规划（2015~2030）》，清镇市政研室，2015年。

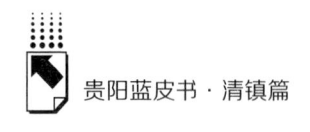

部大开发的"主阵地"。

**2. 河流水系发达，各类资源丰富**

清镇市拥有良好的自然生态，河流水系发达，森林覆盖率达45.27%。其中，流域面积大于100平方公里以上的河流即乌江干流鸭池河、猫跳河及其支流暗流河（又名跳蹬河），三大湖泊即红枫湖、东风湖和索风湖，都位于乡镇区域范围内。①

此外，清镇市各乡镇的矿产、历史文化、旅游资源也十分丰富（见图1）。其中，在矿产资源方面，清镇市已探明的主要矿藏有铝土矿、赤铁矿、硫铁矿、煤、大理石等30多种，清镇的铝土矿是贵州铝厂主要的矿源基地之一，② 尤其是犁倭镇的猫场矿区面积约80平方公里，远景储量2.1亿吨，是目前中国已知铝土矿中最大的连片矿区。③ 如图1所示，清镇市的矿产资源多分布在乡镇区域，9个乡镇中铝矿或煤矿区遍布了除红枫湖镇、王庄乡、麦格乡以外的所有乡镇。

**3. 少数民族较多，文化丰富多彩**

清镇是一个多民族聚集的地方，少数民族人口12万余人，占总人口数的23.4%，少数民族主要集中于3个民族乡——流长苗族乡、王庄布依族苗族乡、麦格苗族布依族乡。④ 与此同时，镇域内少数民族文化、古城历史文化、道家文化等多种文化并存，丰富多彩。

麦格乡是"四印苗"的发源地，有龙窝十八寨的浓厚历史文化，拥有多个省级非物质文化遗产。卫城作为军事古镇，原名镇西卫，其历史可以上溯到元明时期，特殊的地理位置，使其成为明政府控制水西一带少数民族的咽喉之地。犁倭镇境内有著名的玉冠山明代道家文化遗址，有右山、左五、左六、左八、右八、左九、中市、右拾、大埔子等村寨是明代屯军古堡遗址，也是织金通往清镇、贵阳市城区的商旅古驿道。

**4. 交通较为便利，区位优势突出**

清镇市处于"贵阳—安顺一体化核心区"，距省城贵阳22公里，距观山

---

① 清镇市生态局：《清镇市公园城市建设专项规划》，2016。
② 清镇市人民政府：《走进清镇（清镇简介）》，http：//www.gzqz.gov.cn/Html/2016_03_10/2_112161_2016_03_10_178239.html，最后访问日期：2017年3月15日。
③ 贵州省万村千乡网站：《犁倭镇概况》，http：//www.gzjcdj.gov.cn/wcqx/detailView.jsp?id=29099，最后访问日期：2017年3月15日。
④ 清镇市生态局：《清镇市公园城市建设专项规划》，2016。

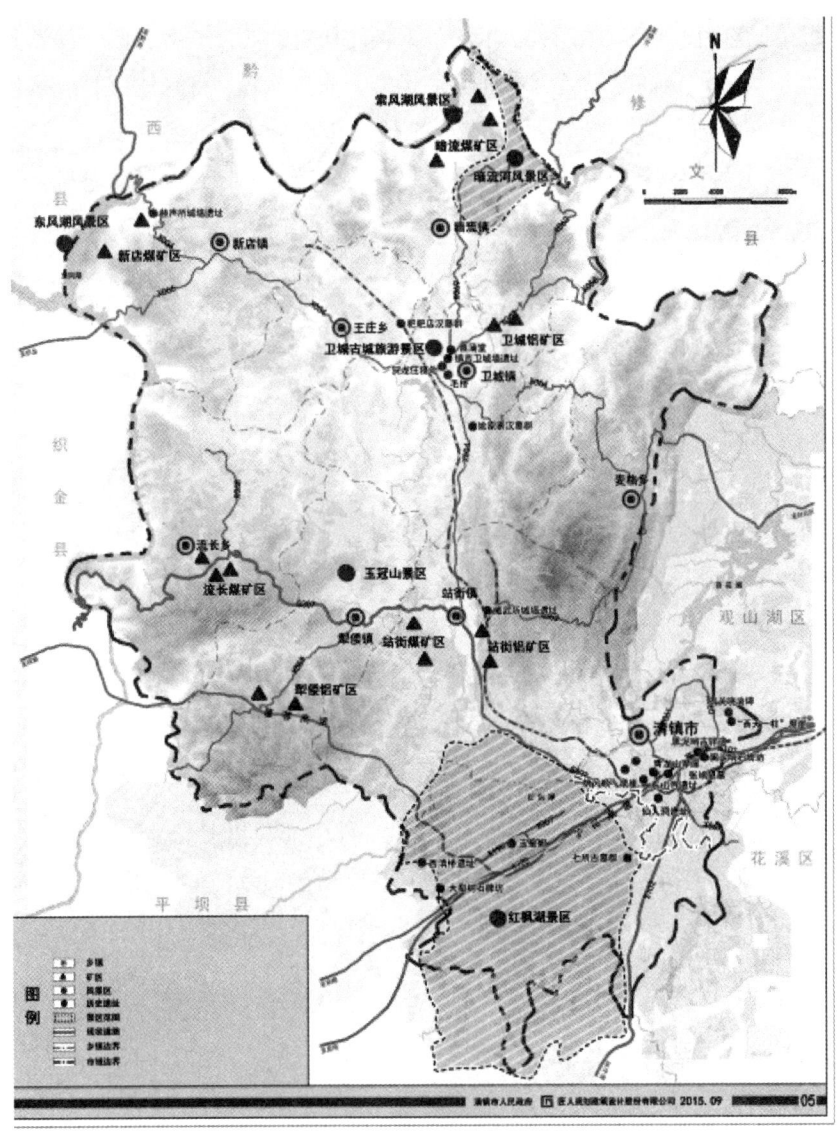

**图 1　清镇市域资源分布现状**

资料来源：《清镇市城市总体规划（2015~2030）》。

湖区行政中心 12 公里，距 4D 级龙洞堡国际机场 30 公里。[1] 作为占据清镇市绝大面积的乡镇地区，其区位优势也随着清镇的不断开发与开放而不断提升。

---

[1]　清镇市生态局：《清镇市公园城市建设专项规划》，2016。

"十二五"期间，金清线、百马大道、金马大道、巢凤大道南北段、云站路建成通车，境内沪昆高速、厦蓉高速开通运营，贵黔高速（清镇段）、成贵快铁（清镇段）、铝城大道、资源通道启动建设，初步形成了全市交通运输体系，为清镇市九大乡镇下一步的开发与建设，奠定了有利的交通与区位基础。

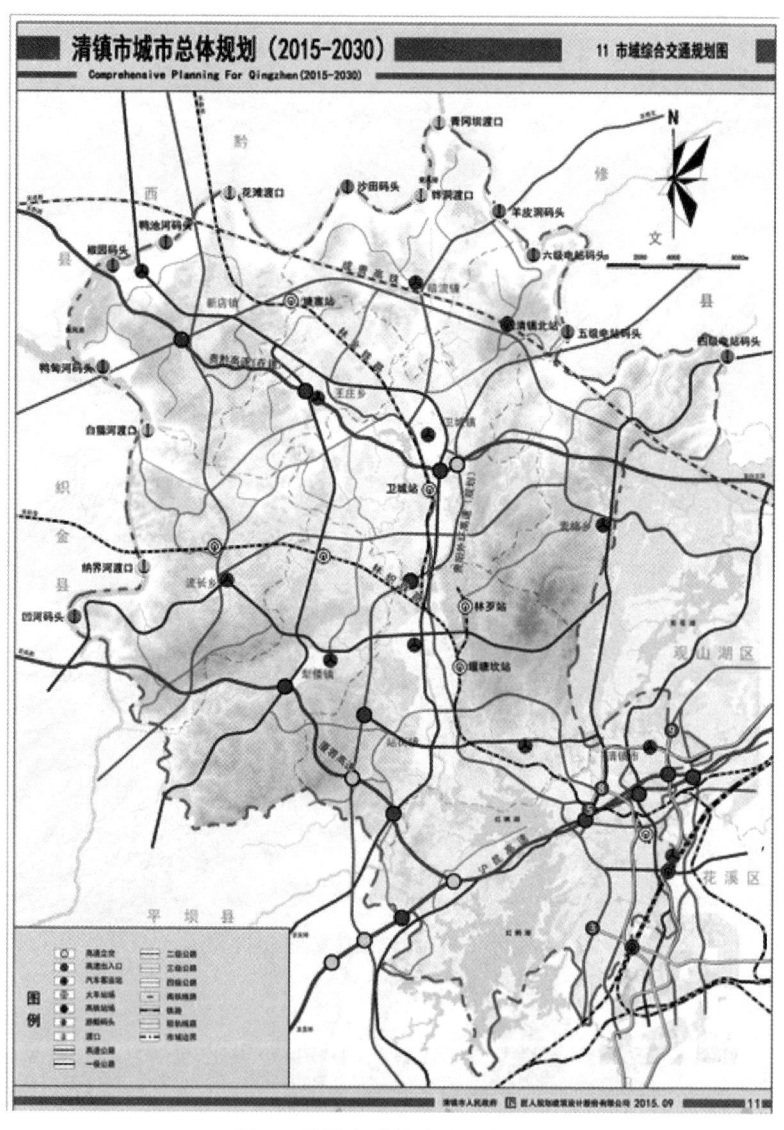

图 2　清镇市域综合交通规划

资料来源：《清镇市城市总体规划（2015～2030）》。

## 三　清镇市乡镇经济社会发展四大成效

### （一）高度重视生态保护，生态环境得到有效改善

清镇最宝贵的资源是生态，核心是水源。"十二五"期间，清镇市的各大乡镇高度重视生态环境的保护与治理，使得乡镇的生态环境得到有效改善。其中，红枫湖镇作为一级水源保护地，其生态保护工作最具代表性。如QZX1所说，"因为我们所在区域12个村全部环湖而居。红枫湖在贵阳市三口'水缸'中是最大的一口，如果红枫湖水质出了问题，我们整个贵阳市的饮用水源就没有办法解决。我们红枫湖镇始终把保护好红枫湖作为我们一切工作的前提。所以在去年的时候实施了生态移民搬迁工程，把在一级保护区内紧挨着西郊水厂取水口区域实施了整体搬迁，涉及两个行政村中三个村民组360户人，总共8万多平方米"。

此外，由于矿产资源丰富，但开发粗放，清镇市不少乡镇也在"十二五"期间开展了矿区的复垦复绿工作，并加强矿区的规范管理。如QZX9所说，"我们重点做矿区的复垦复绿工作，首先就是从先把矿山破坏地方通过生态局，通过检察院督办的形式责令他们进行复垦复绿。对违反的进行了立案查处，有两处达到刑事立案标准就进行了刑事立案。同时加大对非法开采的打击力度，加强规范矿山的管理，矿山这两年都没有安全生产事故发生"。

### （二）积极发展三次产业，经济产值和百姓收入同步增长

"十二五"期间，清镇市的三次产业比重由2010年的11.52∶44.88∶43.60调整转变为2015年的9.01∶45.79∶45.21[①]，产业结构日趋优化——农业基础不断强化、生态工业有所突破、旅游业创新发展，推动清镇乡镇不断发展，经济产值和百姓收入同步增长。

---

① 清镇市人民政府:《清镇市2016年政府工作报告》，2016。

其中，产业结构调整与优化的典型是卫城镇。作为传统农业大镇，卫城镇以现代生态畜草循环示范农业园为基础，发展形成了以奶牛、肉鸡、生猪、牧草、烤烟、蔬菜、水果、桑蚕为主导的八大产业，逐步推进传统农业向现代农业转型。在此基础上，进一步规划形成以"镇西古驿""寻味贵州""滨湖养老"等为代表的传统优势服务业配套圈，以电解铝平台、食品医药园、新发—凤凰装备建材制造园为代表的现代制造业配套圈，以精品农业基地、优质生态环境为代表的都市现代农业配套圈，为实现"产、城、景"融合发展和农业发展打下了基础。

截至"十二五"期末，清镇市农村居民人均可支配收入突破1万元大关，达到11522元，年均增长15.7%。而就清镇市各乡镇的发展而言，也实现了GDP与农民人均收入的同步增长，如麦格乡2015年全乡GDP完成43178万元，是2010年的2.45倍；2015年农民人均纯收入10266.5元，是2010年的2.67倍。① 不少乡镇摘掉了贫困帽，其中，暗流镇在2011年贫困人口达7777人，2015年已下降至1744人。②

**（三）大力推动美丽乡村建设，有效改善基础设施与公共服务**

在改善基础设施方面，"十二五"期间，清镇市整合资金近3亿元推进"四在农家·美丽乡村"基础设施六项行动计划，建成美丽乡村提高型示范点6个，进一步满足农村群众在住房改善、用水用电、交通通信等方面的民生需求。③ 如QZX1所说："我们的基础条件在逐步夯实。一个是交通，交通这块整个'十二五'期间我们围绕小康六项行动投资了4310万，进村公路完成了44.45公里，还有32.95公里的进组路，31.8公里的创富路，49.6公里的机耕道。二是水利，在水利这块上面，总投资3778万元，实施人畜饮水灌溉工程85座，还有'美丽乡村·幸福家园'的水利设施项目200多万元，还有130多万元用于右七村河道改造项目。右七那边也是我们美丽乡村的示范点，今年建成3个。"

---

① 中共麦格苗族布依族乡委员会、麦格苗族布依族乡人民政府：《麦格乡"十二五"期间工作总结》，2015年12月3日。
② 贵阳研究院，暗流镇访谈录音，2015。
③ 清镇市人民政府：《清镇市2016年政府工作报告》，2016。

公共服务方面，清镇市各乡镇加强了便民服务中心建设，探索建立片区便民服务站。截至2015年，全市9个乡镇依托便民利民服务大厅，充实了综治、社保、医疗保险、计划生育、流动人口治理等服务窗口，实行"一厅式"办公、"一站式"服务模式。各村寨依托"美丽乡村"建设建成便民服务站85个，采取流动服务、错时服务等工作方法，健全了农村群众生产生活、文体服务、医疗卫生、平安综治和互助救助等服务体系，为服务群众提供了便利。

（四）坚持综合治理、源头治理与协同治理，乡镇社会治理水平提升

首先，"十二五"期间清镇市各乡镇着力推进农村社会治安综合治理。建立专职巡防队伍，在推进乡镇"一村一警、一居一警"建设的基础上，指导各乡镇建立10多支300余人的专业巡防队伍，加大经费投入，为巡防人员装备迷彩服、警棍、应急手电、红袖套等装备，加强对乡镇镇区、村寨的巡逻防范。加强物防技防建设，推进村（居）"亮灯工程"建设，给公路沿线、乡镇集市、政府驻地等重要地点安装路灯；推进乡镇"天网工程"建设，给政府办公场所、集贸市场、学校、重要交通节点、企业和厂场等重点部位安装视频监控；加大行业治理，对乡镇各类黑网吧、非法游戏机室、无证经营的娱乐场所进行铲除，对各类容易聚集社会闲散人员的场所进行清理，着力排除治安隐患。

其次，加强源头治理，完善基层化解排除矛盾的相关机制。健全三级矛盾纠纷大调解网络。积极推行人民调解、行政调解、司法调解相结合的三大调解格局，畅通群众利益诉求表达渠道，及时有效解决群众反映强烈的突出问题。构建市、乡（镇）、村（居）三级社会治理防线。每个村选聘1~2名信息员组成"万人信息员"队伍，每个乡镇均组建一支20人以上的专业应急队伍，努力把问题解决在基层和萌芽状态。建立重大决策社会稳定风险评估制度。严格落实责任主体和责任查究，实现稳评工作两个全覆盖，重点推进土地征用、房屋拆迁、政策调整等重大事项的风险评估。

最后，加强社会协同，推进农村社会多元治理。充分发挥农村人民团体和社会组织协同作用，广泛开展生产生活、文化教育、医疗卫生、信访调解和法律援助等群众性活动。当前清镇市共有农村小微社会组织和专业

技术协会 84 个，在承担当地政府职责和服务农村群众等方面上发挥了积极作用。培养农村志愿者队伍，在各乡（镇）成立志愿者分会，实现志愿队伍在乡镇基层全覆盖，按照"一册五制"的治理机制对基层群众工作志愿者进行治理，充分动员公众参与，引导群众组建人民调解委员会、治安志愿巡防队、普法志愿工作队、创文创卫志愿队、网络文明志愿队等，充分发挥好"政策法规的宣传员、社会现象的观测员、党委政府政策执行的监督员、矛盾纠纷的调解员、涉及群众活动的联络员"共"五大员"作用，实现了农村事务公众参与和农村事务自主治理，有效提升了农村社会治理科学化水平。

## 四 清镇市乡镇经济社会发展存在的问题

### （一）生态保护与经济发展、民生需求矛盾突出

**1. 生态环境脆弱，经济发展方式亟待转型**

清镇市各乡镇所在的西部地区喀斯特地貌显著，西北部地区碳酸盐岩广泛出露，生态脆弱，农业发展受限。如 QZX7 所说，"我们乡镇是喀斯特地貌发育非常齐全的乡镇，一方面就造成乡镇土地资源非常稀薄，山地农业非常典型，我们说土地薄，第二就是抗旱能力差，水资源全部是在地底下，整个土地面积 21000 多亩，水田只有 4500 亩，其他大多数都是我们说的山地和喀斯特地，石漠化非常严重。"

西南部的红枫湖镇是一级水源保护地，生态环境保护更是重中之重。加之清镇矿产丰富，但过去工业采集与加工过于粗放，导致生态更加脆弱。如 QZX4 所说，"开矿把水源打断，就是因为它地质结构还在不断地发生变化，水源断了，一些人没有水吃，煤矿用的是地下的裂隙水，抽了供他们矿上的工人用的，又去跟他们协调以后，花了 1 万多块钱，让这个煤矿拿钱出来，实施这个应急供水工程，从他们的水池里面又提到这个村，可能有几百米，最后才做的这个临时供水。从煤矿来讲，我觉得对于地方实际上贡献不大，而且还产生了比较大的负面的影响。"

**2. 受控规影响，百姓住房刚性需求难以满足**

出于保护生态的需要，受控规影响，不少乡镇百姓的住房刚性需求难以满足，违规建房的现象较为普遍。尤其是红枫湖镇有三条生态红线——风景名胜区保护线、饮用水源保护线、五千亩大坝保护线，土地使用就更为紧张，如QZX1所说："现在在红枫湖镇百分之八九十区域内不准新建房屋。随着老百姓的子女逐渐长大，老百姓面临住房问题。例如，200平方米的房子对于一家四口人的家庭来说，相对宽敞；但随着家庭的繁衍生息，200平方米的房子对于大家庭来说，是远远不能满足居住需求的。"

但农村建房需要住建规划进行审批，要符合土地发展规划、相关林业标准、乡镇发展规划等，乡镇无权进行相应的协调，只能往上申报。如QZX8所说，"在我们镇里，村委和国土所去村民家调研，对于符合搬迁条件的村民，帮助其向上级有关部门递交材料。上级部门基于指标的原因，加上半年审批一次，由于审批的时间过长，老百姓等不及。"

但百姓基于生活需要又不愿搬离农村，如QZX1所说，"你动员百姓搬出来，村民普遍不愿搬出来呢，一是老百姓买不起房子，二是村民土地在这里"。

## （二）产业结构单一，抗风险能力弱

**1. 农业发展较为粗放，传统模式待突破**

清镇市的不少乡镇都以农业为主，但农业的发展都较为传统和粗放，发展模式亟待突破和转型。如QZX1所说，"现代农业虽然取得了一定成效，但是大部分基础条件较差的村寨仍以传统农业为主，粗放型的农业产业发展格局没有得到根本转变，以农村休闲、观光、旅游为主的第三产业没有形成气候，抗击市场风险的能力比较低"。

而产业结构调整也是当前亟须解决的问题，不少乡镇单是一项产品就占据了财政收入的半壁江山。如QZX4所说，"我们作为一个农业乡，烤烟这块是乡里面最大的一个财力支撑。最大面积我们曾经达到8万多亩，然后这个税收可以达到600万。近几年下滑了，今年面积只有5万多亩，这个税收从最高的600万元减到不到300万元。扣除上面的计提的话可能实现260万元的一个财力，这个财力在2014年占了我们乡整个可支配财力的40%多"。

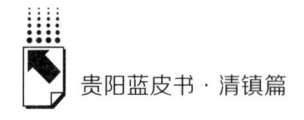

### 2. 工业发展资源依赖性强，科技创新能力较弱

工业方面，丰富的矿产资源既是优势，却也导致清镇乡镇工业的发展资源依赖性较强，如QZX9所说，"本地老板的观念亟须转变，因为任何有资源的地方它都有资源诅咒，如果来钱太快了，当地老百姓也好，老板也好，他对这种打基础立长远的事情不感兴趣"。

同时，矿产资源丰富也导致乡镇税源结构单一，抗风险能力较低。如QZX7所说，"从2011年到2014年这个阶段，主要是铝土矿的这一块价格也好、市场也好，一家铝土矿就把我们的整个半壁江山给支撑起来了，所以我的税源也比较单一，基本上就是一家铝土矿，它基本上占了50%"。

### 3. 第三产业发展不充分，资源有待整合创新

文化旅游资源也是清镇市发展的一大优势，但由于缺乏整合资源的创新能力，导致清镇不少乡镇的文化旅游产业发展尚处于起步阶段。如QZX8所说，"我们镇在贵阳来说它是仅次于青岩的一个古镇，青岩和我们是同时发展的，只是后来青岩抓住了机遇。从清镇市的角度把我们定位成历史文化旅游名镇，虽然是历史文化丰富，但目前挖掘和产业发展的程度低，知名度和吸引力不够"。

此外，也有乡镇由于区位限制，难以带动服务配套产业发展起来，如QZX9所说，"我们乡农业、服务业都不行，因为它有一个特点，离清镇又近，比如我们乡在这里开采矿山，原来劳动密集，有外地人下班就回清镇，在清镇买房子，包括当地发展的老百姓都到清镇，他不到我们乡消费，三产很难起来"。

### 4. 产业发展规划不足，科学性与连续性欠缺

而各乡镇的产业发展存在掣肘的一大原因，在于产业发展的规划与执行不足，科学性与连续性欠缺。如QZX7所说，"执行规划这块还是有问题，我们说贵阳市的农业为什么发展不起来？一个是总体的指导思想就有问题，第一，贵阳市农业没有一个总体的清晰的思路，不像遵义，遵义做茶叶，他就专门成立一个部门，这一届领导推了，下一届领导再接着推"。

但客观上，由于受人力、财力的限制，清镇市各乡镇的产业发展规划又难以落实。如QZX11所说，"实际上清镇市在做规划的过程当中，最大的阻碍还是在于钱。我们做一个旅游景点是好的理念决定这个旅游产品未来发展趋势，

没有好的理念，随便找一个做出来，到时候没有吸引力，没有市场竞争力都是白做的，这一块规划费实际上是非常昂贵的。而且人才也是有限的，你要请外面的就要花钱，然后自己的人才又支撑不住，像我们讲乡镇在做，我一直不赞成的是乡镇来做。乡镇党委书记，不是规划师，因为你毕竟不是专家，你要请规划，请好的规划就得花钱，你不请好的规划就做不了，然后市里就说这个乡镇把管理规划制作出来，你自己解决钱的问题"。

### （三）基础设施滞后，难以满足经济社会发展需要

#### 1. 突出表现：水利与道路交通基础设施严重滞后

在调查中发现，清镇市各乡镇普遍存在基础设施滞后的问题，而其中制约乡镇发展最主要是水利和道路交通基础设施的欠缺。

水利方面多为由于地理位置的限制导致的工程性缺水，如 QZX6 所说，"我们是一个富水乡镇，由于地势高差比较明显，我们是一个典型的工程性缺水乡镇。低的海拔达到 800 米，最高的 1400 米，所以最高处和最低处相差 600 米高差，工程性提水的话这个成本非常高，所以缺水也是制约我们发展的主要因素"。

道路交通方面，首先是本身交通基础设施落后，路网不健全，难以满足百姓实际需求，如 QZX7 所说，"我们现在最缺的就是基础设施，比如像农村的机耕道、沟渠，我们有很多地方连路都进不去，老百姓如果想种什么东西要一背篼一背篼地背出来，现在申报了机耕道，上面说没有这个项目，现在大家好像都不去管这个事情了，所以老百姓所想要的和政府所想给的就脱节。"加之维护不到位，道路破损也十分严重。如 QZX5 所说，"因为大车太多，特别是走到小集镇这一段路的时候，有管养和管护的问题，老百姓都经常往路上倒水，导致这个路重车一压就烂了，烂一点逐渐的这个卫生就很差"。

#### 2. 不利影响：制约经济发展与环境卫生改善

基础设施的不健全，严重制约了清镇各乡镇的发展。其中两大不利影响是制约了经济发展与环境卫生改善。

经济发展方面，总体而言基础设施的滞后导致了开放成本较高，如水利基础设施的滞后导致生产性用水成本较高，交通基础设施的滞后又导致交通物流

成本较高，企业入驻较难，国家相关扶持资金难到位，最终对产业的发展造成恶性循环。如 QZX4 所说，"全省高效农业示范园的申请考核，我们了解的是有 20 几项指标进行考核，比如形象、园区配套，看是不是在它要求的期限内能尽快的完成相关的配套，形成相关的产业规模，交通条件和水利条件是不是完善，企业是不是愿意入驻。但是我们乡这个地方，交通水利受限制，企业不愿进去，所以我们去申报这个省级高效农业示范园，就受到制约了。还担心考核不过关，如果不过关，一个地方的领导是要问责的。所以省级高效农业示范园，这一类的园区我们就没有条件申报，同时这个项目资金就进不来，相当于一种比较恶性的循环"。

另一方面，由于基础设施的滞后，加之管理维护不到位，导致不少乡镇的环境卫生也难以有实质改善。如 QZX9 所说，"主要还是基础设施不到位，因为基础设施到位了人家不会乱丢。现在难就难在卫生管理，现在提出的是村收集、乡转移、市处理，村收集就很难，老百姓的意识和民风很有关系，有些村寨就收集得好一点，但是村收集也要钱的，现在如果集体经济不够强大，在收集方面就会出问题，破窗效应就会凸显，一个地方不干净，处处都不干净。乡转移也有问题，买个垃圾转运车 8.8 万元，这个车要请一个驾驶员，请驾驶员要配两个专门负责铲垃圾的，走到一个地方，垃圾不是我们想象的装货那么简单，运一趟货到清镇可能一两百块钱，但是运垃圾至少要五百块钱。现在我们乡每年在垃圾车上的支出，光是主线的运输，一个月都差不多一万多块钱，还不含打扫卫生的费用，工作人员的费用，而且白色垃圾太多，远远达不到要求，只能保证基本"。

**3. 建设问题：面子工程多，有效性不足**

在基础设施本身的建设方面，也存在面子工程多，有效性不足的问题。如 QZX7 所说，"像贵阳市每年拿出来做农村立面改造的资金，我感觉现在完全没有必要，一户农户就是几万块钱，我一个组可能就是一百户，一百户可能就是四五百万元，如果真的有四五百万，第一，把农村的道路做好，不要做五米宽或四米宽，我就把它扩宽，扩到 6.5 米，能够保证它的发展。第二，我做村庄的供应设施，比如小广场、绿化的、健身的、图书室等，我来做公益，其他的老百姓的房子我相应地给一些补助，你自己来做，这样我感觉更好一点"。

## （四）三大机制不健全，人力、财力、政策难到位

### 1. 考核与流动机制不健全，影响干部工作积极性

在调研中发现，清镇不少乡镇都存在空编缺编的问题，人才支撑十分不足。如 QZX7 所说，"应该说这个问题可能在边缘的乡镇都存在，就是没有人办事，我的整个编制是 106 个，但是目前在镇里工作的就 50 个人，很多人不愿意去，我的很多站所就是一个人，一个站长，下面是没有兵的，所以在人员缺编和没有人办事这块还是非常突出"。

考核机制方面，集中表现在以电话测评等手段了解某项工程的群众满意度时，群众的情绪化反应影响了测评结果的准确度。如 QZX5 所说，"我们该做的宣传做了，我的宣传天天到位，禁毒工作都在做，抓的人抓完了，电话测评问你们那里你觉得毒品怎么样，不满意不满意，公路烂了他不满意，他不现场调查，不根据现实走，上面就是一个电话测评，然后就说你不行，接着就是整改，现实问题和这个问题根本不同。群众的满意度不是说的是对这个事情的满意度，他是对整个党委政府工作的满意度，他找不到渠道发泄，正好你来个渠道我就发泄到这里，所以这些很不科学"。

另外，干部流动机制的不健全是导致乡镇基层干部工作压力大、积极性受挫的另一大原因。如 QZX5 所说，"干部积极性调动不起来，一遇到有好事情的都是上面的。你说上面苦不苦，我也认为苦，我也在机关待过，也很苦也很累，但是如果能够有效地上下结合起来，把干部流动起来，换一换，大家都知道更多的苦，更多的体验，基层工作经验也有了，机关工作经验也有了，在这个过程中比选一下更优秀的。我觉得应该是这种理念和体制来提高我们干部队伍的建设"。

### 2. 资金分配机制不健全，难以满足乡镇实际需求

专项财政资金分配机制的不健全，导致清镇市不少乡镇某些重点项目和工作难以落地。这主要体现在生态补偿资金和重点示范小城镇专项建设资金的分配机制上，如 QZX1 所说，"我们希望生态补偿资金能够直补到镇里。因为生态补偿资金从市里分到我们镇里才 30 多万元，它按人口来，按你镇平均人口来分这一笔资金。我们人口不多，才 4 万多人口，但是实际上对两湖的保护有大量的工作。我觉得应该是我的贡献和我得到的补偿要

成正比，得到的资金除了能够保证在保护上投入以外，应该还有其他的结余。但是现在按这个机制下来，我们就没有办法，整个去年我们生态补偿资金到红枫湖镇就是30多万元，按人口来算，相当于有些没有参与保护的同样分得这块资金"。

又如QZX2所说，"我们讲的省级示范小城镇，是省里面专门下的文件，国土、财政按道理都要划给地方管，到县一级就不给下面了。比如我本身有钱，但我报上来要用这笔钱。说钱我已经调剂用完了，你就得不到用。到现在为止，我们镇小城镇建设上级拨的经费有六七千万元，到现在我们一分都没得到。市里面成立了一个平台公司，叫作城投公司（城市投资公司），把钱拿给这个投资公司，名义上这个投资公司说帮你建，但是考核就考核乡镇，建不好就是乡镇的问题，所以叫责权不相符"。

**3. 上下沟通机制不健全，扶贫政策与实际脱节**

扶贫问题是当前清镇市各乡镇亟待解决的难题之一，在调研中不少乡镇干部认为由于上下沟通机制不健全，导致扶贫目标、政策与实际情况存在脱节的问题。如QZX5所说，"你那里有好多户，你给我下指标，我今年要完成多少户，不切实际的考核。你说精准扶贫，制定一个规则，收入达到多少的，家里要怎么样，然后列好类，制定好表格，完整精准地统计下来，我们好安排干部下去一户一户地走，然后把这些数据统计好形成一个汇总，数据库，我们上报。再根据我的这个数据库，根据我的需要再安排项目"。

精准扶贫要求的必须到户在实际工作中受到贫困户个人情况的制约，如QZX7所说，"扶贫资金上的投入也有问题。现在的扶贫资金的投入就是讲精准扶贫确实没错，但是我们现在进入到扶贫攻坚阶段，很多人他的智力、劳动力制约了他，有这个钱还不如去扶集体。用村集体集中建一个基地也好，老百姓每年打工也好，或者年底分红也好，同样把这个事情解决了。第一，是村里把产业做起来；第二，我村集体有收入了；第三，保证我这个资金发挥了效益；第四，保证了贫困户收益。但是我们现在的扶贫是什么呢？必须要到户，而且是只能是贫困户，所以我感觉还是有一些投向的问题"。

## 五 清镇市乡镇经济社会发展对策建议

### (一)以规划为引领,推动生态保护与合理开发

**1. 划定生态保护红线,明确生态保护与经济开发布局**

针对清镇市各乡镇生态环境较为脆弱的现状,建议各乡镇严格按照《清镇市环境总体(2015~2025)》所划定的生态保护红线,坚持严格保护与严格开发。在一级红线区内,应禁止高强度改变区域原生状况的活动,在不破坏生态原貌和影响生态功能的前提下,适度发展生态农业、生态旅游业等绿色生态产业。在二级红线区内,应限制大规模、高强度、工业化城镇开发。在确保生态功能不降低、环境质量不下降的前提下,合理引导城镇化布局、必要的小城镇建设、特色产业发展,需要加强开发内容、开发方式及开发强度的控制,实行严格的环境准入。

表3 清镇市各乡镇生态保护红线面积统计

| 乡镇 | 辖区面积（平方公里） | 一级红线面积（平方公里） | 占辖区面积比例（%） | 二级红线面积（平方公里） | 占辖区面积比例（%） |
| --- | --- | --- | --- | --- | --- |
| 红枫湖镇 | 130.26 | 97.69 | 75.00 | 30.90 | 23.72 |
| 站街镇 | 209.71 | 50.60 | 24.13 | 53.92 | 25.71 |
| 犁倭镇 | 145.60 | 39.63 | 27.22 | 13.32 | 9.15 |
| 流长乡 | 157.76 | 20.53 | 13.01 | 27.17 | 17.22 |
| 卫城镇 | 207.34 | 41.08 | 19.81 | 44.88 | 21.65 |
| 王庄镇 | 79.04 | 6.21 | 7.86 | 12.38 | 15.66 |
| 暗流组 | 98.19 | 28.40 | 28.92 | 25.70 | 26.17 |
| 新店镇 | 98.19 | 28.40 | 28.92 | 25.70 | 26.17 |
| 麦格乡 | 129.59 | 34.17 | 26.37 | 27.91 | 21.54 |

资料来源:《清镇市环境总体规划(2015~2025)》。

同时,各乡镇应立足于自身生态环境的特点,按照《清镇市环境总体规划(2015~2025)》对各乡镇的功能分区进行产业布局。

表4　清镇市功能分区及产业布局指引

| 中部—南部低平丘陵城市经济、农业生态区 |||
|---|---|---|
| 红枫湖、百花湖水源涵养农林复合生态防护区<br>适宜发展以城郊生态农业为主的现代农业。推进环红枫湖国际特色休闲度假旅游区、养老康复中心、地方民族特色风情观光体验区等项目建设，开展生态旅游 | 清镇市城市生态经济区<br>形成以大数据职业技术人才培养为核心的大数据基础产业生态圈，打造标志性电商物流园，将职教城打造成中国代表性的职业城。东部形成生态产业园。加快大健康产业发展 | 清镇市循环生态产业发展区<br>推进"清镇市千亿级煤电铝一体化产业基地"建设，大力发展煤电铝一体化产业、铝精深加工产业及关联制造业，将经开区打造成西南地区高端园区。发展特色生态文化旅游 |

| 东部—北部—西部山地丘陵农业、水土保持生态区 |||||||
|---|---|---|---|---|---|---|
| 犁倭生物多样性保护与生态维护区，重点发展蔬菜、水果、中医药、畜禽养殖等特色农业 | 犁倭—流水石漠化治理区<br>种植特色经济作物加强石漠化治理和提高当地农民收入 | 三岔河生物多样性保护与水土保持维护区<br>发展特色农业，适度发展生态旅游 | 鸭池河生物多样性保护和水土保持区<br>发展蔬菜和中药材产业、生态旅游 | 流水—新店生态农业发展保护区<br>主要发展蔬菜、水果、中药材、畜禽养殖等特色生态农业 | 暗流农业生态及自然生态观光区<br>主要发展生态观光旅游和特色生态农业 | 麦格矿石生态修复及乡村民族文化保护区<br>适度发展乡村民族文化旅游，发展中草药种植 |

资料来源：《清镇市环境总体规划（2015～2025）》。

**2.推进"公园城市"与"三大行动"，建设生态宜居乡镇**

依托良好生态环境，建议各乡镇围绕其资源优势与特色，深入推进"公园城市"建设，完善乡镇绿地系统，为建设生态宜居乡镇奠定良好的绿化基础。

表5　"十三五"乡镇公园建设方向

| 乡镇 | 公园建设方向 | 重点项目 |
|---|---|---|
| 红枫湖镇 | 主要围绕红枫湖国家湿地公园核心区建设，打造生态花园、生态茶园、生态葡萄园，主要以生态农林业为基础开发农业科研产业区、湿地保护研究中心、生态休闲观光区、生态农业体验区，打造一条以生态为主的现代农林文化长廊精品线路 | 红枫湖国家湿地公园 |
| 站街镇、王庄乡 | 主要探索工业园区建设，不断增加园区绿化面积，布局公共服务设施，打造工业公园 | 站街新城区山体公园项目、站街黔中竹海公园 |
| 新店镇 | 主要以鸭池河、徐家沟两岸绿地为生态纽带，利用沟谷、山头等自然地形，建设成为富有时代气息和山水园林特色的城镇 | 新店展览馆休闲公园 |

续表

| 乡镇 | 公园建设方向 | 重点项目 |
|---|---|---|
| 犁倭镇 | 主要以山体公园和山头绿地为点、面,生态廊道为线相连,形成"山围绕城、城环抱山"的城镇绿地系统 | 犁倭玉冠山道教文化公园 |
| 暗流镇 | 主要围绕暗流河省级风景名胜区,以暗流河、集镇景观轴线为网络骨架,推进建设生态农业展示园、郊野公园 | 暗流镇中央公园 |
| 卫城镇 | 主要在古镇东侧建设以明城墙为主题的历史文化公园,在西侧建设以滨水地为主题的滨河休闲公园 | 卫城滨水公园 |
| 流长乡 | 主要以凹河峡谷风光,围绕攀岩、滑翔等体育运动,推进建设以喀斯特为特征的地质公园 | 流长乡中央公园 |
| 麦格乡 | 主要利用麦格河自然景观,沿河两侧规划公共绿地,完善相应设施,结合广场、山头、道路形成点线面结合的滨河公园 | 麦格滨河公园 |

资料来源:《清镇市"十三五"规划纲要》。

同时,为加强生态环境的保护与治理,建议清镇市各乡镇持续推进"蓝天守护""碧水治理"和"绿地保卫"三个行动计划。"蓝天守护"计划,应重点加强对涉气企业大气排放、机动车尾气、工地扬尘的监测和治理,确保达标排放。"碧水治理"计划应重点采取集中与分散相结合的办法,加快推进污水厂和污水处理设施的建设,大力推行雨水、中水、污水再生利用等非常规水资源利用。"绿地保卫"计划应重点继续开展好石漠化治理、破损山体修复及退耕还林、城区园林绿化等工程的实施,不断提升城区绿地率和城市森林覆盖率。

### (二)基础保障先行,以新型城镇化为导向推动城乡一体化发展

**1. 产业发展与基础设施建设相结合,实现产城互动、产城融合式发展**

针对清镇市各乡镇基础设施滞后,尤其是难以满足生产性需求的问题,建议各乡镇将产业发展与农村基础设施建设相结合,重点布局建设交通、水利,实现产城互动、产城融合式发展。

交通基础设施方面。建议针对乡镇、农村发展的实际需要,重点打通城乡公路与高速公路之间的联系,完善市域中心城区、重点城镇以及一般乡镇之间的公路连接;提升城乡道路等级,加强农村公路路网改造,以及农村道路的维护与管理,打通制约西部乡镇经济社会发展的交通瓶颈。同时,建议加快推进

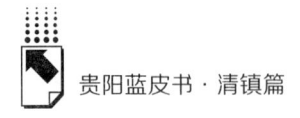

乡镇客运线路公交化运营，推动公共交通村村通，方便百姓生活。

水利基础设施方面。建议各乡镇的水利基础设施建设应以改善民生、促进发展、保护生态为目标，针对地势海拔差异较大的地区，规划建设一批骨干水源工程和供水工程，确保水源和供水稳定，降低生产性供水成本。针对各乡镇河流、湖泊较多的现状，建议应加强水质水量监测和管理，建立健全水资源保护和河湖生态健康水系保障体系，保障集中供水水源地水质稳定达标。同时，加强城镇污水处理及再生利用设施建设，完善污水收集处理系统以及再生利用设施建设，有效提升各乡镇水资源与水环境承载能力。

信息基础设施方面。建议各乡镇抓住"数字清镇""智慧清镇""宽带清镇""无线城市"建设的机遇，在清镇市信息基础设施建设三年会战中，加快农村信息化建设，推动农村"光纤宽带"进乡入村、乡镇数字化广电网络建设，实现农村信息网的全覆盖，为各乡镇农村电商、新型工业以及乡村旅游业等发展奠定数字化基础。

**2. "小城镇"与"美丽乡村"相结合，推进城乡一体化建设**

针对清镇市九大乡镇占据大部分市域面积、城乡基础设施差异较大、城镇化水平较低的问题，建议加速清镇市城乡规划和基础设施配套对接，按照城乡统筹、区域协调发展的理念，将"小城镇"建设与"美丽乡村"建设相结合，统筹布局城乡基础设施和公共设施，推动形成基础设施城乡一体化建设的格局。

表6 小城镇建设定位

| | |
|---|---|
| 示范小城镇 | 站街镇：省级工矿园区型示范小城镇 |
| | 卫城镇：贵阳市级绿色产业型示范小城镇 |
| | 麦格镇：县级绿色产业新示范小城镇 |
| 特色小城镇 | 暗流镇：以省级风景名胜区为依托，重点发展特色食品加工产业，积极发展乡村旅游和农业商贸区，积极推进打造农业公园镇 |
| | 犁倭镇：以矿产品的开发为主导，发展以乡村休闲度假功能结合的、以建设矿业开发及生态观光旅游结合的工贸、农业观光旅游、现代农业示范区城镇 |
| | 流长乡：集绿色产品产业、加工于一体，具有苗族风情的建设生态小城镇 |
| | 新店镇：以东风湖等山峡、湖泊等资源优势，打造精品旅游小城镇 |
| | 王庄乡：以氧化铝生产、铝精深加工为主打造以煤电铝一体化为特色的工贸型城镇 |

资料来源：《清镇市"十三五"规划纲要》。

表7　美丽乡村建设项目

| | |
|---|---|
| 美丽乡村"小康路"建设 | 建成通村沥青（水泥）路261.7公里,实施通组公路（通达项目）934.5公里 |
| 美丽乡村"小康水"建设 | 重点打造的254个村寨实现饮水安全,实现20户以上集中居住的村寨全部通自来水;全市有效灌溉面积达到306947亩,有效灌溉率达41.21%;实现重点打造的254个村组周边100亩以上的集中连片耕地的灌溉率达60% |
| 美丽乡村"小康房"建设 | 完成1658户危房改造和1500户小康房（立面整治）建设任务 |
| 美丽乡村"小康电"建设 | 新建、改造35千伏和110千伏输出电线,新增主变10台,新增110千伏线路84.6公里,新建、扩建110千伏和35千伏变电站累计达73万千伏;新建及改造10千伏及以下线路632.49公里,新建及改造配电50台,新建及改造一户一表1.58万户,农村一户一表率达100% |
| 美丽乡村"小康讯"建设 | 实现99%以上的自然村通电话和行政村通宽带,实现乡（镇）邮政网点全覆盖;自然村通电话和行政村通宽带,在9个乡（镇）开办快递服务网点,在所有行政村设置村级邮件接收场所;完成同步小康创建活动"电话户户通"目标任务,建成现代邮政 |
| 美丽乡村"小康寨"建设 | 对全市村寨文、体、环、卫、路及便民设施建设统一规划建设;实现道路硬化、卫生净化、村庄亮化、环境美化、生态乐化 |

资料来源：《清镇市"十三五"规划纲要》。

具体来说,应通过推进"小城镇"建设明确各乡镇的发展定位与目标,重点以产业支撑推进新型城镇化建设,完善乡镇生产、生活功能。同时,应结合"美丽乡村"建设,统筹乡镇规划与村庄规划,科学布局农田保护、村落分布、产业集聚、生态涵养等功能区块,以"小康路、小康水、小康房、小康电、小康讯、小康寨"六项行动计划为抓手,做好基础设施配套建设,同时加强农村环境综合整治,有效改善农村生态环境与居住环境,并在此基础上推进城乡基本公共服务均等化。

（三）深化"接二连三",推动产业融合发展与结构调整

**1. 深入推进农旅一体化发展,大力发展农业新型业态**

现代特色农业方面。各乡镇应围绕蔬菜、水果、肉鸡、生猪等产业发展,重点推动农产品精深加工,着力打造规模化、工业化、带动强、链条型的农产品加工企业,推动蔬菜、水果特色产业成为清镇市农业和农村经济的重要产业。

农村电商产业方面。各乡镇应抓住建设"全国电子商务进农村综合示范县"的机遇，加快乡（镇）、村两级电商便民利民服务店和村淘创富示范点的建设，逐步建立产品组织体系，扎实推进冷链仓储及物流配送中心建设，利用电子商务从事网上产品和服务营销，打通农产品进城和工业品下乡双向流通渠道。同时，大力培育农村电商人才，推动农村电商与农业融合发展，着力解决"三农"问题。

乡村旅游业方面。各乡镇应围绕自身的生态、文化、农业等特色资源，以"农产品旅游商品化、美丽乡村建设旅游产品化"为抓手，建设一批与农业园区互动的美丽乡村，打造一批名牌产品及著名商标；利用农村田园风光、山水资源和乡村文化，发展各具特色的乡村休闲旅游业，并定期轮流举办乡村旅游文化节。

**2. 强化科技创新与产业链延伸，大力发展工业新型业态**

推动铝工业转型升级。各乡镇应依托清镇煤、电、铝能矿资源优势，推动铝工业转型升级。其中，应以中铝贵州分公司产能转移项目为契机，以原铝及铝合金规模生产为突破口，建立铝产业发展研发中心，延长产业链，提高附加值，打造科技含量高的铝加工示范基地。同时，应抓住清镇市千亿级煤电铝一体化产业基地建设的机遇，大力发展煤电铝一体化产业、铝精深加工产业及关联制造业，把聚集在清镇西部地区的各乡镇建设成为贵州乃至西南地区重要的生活用铝材精深加工及应用产品研发制造基地，打造贵州新铝城。

创新发展工业新业态。各乡镇应结合自身优势、创新思路，重点发展以生物技术药物、现代中药为主的新医药产业；大力发展新材料、装备制造、电子及新一代信息技术、软件和服务外包等战略性新兴产业，推进中小企业入园发展，引导和支持中小企业入驻工业园区，推动生产要素合理流动和配置，培育发展一批专精特新中小企业和微型企业，实现集群式发展。

**3. 重点打造文化旅游、养老健康新品牌，大力发展旅游业新型业态**

着力推进文化旅游业发展。各乡镇应依托自身旅游资源进行合理有序开发，以市域性旅游规划为指引，以发展中高端休闲养身度假旅游为主线，重点发展休闲度假、生态观光、民族文化和农耕文化体验旅游，着力加强精品景区和旅游基础设施建设，完善要素综合配套，加快构建特色旅游产品体系、完善的旅游综合服务体系、具有活力的旅游管理体制和运行机制，全面提升旅游业发展水平和可持续发展能力,将旅游业培育成为各乡镇重要的支柱产业。

推进旅游业与大健康产业的融合发展。各乡镇应依托旅游业的发展,大力发展养生养老、健康保健、运动健身、生态营养等为重点的健康服务业,重点完善医疗卫生网络;依托环红枫湖避暑度假旅游圈等加快建设一批休闲度假基地、健康养老基地、保健疗养中心、生态营养品生产基地、户外运动和康体健身基地、生物医药产业基地,大力开发民族医药、健康保健品、营养食品等,打造一批健康服务和健康产品品牌。

### (四)坚持推进"大数据"与"大扶贫",建设和谐乡镇

**1. 应用"大数据+",促进乡镇治理方式现代化**

实施"数据铁笼"工程,推动"人""财"管理科学化。针对清镇市各乡镇当前面临的干部人事管理和专项资金分配问题,建议清镇市抓住实施"数据铁笼"工程的机遇,构建以数据化为基础的"人""财"管理体制。首先通过权力流程数据化,权力运行过程影像化,对整个行政行为数据全程采集记录,为数据分析平台提供数据支撑;借助行政行为的数据分析与研判,优化干部人事的考核与流动机制。同时,全程跟踪专项资金分配的过程与机制,并通过收集各乡镇的专项资金使用情况数据,消除分配者与被分配者之间的信息不对称,再造和优化专项资金的分配机制。

应用"大数据+",创新社会治理。各乡镇应以现有的综合治理、多元治理、源头治理等机制为基础,应用"大数据+",落实"社会和云"工程,打造社会治理大数据云平台,提升社会治理工作的精准性、便利性和高效性;依托"公安云",提升社会治安立体防控体系建设水平;完善社会矛盾排查预警和调处化解综合机制,把源头治理、动态管理、应急处置有机结合;健全社会协同与公众参与渠道、平台,强化多方互动,形成"大治理"格局。

**2. 用好"市场之手",以产业发展促进精准脱贫**

转变思路、创新机制,推动"产业+扶贫"。针对不少乡镇干部提出的精准扶贫资金到户成效有限的情况,建议各乡镇应转变思路、创新机制,将扶贫资金提供给带动能力强、产业基础好的合作社,切实提高产业增值能力和吸纳贫困劳动力就业能力,并将资金折股量化到贫困户头上,通过股份制、股份合作制、土地托管、订单帮扶等多种形式,建立贫困户与产业发展主体间利益联

结机制。发挥产业对贫困户脱贫增收的带动作用，确保贫困户有长期稳定的收益，变资金到户为效益到户。

加强贫困人口的精细化管理与精准化扶持。各乡镇应借助精准扶贫信息平台，建立贫困人口的数据库，完善贫困人口、贫困家庭的动态管理机制，加强对贫困人口的精细化管理。同时，强化扶贫资源的精准化配置，立足于贫困人口的特点与需要，结合当地资源优势和产业基础，因地制宜确定扶贫开发项目，对贫困人口进行精准化扶持。

表8 贫困人口精准化扶持策略

| 贫困类型 | 贫困类型描述 | 扶持策略 |
| --- | --- | --- |
| "两有户" | 有资源、有劳动能力但无门路 | 通过实施产业扶贫和就业扶持，促进其尽快脱贫 |
| "两因户" | 因学、因病致贫 | 通过完善贫困学生资助体系、医疗保障体系，切实解决他们面临的困难 |
| "两无户" | 无力脱贫、无业可扶 | 通过加快"两线合一、减量提标"的方式，实施政策性兜底扶贫 |
| "两缺户" | 缺基础设施、缺技术资金 | 加快实施小康建设六项行动计划，推动基础设施进村入户 |

资料来源：《清镇市"十三五"规划纲要》。

**参考文献**

清镇市人民政府：《清镇市城市总体规划（2015～2030）》，2015。
清镇市人民政府：《清镇市环境总体规划（2015～2025）》，2015。
清镇市人民政府：《清镇市2016年政府工作报告》，2016。
清镇市人民政府：《各乡镇基本情况介绍资料》，2016。
清镇市人民政府：《清镇市"十三五"规划纲要》，2015。
清镇市生态局：《清镇市公园城市建设专项规划》，2016。
中共麦格苗族布依族乡委员会、麦格苗族布依族乡人民政府：《麦格乡"十二五"期间工作总结》，2015年12月3日。

# B.8 清镇市行政村调研报告

**摘　要：** 十八大以来，习近平总书记多次就"三农"问题作出重要指示，中国要强农业必须强，中国要美农村必须美，中国要富农民必须富。贵州省面对贫困人口最多、贫困面积最大、贫困程度最深的严峻挑战，连续13年以一号文件形式聚焦"三农"，始终坚持把解决好"三农"问题作为全省各级党组织工作的重中之重不动摇，坚持强农惠农富农政策不减弱，全面深化农村改革不懈怠，推进农村全面小康建设不松劲，不断巩固和发展农业农村好形势，努力实现农业强、农村美、农民富。在此背景下，为深入了解当前贵阳市农村发展情况，贵阳市委政研室、北京国际城市发展研究院和贵阳创新驱动发展战略研究院联合组成调研组，对清镇市的相关行政村进行了深入调研。本文通过实地调研，对目前清镇市行政村发展的现实情况以及存在的问题进行梳理与分析，并提出相关建议，以期为清镇市乃至贵阳市下一步更好地解决"三农"问题提供决策参考。

**关键词：** 清镇市　行政村　"三农"问题　经济社会　调研

## 一　调研背景

### （一）调查意义与目的

清镇市位于黔中腹地，地处黔中经济区核心地带，又是贵安城市带和贵毕城市带的交会点，东靠贵阳、南接贵安、西联安顺、北靠毕节，具有明显的区位和交通优势。气候温和湿润，能源、矿产、生物、旅游资源丰富，是贵州省中部重要的工业基地、能源基地、交通枢纽、风景名胜区和贵阳市重要的卫星城。清镇的显著特征是"小城市、大农村"，有着40个贫困村、4773户贫困户、11446名贫困人口，城乡居民收入比为2.26:1。

"十二五"以来，清镇市市委、市政府始终坚持城乡统筹发展、打好扶贫攻坚战、正确处理好城市和农村关系的发展理念，奋力拖动清镇市经济加快发展、转型发展、跨越发展，加快推进清镇市城乡一体化进程。农村社会经济的发展情况在一定程度上直接反映了城乡一体化的水平，本研究通过对清镇市农村社会经济发展情况的调研，深入清镇市农村最基层，了解农村发展的真实面貌，总结清镇市"十二五"期间农村社会经济的发展经验，发掘和剖析当前存在的问题，并结合清镇市的"十三五"发展规划，针对存在的问题，为清镇市农村社会经济发展提出建设性的意见和建议。

## （二）调查时间与过程

课题组于2015年12月12日至12月20日在清镇市展开了关于清镇市农村社会经济发展情况的调研活动。2015年12月12日至14日，课题组在清镇市市委、市政府召开了系列座谈会，出席座谈会的主要有清镇市发改委、政研室、生态委、规划委、社区社会组织代表、志愿者代表、乡镇及农民代表等，通过召开座谈会，课题组基本摸清了清镇市社会经济发展情况。

2015年12月15日至20日，根据前期召开座谈会获得的资料和信息，通过反复讨论，课题组最终选择对清镇市20个行政村的村干部进行访谈。通过调研，课题组对清镇市农村社会经济在"十二五"期间的亮点与不足、发展存在的优劣势以及在"十三五"期间的发展思路有了深入的了解。收集了丰富的清镇市农村经济社会发展的相关资料，为本研究的开展奠定了坚实的基础。

## （三）调查方法与对象

**1. 调查方法**

课题组的调研方法以文献分析法和访谈法为主。通过文献调查法，课题组收集了大量国家、贵州省、清镇市以及其他各级部门和机关单位的相关政策文件、报告、总结等文献资料，为课题组全面把握清镇市农村社会经济总体发展动态提供了有力参考，对后续实地访谈调研选点也具有指导作用。通过对基层干部一对一结构式访谈，课题组对贵阳市顶层设计在清镇市最基层的实际落实情况有了深入的了解。

2. 调查对象

本次调查对象涉及清镇市9个乡镇中20个行政村。访谈对象共21人，包括1个村工作组副组长、2个村委会主任、18名村支书（见表1）。

表1　清镇市行政村访谈对象

| 编码 | 所在单位 | 编码 | 所在单位 |
| --- | --- | --- | --- |
| QZC01 | 暗流镇鼓钟村 | QZC012 | 麦格乡小谷陇村 |
| QZC02 | 暗流镇水河村 | QZC013 | 王庄乡洛阳村 |
| QZC03 | 流长乡马郎村 | QZC014 | 王庄乡小坡村 |
| QZC04 | 流长乡马陇村 | QZC015 | 卫城镇永乐村工作组 |
| QZC05 | 百花社区石关村 | QZC016 | 新店镇蜂糖寨村 |
| QZC06 | 百花社区石关村 | QZC017 | 新店镇桃子坝村 |
| QZC07 | 红枫湖镇陈亮堡村 | QZC018 | 站街镇站街村 |
| QZC08 | 红枫湖镇民乐村 | QZC019 | 时光社区鲤鱼村 |
| QZC09 | 犁倭镇打鼓村 | QZC020 | 乡愁社区黄柿村 |
| QZC010 | 犁倭镇老院村 | QZC021 | 乡愁社区燕尾村 |
| QZC011 | 麦格乡麦格村 | | |

注：文中访谈者姓名处均采用上表编码标示。

# 二　清镇市农村整体概况与21个重点调研村的选取情况

## （一）清镇市农业农村整体概况

"十二五"时期，清镇市农业总产值完成35.7亿元，增加值达22.79亿元，农村居民人均可支配收入超万元大关达到11552元；清镇市3个贫困乡和115个贫困村"脱贫摘帽",93628位贫困人口脱贫;建成现代高效农业示范园区4个;建成美丽乡村提高型示范点19个,农村综合环境得到极大改善;"菜篮子"有效供给水平稳步提高,基地农产品质量安全水平达100%;以农村土地确权登记颁证为代表的农村改革稳步推进,农村电商、"互联网+"等农业新业态蓬勃发展,先后荣获"国家现代农业示范区""全国蔬菜产业重点县(市)""全国农技体系推广先进示范县""全国农机安全示范县"等荣誉。截至2015年年底,清镇市农业产业结构进一步优化,农产品保供能力进一步增强。蔬菜种植面积30.2万亩(次),蔬菜产量40.2万吨;种植水果10.3万亩,其中葡萄1.2万亩,桃3.8万亩,李3.07万亩,已投产面积7.8万亩,年产量4.2万吨;种植茶叶1.28万亩,年产量820吨;肉鸡养殖户达到1200余户,年出栏优质肉鸡1800余万羽;蛋鸡养殖存栏数达到30万羽,年产蛋达到0.3万吨;年出栏生猪24万余头;建成标准化奶牛场4个,存栏奶牛2600头(可容纳奶牛9000头),奶产量达1万吨。

"十二五"期间,清镇市农村社会经济建设成效显著,园区建设进一步完善。建立红枫蔬菜园区、卫城畜草园区、暗流蔬菜园区、石关乳品园区等园区,建设面积达11.9万亩,完成投资12.47亿元,实现总产值19.44亿元,销售收入18.97亿元。辐射带动园区农民7.7万人,实现人均可支配收入17663元,高出清镇市农民人均可支配收入6141元。美丽乡村建设投资进一步加大。共完成投资2.34亿元,其中,小康水完成投资5848万元,小康电计划投资1123.2万元,小康路完成投资7116.72万元,小康房完成投资5275.73万元,小康讯完成投资200万元,小康寨完成投资3839.93万元。整合农行小康寨第二批融资贷款资金1580万元,对清镇至王庄示范带、金清线沿线红枫右二村右二组的1500余户房屋开展立面改造。农产品生产组织化程度进一步增强。清镇市先后引进和成立农业龙头企业74家,其中,国家级农业产业化龙头企业1家,省级农业产业化龙头企业10家,贵阳市级农业产业化龙头企业15家;成立农民专业合作社248家,其中,省部级示范社10家,贵阳市级示范社4家。农产品"三品一标"有效认证数共计131个,其中,有机认证23个,绿色认证1个,无公害认证105个,地标产品认证2个。

表2 清镇市187个行政村基本情况一览

| 所属乡镇 | 行政村 | 总人口（人） | 总面积（平方公里） | 地理位置 |
|---|---|---|---|---|
| 犁倭镇 | 犁倭村 | 4573 | 9.6 | 村综合楼距镇政府0.5公里 |
| | 石牛村 | 3258 | 6.7 | 犁倭镇东部，村综合楼距镇政府2公里 |
| | 下寨村 | 3178 | 7.3 | 位于犁倭镇东北部，村综合楼距镇政府1.5公里 |
| | 周家桥村 | 2754 | 14.7 | 位于犁倭镇西南部 |
| | 河溪村 | 3723 | 13.5 | 位于犁倭镇西南部 |
| | 打鼓村 | — | — | — |
| | 翁林村 | 1425 | 19.5 | 位于犁倭镇西南部 |
| | 茅草村 | 2557 | 11.1 | 位于犁倭镇西部 |
| | 红岩村 | 2136 | 7.9 | 位于犁倭镇西部，村综合楼距镇政府8.5公里 |
| | 右拾村 | 2445 | 8.7 | 位于犁倭镇西部，村综合楼距镇政府6.5公里 |
| | 小屯村 | 2274 | 9.4 | 位于犁倭镇西北部，村综合楼距镇政府3.5公里 |
| | 岩脚村 | 4127 | 15.3 | 位于犁倭镇北部 |
| | 大寨村 | 1511 | 4.0 | 位于犁倭镇西部 |
| | 老院村 | 2119 | 3.88 | 位于犁倭乡北面，距镇政府19公里 |
| 红枫湖镇 | 羊昌村 | 893 | 3.0 | 位于红枫湖镇，羊昌村距政府所在地39公里 |
| | 芦荻哨村 | 3645 | 10.5 | 北临贵黄公路，东傍红枫湖，西接平坝夏云镇，南连平坝马武村 |
| | 民乐村 | 4601 | 18.6 | — |
| | 骆家桥村 | 2117 | 6.6 | 位于清镇市区西面，距清镇市区13公里 |
| | 右二村 | 2113 | 8.0 | 位于红枫湖镇西南面 |
| | 右七村 | 3029 | 4.5 | 位于红枫湖镇西南面，东与站街相邻，南与簸箩村相接，西北与大冲村相融，距清镇市中心19公里 |
| | 大冲村 | 3394 | 10.7 | 地处国家4A级风景名胜区红枫湖畔距镇政府7公里 |
| | 塘边村 | 735 | 10.0 | 位于红枫湖镇西南部，距清镇市区11公里 |
| | 中山村 | 1282 | 8.5 | 位于红枫湖东南面，距清镇市区12公里 |
| | 扁山村 | 3181 | 4.5 | 位于红枫湖镇西南部，距清镇市区7公里 |
| | 白泥村 | 2149 | 5.0 | 位于红枫湖镇西南部，行政区域面积5平方公里 |
| | 陈亮堡村 | 4884 | 4.8 | 位于清镇市城乡接合部，距市区1公里 |
| 卫城镇 | 西门村 | 2283 | 3.9 | 地处区镇西面，东与东门村交界，南、东南与南门村毗邻，西南接平桥村 |
| | 南门村 | 1796 | 4.0 | 位于卫城镇镇中心 |
| | 东门村 | 2865 | 9.18 | 位于卫城镇中心地段地处镇区东面，东与犀牛村交界，南、东南与南门村毗邻，西南接西门村、黎明村 |
| | 新发村 | 4141 | 15.0 | 地处卫城镇南面，东至迎燕村，南至凤凰村，西至关坝村，北至坪寨村 |

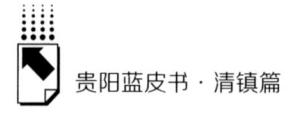

续表

| 所属乡镇 | 行政村 | 总人口（人） | 总面积（平方公里） | 地理位置 |
|---|---|---|---|---|
| 卫城镇 | 凤凰村 | 2455 | 8.0 | 位于卫城镇的东南部 |
| | 迎燕村 | 2015 | 6.2 | 地处卫城镇东南部，东、东南与银桥村交界，南与新发村相邻，西南接蔡水村，西与新发村毗邻，北与麦巷村相邻 |
| | 银桥村 | 1138 | 4.4 | 地处卫城镇东面，东、东南与麦格苗族布依族乡毗邻，南与站街镇交界，西、西北与迎燕村相邻，东北与麦巷村相邻 |
| | 麦巷村 | 2092 | 7.3 | 位于卫城镇东南面，东、南与麦格苗族布依族乡相邻，西南接麦格苗族布依族乡麦冬村，西与银桥村毗邻 |
| | 顺河村 | 1970 | 15.0 | 地处卫城镇南面，东与新发、坪寨村交界，东南与新发、蔡水村毗邻，西南接莲花寺村，西与星光村相邻 |
| | 蔡水村 | 2916 | 20.0 | 地处卫城镇南部，东至新发村，南至犁倭大寨村，西至犁倭岩脚村，北至星光村 |
| | 莲花寺村 | 1808 | 9.12 | 地处卫城镇西面，东至星光村，南至犁倭乡，西至流长乡，北至兴明村 |
| | 星光村 | 2034 | 12.3 | 地处卫城镇西面，东与黎明村交界，东南与顺河村毗邻，南与莲花寺村相邻，西与莲花寺村为邻，北接化腊村 |
| | 公告村 | 764 | 7.5 | 地处卫城镇东北部，东与栽江村交界，南与克乃村毗邻，西南与暗流乡穿洞村相邻，西接暗流乡小河村 |
| | 克乃村 | 3196 | 31.0 | 地处卫城镇东部，东至金旗村，南至上水村，西至暗流乡，北至公告村 |
| | 栽江村 | 1843 | 8.1 | 地处卫城镇东北部，东至猫跳河，南至暗流乡，西至金旗村，北至公告村 |
| | 兴明村 | 1981 | 12.1 | 地处卫城镇西南部，东、北与王庄布依族苗族乡交界，南至黎明村，西接流长乡 |
| | 龙井村 | 1622 | 8.3 | 地处卫城镇东面，东与关口村交界，东南与上水村毗邻，南与东门村相邻，西南接黎明村 |
| | 上水村 | 3001 | 20.0 | 地处卫城镇北面，东至凤山村、犀牛村，南至东门村、龙井村，西至关口村，北至克乃村 |
| | 黎明村 | 3038 | 20.0 | 地处卫城镇东北面，东至南门村，南至兴明村，西至星光村，北至兴明村 |
| | 犀牛村 | 3387 | 22.0 | 地处卫城镇南部，东至麦寨村，南至坪寨村，西至永乐村，北至东门村 |
| | 坪寨村 | 2510 | 9.0 | 地处卫城镇中部，东与犀牛村交界，东南与永乐村毗邻，南与顺河村相邻，西南接新发村 |

续表

| 所属乡镇 | 行政村 | 总人口（人） | 总面积（平方公里） | 地理位置 |
|---|---|---|---|---|
| 卫城镇 | 永乐村 | 3246 | 6.8 | 地处卫城镇南部，东与新桥和坪寨交界，南与南门村相邻，西南接顺河村 |
| | 凤山村 | 1219 | 18.0 | 地处卫城镇东北部 |
| | 金旗村 | 2918 | 20.0 | 地处卫城镇东北部，东至修文县谷堡乡大场村龙滩组，南至麦格乡关域村，西至卫城镇克乃村潘寨组，北至卫城镇栽江村窑上组 |
| 暗流镇 | 下坝村 | — | — | |
| | 暗流河村 | 2460 | 767.0 | 位于暗流镇西北部，村综合楼距乡政府3公里 |
| | 小沟村 | 1544 | 746.38 | 位于暗流镇西北部，村综合楼距乡政府2公里 |
| | 鼓钟村 | 2647 | 12.2 | 位于暗流镇西北部，村综合楼距乡政府8公里 |
| | 沙田村 | 1905 | 739.0 | 位于暗流镇西北面，村综合楼距乡政府17公里 |
| | 宋家槽村 | — | — | |
| | 韩家坝村 | 1787 | 647.0 | 位于暗流镇西北部，村综合楼距乡政府13公里 |
| | 光明村 | 1221 | 546.0 | 位于暗流镇西北面，村综合楼距乡政府15公里 |
| | 响水河村 | 1655 | 8.59 | 位于暗流镇西北部，村综合楼距乡政府5公里 |
| | 长坎村 | 1954 | 6.12 | 位于暗流镇西北部，村综合楼距乡政府9公里 |
| | 洗米村 | 1658 | 7.05 | 位于暗流镇西北部，村综合楼距乡政府12公里 |
| | 木刻村 | 2080 | 7.72 | 位于暗流镇西北部，村综合楼距乡政府13公里 |
| | 矿山村 | 1345 | 12.41 | 位于黔西、修文交界 |
| | 朝阳村 | 1050 | 4.35 | 位于暗流镇西面，村综合楼距乡政府8公里 |
| | 蒋家院村 | 1228 | 6.85 | 位于暗流镇西面，村综合楼距乡政府12公里 |
| | 关口村 | 1563 | 6.32 | 位于暗流镇政府驻地 |
| 麦格乡 | 麦格村 | 1235 | 1050.0 | — |
| | 观游村 | 2832 | 8.0 | 位于麦格乡人民政府驻地西南面 |
| | 新厂村 | 886 | 23.0 | — |
| | 大麦西村 | 850 | 25.0 | — |
| | 麦西村 | 1129 | 26.0 | 位于麦格乡西北部 |
| | 小谷陇村 | 676 | 22.0 | — |
| | 大靛山村 | 2096 | 55.2 | — |
| | 龙滩村 | 1086 | 27.0 | 位于麦格乡东南部 |
| | 小靛村 | 438 | 20.0 | — |
| | 腊脚村 | 510 | 5.0 | — |
| | 谷当稗村 | 1400 | 5.6 | — |
| | 大谷佐村 | 1012 | 5.6 | — |
| | 腊腮村 | 567 | 4.0 | 位于麦格乡东北部 |
| | 龙窝村 | 884 | 4.0 | — |
| | 新寨村 | 547 | 4.0 | — |

续表

| 所属乡镇 | 行政村 | 总人口（人） | 总面积（平方公里） | 地理位置 |
|---|---|---|---|---|
| 流长乡 | 中街村 | 1858 | 1.486 | — |
| | 上街村 | 2622 | 1.802 | — |
| | 川心村 | 1882 | 6.367 | — |
| | 羊场村 | 1481 | 4.086 | — |
| | 马连村 | 2026 | 11.15 | — |
| | 阳雀村 | 1704 | 5.4 | — |
| | 银厂村 | 1856 | 6.485 | — |
| | 大岩村 | 1503 | 1.947 | 距流长苗族乡政府所在地1公里 |
| | 大树寨村 | 1169 | 3.6 | — |
| | 凹河村 | 729 | 2.138 | — |
| | 马陇村 | 2081 | 11.96 | — |
| | 田湾村 | 2000 | 8.44 | — |
| | 大元村 | 1573 | 4.727 | — |
| | 十字村 | 2390 | 6.437 | 距流长苗族乡政府所在地3.5公里 |
| | 王院村 | 1845 | 7.705 | — |
| | 羊坝村 | 2059 | 7.448 | — |
| | 燕耳村 | 944 | 5.374 | — |
| | 马郎村 | 2538 | 5.777 | — |
| | 冒井村 | 1704 | 4.041 | — |
| | 兴隆村 | 2603 | 6.496 | — |
| | 黑土田村 | 1834 | 7.563 | — |
| | 水淹村 | 1742 | 8.84 | — |
| | 油菜村 | 1043 | 9.0 | — |
| | 马场村 | 2033 | 8.111 | — |
| | 腰岩村 | 1396 | 6.308 | — |
| | 沙鹅村 | 2904 | 5.174 | — |
| 王庄乡 | 岩头村 | 3284 | 3.5 | 位于王庄乡人民政府西南面，距政府所在地5公里 |
| | 铧口村 | 1945 | 1.389 | |
| | 罗田村 | — | — | |
| | 洛阳村 | 3411 | 10.05 | 位于王庄乡东北部，距乡政府5公里 |
| | 花围村 | — | — | |
| | 高山村 | 1941 | 7.3 | 位于王庄乡东面，距乡政府住地约2公里 |
| | 小坡村 | 1565 | 7.13 | 位于王庄乡西南部，距乡政府7公里 |
| | 化腊村 | — | — | |
| | 打磨冲村 | 1771 | 7.5 | 位于乡人民政府的东北面，距乡政府5.5公里 |
| | 簸涌村 | 2247 | 1.213 | 位于王庄乡西南部，距乡政府6公里 |
| | 后坝村 | — | — | |
| | 王庄村 | 3510 | 3010 | 位于乡人民政府周围 |
| | 蚂蝗村 | 1458 | 3.3 | 位于王庄乡西北部，距乡政府所在地3公里 |
| | 塘寨村 | 2420 | 2.6 | 位于王庄乡西北部，距乡政府10公里 |

续表

| 所属乡镇 | 行政村 | 总人口（人） | 总面积（平方公里） | 地理位置 |
|---|---|---|---|---|
| 站街镇 | 站街村 | 3525 | 3.0 | 位于站街镇政治、经济文化中心 |
| | 燕尾村 | 3402 | 4.0 | 地处站街镇东南部,村综合楼距镇政府14公里 |
| | 三河村 | 3134 | 4.0 | 地处站街镇东北部,村综合楼距镇政府15公里 |
| | 黄柿村 | 2043 | 1.5 | 距离镇中心区11.5公里 |
| | 杉树村 | 3977 | 2.6 | 位于清镇市站街镇南部 |
| | 小河村 | 3985 | 3.8 | 距离镇中心区5.2公里,与红枫湖相邻 |
| | 条子场村 | 2751 | 1.6 | 距离镇中心区8公里,位于红枫湖畔 |
| | 龙源村 | 1891 | 1.4 | 地处站街镇东南部,村综合楼距镇政府7公里 |
| | 席关村 | 2164 | 3.0 | 地处站街镇西南部,村综合楼距镇政府6公里 |
| | 猫场村 | 2308 | 9.0 | 地处站街镇西南部,村综合楼距镇政府6公里 |
| | 荣和村 | 2095 | 9.0 | 地处站街镇东南部,村综合楼距镇政府5公里 |
| | 林歹村 | 2600 | 9.0 | 地处站街镇东北部,村综合楼距镇政府3公里 |
| | 破岩村 | 1760 | 5.0 | 地处站街镇东部,村综合楼距镇政府12公里 |
| | 毛家寨村 | 2405 | 3.5 | 地处站街镇东南部,村综合楼距镇政府6公里 |
| | 高乐村 | 2810 | 8.0 | 地处站街镇西南部,村综合楼距镇政府8公里 |
| | 高堡村 | 2060 | 5.5 | 位于红枫湖上游 |
| | 莲花村 | 4128 | 9.0 | — |
| | 洗马村 | 2252 | 10.0 | 地处站街镇西面,村综合楼距镇政府1.5公里 |
| | 鸡场村 | 2039 | 8.5 | 位于站街镇西面,距镇政府所在地2.5公里 |
| | 太平村 | 3352 | 3.2 | 地处站街镇西北部,村综合楼距镇政府1公里 |
| | 茶林村 | 1245 | 6.5 | |
| | 平堡村 | 1148 | 4.0 | 位于站街镇西南面,北与犁倭乡相邻,南与坪埔村相连,距镇政府所在地12公里 |
| | 龙泉村 | 3216 | 5.0 | 地处站街镇中部,村综合楼距镇政府1公里 |
| | 小坝村 | 2001 | 5.0 | 地处站街镇西部,村综合楼距镇政府2.1公里 |
| | 坪子村 | 3592 | 6.0 | 地处站街镇西南部,村综合楼距镇政府6公里 |
| 新店镇 | 新店村 | 3532 | 4.87 | 位于新店镇中部,村综合楼距镇政府8公里 |
| | 中坝村 | 2367 | 4.52 | 位于新店镇西部,村综合楼距镇政府14公里 |
| | 岩湾村 | 2110 | 4.5 | — |
| | 鸭池河村 | 3330 | 16.5 | 位于新店镇西部,清毕公路的鸭池河畔 |
| | 鸭甸河村 | 2731 | 12.5 | 位于新店镇西部 |
| | 王寨村 | 2881 | 21.3 | 位于新店镇西北面,村综合楼距镇政府16公里 |
| | 永和村 | 2577 | 4.68 | 位于新店镇西部,村综合楼距镇政府11公里 |
| | 桃子坝村 | 3358 | 7.1 | 位于新店镇东南面,村综合楼距镇政府17公里 |

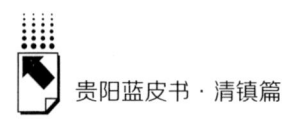

续表

| 所属乡镇 | 行政村 | 总人口（人） | 总面积（平方公里） | 地理位置 |
|---|---|---|---|---|
| 新店镇 | 归宗村 | 2311 | 11.72 | |
| | 马鞍村 | 1262 | 6.1 | 位于新店镇西面,距镇政府行政中心所在地3公里 |
| | 凤字岩村 | 1637 | 7.22 | — |
| | 老鹰山村 | 1950 | 2.5 | 位于新店镇东南方向,距镇政府行政中心所在地7公里 |
| | 银杏村 | 2319 | 7.84 | 位于新店镇南部,村综合楼距镇政府22公里 |
| | 化龙村 | 1338 | 10.0 | 位于新店镇西南部,距新店镇人政府12公里 |
| | 三合村 | 2881 | 11.0 | 位于新店镇西部 |
| | 蜂糖寨村 | 1827 | 8.5 | 位于新店镇西南部,距新店镇人民政府17.5公里 |
| | 方家寨村 | 2571 | 5.1 | 位于新店镇西部,距新店镇政府约1.5公里 |
| | 大寨村 | 3112 | 11.88 | 位于新店镇东北部,村综合楼距镇政府约21公里 |
| | 大麻窝村 | 2515 | 8.0 | 位于新店镇西南,村综合楼距镇政府约11公里 |
| | 东风湖村 | 2600 | 12.5 | 位于新店镇西部 |
| | 茶店村 | 1751 | 6.0 | 坐落在新店镇行政中心东面,距镇政府行政中心6公里 |
| 百花社区 | 鲤鱼村 | 3167 | 1.5 | — |
| | 毛栗山村 | 1846 | 2.1 | 位于清镇市城乡接合部的东面,辖区面积约2.1平方公里 |
| | 凉水井村 | 1726 | 2.0 | 位于清镇市东北面,离清镇中心5公里 |
| | 石关村 | 1616 | 1.7 | |
| | 青山村 | 1310 | 1.56 | 位于清镇市北面,距市中心5公里 |
| | 东门桥村 | 2537 | 3.0 | 位于清镇市城区东面 |
| | 梁家寨村 | 724 | 1.2 | 位于清镇市东部约三公里处,位于清镇市东大门 |
| 巢凤社区 | 干河坝村 | 864 | 0.73 | — |
| | 王二寨村 | 723 | 1.7 | |
| | 扁坡村 | 3874 | 3.0 | 位于清镇市郊,距市区1公里,周边与贵州水晶化工集团公司交界 |
| | 黑泥哨村 | 1012 | 1.55 | |
| | 平原哨村 | 963 | 1.55 | |
| 红塔社区 | 红湖村 | 2623 | 2.5 | 地处清镇市红塔社区,东与塔山村相邻,南畔红枫湖,西与站街镇相邻,北临老马河 |
| | 塔山村 | 3407 | 6.25 | 东与大星村、三星村交界,南与红湖村交界、西与占街镇土坝村交界,北与河堤村相邻 |
| | 河堤村 | 1475 | 4.0 | 地处清镇市红塔社区西部,东与岭北社区交界,南与三星村相邻,西与站街交界,北与鲤鱼村相邻 |

续表

| 所属乡镇 | 行政村 | 总人口（人） | 总面积（平方公里） | 地理位置 |
|---|---|---|---|---|
| 红新社区 | 东北村 | 1092 | 2.2 | 位于红旗北路东部 |
| 红新社区 | 三星村 | 2228 | 0.42 | 东与东门桥会东南与中心、青龙村相邻,南与中心村相邻,西南接大星村,北与东北村相邻 |
| 新岭社区 | 大星村 | 1254 | 1.55 | — |
| 新岭社区 | 青龙村 | 8309 | 3.5 | 位于清镇市城区东南面 |
| 新岭社区 | 中心村 | 1244 | 1.43 | 地处老城区中心地带 |

注：表格数据与案例篇数据截止时间不同，存在不一致情况。
资料来源：2015年调研期间各乡镇提供。

### （二）二十个重点调研村的选取情况

为了全面、深入地了解清镇市行政村的发展现状，课题组根据座谈会的情况以及清镇市行政村的相关文档资料，结合课题研究的实际需要，从清镇市的暗流镇、流长乡、百花社区、红枫湖镇、犁倭镇、麦格乡、卫城镇、新店镇、站街镇、王庄乡、乡愁社区、时光社区等乡镇、社区所辖行政村中，分别选出1~2个在当地具有典型性、代表性的行政村进行实地调研。具体选取调研村包括鼓钟村、响水河村、马郎村、马陇村、石关村、陈亮堡村、民乐村、打鼓村、老院村、麦格村、小谷陇村、永乐村、蜂糖寨村、桃子坝村、站街村、洛阳村、小坡村、燕尾村、鲤鱼村、黄柿村。通过走访、深度访谈等方式，获得了大量研究所需的一手资料，对清镇市行政村整体发展现状有了较为全面、深入的了解，也为后续研究的开展奠定了深厚的田野基础。

## 三 清镇市农村社会经济发展现状

### （一）依托园区发展龙头企业，增强农业产业市场竞争力

**1. 大力发展农产品龙头企业**

在发展龙头企业方面，清镇市进一步推进华西特驱希望、广东润丰等64家龙头企业发展，采取"公司+合作社+农户""公司+基地+农户"等模

式,切实解决农户资金、技术、销售等难题。清镇市先后引进和成立农业龙头企业74家,其中,国家级农业产业化龙头企业1家,省级农业产业化龙头企业10家,贵阳市级农业产业化龙头企业15家;成立农民专业合作社248家,其中,省部级示范社10家,贵阳市级示范社4家。农产品"三品一标"有效认证数共计131个,其中,有机认证23个、绿色认证1个、无公害认证105个、地标产品认证2个。

**2. 加快推进农业示范园区建设**

为了加快推进农业园区建设,清镇市积极推动绿色蔬菜、畜草生态循环、乳品加工3个省级现代高效农业示范园区建设,同时积极推进畜草生态循环、核桃、蔬菜3个市级现代生态高效农业示范园区建设。建成红枫蔬菜园区、卫城畜草园区、暗流蔬菜园区、石关乳品园区等4个园区,建设面积达11.9万亩,完成投资12.47亿元,实现总产值19.44亿元,销售收入18.97亿元。目前,示范园区核心区面积达3.1万亩,辐射区面积15.7万亩,肉鸡、蔬菜、奶牛、生猪等农业主导产业发展基础不断夯实。

## (二)实施农业振兴行动计划,拓展农业产业市场

**1. 推进"六子登科"工程,提升农业增加值**

为了振兴农业,拓展市场,清镇市制订并实施了农业振兴行动计划,一方面加快推进"六子登科"① 工程,另一方面大力发展烤烟、蔬菜、水果、茶叶、中药材、苗木、肉鸡、生猪、奶牛等"九大生态农业产业",三联乳业、华西特驱希望、广东温氏等龙头企业建成营运。此外,还实施了高标准农田、基本农田、土地治理和机耕道、农村水利等项目建设,建设5个省级和市级高效农业示范园区,肉鸡出栏量和鸡苗产量、绿色有机蔬菜认证数量、奶牛可存栏容量和乳制品加工能力、"三品一标"农产品通过国家认证总量实现"四个全省第一",获得国家现代农业示范区称号。2014年,清镇市农业增加值达到19.01亿元,同比增长6.7%。

**2. 拓展农业产业市场,打开农产品销路**

清镇市启动"一乡一场"、中心城区室内农贸市场和"农改超"项目建

---

① 菜篮子、果盘子、花盆子、肉袋子、药箱子、奶瓶子。

设。取消了新场坝、星坡路、新城路3个马路市场，建成清镇市城区中环国际第一大农贸市场并顺利实现搬迁。建成园区农产品销售平台及网点15个。成立各类农民专业合作社198家，家庭农场81个，其中流长乡王院肉牛养殖、犁倭镇玉冠桃、站街镇"三农"蔬菜等9家专业合作社被评为省部级示范社。

## 四 清镇市农村经济社会发展存在的问题

### （一）基础设施不完善，农业产业化、规模化发展较困难

清镇市现代农业建设虽然取得了一定成效，但目前清镇市农业基础设施建设仍有待完善，主要表现在水利基础设施和道路基础设施不完善。

"应该说要点和要害就是交通。交通道路不好，不够宽，招商引资困难，没有企业愿意入驻。水源地是原来的一个老厂区110系统用的一个深井，如果是遇干旱一两个月的时间，它抽的水就不足了，有些地方就送不过去了，这些农户只好在原来那里的一个小水井去背水来吃了，不要谈其他的发展生存了。"采访对象QZC02在访谈中说到。

"用水靠天下雨，有几个组就是用井水，只有两三个组用水、吃水基本上没有问题，其余大部分组，特别是在冬季，确实水非常不够。传统的农业干了就是问天上，如果想在村里发展点东西确实没有水是不行的，我们也想过发展蔬菜，但是这里没有水是发展不起来的。"采访对象QZC04在访谈中说到。

"发展农村经济实际基础设施还是薄弱，专门是靠天吃饭的这种现状。我们的土地是1468亩，水稻有800多亩，这800多亩都属于是干旱的土地，要下雨才能够有一点收获，如果雨水不多就没有收成，相当于看天吃饭。"访谈对象QZC11如是说。

"基础设施比较薄弱，现在通村路基本3米到3.5米，但是如果要发展果园，路就有点窄，我们争取把机耕道和通村路改宽一点，有大车进去稍微平整一点好一点，水现在正在解决，但是还没有完全解决好。"QZC16如是说。

清镇市农村地区基础设施建设较为滞后，不能满足现代农业生产的需要，农业产业发展缺乏基础和保障，严重制约了农村地区的农业产业发展和招商引

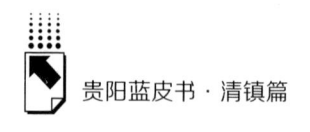

资的成效，难以形成产业化、规模化发展，阻碍了农村地区社会经济水平的提升。

## （二）传统粗放式农业占主导，农业产业化经营发展滞后

清镇市大部分村寨目前仍以传统农业为主，一方面是缺乏产业化发展意识，另一方面则是因为相关农业基础设施不完善，还不具备进行农业产业化发展的基础条件。

"养牛私人养的，传统养的，多的是三四个，四五个，少的一个。养猪的有几户是大户，但是规模都不大，几十头。私人传统的养殖基本上在家的都有，每年自己要杀来吃改善生活。"采访对象QZC04在访谈中说到。

QZC13在访谈中说道："整个清镇农村这块感觉还是不富裕，农业产业这块工作还比较薄弱，相比遵义和铜仁，农业发展还是存在较大差距，地方政府在这块还是需要加强。"

从上述访谈中可以看出，清镇市部分农村地区还处于靠天吃饭、自给自足的生存状态，粗放型的传统农业发展格局没有得到根本转变，农业发展难以实现向产业化转型。

## （三）二元结构矛盾突出，城乡差距仍然较大

清镇市农村民生问题诉求解决力度还不够，征地拆迁、土地流转、拆违控违等引发的社会矛盾突出，在农村土地流转工作方面，村委会与当地城市发展管理委员会关系不顺。

通过调查发现，清镇市部分农村地区项目难开发、失地农民就业难。"开发不起来主要原因就是村集体没有经济，我们村要在'十二五'开发什么项目，还有几百万元土地流转和拆迁款没有到位，制约了我们的发展。开发项目需要钱，土地是红线，又得不到开展。失地农民就业问题这块的工作，因为进驻的这些单位它首先要求的至少是高中生，失地农民找不到事干。"访谈对象QZC05如是说。该访谈对象还提到："土地是村集体所有的，流转那些最起码村里面要知道，叫我们做三资清理我们都清理不了，清理不到是什么原因呢？征了多少地我不知道，管委会（城市发展管理委员会）直接就和村民进行土地流转了没有经过村委会。"反映出了村委会、管委会在农村土地流转工作中

的矛盾。

而访谈对象 QZC17 在访谈中提到在城乡一体化进程中，农民对未来生活着落颇有顾虑。"农民转成居民户口，以前有土地，不管怎么着，一亩三分地，吃不成问题，不用去买。钱有时候能挣有时候不能挣，挣到钱的时候就可以，没有土地就无法。我有土地是有保障的，我的庄稼做着，我不会饿肚子。但是转成居民户口以后，没有了土地保障，老百姓还是很有顾虑的。"QZC17 对课题组说到。

不同于城市较为完善的社会保障机制，农村在养老、社会救助等方面的机制体制还有所欠缺。访谈对象 QZC15 说："各方面对农村老年人的关照还是欠缺，有一些是致伤、致残的，政府都有措施、有投入，但还不够，力度还得加大。"

虽然清镇市城乡一体化在稳步推进中，但城乡二元结构的总体格局还未得到根本的改变，在城乡一体化建设进程中，部门之间的协调沟通还存在问题，城乡发展差距仍较大，特别在经济基础薄弱的农村地区，民生问题成为提高农民生活质量迫切需要解决的一大问题。

## 五　清镇市农村经济社会发展对策建议

### （一）加快推进农业发展转型升级，提高农业质量、效益和竞争力

**1. 加强农村基础设施建设**

水利基础设施方面。在农村地区，尤其是工程性缺水的地区，重点加强水源工程和供水工程、灌区配套改造工程、中小河流治理工程、农村"五小"[①]水利工程建设，形成"布局合理、生态良好、蓄泄兼顾、丰枯调节、多源互补、调控自如"的水资源配置体系，解决水资源供需不平衡、工程性缺水等问题。按照城乡供水一体化、集中供水规模化、分散供水标准化的要求，紧紧围绕产业布局，加强农田水利建设，大力运用高效节水科技成果，解决水利基础"最后一公里"的问题，推进山区现代水利持续发展。

---

① 小水窖、小水池、小沟渠、小坝塘、小排灌站。

交通基础设施方面。根据农村实际发展需要，尤其是产业发展布局与需求，加大交通基础设施投入，重点完善通村路和机耕道，为农业转型发展奠定物流基础。

**2. 积极推进农业产业化规模化经营**

为实现农业产业规模化经营，清镇市应以当地重点农业产业为主导，以"一区十园"（见表3）为载体，在红枫、卫城、暗流、犁倭和新店等乡镇重点发展蔬菜产业；红枫湖镇、犁倭镇、新店镇等乡镇重点发展水果产业；红枫湖镇、站街镇重点发展花卉苗木产业；流长乡、卫城镇、犁倭镇、暗流镇等乡镇重点建设优质商品猪标准化养殖基地和肉牛基地；犁倭镇、新店镇、暗流镇、麦格乡重点种植中药材；卫城镇重点建设奶牛基地、肉鸡养殖基地。打造"黔红枫"农产品、"黔山牌"蔬菜、"山韵"茶叶、"红枫"葡萄等一批有一定影响的农产品品牌，增强清镇市农产品市场竞争力。

表3　清镇市"一区十园"

| 一区 | 十园 |
| --- | --- |
| 国家现代农业示范区 | 清镇现代高效乳品加工示范园、红枫湖绿色蔬菜现代高效农业示范园、卫城现代高效畜草生态循环示范园、暗流蔬菜现代生态高效示范园、站街现代高效畜草生态循环农业示范园、犁倭玉冠山桃生态示范园、流长核桃现代生态高效农业示范园、王庄现代高效台湾蛋鸡示范园、新店滨湖休闲精品水果现代观光示范园、麦格观游现代高效蔬菜体验示范园 |

资料来源：《清镇市"十三五"规划纲要》。

## （二）推动一、二、三产深度融合，促进农民收入持续快速增长

**1. 推进农产品加工升级，全面发展都市休闲农业和乡村旅游**

重点推动品牌蔬菜、肉鸡，山花牛奶等农产品加工转型升级，着力提升农产品加工转化率。同时，拓展农业观光、品尝、体验、休闲、度假、教育等多种功能，以发展特色和打造城市生态绿色屏障为目标，建设一批主题突出、思路创新的休闲观光农业示范点、星级农家乐、乡村旅游客栈、周末花园等，深度挖掘农耕文化、民族习俗、原始景观和遗址，提升第三产业对第一产业的带动作用。

### 2. 完善农产品现代物流体系，加快推动农村电商发展

加快农产品流通网络和信息化建设，利用农村电子商务平台，形成"双线推进"（即线上线下同时推进）、"双向流通"（即农产品进城与农资和消费品下乡）的格局。支持农产品深加工设施建设，完善生鲜农产品冷链物流体系，扶持"农批对接""农超对接"等多种产销对接和直供直销，加强物流服务网络和设施建设力度。同时，积极构建清镇市农村电商平台，拓展线上、线下农产品市场，大力发展"电子商务＋农业"。全面加快村级电商便民利民服务店和村淘创富示范点的建设，逐步建立当地的特色产品组织体系，增强企业和产品的活力与竞争力。

### （三）统筹城乡一体化，提高新农村建设水平

坚持以城带乡、城乡联动协调发展，实施大扶贫战略，补齐农业农村发展短板，促进公共资源在城乡之间均衡配置、生产要素在城乡之间自由流动，推动城乡经济社会融合发展，提高新农村建设水平。

#### 1. 加快城乡规划和基础设施配套对接，推进城乡产业衔接

按照城乡统筹、区域协调发展的要求，建立县（市）—乡（镇）—村一体化规划管理新格局，统筹布局城乡基础设施和公共设施，统筹安排农业园区、美丽乡村、特色景区和示范小城镇规划。实现城乡基础设施联合共建、联网共享。以丰富的文化底蕴和特色产业等为基础，打破行政区域界限，高标准、高起点规划建设一批产业小镇、电商小镇、生态小镇、旅游小镇、风情小镇。充分衔接城市农产品保供基地、健康养生和休闲旅游功能，带动农产品精深加工、现代物流和生鲜配送等业态发展。鼓励城市资本、工商资本在城乡之间合理流动，形成城乡分工合理、区域特色鲜明、生产要素和自然资源禀赋得到充分发挥的空间布局。

#### 2. 加速推进城乡基本公共服务均等化

加速推进城乡基本公共服务均等化的体制机制，首先，建立健全城乡教育资源均衡机制，保障农村教育事业的经费。其次，整合城乡居民基本医疗保险制度，建立覆盖城乡居民的基本公共卫生制度。最后，积极引导和鼓励城乡居民参加更高保障水平的职工基本养老保险。加强农村留守儿童、孤寡老人等弱势群体的关爱服务体系建设，加快推进城乡统筹的低保制度。除此之外，还应

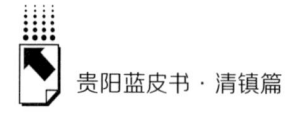

深入开展农村文化建设活动,推进农村精神文明建设。

**3. 加快推进农村劳动力转移创新创业和农民工市民化**

加快培育特色小城镇,大力发展特色县域经济和农村服务业,促进农村劳动力就地就近转移就业创业。依托清镇职教园区全面实施"9+3"① 职业教育计划,让未升学的初高中毕业生、农民工、退役军人都能免费接收职业技能培训,增强再就业创业能力。进一步推进户籍制度改革,保障进城落户农民工在子女接受义务教育、中高考、住房保障等方面与城镇居民享有同等权利和义务,维护进城落户农民土地承包权、宅基地使用权、集体收益分配权,支持引导其依法自愿有偿转让上述权益,加快提高户籍人口城镇化率。

**参考文献**

贵阳研究院:清镇市20个行政村调研录音,2015。

清镇市清镇课题组:《清镇市资料汇编》,2015。

清镇市:《清镇市十二五规划评估报告》,2015。

清镇市农水局:《清镇市"十二五"农业农村工作总结及"十三五"时期工作思路》,2015。

---

① 指9年义务教育+3年中等职业教育。

# 案例篇

Case Studies

## B.9
## 坚持五大理念 实现五个跨越
## 坚定不移地履行"保湖、富民"使命

——清镇市红枫湖镇"十三五"发展思路研究

摘　要： 作为贵阳市一级水源所在地，红枫湖镇一直十分关注如何在生态保护与经济发展中取得平衡的问题。在对红枫湖镇进行实地调研和深度访谈的基础上，课题组对红枫湖镇"十二五"发展进行回顾与分析，重点阐述红枫湖镇以生态保护为核心的区域特点、发展实践以及当前发展的约束与局限，并在此基础上立足红枫湖镇的生态保护功能探索其"十三五"发展思路，提出红枫湖镇践行五大发展理念履行"保湖、富民"使命的路径选择。对我国处在湖库型饮用水源大面积保护区范围下的乡镇而言，该研究可为其经济、生态协调发展提供参考。

关键词： 红枫湖镇　水源地保护　生态保护　经济发展

# 一 红枫湖镇"十二五"发展回顾与分析

## （一）生态保育区是红枫湖镇最突出的特点

### 1. 生态地位突出，辖区内的红枫湖是贵阳市一级水源保护地

红枫湖镇位于清镇市南部，距贵阳市区23公里，观山湖区12公里，沪昆、厦蓉两条高速公路穿境而过，交通便利，气候宜人。2013年4月，6村1居划入贵安新区和行政村优化调整后，红枫湖镇共辖12个行政村、5个居委会，93个村民组，总人口41436人（见表1）。①

辖区内的红枫湖是贵阳市一级水源保护地，生态地位突出。红枫湖镇总面积130.26平方公里，其中，水域面积52.7平方公里，最高蓄水量达6.2亿立方。② 因此，以水源保护为核心的生态保护也成为红枫湖镇工作的重中之重。

表1 红枫湖镇基本情况

| | 辖区面积 | 130.26（平方公里） | | 辖区人口 | | | |
|---|---|---|---|---|---|---|---|
| | 辖区范围 | 辖12个行政村,5个居委会 | | 总户籍人口 | 12035户 | 流动人口 | 6745人 |
| | | | | | 41436人 | | |
| 概况 | 自然资源 | 旅游资源十分丰富，万亩花园、万亩茶园、万亩菜园、万亩果园、万亩药园，右簸新寨、虎山彝寨、菜籽园寨、月亮冲寨、芦荻知青寨。来到红枫湖畔，春季赏花品石，夏季休闲避暑，秋季采摘品果，冬季观景美食 | 困难群体 | 低保人员 | 278人 | | |
| | | | | 60岁以上老人 | 230人 | 建档立卡贫困户 | 848人 | 外出打工 | 人 |
| | | | 特殊人群 | 残疾人 | 633人 | 失业人员 | — | 刑释解教人员 | 14人 |
| | | | | 留守儿童 | 224人 | 吸毒人员 | 333人 | 缠访、集访带头人 | 1人 |
| | | | | 失学儿童 | — | | | | |

---

① 红枫湖镇：《红枫湖镇基本情况》。
② 红枫湖镇：《红枫湖镇基本情况》。

续表

| 经济发展 | 村(居)民可支配收入 ||  地方财政总收入 | 村集体经济 || 第一产业生产总值 | 第二产业生产总值 | 第三产业生产总值 | 辖区内企业 | 招商引资 |||全社会固定资产投资 |
|---|---|---|---|---|---|---|---|---|---|---|---|---|---|
| | 村民 | 居民 | | 总数 | 资金总额 | | | | | 签约金额 | 签约企业 | 落地企业 | |
| | 12723元 | 25684元 | — | — | — | 33592万元 | 50269万元 | 36672万元 | 5个 | 0 | 0 | 0 | 72348万元 |

| 基础设施建设 | 六个小康专项行动计划 |||||||
|---|---|---|---|---|---|---|---|
| | 小康路 | 小康水 | 小康房 | 小康电 | 小康讯 || 小康寨 |
| | 全镇已全部完成村村通公路,村组通公路达90% | 全部实现自来水 | 全镇93个村民组,已完成24个美丽乡村立面整治,完成率25.8% | 全镇已达到"小康电"要求,无"无电户"现象存在 | 移动、联通、电信、铁通4家通讯已完成全镇乡村网络升级、线路迁改等建设90%。|| 涉及小康寨"一事一议"项目已完成70% |

| 教育资源 | 幼儿园 || 小学 || 中学(初中和高中) || 大中专及以上院校 |
|---|---|---|---|---|---|---|---|
| | 公办 | 民办 | 公办 | 民办 | 公办 | 民办 | 0 |
| | 2个 | 2个 | 9个 | 0 | 0 | 0 | |

| 文体建设 | 人文资源 | 重点文化节庆活动 | 公共文体活动场所(包括广场、公园和体育运动场所等) |
|---|---|---|---|
| | 芦荻哨、虎山彝寨、平寨布依寨、亿佬寨、新院、民乐村地戏 | 樱花节、跳花坡、葡萄节、火把节、穆斯林开斋节 | 18个 |

| 医疗卫生资源 | 乡镇卫生院 || 1个 | 养老院 | 0 |
|---|---|---|---|---|---|
| | 医护总数 | 床位数 | 床位占用率 | 村级卫生室 | 14个 |
| | 73人 | 30张 | 50% | | |

资料来源:表格数据由红枫湖镇提供。

**2. 自然风光秀美,镇域内形成"五园"**

良好的生态环境,尤其是水域环境,将红枫湖镇造就为一个天然的大公园、大空调、大氧吧,是休闲、度假、养身胜地。目前,镇域内已建成万亩果园、万亩茶园、万亩菜园、万亩花园、万亩药园(见图1)。

万亩果园——金腾玉园(葡萄园)是红枫"五园"里最具规模的一座以采摘观光为主体的生态园区;万亩菜园——簸箩村的蔬菜园,借助现代的蔬菜

```
        万亩果园
万亩茶园        万亩菜园

万亩花园    万亩药园
```

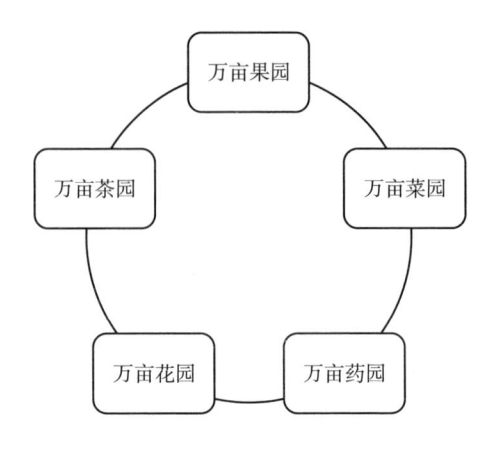

**图1　红枫湖镇"五园"**

栽培技术，构建红枫湖畔村落特有的农耕文化的自然之美；万亩茶园——大冲村一带的有机茶园，着重打造茶山风情、品茗湖畔的悠然自得之韵；万亩花园——右二村万亩花卉苗圃园，樱花、粉白玉兰、油菜花等竞相开放，形成花的海洋；万亩药园——仁心药园以"药养体验"为特色，重点发展养生理疗产业，包括生产、销售中药制剂，开发药用理疗、药浴温泉SPA等。

**3. 民族文化独特，镇域内形成"五寨"**

红枫湖镇历史悠远，最早开发可追溯至汉代，迄今已有两千多年的历史。镇域内居住着苗族、布依族、彝族、侗族、仡佬族、回族等少数民族，虽历经变迁，其独特的民族风情和民族文化至今仍熠熠生辉。以生态文化与民族文化为基础打造的右簸新寨、虎山彝寨、菜籽园寨、月亮冲寨、芦荻知青寨，与湖光山色交相辉映（见图2）。

"虎山彝寨"又名下寨，位于红枫湖镇大冲村，拥有奇特的彝族风情及以虎为图腾的文化习俗。"月亮冲寨"是环湖自行车环保养生趣味赛主赛场，正逐步发展为包含休闲观光等在内的复合式旅游风景区。"芦荻知青寨"围绕知青故里、田园人家的主题，打造以知青文化、绿色生态农业为载体的文化追忆村寨。"菜籽园寨"则是凭借春赏花、夏望水、秋尝果、冬观鸟的优势打造的绿色休闲生态园。"右簸新寨"是整合右七、簸箩两个自然村寨建设的新村寨，田园风光清新优美。

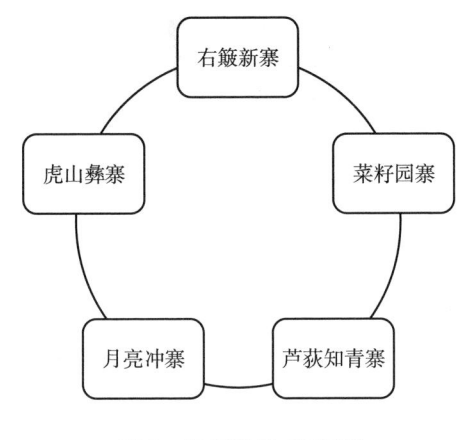

图 2　红枫湖镇"五寨"

## （二）红枫湖镇以生态保护为核心推动区域发展的实践

**1. 在生态保护方面：实施生态搬迁与生态修复**

"十二五"期间，红枫湖镇生态保护方面，首先着力实施红枫湖饮用水源一级保护区核心区范围2个村3个组搬迁工程，完成360户8.7万平方米搬迁拆除任务；大力开展控违拆违行动，依法强制拆除抢修新建违法建筑526幢，拆除面积约26万平方米；栽植树种2000余株，完成35222亩退耕还林资金兑现等后期管理工作，辖区森林覆盖率达38.9%。另一方面，红枫湖镇大力实施湖滨生态修复工程及人工湿地建设工程，红枫湖水质由Ⅳ类标准改善为Ⅲ类标准，取水口水质持续稳定在Ⅱ类标准。红枫湖镇也因此先后获得"全国环境优美乡镇""全国生态文明先进镇"等称号。

**2. 在产业发展方面：工业园区从无到有，特色农业从低到高，乡村旅游从弱到强**

着力推进项目建设，工业园区从无到有。红枫湖镇环红枫湖周边而居，工业发展定位上主要是以"上不冒烟，下不污水"的无污染工业园项目为主。按照"绿色、生态、环保"的理念，"十二五"期间红枫湖镇抢抓工业化战略机遇，引进茶叶、环保建材等6个项目落地建设，累计投资6.5亿元，预计建成投产后可实现税收3000万元，解决2500人就业，工业园区实现从无到有的突破。

大力发展现代高效农业，特色农业从低到高。农业方面，通过全面实施"一主体三配套"产业，红枫湖镇现已建成以大冲、民乐为核心区的省级高效农业示范园区；开创土地信托流转新模式，先后引进多家农业龙头企业，流转土地3000余亩发展现代设施蔬菜种植，突破了园区建设"坎不能倒"的难题；红枫"山韵"茶叶获有机认证，青远等公司共11个蔬菜品牌获绿色认证，大冲村绿色蔬菜及右七村水晶葡萄产业成功申报全国"一村一品"示范项目。品种、品质、品牌的全面提升标志着红枫湖镇的特色农业发展实现从低到高的突破。

创新农旅结合，乡村旅游业从弱到强。通过打造"万亩花海""五园五寨"、大冲村兴隆度假村等独具特色的乡村旅游景点，红枫湖镇全镇乡村旅游业得以蓬勃发展。仅2015年，累计接待游客10万余人次，实现收入500余万元。此外，红枫湖镇电子商务进农村工作全面启动，农村电商服务网点建设及电商能人培训大幅度、大范围推进，大冲村获贵阳市首批"村淘创富"示范村称号。通过创新农旅结合，红枫湖镇迎来以"大数据+乡村旅游"的新兴时代，初步实现乡村旅游业从弱到强。

**3. 在设施建设方面：实施小康建设"六项行动"，建设美丽乡村"五园五寨"**

实施小康建设"六项行动"。"十二五"期间，通过实施小康建设"水、电、路、寨、房、讯"六项行动，红枫湖镇累计兴修进村公路、进组路、串户路、机耕道及生产便道160公里，初步构成了纵横交错的交通运输网；实施人畜饮水灌溉工程85处。完成后午片区市政供水工程，解决了4000人饮水困难；全面实施村寨亮化工程及农村电网改造，彻底解决了农村用电难、用电不稳的问题；光纤网络建设工程全面推进，行政村光纤网络覆盖率达100%；建成镇级综合文化站、村级农家书屋、群众文化活动室、科普活动室等配套设施，全面满足了群众日益增长的精神文化需求。

建设美丽乡村"五园五寨"。以"四在农家·美丽乡村"建设为契机，红枫湖镇在16个村寨实施房屋立面改造工程及庭院整治工程，建成独具特色的"五园五寨"。虎山彝寨获"全国少数民族运动会·贵州最具魅力民族村寨"荣誉称号，芦荻哨村芦荻组等13个村寨获贵阳市"美丽乡村"示范点称号。

**4. 在民生保障方面：贫困村全部"减贫摘帽"，公共服务全面提升，社会管理创新广泛推广**

贫困村全部"减贫摘帽"。通过坚持把保障和改善民生作为全镇各项工作的出发点和落脚点，大力实施民生保障工程，红枫湖镇的贫困人口从2010年的6010人锐减为2015年的330人，5个贫困村全部减贫摘帽。

公共服务能力全面提升。教育方面，"9+3"教育计划全面推进，各阶段入学率持续上升，辍学率得到有效控制。投资730余万元完成陈亮堡村幼儿园改造，实现了全镇公办幼儿园"零"的突破。医疗卫生方面，完成12个行政村卫生室提升改造，不断改善医疗卫生条件，提升医疗卫生服务水平。社会保障方面，基本养老、医疗、工伤、失业及生育保险覆盖范围不断扩大，社会保障体系逐步完善，60岁以上老人100%参加养老保险并享受待遇，新型农村人口参合率达101.5%，社会救助保障基本覆盖。

社会管理创新广泛推广。红枫湖镇在基层社会治理中充分发挥村里老党员、老干部、老退伍复员军人、老管事、老诚信农民"五老"的作用，利用老同志德高望重、经验丰富、联系面广、时间充足的特点，组建了"五老评议会"并出台相关制度，积极协调配合有关部门，以村民组为单位拟定议事制度，定期或不定期召开讨论会，议决本组民事纠纷、社会矛盾、项目发展等各类大小事务。同时，发挥"五老"优势，制定村规民约，规范道德行为，推进乡风文明建设，促进社会和谐。通过"五老评议会"使纠纷矛盾在萌芽期得到调节和化解，实现了村组问题"零上访"，并在全市范围得到广泛推广。

**5. 在基层党建方面：推进"阳光党建"工程，整顿软弱涣散组织，示范廉政文化建设**

推进"阳光党建"工程。"十二五"期间，红枫湖镇扎实推进"阳光党建工程"，建设便民利民服务大厅，促进农村服务管理向社区化转变，"阳光党建示范带"初具雏形，开创了全市基层党组织阵地建设新模式；把建设"阳光政府"与"阳光党建"结合起来，通过"开展教育、加强监管、实行问责"三管齐下的方式，着重解决作风不实、政令不畅、落实不力等方面存在的突出问题。

整顿软弱涣散党组织。通过整顿软弱涣散党组织，发展壮大村集体经济工作成效明显，农村基层党组织凝聚服务群众能力得以有效提升，塘边村"整软"工作在中央电视台进行报道，"空壳村"全面消除。

示范廉政文化建设。以"清正廉洁我在行动"为载体，红枫湖镇强化党风廉政建设，促进广大党员干部从思想上和行为上带头作清正廉洁表率。"十

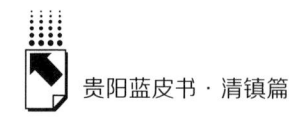

二五"期间，红枫湖镇大冲村获全省"廉政文化进农村示范点"称号，政治清明、政府清廉、干部清正的党风廉政新常态在全镇上下蔚然成风。

### （三）生态保护对红枫湖镇发展形成的约束与局限

**1. 生态保护压力大，生态补偿机制亟待健全**

"保湖"是红枫湖镇两大使命之一。作为贵阳市一级水源所在地，红枫湖镇生态保护的重要性日趋凸显。但与此同时，红枫湖镇的镇级财政却难以支撑保湖上须逐年增加投入的需求，生态补偿机制亟待健全。

据调查，当前清镇市的生态补偿资金是按镇平均人口而非生态保护工作的贡献程度进行分配的，人口仅为4万人的红枫湖镇，2014年所得的生态保护补偿资金仅为32万元，难以应对保护一级水源地的开支。但其他并没有参与生态保护，或生态保护工作投入所需较小的地区，由于人口较多可能就得到较多的生态保护补偿资金。

**2. 产业发展模式单一，产业选择受限**

就产业发展而言，当前红枫湖镇产业发展模式较为单一。现代农业虽然取得了一定成效，但大部分基础条件较差的村寨，如中山村、塘边村等仍以传统农业为主，粗放型的传统农业发展格局没有得到根本转变，以农村休闲观光旅游为主的第三产业没有形成气候，抗击市场风险能力低。

同时，因"保湖"所需，红枫湖镇的产业选择也受限。作为贵阳市水资源保护核心区，落地到镇辖区内的企业必须为绿色、无污染的生态企业，重工业无法落地，一定程度上制约了招商引资项目进驻和旅游资源开发，阻碍了红枫湖镇经济发展，产业结构转型升级的任务仍然十分艰巨。

**3. 区域发展不平衡，发展空间受限**

红枫湖镇域面积广阔，但区域发展存在较大不平衡。如受交通、地理位置等条件的影响，红枫湖镇的后午片区、簸箩片区在产业发展、基础设施建设方面都存在较大差异。簸箩片区现代农业发展已粗具规模并取得一定成效，后午片区仍以传统粗放型农业为主，而且该区域的"美丽乡村"建设、农业基础设施建设、网络设施建设等力度较小，不利于区域间的统筹协调发展。加之红枫湖镇的水域面积占镇域总面积近1/3，这也在一定程度上阻碍了镇域发展空间的拓展。

## 二 立足生态保护功能的红枫湖镇发展思路探析

### (一) 抢抓四大重要机遇

**1. 抢抓生态保护力度更大的政策性机遇**

党的十八届五中全会提出要"坚持绿色发展",这表明,在下一步发展中,从中央到地方,生态保护力度都将不断加强。作为肩负保护好红枫湖这口"大水缸"重任的红枫湖镇,将享受到其他乡镇无法比拟的政策"红利"。

**2. 抢抓临贵阳、融贵安的双重区位性机遇**

2012年,《国务院关于进一步促进贵州经济社会又好又快发展的若干意见》的下发、西部大开发战略的深入实施,为贵安新区建设的加速推进提供了政策支持。作为兼具"临贵阳、融贵安"双重优势的红枫湖镇,得天独厚的区位优势为抢抓这一机遇争取了有利条件。

**3. 抢抓清镇市对台农业合作的产业性机遇**

近年来,红枫湖镇大力发展生态、高效、有机的现代农业,并建成省级高效农业示范园区。作为清镇市实施对台农业合作战略及发展大健康产业的核心区,红枫湖镇可借助独特的产业优势,学习借鉴台湾农业规划方面的经验和做法,大力发展生态农业、休闲农业、观光农业、大健康农业,为打破生态与发展的瓶颈提供有力支撑。

**4. 抢抓清镇市实施城市建设规划的发展性机遇**

《清镇市2015~2030年城市建设总体规划》得到贵州省政府批复,将红枫湖镇整体纳入全市城市规划区范围。在此基础上,后午温泉小镇、环红枫湖国际特色休闲度假旅游区都将全面启动建设。同时,红枫湿地公园建设项目得到林业部批复、贵安新区第二批骨干路网——"六横一纵"的贵红大道将于"十三五"期间完工等,都为全镇实现快速发展提供了必不可少的先决条件,全镇将进入大有可为的重要转折时期。

### (二) 明确四大功能定位

**1. 做好"大水缸"**

"十三五"期间,红枫湖镇应坚持将保护好贵阳市三百万市民的"大水缸"作为全镇首要定位目标，以红枫湖湿地公园建设为突破口，着力构建生态环境体系，加大生态环境保护和农村环境综合整治力度及生态保护力度，确保红枫湖一级保护区饮用水源水质保持在Ⅱ类标准。

**2. 做实"菜篮子"**

"十三五"期间，红枫湖镇应充分发挥"贵州省级高效农业示范园区"示范带动作用，瞄准贵阳主城区、清镇市职教园区、花溪大学城、花溪农产品物流园四大市场，不断引进农业龙头企业入驻，大力发展有机、无公害的现代山地高效农业，真正把红枫湖农业园区打造成清镇市、贵阳市周边市民名副其实的"菜篮子"。

**3. 做美"后花园"**

"十三五"期间，红枫湖镇应以右二村万亩花海基地为核心，积极抢抓"5个100工程"辐射带动作用，积极探索符合四季季节变化的花卉苗木种植，力争使春夏秋冬都有花可供欣赏，打造以"四季花海"为代表的城市"后花园"。

**4. 做优"度假村"**

"十三五"期间，红枫湖镇应紧紧围绕现代都市观光农业、避暑经济等一系列目标定位，将全镇经济发展与美丽乡村建设、农家乐发展、特色少数民族村寨进行深入融合，着力在完善村寨登山步道、湿地、荷塘等休闲基础设施上下功夫，大力发展集吃、喝、玩、乐为一体的现代休闲度假基地。

## （三）坚持"1253"的发展思路

"十三五"期间，建议红枫湖镇坚持"1253"的发展思路，推进保湖、富民之路，即坚持一个战略目标，坚持两个引领、两个改变，坚持五大理念、实现五个新跨越，加强三个建设，形成有力保障。

**1. 目标：一个战略性目标、四个支撑性目标**

一个战略目标即：坚定不移履行"保湖、富民"使命，全力将红枫湖打造成全国生态文明示范城市的样本地、支撑地。

四个支撑性目标列举如下。

生态环境进一步优化。"十三五"期间，红枫湖镇生态修复、人工湿地建设、沿湖综合治理取得明显成效，巩固饮用水源保护区污水集中收集处理率达

100%，红枫湖水质持续稳定在Ⅲ类标准以上，取水口水质稳定在Ⅱ类标准。建成红枫湖国家湿地公园，优化公园绿地、环城林带、交通沿线绿化带、水系防护绿地等构成的绿地系统，力争到2020年，森林覆盖率达到45%以上。①

综合实力进一步提升。"十三五"期间，红枫湖镇按照地方GDP年均递增11%、财政总收入年均递增12%、固定资产投资年增长10%、农民人均纯收入年均递增12%的发展速度，力争到2020年，全镇公共财政收入达2763万元，固定资产投资达300830万元，农民人均纯收入突破25000元大关。②

经济结构进一步调整。"十三五"期间，红枫湖镇农业综合生产水平明显提高，以蔬菜、葡萄、茶叶等为重点的特色生态农业得到快速发展，以乡村旅游业为重点实现农旅融合发展；绿色化发展初见成效，节能减排与资源利用率明显提高。

民生保障进一步完善。"十三五"期间，红枫湖镇基本建立完善的覆盖教育、文化、就业、医疗卫生、社会保障等领域的公共服务体系；实现广播电视信号全覆盖，有线电视入户率达到100%，"村村通"客运覆盖全镇12个行政村；一对夫妇可生育两个孩子政策全面实施；城乡基本医疗保险参保率、基本养老保险及社会保险覆盖率均达100%以上，失业、工伤、生育保险参保率不断提高；社会管理趋于完善，社会更加和谐稳定。

**2. 两个引领、两个改变**

"2"，即两个引领、两个改变。

两个引领即："十三五"期间，红枫湖镇应引领清镇市的生态保护工作，在全市推进生态保护与环境治理的过程中做表率、树标杆，积极探索生态保护与环境治理的新机制、新策略；同时，红枫湖镇应引领清镇市的都市现代农业发展，在全市传统农业向都市现代农业转型的过程中有决心、敢创新，补齐基础设施短板，积极探索农业发展"接二连三"③的新路径、新模式。

---

① 《中共红枫湖镇委员会关于制定红枫湖镇国民经济和社会发展第十三个五年计划的建议》。
② 《中共红枫湖镇委员会关于制定红枫湖镇国民经济和社会发展第十三个五年计划的建议》。
③ "接二连三"指的是促进农业与第二、第三产业融合发展。

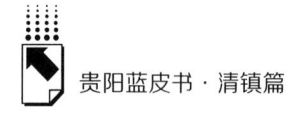

两个改变：改变过去红枫湖镇消极保护生态的观念，坚持"既要绿水青山、也要金山银山"，探索"在保护中发展、在发展中保护"的双赢之路，实现"鱼和熊掌"兼得；同时加大小城镇建设力度，坚持生态文化与养生健康理念，建设滨湖养生小镇。

### 3. 坚持五大理念、实现五个新跨越

"5"，即坚持五大理念、实现五个新跨越。

坚持五大理念：坚持创新理念、坚持协调理念、坚持绿色理念、坚持开放理念、坚持共享理念。

实现五个新跨越：在产业结构调整上实现新跨越，在区域融合发展上实现新跨越，在生态文明建设上实现新跨越，在对外合作发展上实现新跨越，在增进民生福祉上实现新跨越，以"一区"（后午养老养生片区）、"一镇"（庙儿山温泉小镇）、"两路"（贵红路、站马线）、"三园"（红枫湿地公园、对台合作农业园、嘉年华农业园）、"四基地"（蔬菜基地、葡萄基地、茶叶基地、花卉苗圃基地）、"三十六寨"等重大项目为支撑，全力打造红枫发展升级版，努力实现更高水平的小康。

### 4. 加强三个建设，形成有力保障

"3"，即加强三个建设。

加强基层组织建设。红枫湖镇应紧紧围绕农村改革、发展和稳定的大局，全面加强党的思想、组织、作风建设，增强基层党组织凝聚力和战斗力，树立求真务实、真抓实干的工作作风。充分发挥镇、村两级党的领导核心作用，不断提高党组织执政水平和驾驭农村经济社会发展全局的能力。

加强政府自身建设。红枫湖镇应深化行政体制改革，进一步转变政府职能，重点强化政府的社会治理、公共服务及环境保护等职能，建设乡镇服务型政府。强化公务员队伍建设，增强服务和责任意识，推动乡镇干部向服务者转变，推动治理主体多元化。

加强民主法制建设。红枫湖镇应深入开展普法教育，强化法制建设，加强社会治安综合治理，维护农村社会稳定。进一步扩大基层民主，保障人民依法行使民主权利。推行政府工作规范化、法制化，依法从政，从严治政，深入推进党务、政务、村务规范化管理。

坚持五大理念　实现五个跨越　坚定不移地履行"保湖、富民"使命

## 三　红枫湖镇践行五大发展理念履行"保湖、富民"使命的路径选择

（一）坚持创新理念，着力推进产业结构调整实现新跨越

"十三五"期间，红枫湖镇应深刻认识创新是引领发展的第一动力，充分用好省级高效农业示范园区、电子商务进农村、对台农业合作核心区等重要平台和工作抓手，坚持"主导产业规模化、新兴产业高端化、传统产业生态化"，全面做特做精都市生态农业、做优做新新兴服务业，推进全镇产业结构由传统的"一二三"向新型的"三二一"转型。

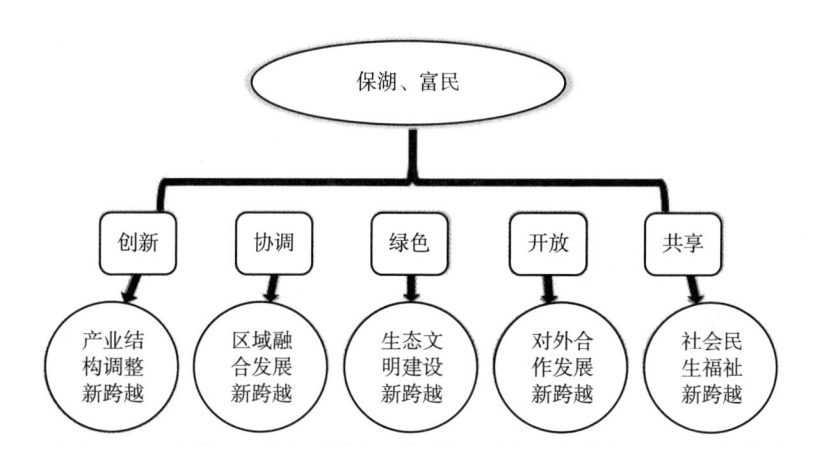

图3　"十三五"时期红枫湖镇发展理念与路径

**1.大力发展以健康农业为主的第一产业**

充分发挥省级高效农业示范园区辐射带动作用，以绿色、有机、无公害为标准，发展现代山地高效农业。在大冲村发展现代农业种植500亩，配套建设温室大棚、农产品加工基地，大力推广光伏发电、秸秆加工有机肥等绿色循环生产模式；完成民乐村占地229亩的交易管理中心、苗木栽培区、科普教育区和观赏旅游区项目建设，完成骆家桥村、芦荻哨村集住宿、餐饮、休闲体验和旅游为一体的1100亩现代化农庄建设，打造以华慧、长津、万丰、青远、山

179

韵等龙头企业为引领的休闲农业集聚区，探索一条安全、高效、环保、节能的农业现代化发展道路。

发挥向黔冲、府上良品、红枫山韵等一批农特品牌带动作用，积极探索蔬菜包装、茶叶深加工、野山椒深加工等一批农产品加工项目发展，构筑农产品加工龙头企业群，促进农产品附加值全面提升。加快推进农业标准化和信息化建设，建立健全可追溯的农产品质量安全体系，提高农产品安全质量水平。

加快培育专业种植大户、家庭农场等新型经营主体，鼓励农户和农村集体经济组织成立专业协会、合作组织，积极探索以重点企业为龙头、农户家庭经营为基础、专业合作社为纽带、社会化服务为支撑的立体式复合型现代新型农业经营体系。

**2. 大力发展以避暑经济为主的乡村旅游业**

按照"一心一圈两园两翼多点"的旅游发展格局，在右二村发展观光农业种植5000亩，建成旅游、度假一体的红枫湖右二生态氧吧。

积极融入全市发展"大健康"产业的氛围，全力推进环红枫湖国际特色休闲度假旅游区、养老康复中心、地方民族特色风情观光体验区、素质教育拓展区、温泉小镇等项目建设，大力发展休闲避暑经济。

纵深推进"美丽乡村"提高型示范点建设，依托芦荻哨村农户闲置住房，集中力量打造互联网与农产品、乡村旅游为一体的宜居宜业宜游村寨，全面发展集休闲避暑、吃喝玩乐、生态旅游于一体的"美丽经济"。

**3. 大力发展以电子商务为主的大数据产业**

抢抓"宽带贵州"和贵安、贵阳发展大数据产业机遇，紧扣创建全市电子商务进农村综合示范镇这一工作目标，建立健全电子商务运行体系，优化农村电子商务环境，加快构建高效便捷的现代物流体系，提升物流"集、疏、运"能力，实现农村市场流通体制机制创新和商业模式的发展，使电子商务真正成为农业增效、农民增收、农村经济发展的重要手段。

加快推动农产品上行进程，积极组织参加相关品牌申报和创建，重点做好由省工商局组织认定的"贵州著名商标""中国驰名商标"，中国名牌战略推进委员会评定的"中国名牌产品""中国世界名牌产品"及由农业厅组织开展的"贵州农业名牌产品""中国农业名牌产品"等农产品品牌申报创建工作，全力创建一批群众耳熟能详、日常消费认可的农产品品牌。用好大冲村"村淘创富"示范村资源优势，大力发展"互联网＋农特产品＋电子商务＋乡村旅游"新型产业模式。

### （二）坚持协调理念，着力推进区域融合发展实现新跨越

"十三五"期间，红枫湖镇应把协调理念作为推动全镇经济、社会、文化实现持续健康发展的内在要求，正确处理区域之间、物质与精神之间的关系，不断促进全镇各个区域、各个领域协调发展，全面提升新农村建设水平。

**1. 全面加强基础设施建设**

抢抓国家继续加大基础设施投入、加快西部地区新农村建设投入的契机，争取上级资金扶持，不断完善各村农业基础设施建设。配合抓好庙儿山综合交通枢纽站场建设，支持农村公共交通发展，大力实施公共交通"村村通"工程，力争到"十三五"末期，12个行政村实现"村村通"客运100%覆盖。

紧紧围绕产业布局，加强农田水利建设。完成各村高压线路、泵站、管网安装、高位水池的修建及提灌站改造，完成渠道防渗工程建设，更新老化陈旧的水利设施，不断增强抵御自然灾害的能力。

积极抢抓清镇市"美丽乡村"核心区建设机遇，完成农村农房改造及庭院整治，协调上级部门资金帮扶，大力实施村寨亮化工程，加强村寨大门、步道、荷塘、文化广场等休闲设施建设，推进农旅一体化，致力打造新农村"美丽村组""生态画廊"。依托清镇市城市建设总体规划及后午片区温泉小镇建设，加强村镇规划与乡村规划的衔接，积极探索小城镇建设突破口，力争到"十三五"末期，红枫湖镇小城镇建设初步成型。

**2. 全面加强精神文明建设**

以"一堂"（道德讲堂）、"一本"（道德读本）、"一榜"（积德榜）和"十教"（十大教育工程：百姓宣讲、诚信为民、志愿服务、网络文明、百姓风采、公民道德、同心助学、爱国爱家、文明礼仪、传统文化）为载体，着重在加强村民思想道德建设、加强社会主义精神文明建设、加强社会主义核心价值观建设等方面下功夫，全面提升村民思想道德水平。

以诚信建设为抓手，对诚信龙头企业、诚信农民（农户）进行评定审核，着力培育一批市级诚信户和诚信龙头企业。积极探索诚信建设管理机制，将诚信建设与控违拆违、计生及公益性项目实施情况挂钩，对违反其中任何一项

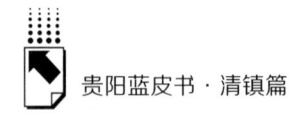

的，即时纳入诚信"黑名单"，逐步建立征信全面、用信科学的诚信建设体系。

实施文体惠民工程，完善公共文体服务体系建设，开展好人民群众喜闻乐见、健康向上的文体活动，抓好送文化下乡活动，积极推进信息资源共享。健全完善村居干部管理考核机制，探索农村党员干部"派单式""量化式"管理模式。开发红枫政府管理服务云平台，通过高效采集、有效整合，不断提升政府决策和风险防范水平，着力构建"生产发展、生活宽裕、乡风文明、村容整洁、管理民主"的社会主义现代化新农村。

**3. 全面加强社会管理创新**

用好"互联网+"资源优势，配合抓好"天网"工程实施，确保群众安全感稳中有升。利用大数据资源，探索社会服务管理平台开发创建，努力构建"镇村联动、网络联调"的社会管理模式，推进社会治理精细化。

加大禁毒工作宣传力度，特别是加强对青少年教育管理力度。用好用活"阳光苗圃"资源，强化对吸毒人员的帮扶及戒毒人员的安置，着力构建"无毒社区"。

积极探索信访维稳工作新机制，加大矛盾纠纷调处力度和信访积案化解力度，强化重点人员稳控和应急处突队伍建设，全面推进村居群众工作室建设。

**（三）坚持绿色理念，着力推进生态文明建设实现新跨越**

"十三五"期间，红枫湖镇应深刻认识绿色发展是可持续发展的必然，坚持资源节约和环境保护，探索"生产发展、生活富裕、生态良好"的文明发展之路，积极推动"保湖"与"富民"双赢的红枫模式。

**1. 加强饮用水源地保护**

加强红枫湖饮用水源保护地生态空间保护，实行红线区域分级分类管理，一级保护区内禁止一切形式的开发建设活动，清拆与供水设施和保护水源无关的建设项目，关闭排污口。加强对红枫湖沿湖村寨小流域防治及水环境综合治理，加快推进后午片区安置房建设进度，力争到"十三五"中期，安置房建设工程全部完成，入住率达100%。按照"三个最严格"的生态保护要求，继续实施严格的建设保护，切实做到"设计上最大限度地保护生态，施工中最大限度地减少对生态的破坏，完工后最大限度地恢复生态"。

#### 2.加大湖滨生态修复力度

坚持"保护优先、以自然恢复为主",实施多项生态建设工程和生态修复工程。一是在红枫湖沿湖村寨实施入湖口前置库生态湿地建设,筹集资金重点整治簸箩河、骆家桥河、民联河等红枫湖入湖河流综合治理工程,大力改善入湖水质。二是实施生活污水、垃圾收集及综合治理工程,确保农村生活污水收集处理率达到100%。完成两湖一库生态修复工程,不断恢复、增强湖滨饮用水源生态功能,加强水体自净能力。三是加强土壤污染防治和耕地质量保护,加强农业面源污染防治,改善土地资源质量,加快形成生产空间集约高效、生活空间宜居适度、生态空间山清水秀的生态发展环境。

#### 3.加大控违拆违力度

重点加大对环湖村寨违法建筑的打击力度,确保违法建筑"零增长"。建立健全控违拆违新机制,做到文明执法、合理执法,避免因控违拆违工作引发非法上访群访等不稳定性因素。统筹推进农村危房改造,积极探索群众刚性建房需求突破口,对存在刚性建房需求的群众进行摸底排查,在簸箩沿线选点进行集中建房,从根本上解决群众"住无所居"的难题。

### (四)坚持开放理念,着力推进对外合作发展实现新跨越

"十三五"期间,红枫湖镇应坚持把开放发展作为推动全镇经济实现转型升级的必由之路,充分发挥"临贵阳、融贵安"的双重区位优势,加快推进招商引资、对外合作及深化改革,力争在"引进来"与"走出去"方面取得重大进展。

#### 1.全力抓好招商引资

坚持"生态"底线不动摇,调整招商主攻方向,以环保型项目为主,坚决杜绝发展重工业。大力开展亲情招商、以商招商、二次招商、能人招商,特别是在外出务工人员中做好招商工作,吸引优秀外出务工者返乡创业,力争在招大引强上取得新突破。

借助红枫湿地公园管委会、红枫片区管委会两股力量,积极拓展招商引资平台,着重在创新招商模式上下功夫,变政府主导为市场引领。

#### 2.全力抓好对外合作

把加强对台农业合作作为助推全镇实现开放发展的有效载体,通过引进台

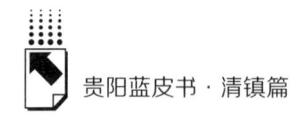

企入驻、加强与台湾农业交流合作等方式，深度实施对台合作战略，全力发展精致农业。

利用好"贵州省引进外国智力示范基地"平台作用，以市场需求为导向，以农业资源为依托，以科技创新为支撑，吸引科技含量高、展示性强、带动能力大的龙头企业入园建设，积极发展外向型农业，打造农旅综合体、美丽乡村旅游度假区、观光农业园区和休闲农业示范点。

围绕"5个一百工程"平台，引导和鼓励10个行政村在找准特色产业的基础上与各大商会进行深度合作，确保资深企业"引得进来"，特色产品"走得出去"。

### （五）坚持共享理念，着力推进社会民生福祉实现新跨越

"十三五"期间，红枫湖镇应坚持"发展为了人民、发展依靠人民、发展成果由人民共享"的理念，全面落实"党委主责、政府主抓、干部主帮、基层主推、社会主扶"的大扶贫格局，从解决群众最关心、最直接、最现实的利益问题入手，大力实施"大扶贫"战略行动，使群众在共建共享发展中有更多获得感。

**1. 打好精神脱贫攻坚战**

组织党员干部进村入户进行遍访，对贫困户进行"一对一"心理辅导，对个别思想上、精神上萎靡不振、悲观消极的贫困户，着重通过拉家常的方式，引导其用积极的心态对待生活。

通过走访、宣传的方式，向困难对象弘扬"自尊、自信、自强、自立"的时代精神，引导困难群众正确看待贫困，摒弃"等、靠、要"等消极思想，树立战胜困难的信心和斗志，用自己的双手摘掉贫困帽。

**2. 打好教育扶贫攻坚战**

加强簸箩片区公立幼儿园建设，加快推进中心校选址建设工作。配合抓好辖区内中小学"互联网+"设施建设，全面推进信息化教育发展。落实好"圆梦行动"政策，着力推进中等职业教育免除学杂费。针对建档立卡的家庭经济困难学生，率先实施免除学杂费，逐步实现家庭经济困难学生资助全面覆盖。加强对留守儿童、贫困儿童的教育帮扶，彻底解决贫困农户因学致贫的现象。

#### 3. 打好医疗扶贫攻坚战

重点加强重大疾病防控、妇幼保健体系及村医疗卫生机构建设，按照省医疗发展大会提出的实施"村卫生室标准化建设工程"要求，每一个行政村至少建成一个标准化村卫生室，打造"半小时服务圈"，持续改善群众就医条件。

抓好"一对夫妇可生育两个孩子"政策的落地。继续实施农村孕产妇住院分娩补助，大力推进出生缺陷综合防治，深入实施国家孕前优生健康检查、新生儿疾病筛查等项目工作。

健全贫困户个人健康档案，推进健康促进模式改革，重点对大病调查干预机制进行完善，加强对恶性肿瘤、糖尿病、高血压、高血脂等大病的干预，着力减少贫困群众发病率。

加强乡村医院医生签约服务工作，切实落实好定点签约诊疗，确保贫困群众得到基本保障、救助资金基本到位、减免费用按规定减免。积极组织专家定期开展义诊活动。

#### 4. 打好创业就业扶贫攻坚战

按照"大众创业、万众创新"的要求，坚持就业优先战略，做好人力资源和社会保障工作，按照上级目标完成城乡统筹就业、城乡技能培训、小额担保贷款等工作，做好返乡农民工、高校毕业生、城镇困难人员、退役军人、搬迁移民等重点群体就业工作，确保农村富余劳动力转移完成100%。

加大对贫困户、扶贫龙头企业和农民专业合作社的扶持，推进扶贫政策与农村低保等政策无缝对接，从制度层面实现能扶尽扶、应保尽保。

实施电商扶贫工程，加强对灵活就业、新就业形态的支持，争取爱心企业帮扶，对贫困家庭开设网店给予网络资费补助、小额信贷等支持，确保扶持对象稳得住、能致富。

#### 5. 打好社会保障兜底攻坚战

全面启动扶贫对象精准识别工作，聚焦"两有户""两因户""两无户""两缺户"，细化"六个到村到户"措施，对已纳入低保户、五保户但不符合相关标准的，全部进行清退，做到精准滴灌、靶向治疗。

依托扶贫"大数据"，稳步推进农村低保标准和扶贫标准"两线合一"，落实农村低保季节性缺粮户粮食救助制度，强化最低生活保障与特困人员的

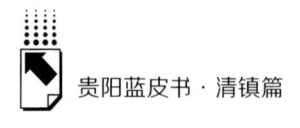

供养。

加强受灾人员救助、医疗救助、零时救助等社会救助制度之间的衔接,深化开展"五个一""三个一"行动,加强对留守儿童、孤寡老人和残疾人关爱救助保障工作,织牢民生网。

**参考文献**

中共红枫湖镇委员会:《中共红枫湖镇委员会关于制定红枫湖镇国民经济和社会发展第十三个五年计划的建议》,2016。

红枫湖镇政策研究室:《红枫湖镇基本情况》,2015。

贵阳研究院:红枫湖镇党委书记访谈录音资料,2015。

# B.10
# 实施产业转型与城镇建设双轮驱动战略 示范特色小城镇绿色发展样板

——清镇市站街镇"十三五"发展思路研究

**摘　要：** 随着我国城镇化进程的不断推进，产业转型成为必然的趋势；城市数量不断增加，城市社会、经济、技术变革进入乡村速度越发加快。在这一背景下"实施产业转型与城镇建设双轮驱动战略，示范特色小城镇绿色发展样板"是站街镇的重要选择。本文按照理论研究与实证调研相结合的方法，对站街镇"十二五"发展情况进行了回顾，并对其"十三五"的发展进行路径探索和发展重点进行梳理。

**关键词：** 站街镇　生态工业　特色农业　特色小城镇

## 一　站街镇的基本情况与"十二五"发展回顾

### （一）站街镇是一个工业重镇、农业大镇和重点城镇

**1. 站街镇是一个工业重镇，是清镇市"西部大开发"核心区**

站街镇是清镇市工业重镇，资源丰富。境内蕴藏着有铝、铁、磷、硅、煤和重晶石、云归石、耐火黏土等丰富的矿产资源。已初步形成以冶金、化工、铝及铝加工、磨料、建材等为主的工业体系。"十二五"期间，站街镇引进入驻了广铝、西南水泥等大型工业龙头企业，夯实了工业经济发展基础，并且抢抓清镇"西部大开发"战略机遇，瞄准作为中关村贵阳科技园清镇经济开发区的"产业核心区"的功能定位，全力推进工业产业化、规模化发展，于2013年

### 表1 站街镇基本情况表

| | | | | | | | | |
|---|---|---|---|---|---|---|---|---|
| 概况 | 辖区面积 | 217平方公里 | | 辖区人口 | | | | |
| | 辖区范围 | 东抵麦格乡，西与犁倭乡交界，南抵红枫湖镇，北与卫城镇相邻。地势由东向西倾斜 | 户籍人口 | 31059户 | | 流动人口 | 27919人 |
| | | | | 88021人 | | | |
| | 自然资源 | 站街镇矿产资源极为丰富，有铝矿、铁矿、磷矿、硅矿、煤和重晶石、白云石、耐火黏土等，其中铁矿、煤矿居多 | 困难群体 | 低保人员 | 城市：1269人 | 外出打工 | 19595人 |
| | | | | 60岁以上老人 | 9935人 | 建档立卡贫困户 | 439户1167人 | |
| | | | | 残疾人 | 1591人 | 失业人员 | 206人 | 刑释解教人员 | 580人 |
| | | | 特殊人群 | 留守儿童 | 239人 | 吸毒人员 | 856人 | 缠访、集访带头人 | 8人 |
| | | | | 失学儿童 | 0 | | | | |

| | 村(居)民可支配收入 | | 地方财政总收入 | 村集体经济 | | 第一产业生产总值 | 第二产业生产总值 | 第三产业生产总值 | 辖区内企业 | 招商引资 | | | 全社会固定资产投资 |
|---|---|---|---|---|---|---|---|---|---|---|---|---|---|
| | 村民 | 居民 | | 总数 | 资金总额 | | | | | 签约金额 | 签约企业 | 落地企业 | |
| 经济发展 | 1.58万元 | — | 1.275元 | 26个 | 1373.4万元 | 5.25亿元 | 11.86亿元 | 3.16亿元 | 135个 | 20.19亿元 | 19个 | 19个 | 23.92亿元 |

| | 六个小康专项行动计划 | | | | | |
|---|---|---|---|---|---|---|
| | 小康路 | 小康水 | 小康房 | 小康电 | 小康讯 | 小康寨 |
| 基础设施建设 | 小康路（通村公路)49.3公里，项目完成投资2711.5万元 | 人畜饮水、灌溉项目完成投资1200万元 | 小康房危房改造534户完成投资615万元及提升改造项目完成118户约投资600万元 | 建设项目完成投资1050万元 | 小康讯项目完成投资200万元 | 小康寨"一事一议"项目完成投资600万元 |

| | 幼儿园 | | 小学 | | 中学(初中和高中) | | 大中专及以上院校 |
|---|---|---|---|---|---|---|---|
| 教育资源 | 公办 | 民办 | 公办 | 民办 | 公办 | 民办 | 0 |
| | 2个 | 4个 | 20个 | 0 | 4个 | 2个 | |

| | 人文资源 | 重点文化节庆活动 | 公共文体活动场所(包括广场、公园和体育运动场所等) |
|---|---|---|---|
| 文体建设 | 龙泉村"桂花井""威武城"遗址 | "二月桃花节"、"六月六"布依歌会、"八月八日全民健身展示活动" | 25个村级农体小广场，1个镇级农体小广场 |

续表

| 医疗卫生资源 | 乡镇卫生院 | | 1个 | 养老院 | 1个 |
|---|---|---|---|---|---|
| | 医护总数 | 床位数 | 床位占用率 | 村级卫生室 | 50个 |
| | 125人 | 70张 | 19% | | |

资料来源：表格数据由站街镇提供。

规划建设了站街镇太平工业园区。由于站街镇工业基础夯实，所以清镇市将站街镇定位为清镇西部大开发的桥头堡，"三园"中的核心西部工业园，重点发展煤电铝一体化产业，尤其是铝精深加工产业。

**2. 站街镇是一个农业大镇，是农业生态循环示范园区**

站街镇通过加大农业产业结构调整力度，实施科技兴农战略，大力发展种养殖业，建立一批专业蔬菜基地，经果林示范基地，畜禽品种改良点，成立养殖协会。树立典型，以点带面，带动广大村民发展经济，实现共同致富的目标。站街镇按照"龙头企业带动、示范园区引领"的总体思路，建设了面积4800亩的现代高效畜菜生态循环示范园区，园区产业发展主要依托龙头企业及农业合作社，现代高效畜菜生态循环示范园区模式的成功运行，为站街镇打造农业生态循环示范园区奠定了基础。

**3. 站街镇是一个重点城镇，是两个发展轴的重要节点**

从清镇市的范围来看，站街镇是经济重镇、经济大镇、经济强镇。站街镇既是省级经济开发区，又是清镇市经济开发的核心区，产业集聚度高，一些大型企业，如广铝，海螺集团的海螺水泥、西南水泥等都位于站街镇境内，GDP达20多亿元，财政税收达一个多亿元。站街镇是100个省级示范小城镇之一，30个重点建设示范小城镇之一，城镇化率达40%。

从站街镇经济整体架构上来看，站街镇形成了"5个2"的发展格局，即：两城、两区、两园、两廊、两带。两城是指老城和新城，在建的示范小城镇要跳出老城，建一座新城；两区是指站街镇境内既有省级经济开发区，又有清镇市经济开发区，另外清镇职教园区乡愁校区部分也在站街境镇内；两园是指站街镇境内的太平工业园区，以及围绕红枫湖周边打造的现代农业产业园区；两廊是指息关和高龙的两片约4万亩的生态林走廊，以及息关的绿色生态产业走廊；两带是指站街镇为修复因铝矿开采带来的生态破坏，规

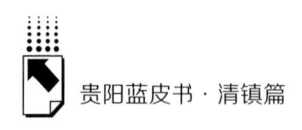

划的生态产业修复带，以及站街镇围绕红枫湖周边的6个村打造的生态产业保护带。

### （二）站街镇"十二五"发展取得的成绩

**1. 经济运行有序，工业发展与农业发展两推进**

"十二五"期间，站街镇以招商引资为抓手，以园区建设为载体，以项目服务为重点，引进入驻了广铝、西南水泥等大型工业龙头企业，夯实了镇区工业经济发展基础。

工业方面，注重强化工业园区规划建设，加快引进重点项目。于2013年规划建设站街镇的太平工业园区位于清镇市工业园区中部，隶属园区核心板块，以现代建材和现代装备制造业为主导产业，现已完成总体规划和首开区控制性详细规划编制，达成意向性协议20余个，成功签订项目协议10余个。

农业方面，重点加强生态循环示范园区建设，推进农业产业化经营。按照"龙头企业带动、示范园区引领"的总体思路，建设现代高效畜菜生态循环示范园区，位于站街镇席关村、坪子村、龙源村，面积4800亩。界限清晰，功能布局合理，突出了生态循环功能。园区产业发展主要依托龙头企业及农业合作社。园区内有肉鸡养殖企业2家，生猪养殖企业1家，蔬菜种植企业1家，食品加工企业1家，蔬菜种植合作社5家；其中龙头企业5家，省级以上重点龙头企业3家。"三农"有机农业合作社在贵阳市率先通过有机蔬菜产品认证5个。园区土地流转以清镇市较完善的市、乡、村三级土地流转网络体系为平台，目前已流转土地约2000余亩，并基本配套完善机耕道、生产便道及灌溉管网等；园区四大中心建设基本完成并已挂牌。现阶段建成的大发公司育苗中心年产鸡苗2000万羽；建成新型农民培训学校、质检中心公共服务综合平台各1个；大发公司、温氏公司均建有肉鸡交易平台，华慧公司基地建有蔬菜交易市场，实现了"产销"一站式服务。①

**2. 城镇发展提速，整体规划与设施建设两同步**

站街镇于2013年完成省级示范小城镇总体规划、控制性详细规划的编制，并获清镇市人民政府批复，基本明确了"两城两区"的发展规划方向。与此

---

① 《站街镇"十二五"期间工作情况汇报》。

同时，站街镇按照旧城规划，对西环街、商业街等镇区主干道实施美化、亮化和绿化提升，先后建设青山小区、西环小区等生活安置小区6个，实施印象温莎、峰驿广场、商贸城等项目8个；按照新城规划，抢抓职教园区乡愁校区和市工业园区建设机遇，逐步完善新城基础设施，先后建设站马路、7号路、生态移民搬迁、山体公园等项目30余个，目前已完成站马线一标段，新城7、8号路等项目，其余项目正在快速推进。

**3. 社会稳定和谐，公共服务与治理创新两手抓**

为促进社会稳定和谐，公共服务方面，站街镇着力健全公共服务基础设施。新老城区现有3个农贸市场，总用地面积28500平方米，总建筑面积8581平方米，总停车位1825个；乡镇医院4所，分别是站街医院、七砂医院、贵华医院和铁合金厂医院，其中中心卫生院1所，民营医院3所，拥有床位205张；在站街、龙泉等村建成农家书屋25个，覆盖率达100%，初步建成农民文化家园"乡村文化阵地"18个，完善莲花、站街、洗马等18个村农体小广场；在席关村生态农庄建成500立方米大型沼气池2口。①

治理创新方面，站街镇重点狠抓综治与禁毒工作，完成各级政府下达的平安建设"保位战"各项目标任务，在清镇市平安建设测评中实现"保位前移"，确保了群众安全感、满意度稳步提高，满意率达97%以上；抓好禁毒工作，出所人员接回率达到99%以上，社区戒毒康复率达到99%以上，辖区内新滋生吸毒人员控制在3%以内，基本铲除"零包"贩毒窝点，毒品消费市场逐步萎缩，阶段性戒断巩固人数同比上升，深化禁种铲毒工作措施，确保站街镇未出现毒品原植物。②

**（三）当前站街镇发展面临的主要问题**

**1. 经济发展压力大，既表现为后劲不足，又面临平台制约**

建设资金存在瓶颈，因融资引资难、招商政策不健全等因素，使得原本就比较薄弱的镇财政在建设方面投入过多，导致经济起飞"动力"不足；其次是基础设施不完善，道路、电力等基础设施建设仍然不能满足新形势下经济社

---

① 《站街镇"十二五"期间工作情况汇报》。
② 《站街镇"十二五"期间工作情况汇报》。

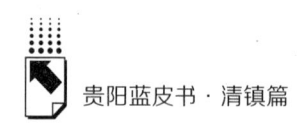

会发展需要，对经济发展制约作用仍然明显，导致经济起飞动力不足。

**2. 基础设施底子薄，既有旧城改造压力，又有新城建设任务**

站街镇目前既要开展旧城改造，又要加快建设新城。旧城改造方面，站街镇调整旧城业态，以商贸物流三产服务为主，适度展开旧城基础设施改造。新区建设方面，站街镇重点实施工业新城路网、绿化、亮化工程，全力抓"8+3"和"8+X"项目，启动"8+X"16类项目中6类不达标项目（公立幼儿园、客车站、镇区风貌建设、镇区绿化工程、镇区环境整治、乡村旅舍建设）。由于基础设施不完善，道路、电力等基础设施建设不能满足当下发展需要，在同时进行旧城改造以及新城建设的情况下压力颇大，并且旧城改造和新城建设的同步实施，所需拆迁资金的缺口较大，政府面临资金困难。

**3. 生态环境问题多，既要加强生态保护，又要进行生态修复**

站街镇在经济社会快速发展的同时，也付出了生态环境"脏乱差"的惨痛代价，尤其是镇区几个村（居）扬尘、空气等污染严重；此外，站街境内铝矿比较发达，铝矿开采以后，植被破坏比较严重，这与全面建成小康社会关于提高人民群众幸福指数的要求明显不符，环境整治和生态化建设成为当务之急。

## 二 站街镇"十三五"打造特色小城镇的路径探索

（一）发展战略：新型工业化、农业现代化、新型城镇化和绿色生态化

**1. 以生态文明理念为统领**

"十三五"期间，站街镇应以生态文明理念统领经济社会发展全局。坚持尊重自然，在发展态度方面，尊重自然界的生命、资源和创造。坚持顺应自然，在发展的基本原则方面，顺应自然界的客观规律发展。坚持保护自然，在发展的底线方面，以保护自然生态系统为发展前提，探索在保护中发展、在发展中保护的道路。

**2. 以发展生态工业与特色农业为重点**

"十三五"期间，站街镇应以发展生态工业与特色农业为重点。生态工业

方面，重点利用节能减排、资源循环利用、生态友好等现代科学技术，将经济发展规律与自然生态发展规律相结合，创新综合工业发展模式。特色农业方面，重点是将依托站街镇境内独特的农业资源形成的优质产品进行市场化、规模化开发。通过发展生态工业与特色农业，既有助于解决传统工业污染环境的难题，也有利于推动站街镇的可持续发展。

**3. 以推进省级示范小城镇建设为核心**

"十二五"期间在以改革为动力、以项目为载体、以产业为支撑、以绿色为亮点，全力打造城乡统筹的融合点的背景下，贵州省强力推进100个示范小城镇建设，站街镇被列其中之一。"十三五"期间，站街镇应继续落实"工业化提速城镇化，城镇化推动工业化"的发展思路，推进站街镇省级示范小城镇建设、城镇一体化建设，以"产、教、城"互促互融为目标，新旧城同步规划、同步建设，快速推进项目实施。

**4. 秉承科学规划、产业支撑、分区建设、持续发展的原则**

"十三五"期间，站街镇应坚持科学规划、产业支撑、分区建设、持续发展的原则，保障镇域可持续发展。科学规划方面，应合理编制发展规划，以规划为引领，保证发展的科学性和连续性。产业支撑方面，应立足站街功能定位，引导和促进产业集聚，动态调整产业选择，支撑经济社会发展。分区建设方面，应按照功能划分不同区块，分区、分类、分别建设。持续发展方面，要求站街的发展既满足现代人的需求，也不损害后代人满足需求的能力。

## （二）发展目标：贯彻清镇市"4+1"战略，打造特色小城镇

**1. 打造工贸型小城镇**

"十三五"期间，站街镇应打造工贸型小城镇。充分利用市供销社已建设的"新网工程"资源，依托站街镇"供销社农家店"网点，参与构建全市农村电子商务体系，做好农特产品合作社的组建工作，指导合作社做好农特产品标准化建设、包装、检测检疫工作，加强对合作社的规范管理，做好农特产品农户—合作社流通环节的供给和运输保障工作。强化品牌塑造，对站街镇特色产品（特别是农特、旅游、工业产品）进行大力宣传，提高站街镇特色产品知名度，以猫场村茶叶种植基地、林旮村天麻种植基地和席关村美多辣椒生产企业的特色农村产品为试点，强化境内特色农产品梳理统计工作，为农特产品

进城出境打下坚实基础，以洗马村休闲避暑特色的华峰苑山庄等农家乐、小河村娱乐养生特色生态湿地公园建设和提升为抓手，充分利用电商发展带来的市场化效益，逐步实现电商和旅游的良性循环发展。

**2. 打造宜居型小城镇**

"十三五"期间，站街镇应打造宜居型小城镇。坚持以科学发展观为指导，深入贯彻落实党的十八大、十八届三中全会精神，以优化人居环境为核心，动员广大干部群众积极参与，深入开展环境综合整治，建立农村环境监管长效机制，促进农村环境管理规范化、精细化、常态化，实现全镇农村环境"村容整洁、生态优美、空气清新、设施完善、管理有序"。按照城乡统筹、标本兼治的要求，坚持以块为主、属地负责、突出重点、整体推进、健全机制、常态管理的原则。集中开展整治行动，迅速解决重点区域的突出问题，不断拓展延伸，培育典型，以点带面，全面推进，采取集中整治与常态管理，以"三整治两建立一提升"作为工作主线（即整治环境卫生、整治镇容村貌、整治交通秩序，建立保洁队伍、建立垃圾管理体系，实施绿化、亮化、美化工程提升镇区品位）。通过大力开展农村环境综合整治工作，有效清除镇区、农村"脏、乱、差"现象，完善镇容村貌和环境卫生保障机制，落实常态管理制度，达到镇容村容整洁、镇区秩序规范、乡风文明的目标。

**3. 打造节点型小城镇**

"十三五"期间，站街镇应打造节点型小城镇，以清镇市"一核两中心六廊八节点"的物流发展格局为基础，按照站街镇第三产业"两条轴线、两个中心、四大板块"（"两条轴线"即站街镇第三产业发展纵轴和横轴，"两个中心"即北部产业发展服务中心和南部城镇生活服务中心，"四大板块"即园区产业服务板块、老城商贸板块、新城宜居板块和滨湖生态旅游板块）的空间发展布局，抓好站街镇物流园区建设，做好站街镇物流中转站、区域配送中心和村级服务站的建设，确保农民电子商务购物的需要和承担农产品进城的货物周转。充分发挥工业项目库资源，积极引导投产企业完善产品包装和物流配送等，积极推动工业品下乡，标准件网销外出，做好工业品、标准件和农资配送网络的搭建工作，强化农特产品合作社、种养殖大户和工业企业诚信体系的建设。

## （三）发展布局：两城、两区、两园、两带、两廊

### 1. 两城：明确空间重点

站街镇应明确老城与新城的发展和功能定位，由相关职能部门共同谋划、合理布局、科学规划。推动新老城区协同发展，要明确新老城区发展重点，根据城区功能定位侧重对城区空间资源进行科学规划。合理利用土地空间资源，充分发挥城区的各项功能，平衡生态保护和发展两个需求，以达成社会和经济发展总的目标。

### 2. 两区：挖掘空间潜力

站街镇辖区内有贵州清镇市经济开发区，清镇市乡愁社区也位于其辖区内。站街镇应充分利用"两区"优势，坚持集约型发展理念，对土地空间进行科学规划，挖掘"两区"空间潜力。要转变空间规划和城镇发展理念，减少空间资源浪费，从想周围发展转变为向上发展，从扁平式的空间发展模式转变为立体式的空间发展模式，最大限度地挖掘和利用好有限的空间资源。

### 3. 两园：优化产业空间

站街镇是清镇市的工业重镇、农业大镇，站街镇应充分利用和发挥自身优势及特点。深入发掘站街镇工业、农业资源优势，打造镇级太平工业园与席关—高乐—高堡现代农业产业园。依托"两园"优化产业空间布局，加快推进生态工业建设，大力发展特色农业。

### 4. 两带：打造生态空间

长久以来，过于侧重追求经济效益的发展模式，对站街镇的生态环境产生了严重影响。面对生态困境，站街镇应坚持绿色发展理念，守住生态和发展两条底线，打造生态空间，发展绿色经济。主要以沿红枫湖六个村打造沿湖生态保护带，以东部中铝矿山沿铝土矿区至麦格乡打造生态修复带，在发展中修复和保护生态，促进人与自然和谐发展。

### 5. 两廊：提升休闲空间

站街镇拥有丰富的自然风光资源，充分利用好这些自然资源，将为站街镇带来可观的经济效益。主要以席关—猫场—坪子—小坝万亩林区和高乐—高堡—平堡万亩林区为绿色生态屏障，打造生态美与百姓富的山水田园式民族风情休闲旅游观光长廊，以田园休闲式的生态旅游带动经济发展。

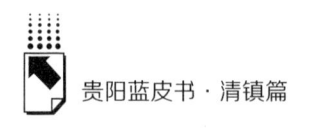

## 三 站街镇"十三五"的发展重点

### （一）工业转型升级、农业特色发展，推动转型升级

**1. 抓生态工业，促转型升级**

站街镇紧紧围绕清镇"西部大开发"战略机遇，按照"以煤电铝一体化为主，全力推动铝镁精深加工"的总思路，瞄准省级经济开发区"产业补给区"定位，抓好镇级工业园区建设，大力发展现代建材和新型装备制造业，以招商引资为抓手，加强"铝加工"产业链建设，抓好铝型材、铝制品等经济开发区配套产业项目招商引资争取上级支持，形成开发框架，积极依托清镇市经济开发区建设，提升园区配套水平，增强承载功能，充分衔接经济开发区路网规划，重点抓好园区道路建设，逐步完善园区路网，确保企业进得来、留得住、能发展。

**2. 抓特色农业，促农民增收**

"十三五"期间，站街镇应按照"龙头企业带动、示范园区引领"的总体思路，建立特色农业，创建特色品牌，以发展"生态化、现代化、产业化"为抓手，建设以席关村为核心，纵深推进高乐—高堡—坪子现代农业产业园，发展以特色鲜果、有机蔬菜、养身农产品为主导的万亩高效生态农业产业园。打造产业龙头，按照"扶优、扶强、扶大"的原则，运用市场机制，以一代食品、华慧、特驱希望等企业作为重点，支持企业（基地）通过集中有效资产、重组低效资产、盘活呆滞资产，整合种植、加工和品牌资源等方式组建大型经营实体，积极培养行业领导者，扶持成长型龙头企业（基地）发展，积极培育农业公司，鼓励各类市场主体兴办覆盖农产品生产、加工、流通各个环节的农业公司，重点培育一批"农业公司＋农民合作社＋农产品生产基地"为主要形式的产加销综合体。加强专业合作组织建设，引导农民专业合作组织与农业龙头企业形成"风险共担、利益共享、相互协作"的联结机制，大力发展订单农业，降低农业风险，不断提高农民组织化经营程度。强化农产品流通市场建设，致力于由单一性初级市场向复合型中高级市场和电商市场转变，形成多元化营销流通格局，拓宽农产品销售渠道，着力破解农产品"卖难"

问题。

### 3. 抓电子商务，促经营转变

"十三五"期间，站街镇应以清镇市创建电子商务进农村综合示范县工作为契机，建设配送中心、电商服务站以及电商服务点等促进电子商务发展。围绕"镇级电商服务站建设""特色农特产品培育和推广"等中心工作，充分发挥电子商务优势，通过搭建镇级电子商务服务中心、村级电子商务服务点，突破信息和物流的瓶颈，从而实现"网货下乡、网货进城"的双向流通功能。建立完善农村电子商务综合服务平台，在有条件的行政村设村级电商服务点。确保电商交易额逐年递增，物流成本下降，并逐步构建高标准的农产品质量体系、畅通高效的现代化农产品流通体系。

## （二）加快旧城改造、推动新区建设，推动城乡统筹

### 1. 加快旧城改造

"十三五"期间，站街镇应以旧城改造为载体，以旧城固有的功能重点，培育全新的功能增长极。站街镇应抓好老镇区在建项目，例如峰驿广场、温莎商业街等升级改造项目，甘沟商业大街的投入使用，适度展开旧城基础设施改造，逐步完成老镇区街道绿化、亮化、美化提升，强化城镇生活垃圾和污水处理，完善公共服务设施和基础设施配套，满足群众生产生活及承载园区发展的需要。

### 2. 加快新区建设

"十三五"期间，站街镇应以新区建设为载体，进一步完善城市功能。重点推进工业新城路网、绿化、亮化工程，全力抓"8+3"和"8+X"项目，争取客车站、站马路一期建成投入使用，公共设施建设基本完成，保障性住房、安置房、客车站、敬老院、公园（广场）、市政道路全部投入使用，创鑫·巅峰时代、同榆贵公园美郡项目城市综合体部分投入使用。通过新城建设和旧城改造的实施，带动整体连片梯次开发，逐步形成"北部片区商贸物流三产服务支撑、南部片区工业新城居住人群聚集"新格局，展现"一城两区"新貌，朝着规划有序、功能齐全、环境优美、交通便利、经济发展的现代化小城镇迈进。

### 3. 强化城镇管理

"十三五"期间，站街镇应按照创建国家模范城市和"一镇一风貌"的要求，抓好主要路段、重要节点立面改造和新城配套设施建设，呈现"小而美、小而精、小而富、小而特"的新风貌。采取以下措施进行管理：强城镇管理队伍，配备规划、建设方面的专职管理员，提高城镇化管理水平；创新工作体制，将环卫体制向村寨延伸。以沿湖村寨为重点，以高堡村、龙泉村、条子场村、小河村、三河村、杉树村、毛家寨村等行政村为试点，采取村级收集、清运、处置的有偿管理模式，由村负责辖区的环境卫生，在全镇范围内率先推行农村环境卫生自治；严格管控，依法治理街道两边各种乱象，对道路沿线路灯进行检修维护、对破损路灯进行更换，加大对占道经营、撑杆搭棚乱象的整治力度，以车站门口、街道主要路口、农贸市场、各中小学及幼儿园门口等地方为治理重点区域，提升镇区形象。

## （三）推进环境治理、强化生态保护，推动持续发展

### 1. 推动生态产业园区建设

在"十二五"工业化发展过程中，一些能耗比较高的工业项目入驻导致生态环境质量不断弱化。在"十三五"规划建设中，站街镇应以市场化的方式，以政府引导、企业经营、村民参与的多方共赢的PPP模式，建设站街生态产业园。

生态产业园是以苗木生产经营、美丽乡村、乡村休闲游、康体养老产业为一体的综合性产业园。在"十三五"期间，在条子场、杉树、小河、毛家寨、高堡、席关、高乐、龙源、坪堡、猫场等村大力建设苗木基地。通过基地衍生出生态景观，再依托生态景观，整合美丽乡村建设和农业农村建设资金，发展乡村休闲旅游业，带动村民及村集体增收。充分盘活当地的山、水、田、路、林、果、花等自然资源，企业获取苗木产业收益和生态环境改善后的乡村旅游等收益，村民共同参与乡村旅游开发、共享利益分成、切实享受项目带来的商业利益。切实有效保护红枫湖水源，为站街镇省级示范性小城镇建设、清镇市职教园区建设、清镇市和贵阳市人居环境创造一个良好的生态条件。为清镇市和站街镇工业发展创造一个良好的投资环境，最终实现"生态优、环境美、百姓富"。

## 2. 实施矿区生态恢复计划

矿产资源是人类得以生存和发展的一项重要物质保障，是关系到国家安全和经济发展的基本保证。"十三五"期间，站街镇应以"复绿、净土"为重点，在东部中铝矿山沿铝土矿区至麦格乡打造生态修复带的布局，按照"因事而异、因地制宜、适地适树"的原则，实施矿区植树造林，实施土地治理项目，不断修复生态功能，实现人与自然和谐发展。

### （四）改善民生服务、加强管理治理，推动全面发展

#### 1. 发展文教卫计事业

文教卫计事业的发展关乎民生大计，与群众的切身利益息息相关。"十三五"期间，站街镇应按照"少年强则中国强"的理念，优先发展教育，全面实施素质教育，积极落实国家对农村的各项优惠政策，支持教育发展，不断改善办学条件，逐步实现九年义务教育入学率达100%。继续实行农村合作医疗制度，参和率逐年提高。以计划生育优质服务为重点，引导广大育龄妇女自觉参与计划生育工作，不断完善"依法管理、村民自治、优质服务、政策推动、综合治理"的计划生育工作机制，促进计划生育整体工作水平不断提高。

#### 2. 加强社会治安防控

社会治安问题是影响群众安全感的最直接因素。"十三五"期间，站街镇应着力加强社会治安防控建设。

创新全镇禁毒工作运行机制，重点抓好禁毒宣传、禁毒预防、禁吸戒毒、毒品原植物种植打击、阳光工程等各项工作，严格把控吸毒人员新滋生率，加强对社会面吸毒人员的管控，强化社区戒毒执行力度，提高社区戒毒康复率。

扎实推进"两严一降"工作，构建社会治安防控体系，健全治安巡逻机制，组建镇、村两级治安巡防队伍，提高群众"见警率"，严打严防"两抢一盗"，不断提高群众安全感和满意率。

健全完善突发事件应急处置机制，整合辖区派出所及站街镇应急分队两支力量，提高处置突发事件的能力和水平，确保社会和谐稳定，提高群众安全感。

建强群众工作站及和谐促进会，抓实抓好"一号工程"的实施，深入排查化解矛盾纠纷，落实好信访维稳"三级调处"联动工作机制，消化存量、

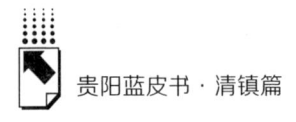

控制增量。

### 3.加强安全生产管理

"十三五"期间，站街镇应加强安全生产管理。按照"从零开始、向零奋斗"的要求，全面落实"七个强化、七个重在"工作措施，切实降低各类生产安全事故死亡人数。

## 参考文献

牛仕佳、姜石良、杜维国：《新型城镇化背景下工贸型中小城镇产业转型发展初探》，《小城镇建设》2013年第7期。

陈天宇：《产城一体化理念下的工贸型小城镇规划研究》，硕士学位论文，河北工程大学，2016。

叶丽阳：《小城镇人居环境宜居性评析》，《现代经济信息》2016年第10期。

# B.11
# 服务发展大局　完善城市体系　着力打造清镇城市副中心

——清镇市卫城镇"十三五"发展思路研究

**摘　要：** 城镇化是实现我国社会建设现代化的重要内容，也直接反映了某个地区或城市的社会经济发展水平。卫城镇是贵州省清镇市的一个重要城镇，地处清镇市中心地带，自然资源丰富，人文底蕴浓厚。如何充分发掘、发挥好自身的资源和区位优势，完善城市体系，加快推进卫城镇的城镇化进程，将卫城镇打造成为清镇市的城市副中心，辐射带动周边城镇发展，是当前卫城镇发展面临的挑战。课题组通过深入调研，发掘卫城镇发展面临的难点和问题，分析成因并提出一些建议和思路以供参考。

**关键词：** 卫城镇　城市副中心　城市发展　小城镇

## 一　卫城镇打造城市副中心的基础、条件与优势

### （一）卫城镇具备打造清镇城市副中心的发展基础

**1. 卫城镇是全国重点镇**

卫城镇位于清镇市中北部，距省城贵阳62公里，清镇市区34公里，辖区总面积204平方公里，辖24个行政村，1个社区居委会，人口6万多人，其中，农业人口约占95%，少数民族主要有苗族、布依族、彝族、仡佬族等，约占总人口14%。"十二五"期间，卫城镇保持了年均15%左右的较快经济增

**表 1　卫城镇基本情况**

| 概况 | 辖区面积 | 204 平方公里 | | 辖区人口 | | | | |
|---|---|---|---|---|---|---|---|---|
| | 辖区范围 | 清镇市中北部 | | 户籍人口 | 23503 户 | | 流动人口 | 25280 人 |
| | | | | | 63198 人 | | | |
| | 自然资源 | 煤矿、铁矿、铜矿等 | 困难群体 | 低保人员 | | 14115 人 | | |
| | | | | 60 岁以上老人 | 612 人 | 建档立卡贫困户 | 635 户 | 外出打工 | 23572 人 |
| | | | 特殊人群 | 残疾人 | 3802 人 | 失业人员 | 93 人 | 刑释解教人员 | 44 人 |
| | | | | 留守儿童 | 615 人 | 吸毒人员 | 495 人 | 缠访、集访带头人 | — |
| | | | | 失学儿童 | 0 | | | | |

| 经济发展 | 村（居）民可支配收入 | | 地方财政总收入 | 村集体经济 | | 第一产业生产总值 | 第二产业生产总值 | 第三产业生产总值 | 辖区内企业 | 招商引资 | | | 全社会固定资产投资 |
|---|---|---|---|---|---|---|---|---|---|---|---|---|---|
| | 村民 | 居民 | | 总数 | 资金总额 | | | | | 签约金额 | 签约企业 | 落地企业 | |
| | 11947.5 元 | — | 1760 万元 | 18290.5 万元 | 2045.2 万元 | — | 9.06 亿 | 29966 万（旅游） | 5 个（规模以上） | 5 亿元 | 2 个 | 2 个 | 17.6 亿元 |

| 基础设施建设 | 六个小康专项行动计划 | | | | | |
|---|---|---|---|---|---|---|
| | 小康路 | 小康水 | 小康房 | 小康电 | 小康讯 | 小康寨 |
| | — | — | — | — | — | — |

| 教育资源 | 幼儿园 | | 小学 | | 中学（初中和高中） | | 大中专及以上院校 |
|---|---|---|---|---|---|---|---|
| | 公办 | 民办 | 公办 | 民办 | 公办 | 民办 | |
| | 1 个 | 4 个 | 11 个 | — | 1 个 | — | |

| 文体建设 | 人文资源 | 重点文化节庆活动 | 公共文体活动场所（包括广场、公园和体育运动场所等） |
|---|---|---|---|
| | 1. 旅游文化<br>2. 会馆文化<br>3. 饮食文化<br>4. 军屯文化<br>5. 建筑文化<br>6. 中医文化 | 1. 春节舞龙舞狮<br>2. 端午水龙节<br>3. 六月六布依歌会 | 1. 贺龙广场<br>2. 东门村文化小广场<br>3. 农场文化小广场<br>4. 栽江村文化小广场<br>5. 上水村文化小广场<br>6. 蔡水村文化小广场 |

续表

| 医疗卫生资源 | 乡镇卫生院 | | 1个 | 养老院 | 0 |
|---|---|---|---|---|---|
| | 医护总数 | 床位数 | 床位占用率 | 村级卫生室 | 14个 |
| | 73人 | 30张 | 50% | | |

资料来源：表格数据由卫城镇提供。

长速度，至2015年年底，固定资产投资规模达17.6亿元，工业总产值约8亿元，农民人均可支配收入为11947.5元，达到贵阳市平均水平。"十二五"以来，卫城镇逐步推进产业结构调整，引进一个现代高效畜草生态循环农业示范园，现已发展形成"八个万"①的规模集群。建立了一个生态轻工业园，引进了种桑养蚕龙头企业天惠农业公司、万里圣驾校、大胜种业、三正种业、金黔种业等一批企业。

**2. 卫城镇是省级历史文化名镇**

卫城自古商贾云集，素有"小荆州"之美誉，历史积淀深厚，美食文化悠久。2009年卫城镇被贵州省政府评定为第三批省级历史文化名镇，2012年被国家发改委评定为全国第三批综合改革试点镇、全国重点镇，是贵阳市级示范性小城镇，也是贵阳地区仅次于青岩的古镇。卫城镇以开展古镇恢复为契机，发掘整理代表卫城文化的建筑、红色、饮食、民俗"四大文化"。卫城镇成立了清镇市红色文化研究会和卫城镇红色文化研究会党支部，推动了红色文化研究工作。依托清镇文联、民俗民间协会、"农耕书屋"等民间组织，编撰了《卫城风云》《古镇风韵》《三线三线》《卫城镇志》等刊物和史志。规划"寻味贵州"项目，进一步打响卫城饮食文化招牌。加强对饮食文化的宣传推介，规划"水东古驿"项目，打造卫城美食一条街，打造贵州饮食文化高地，文化影响力有效增强。

**3. 卫城镇是市级示范性小城镇**

卫城镇实施了公租房、敬老院等示范性小城镇"8+X"项目，完成了荆州街立面改造、和平南路改造等古镇修复项目，争取到镇区交通路大修项目。实施了犀牛村牛奶组、龙井村移民组、畜牧组3个美丽乡村提高型示范点项目，争取到坪寨村、东门村2个"一事一议"美丽乡村示范点项目，开展了

---

① 万头奶牛、万头生猪、万羽肉鸡、万亩蔬菜、万亩烤烟、万亩果园、万亩牧草、万亩桑园。

203

004县道沿线凤凰、坪寨、永乐共5个村民组的农房立面改造,深入推进农村环境综合整治,镇村面貌和居住环境显著改善。

## (二)卫城镇具备打造清镇城市副中心的产业条件

### 1. 卫城镇经济增长和综合排位迈入清镇市第一梯队

卫城镇具有丰富的矿藏资源,企业众多,已形成集冶炼、化肥、铸造、造纸、磨具磨料、市政设施、喜庆用品、盆景花卉、建筑材料于一体的产业群,在工业区内目前有兴海钢铁有限公司、伟城纸业公司、北达彩色路面砖公司、特种合金铸造厂、卫城复合肥厂、东海爆竹厂、卫城油石厂、酒曲酿酒厂、新发水泥厂等。年产值2亿余元。"十二五"期间,卫城的经济一直保持15%左右的增长率,至2015年年底,固定资产投资规模已达17亿元左右,工业总产值规模约9亿元,农民人均可支配收入达11947.5元。尤其是财政税收和综合目标排队排位取得突破,地方财政收入在清镇市排位第三名,综合目标年终排位全市第三名,迈入了全市第一梯队行列。

### 2. 卫城镇"三产"综合发展,基本形成以工促农、农旅一体、"接二连三"的产业发展格局

作为贵州省的省级历史文化名镇、贵阳市级示范性小城镇,卫城镇2013年即完成了总规、控规编制,结合发展需要,自2015年以来启动了规划修编和全域旅游等专项规划的编制工作,争取到2.4亿元整体城镇化贷款融资项目,有力推动古镇核心保护圈的修复。同时,作为传统农业大镇,卫城镇以现代生态畜草循环示范农业园为基础,发展形成了以奶牛、肉鸡、生猪、牧草、烤烟、蔬菜、水果、桑蚕为主导的八大产业,逐步推进传统农业向现代农业转型。在此基础上,进一步规划形成以"镇西古驿""味道贵州""滨湖养老"等为代表的传统优势服务业配套圈,以电解铝平台、食品医药园、新发—凤凰装备建材制造园为代表的现代制造业配套圈,以精品农业基地、优质生态环境为代表的都市现代农业配套圈,为实现"产、城、景"融合发展和农业"接二连三"发展打下了基础。

## (三)卫城镇具备打造清镇城市副中心的区位优势

### 1. 从发展沿革看,卫城镇是原清镇县的行政中心,发展基础与配套较好

在古代卫城镇就是军事战略要地,明末水西安氏叛乱,明政府平叛后,为

加强对叛乱地区的军事监控，以"水外六目"之地设立镇西卫，并将卫所置在今天的卫城镇。此后，经过镇西卫指挥郭维垣、龙图麟、龙必锦几代人的建设，镇西卫城粗具规模。到了现代，卫城镇曾是原清镇县的行政中心。由于卫城镇从古至今都是战略要地或行政中心，其社会建设水平和相关配套设施较好，具备打造清镇城市副中心的良好基础。

**2. 卫城镇处于清镇市的中心位置，可以辐射带动周边发展**

卫城镇历史以来，就是清镇市的中心地区，清镇市的王庄乡、新店镇、暗流镇、站街镇、红枫湖镇等环绕在卫城镇周围。

如图1所示，虚线内是清镇市行政区划范围，"1"为卫城镇，"2"是新店镇，"3"是暗流乡，"4"是站街镇，"5"是流长苗族乡，图中2~5乡镇环绕于卫城镇四周。综上可知，卫城镇无论从历史的角度来看还是从地理位置上来看，都位于清镇市的中心地带，把卫城镇打造成清镇市城市副中心，将对其周边产生辐射发展效应，从而推动清镇市的整体发展。

**3. 从开发重点看，卫城镇是清镇市西部大开发的核心，将迎来新一轮发展机遇**

清镇市委五届九次全会提出打好"生态、贵安、职教、中铝"四张牌，实施"西部大开发"的"4+1"战略，将卫城定位为清镇市副中心、旅游文化中心，同时卫城镇还是西部铝城商圈、西部物流园的核心之一。"西部大开发"不仅为清镇市带来发展机遇，也为卫城镇的发展带来了绝佳的机遇，随着"4+1"战略的实施，基础设施逐步完善，产业、园区的建设都将使卫城镇的发展焕发新的生机。

## 二 卫城镇"十三五"推动城市副中心建设的基本思路

**（一）明确城市副中心四项主要功能，抓住四大机遇建立发展载体**

**1. 卫城镇建立城市副中心应发挥四项主要功能**

卫城镇在清镇市的未来发展规划中，被定位为城市副中心和旅游文化中心，必须贯彻落实清镇市"西部大开发"的"4+1"战略，牢牢抓住各大发展机遇，把卫城镇建成清镇市真正的城市副中心。作为清镇市的城市

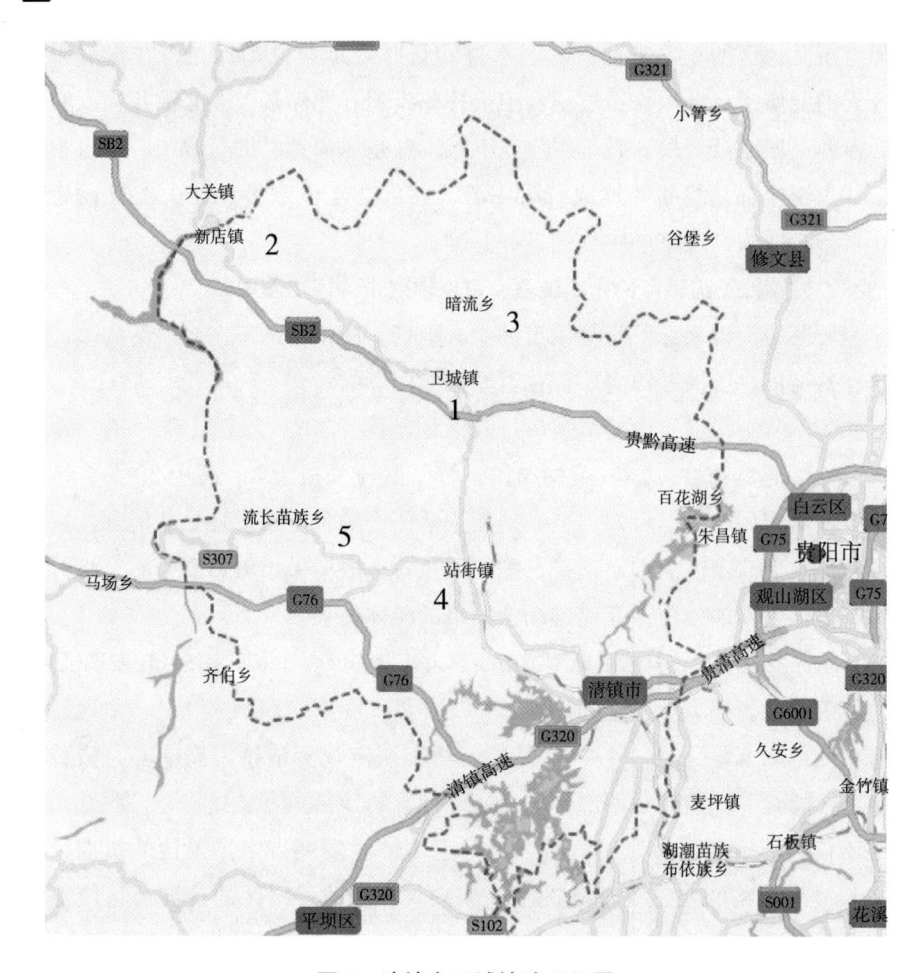

**图1　清镇市卫城镇地理位置**

副中心，实际也是清镇市疏解、优化城市主要功能布局的一项重要措施。卫城镇要建设成清镇市的城市副中心，必须明确卫城镇需要具备的四项主要功能。

经济增长功能。经济是发展的基础，要建立城市副中心，首先要发展经济，通过副中心的经济发展推动整个城市经济的增长。卫城镇应充分利用当地资源，推动工业转型升级、发展都市现代农业、较快推进农业现代化、大力发展旅游业等，全面推动卫城镇社会经济大发展，发挥城市副中心的经济增长功能。

承载功能。作为疏解清镇市主要城市功能，优化城市功能布局的重要措施，卫城镇建设城市副中心的过程中，应做到规划先行，对卫城镇未来所要承载的城市功能以及其布局进行科学合理的空间决策规划。

服务功能。一方面，卫城镇应依托当地的工业、农业、文化旅游业等大力发展相关服务业，增强卫城镇的经济服务功能。另一方面，还应加强组织队伍的建设，为增强服务功能提供保障。

文化功能。卫城镇具有浓厚的历史文化、红色文化底蕴，应充分利用这一优势打造地方特色文化，建立相关文化设施、场所，充分发挥城市文化功能。

## 2. 抓住四大机遇，建立"一圈一带两区四园一库"发展载体

抢抓"大开发"机遇，形成"西部铝城商圈"。卫城镇处于"经济开发区商圈"核心，站街工业中心、王庄铝加工中心的发展在卫城周边形成了大产业、大市场的聚集，带来了良好的发展机遇，卫城镇做大配套的外部条件已逐步形成。要着重围绕"四圈"[①]产业布局，依托卫城的区位、交通、生态、文化优势等开展精准招商。切实提高规划的前瞻性、系统性、科学性，提高招商针对性、目的性，精心编制一批项目，做好土地储备梳理，为项目落地提供有力支撑，让企业落得下、留得住。

抢抓"大项目"机遇，建设"四大产业园"。卫城镇作为申办贵阳市第三届（2017年）"农业嘉年华"分会场，应充分利用好这一发展契机，迎接卫城镇项目大建设时期的到来。抓好现代农业园、食品加工园、西部物流园、文化创意园"四园"建设。

抢抓"大交通"机遇，打造"两高经济带"。卫城镇应抢抓"大交通"机遇，依托成贵高铁、贵黔高速大交通资源优势，打造卫城镇高铁经济带和高速经济带，带动沿线区域经济发展。

抢抓"大水利"机遇，开发戈家寨水库。国家发改委批复的1.6亿元滨湖养老项目位于扶风阁对面，戈家寨水库旁，现已动工实施。戈家寨水库的建设，也为卫城镇的发展带来大机遇和大资源。水库的建设，基本上解决了困扰卫城镇的工业、农业、生活用水的水源问题。随着水库的建成，卫城镇还可以

---

① "四圈"指古镇保护核心圈、传统优势服务业配套圈、现代制造业配套圈、都市现代农业配套圈。

依托水库带来的生态环境资源，建设山水游园、生态休闲场所等项目，推动卫城镇旅游经济的发展。

## （二）借力"四大"平台，推进"五大战略"

### 1. 推动大扶贫战略

着力加强扶贫机制改革，创新集体经济组建和发展模式，扎实推进农村"三变"，进一步引导金融工具和社会资本参与扶贫开发事业，扩大扶贫成果。立足共建共享更高水平小康社会，通过政府引导、政策扶持、企业支持、社会参与等形式，通过落实产业扶贫、项目扶贫、医疗扶贫、教育扶贫、就业扶贫、金融扶贫、社会救济、国家兜底等措施，千方百计实现脱贫解困，让贫困人口和低收入群体共享发展成果。

### 2. 推动大交通战略

随着林织铁路、成贵高铁、贵黔高速、铝城大道、资源通道、绕镇路、新区开发大道及配套的铁路货运站、高铁站、高速站等相继规划实施，贵黔高速开通，铝城大道、资源通道、绕镇路等相继通车，镇区交通路大修项目也在2015年陆续完工，新区大道建设加速推进，成贵高铁、贵黔高速连接通道纳入规划，成贵高铁最快预计2018年将建成通车，制约卫城镇的交通"瓶颈"已经打破，发展的交通要素已经促成。卫城镇抓住"大交通"契机，争取到镇区交通路大修项目。

### 3. 推动大生态战略

坚守发展和生态底线不动摇，重工业坚决不过甘河田坝。严格落实13万余亩天然林区的管护，扎实推进退耕还林、景观林工程，加强森林防火工作。积极争取中央、贵州省、贵阳市资金实施东门、关坝、新桥、西牛、甘河、金旗土地整治项目和甘河河道整治，改善水土流失和河流环境。加强国土资源保护执法，加大对偷挖盗采、违占基本农田、乱排乱放的执法力度。加强对污染、危化行业和过剩产能的搬迁、淘汰，严格控制招商引资门槛。全力推进荆州湖湿地公园的建设，规划"镇西古驿"农旅一体化项目，进一步提升卫城的环境水平。

### 4. 推动大产业战略

卫城镇处于"经济开发区商圈"核心，应以增强创新作为引领发展第一动力的理念，把创新作为卫城弯道取直、后发赶超的战略选择。卫城镇应找准主导产业，以农业为发展基础，以打造全境式旅游为发展的路径，推动农业"接二连三"发展，以"四圈"构想进行规划布局，推动卫城镇大产业战略，实现"产、城、景"融合发展的格局。

**5. 推动大旅游战略**

卫城的传统服务业重点要围绕"大交通＋大健康＋大旅游"进行升级打造。具体来讲，就是以"镇西古驿"生态农旅综合体、"寻味贵州"美食城、滨湖养老服务中心、皇仓坡历史文化主题公园等重点项目为载体，并进一步围绕甘河田坝物流板块、高铁组团商业板块、戈家寨水库休闲板块、"两高"之间的主题游乐板块等进行招商，聚集最优质的传统服务业配套，努力向市民及游客提供便捷、健康、爽游的服务产品和生活方式。

## 三 卫城镇着力打造清镇城市副中心的路径探析

### （一）围绕"打好职教牌与中铝牌"，建设创新卫城

**1. 统筹新区建设与古城改造**

卫城镇应充分发挥、发掘地方历史人文资源，以老城区为核心，围绕打响贵州省省级历史文化名镇品牌，大力推进古镇修复。老城区人口密集，空间闭塞，公共服务短缺是制约古镇修复的主因之一，要摸清人口、产业、设施底数，依托周边重大项目建设，往新区转移一批，对老城区要多拆少建、只拆不建，合理进行规划和提升打造。对疏不出去的，按照"文化小巷"概念进行打造，从空间布局、建筑风格、文化元素、公共服务和商业配套等进行提升，修新如旧，着重展现明清时期建筑风格，恢复"小荆州"的社会风貌。

**2. 融合发展传统优势服务业、现代制造业与都市现代农业**

卫城镇应注重三产融合发展，壮大提升传统服务业，同时发展物流、文化创意等现代服务业，并打造成卫城的优势产业。

农业是卫城发展的基础，作为清镇市都市现代农业"两核"之一的"农业科技核心"，"十三五"时期是卫城农业现代化的关键时期，加快传统农业转型，重点是要抓好"农业4＋"行动。首先，依托卫城优质的生态资源、已

粗具规模的农业产业基础，朝着农业精品化、农旅一体化方向发展，着力打造一批精品农业基地和现代农庄，积极探索农业转型的"凤山模式"，在全镇进行推广。其次，要加速提升农业生产的市场化水平，推进资金变股金、资产变股份、农民变股东，积极探索农村"三变"的"克乃模式"，向全镇进行推广。最后，依托农村电商，积极打造卫城优质的传统食品加工企业和知名本土农特产品，推进农产品上行，抓好产品生产、产品组织、产品包装等环节，线上线下共同发力，推动卫城镇传统企业和品牌的创新与复兴。

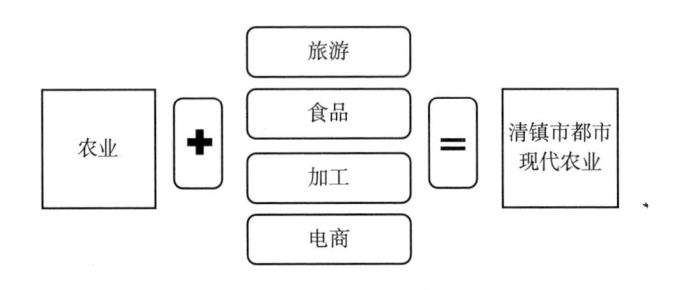

**图2　卫城镇"农业4+"行动**

卫城镇工业转型的重要任务之一就是推进工业由原料供应向现代制造业转型，依托王庄铝加工中心，从兴明方向承接好电解铝项目及铝产业下游制造业的转移；依托站街工业中心，从凤凰新发方向承接好装备建材制造业的转移；依托卫城自身特色和优势，围绕清镇市"十三五"规划对卫城"轻工产业带"的定位，大力发展食品医药园区。加强与经济开发区的交流与合作，重点围绕这三大园区进行招商，打造卫城现代制造业中心和就业中心。

## （二）围绕"打好生态牌"，建设宜居卫城

### 1.落实"四大抓手"，完善生态体制机制，推进生态资源保护

卫城镇应统筹"三个先行"，为宜居卫城建设奠定坚实的基础。首先是规划先行，即按照产城景一体原则，城镇规划和产业布局同步考虑，建筑风格和附属要素同步设计，实现产城互动、景城融合的发展目标。其次是产业先行，即结合卫城镇产业发展现状，推动服务业、工业、农业加速转型升级和有序融合发展。再次是基础设施先行，要紧盯路、水、电、气、讯、垃圾、污水处理

等基础设施建设，为城镇发展提供完善的基础设施配套。最后，按照产城景一体原则，以生态"四抓"推动产城互动、景城融合的发展。抓规划，制定卫城镇生态资源保护规划，划定生态红线。抓统计，对全镇的土地、森林、河流、沼泽等生态资源进行调查统计，摸清家底，理清产权。抓宣传，加强群众生态环保意识宣传，向群众展示卫城美丽的风土人情和自然景观，教育广大群众爱护家乡、建设家乡。抓执法，加大环境保护执法力度，坚决打击偷挖盗采、偷砍乱伐、违占基本农田建房、企业越界开采、乱排乱放等违法行为的打击力度，加强与司法机关的沟通协调，提高执法水平。

**2. 实施"六大工程"，统筹美丽乡村建设，助推创文创卫实现**

强力推进"创文""创卫"，深入推进"六大工程"（见图3），是卫城镇全面实现2016年与贵阳市同步创建"国家卫生城市"、2017年与贵阳市同步创建"全国文明城市"目标的主要手段。

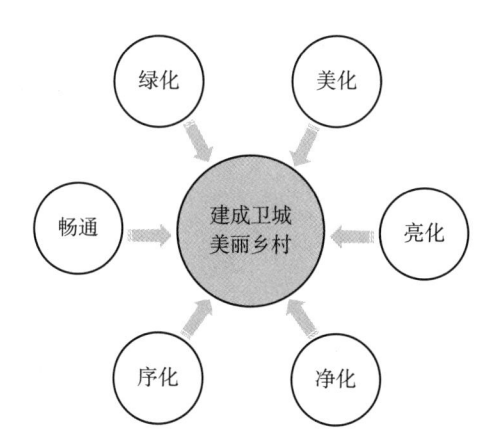

**图3 卫城镇美丽乡村"六大工程"**

通过抓整治，对群众反映强烈的环境问题进行集中整治，还群众一个山青水绿天蓝的卫城。美丽乡村建设要着重围绕重要交通干线、镇区周边、旅游开发重点区域进行布局，实现重点村组的全覆盖。通过抓基建，推进污水处理厂、城镇污水收集管网、垃圾中转站等基础设施项目建设。为城镇发展提供完善的基础设施配套。

**3. 统筹"三个配套"，完善公共服务体系，优化宜居宜商环境**

通过统筹"三个配套"，为宜居卫城的建设提供有力的保障。第一，公共服务配套。着重解决最贴近群众切身利益，也是群众最关心的教育、医疗、养老、公共交通、健身、文化娱乐等公共服务设施建设配套。第二，市场配套。解决群众配套生产经营交易活动所需的场地、交通、产业、市场等建设，为群众生产活动的开展提固定供场所。第三，商业配套。做好购物、娱乐、餐饮、酒店等商业服务业态的规划布局，推动宜居卫城第三产业的发展。

**4. 做好"五个重点"，加强社会治理创新，提升百姓的获得感**

以改善民生工程、"一号工程"、平安建设、安全生产、应急管理五个方面的工作机制为重点，实现六个提升。第一，惠民利民有提升，加大投入力度，认真解决好事关群众利益的"民生十困"问题，尤其是要着力解决好留守儿童、残障人群、空巢老人等特殊群体的困难。第二，矛盾调处有提升，以群众工作统揽信访工作，积极主动化解矛盾纠纷。聚焦重要节点、敏感问题和关键环节，全力抓好社会面管控、风险预警、应急处置等各项工作，确保"小事不出村（居）、大事不出镇、矛盾不上交"，积极探索通过法律途径解决矛盾纠纷的方式方法。第三，治安综合整治能力有提升，积极深入推进"两严一降"和禁毒人民战争，依法打击"两抢一盗"，加强与司法机关的沟通协作，严厉打击违法建筑、征拆要价、挡工堵路等违法行为，不断提高人民群众的安全感和满意度。第四，安全生产有提升，严格"党政同责，一岗双责"，认真吸取"十二五"以来卫城镇发生的重大安全事故教训，始终牢牢绷紧安全生产这根弦，加强安全监管体系建设，深入开展安全隐患排查和整治，严密防范和杜绝重大安全生产事故的发生。第五，应急管理有提升，加强应急响应机制建设，进一步完善应急管理预案、应急指挥、应急队伍、后勤保障等，抓小、抓早、抓在平时，强化日常培训和演练，全面提升应急反应和处理各类突发事件的能力和水平。第六，舆情疏导水平有提升，充分发挥信息员队伍作用，对负面舆情要第一时间关注、第一时间反应、第一时间处理，切实做到主动发声、及时发声、正确发声，有效引导舆情。

### （三）围绕"打好文化牌"，建设文化卫城

**1. 建设"诚信卫城"**

卫城镇应以诚信社会建设为切入点，以"道德讲堂""积德榜""社里乡亲"等为重要平台，以社会主义核心价值观为主要内容，广泛开展多种形式的道德文化宣讲活动，加强诚信教育，把诚信培育成为良好村风民风家风的重

要品质。加强以诚信农民、诚信村、诚信乡镇创建为核心的社会信用体系建设，以诚信农民贷款为主要依托，切实提高群众诚信意识。进一步挖掘杨顺清等诚信文化代表，整理诚信文化故事，培育诚信品牌，让诚信深入人心，营造诚信卫城、和谐卫城的良好社会氛围。

**2. 发掘地方特色文化，打造卫城镇特色文化品牌**

加强对以红色文化、建筑文化、饮食文化、民俗文化为代表的卫城文化的宣传推介，培育典型，扩大宣传，打造卫城特色文化品牌，主要应从三个方面入手。第一，挖掘卫城镇文化典型。对卫城镇现存的以明清建筑风格为代表的建筑文化，以贺龙、肖克率领的红二、红六军团过卫城的历史为代表的红色文化，以卫城辣子鸡、八大碗、卫城白酒等为代表的饮食文化，以农耕书屋、"六月六"布依歌会、端午祭龙、独竹漂等民间活动为代表的民俗文化进行深入挖掘和认真整理，树立文化典型。第二，构建文化传播载体。以推进重点项目建设、举办贵阳第三届"农业嘉年华"闭幕式，编撰刊物和史志等为重要传播载体，把卫城镇文化变成可看、可读、可品、可尝的具象，让人民群众都可参与到文化创作中，并享受文化发展带来的好处。第三，丰富文化传播渠道。依托高速公路、高铁等传统传播渠道和"互联网"新兴传播平台，加大对卫城文化的宣传推广力度，把卫城文化以更快速、更广域的方式传播出去，让更多人知晓卫城、热爱卫城，愿意到卫城投资兴业、旅游消费、定居养老，把卫城文化打造成为最亮丽的名片。

**参考文献**

贵阳研究院：清镇市卫城镇镇长访谈录音资料，2015。
清镇市卫城镇：《清镇市卫城镇"十二五"总结》，2015。
清镇市卫城镇：《清镇市卫城镇"十三五"发展思路》，2015。
清镇市卫城镇：《卫城镇基本情况》，2016。

# B.12
# 同城化、特色化、项目化、精细化并举 推动经济社会发展实现新跨越

——清镇市新店镇"十三五"发展思路研究

摘　要： 新店镇是一个传统的农业乡镇，自然资源丰富。"十二五"时期，虽然存在基础设施建设薄弱、产业发展比较单一等问题，但随着水、电、路等主要方面的制约得到了初步缓解，项目建设实现从无到有，税收收入与结余也实现了历史性突破，社会管理局面趋稳。经过实地调研与访谈，建议新店镇在"十三五"期间以产业发展同城化、特色化的思路，打好"五张牌"、打造"五条线"。以项目为抓手，做好基础设施建设与项目配套服务，以服务为导向，做好民生服务与管理保障。

关键词： 新店镇　"三农"问题　城镇化　小城镇

"协调、创新"是党的十八届五中全会所提出的五大发展理念之一。在乡镇建设过程中，发展是民生之要、民心所向，同城化、特色化、项目化、精细化并举是乡镇发展的重要探索方向。因此，全力推进乡镇健康发展成为各级政府的重要课题。

## 一　新店镇的发展基础与"十二五"发展成效

（一）新店镇的概况及特点

**1.新店镇是传统农业乡镇，是一个"果蔬之乡"**

新店镇是一个传统的农业乡镇，以传统农业为主。截至2016年，全镇耕

地面积5024.31公顷，林地4502.6公顷，森林覆盖率为42.5%。全镇海拔在850~1400米之间，沿鸭池河、东风湖、索风湖的峡谷地带形成的地热河谷小气候，年平均气温约21℃，无霜期275天，年降雨量1360毫米。

新店镇的粮食作物主要有玉米、水稻等，经济作物主要有冬豌豆、反季节蔬菜、油菜、烤烟、茶叶、金银花等，并盛产桃、李、柑橘、杏、枇杷等水果。其中，鸭池河酥李是国家农业部命名的地标产品，马鞍山面条享有盛名。作为贵阳市规划的1.5亩次早熟蔬菜的保供基地，新店镇一年四季均有新鲜水果上市，与贵阳其他地区相比，新店镇的蔬菜水果可以提前一个月上市，因此新店镇拥有"果蔬之乡"之美称。

**2. 新店镇有"一河两湖"自然资源，是一个"富水乡镇"**

新店镇水资源储量大，境内有"一河两湖"，"一河"指鸭池河，"两湖"专指东风湖和索风湖。其中，东风湖湖面20平方公里，蓄水量10.23亿立方米。从这一自然层面来看，新店镇是一个富水乡镇。但基于地势高差较明显的实际情况，新店镇又是一个典型的工程性缺水乡镇。全镇最低海拔仅为800米，而最高海拔为1400米，最高处和最低处相差600米高差，80%左右的面积在海拔1200~1400米之间，但东风湖、鸭池河、索风湖均处于最低处，由地势落差带来的工程性提水成本较高。

**3. 新店镇拥有储量较大的煤炭资源，是一个"湖乡煤海"**

新店镇位于清镇市西北60公里的鸭池河东风湖畔，是清镇市最西北边的一个乡镇，也是清镇市最远的一个乡镇。因境内有东风湖、索风湖和储藏量较大的煤炭资源，煤炭储量达到5亿多吨，故有"湖乡煤海"之称。近年来，新店镇强化中铝及塘寨电厂等大型企业的孵化带动作用，积极引进铝产品精深加工及煤炭物流等配套产业。引进为塘寨电厂配套的圣云红发展有限公司等煤炭仓储物流项目3个，共计投资达1.2亿元，其中2个项目已建成投入运营，1个已落地开工建设。

**4. 新店镇有红色文化和民族文化资源，是贵州西线极具价值的旅游待开发地**

新店镇历史悠久，聚居着汉族、苗族、布依族、彝族、仡佬族等民族，红色文化底蕴深厚。红军时期，红二、红六军团曾在鸭池河战斗，留下了宝贵的精神文化财富。东风湖具有狭长、陡、险、峻，湖畔风光秀丽的特点，并有八仙过海、天女散花、天台玉笋、八仙洞等20余个自然、人文景观，无峰不雄、

表 1 新店镇基本情况

| | | | | | | | | | | |
|---|---|---|---|---|---|---|---|---|---|---|
| 概况 | 辖区面积 | 142平方公里 | 辖区人口 | | | | | | | |
| | 辖区范围 | 142平方公里 | | 户籍人口 | 19033户 | | 流动人口 | 22906人 | | |
| | | | | | 59378人 | | | | | |
| | | | 困难群体 | 低保人员 | 923人 | | | | | |
| | | | | 60岁以上老人 | — | 建档立卡贫困户 | 1978人 | 外出打工 | — | |
| | 自然资源 | 煤矿 | | 残疾人 | 1606人 | 失业人员 | — | 刑释解教人员 | 123人 | |
| | | | 特殊人群 | 留守儿童 | 625人 | 吸毒人员 | 在册509人 参加社戒社康223人 | 缠访、集访带头人 | 3人 | |
| | | | | 失学儿童 | 3人 | | | | | |

| 经济发展 | 村(居)民可支配收入 | | 地方财政总收入 | 村集体经济 | | 第一产业生产总值 | 第二产业生产总值 | 第三产业生产总值 | 辖区内企业 | 招商引资 | | 全社会固定资产投资 |
|---|---|---|---|---|---|---|---|---|---|---|---|---|
| | 村民 | 居民 | | 总数 | 资金总额 | | | | | 签约金额 | 签约企业 | 落地企业 | |
| | 12384.647元 | — | 1086万元 | — | 8962785.94元 | 7.1035亿元 | 7.1亿元 | 3000万元 | 109个 | 1.485亿元 | 2个 | 0 | 12.01亿元 |

| 基础设施建设 | 六个小康专项行动计划 | | | | | |
|---|---|---|---|---|---|---|
| | 小康路 | 小康水 | 小康房 | 小康电 | 小康讯 | 小康寨 |
| | 1208万元 | 221.77万元 | 68万元 | 700万元 | 42万元 | 700万元 |

| 教育资源 | 幼儿园 | | 小学 | | 中学(初中和高中) | | 大中专及以上院校 |
|---|---|---|---|---|---|---|---|
| | 公办 | 民办 | 公办 | 民办 | 公办 | 民办 | — |
| | 2个 | 2个 | 10个 | — | 2个 | — | |

| 文体建设 | 人文资源 | 重点文化节庆活动 | 公共文体活动场所(包括广场、公园和体育运动场所等) |
|---|---|---|---|
| | 旅游、文物、非物质文化遗产等 | 春节、妇女节、端午节、布依族六月六、中秋、国庆节等 | 镇灯光篮球场、东风湖村活动广场 |

| 医疗卫生资源 | 乡镇卫生院 | | 1个 | 养老院 | 0 |
|---|---|---|---|---|---|
| | 医护总数 | 床位数 | 床位占用率 | 村级卫生室 | 34个 |
| | 76人 | 67张 | 60% | | |

资料来源:表格数据由新店镇提供。

无洞不奇、无壑不幽，堪称"小三峡"，是贵州西线极具价值的集湖泊、峭壁、峡谷、民族风情等为一体的旅游景区待开发地。

## （二）新店镇"十二五"发展回顾

**1. 基础设施建设薄弱，但"十二五"水、电、路三个制约得到初步缓解**

水、电、路是最基本的基础设施三要素。"十二五"期间，新店镇通过完善基础配套建设，发展瓶颈逐步缓解。

工程性缺水得到改善。随着王庄跳蹬河至新店供水工程全面完工并实现供水，全镇群众的生产生活用水问题得到逐步解决，尤其是银杏、大寨等严重性缺水一带600余户约2000余名群众的生产生活用水问题得以改善。随着迎燕水库"卫城—王庄—新店"远距离供水工程正式启动，全镇工程性缺水得到初步缓解，缺水严重的现象将得到极大改善。

电力供应得到保障。首先是群众用电得到保障。化龙片区由于历史遗留纠纷导致群众用电不规范，私拉乱接现象突出，造成了局部地区群众生产生活用电得不到保障的问题。2013年以来，新店镇在理顺化龙片区用电关系，规范群众用电的基础上，对电力供应设施进行升级改造，保障了群众用电。其次是企业用电得到保障。结合全镇产业发展总体规划，通过对各功能区域用电情况进行核算，提前谋划，向电力部门申请对新王供电所进行增压扩容，保障了新店镇经济发展的电力需要。

交通路网初步形成。根据全省的大交通战略部署，新店镇抢抓贵黔高速通车的发展机遇，大力争取并落实了贵黔高速公路东风湖互通建设项目。2015年，贵黔高速公路东风湖互通项目建设已接近尾声。同时，积极争取新店镇绕镇公路纳入市交通路网建设规划。此外，完成通村通组路路面硬化，完成004县道（鸭池河段）修缮工程，完成蜂糖寨村、中坝村等村通村、通组路硬化9公里；群众"出行难"问题得到进一步解决。

**2. 经济发展水平较低，但"十二五"实现税收收入与结余的历史性突破**

"十二五"时期，新店镇统筹工作调度，坚持创新驱动发展，经济运行态势日趋向好。2011~2015年，全镇固定资产投资从3.2亿元增加到15.699亿元；招商引资从6685万元增加到3.69亿元；财政总收入从509万元增加到1669万元；规模以上工业总产值从1.86亿元增加到7.85亿元；农民人均纯收入从4183元增加到11639.32元；城镇新增就业从313人增加到588人。在全市的排位有了大幅提高，经济运行状况总体良好。

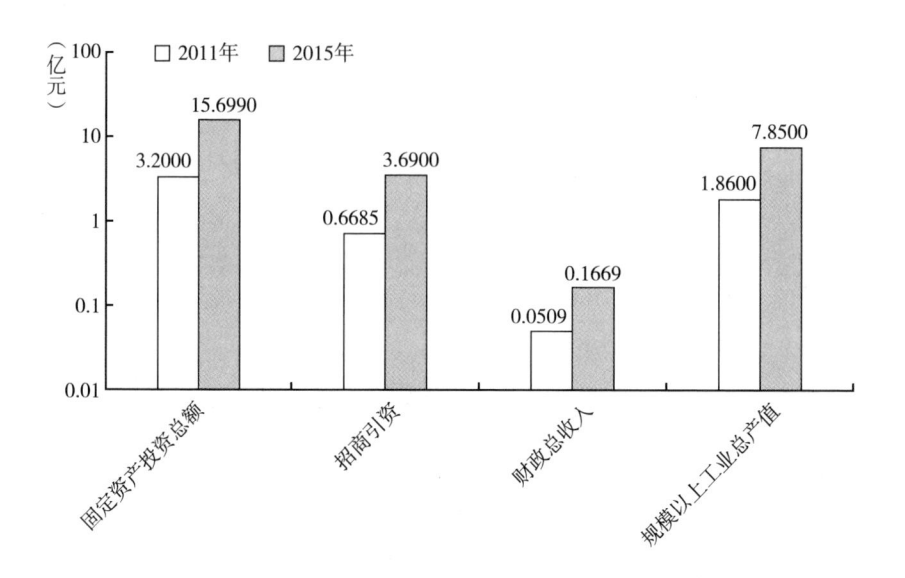

**图1 新店镇"十二五"时期经济发展情况**

资料来源：《新店镇"十二五"总结及"十三五"发展思路》，2015。

**3. 产业发展比较单一，但"十二五"实现项目建设从无到有**

现代农业快速发展。"十二五"期间，新店镇围绕农业现代化建设目标，抓住农民增收、农村经济发展这一主线。依托鸭池河低热河谷小气候优势，围绕烟、果、蔬、药、茶五大龙头产业，规划建成五个万亩基地（万亩烤烟种植基地、万亩鲜果种植基地、万亩蔬菜种植基地、万亩金银花生产加工及品种改良基地、万亩生态茶叶种植基地），推进现代农业快速发展。2015年烤烟种植面积3370亩，实现产值945万元；新增果树种植0.12万亩；蔬菜（豌豆、辣椒、其他蔬菜）累计播面4.4463万亩；蔬菜基地0.821万亩；中药材（金银花）种植及抚育1.4667万亩，产值746.76万元；生猪出栏4.33万头，肉鸡出栏42.998万羽；茶叶种植面积达1098亩，实现产值1652万元。

三产发展态势良好。"十二五"期间，新店镇坚守发展和生态两条底线，现代服务业支撑作用日益增强。首先，以林新铁路新店站建设为依托规划打造的新店镇铁路综合物流园项目，已由贵阳市铁投公司牵头实施打造，项目已进入规划设计阶段，项目建成后会成为镇域企业提供生产原料采购及产成品展销高端商务平台。其次，以"东风湖—鸭池河"一带自然景观及温泉资源为依托的新店镇旅游产业园建设稳步推进。目前，鸭池河温泉旅游特色小镇项目一期工程全面启动，依托保利集团，整体开发打造东风湖国际一流5A级旅游景区。

招商工作成效显著。新店镇在巩固原有企业的基础上，强化招商引资队伍建设，围绕"一城两区三园"总体产业布局，加大招商引资力度，突出目标招商和精准招商，并积极抓好招商、安商、扶商工作，落实招商工作"一站式"服务制度。开展项目招商包装11个，涉及一产项目3个，二产项目2个，三产项目6个；印制招商引资宣传手册500份，开展外出招商4次，参加招商会1次，洽谈项目6个，成功落户项目2个，拟落户项目2个，进一步夯实了全镇经济发展的项目支撑基础。

项目建设持续推进。引进为塘寨电厂配套的圣云红发展有限公司等煤炭仓储物流项目3个，共计投资达1.2亿元，其中2个项目已建成投入运营，1个已落地开工建设。

**4. 历史遗留问题突出，但"十二五"基本实现社会管理局面趋稳**

从严治党固根基。"十二五"时期，新店镇坚持依法行政，自觉接受监督，办理人大代表建议24件，办复率达100%、满意率达95%以上。反腐方面，2015年共立案11起，结案10起，给予党政纪处分10人，涉及资金80余万元，其中党内警告2人，党内严重警告2人，开除党籍6人，移送司法机关2人。此外，全面执行公车改革制度，为全镇经济社会发展营造风清气正的政治生态环境。

实施惠民大行动。新店镇以全镇便民利民服务中心为载体，认真落实好每一项惠民政策，切实解决好群众关心的衣食住行等民生问题，不断提升广大群众的归属感和幸福感。启动新店幼儿园项目建设，成立项目建设领导小组，定期调度、及时解决项目建设中存在的困难问题。实施"四在农家·美丽乡村"项目建设，完成投资237万元的王寨长坡美丽乡村示范点打造，完成投资200万元的东风湖椒园组"一事一议"整村推进项目。2015年，通过实施"四个一批"① 扶贫攻坚计划，全镇 514 户，1425 人贫困人口全部实现结对精准帮扶。

矛盾调处和舆情疏导。通过转变领导干部工作作风，利用周二下村日，与群众面对面交心谈心，及时了解群众所需、所困、所惑，认真解决了一批长期困扰新店镇经济社会发展的历史积案，切实维护社会稳定大局。通过强化风险防控，切实关注、重视、监督、疏导舆情，做好网站巡查工作，加强信息员队伍建设，及时完成网络舆情交办案件，第一时间搜索负面舆情并及时化解调处，营造"不造谣、不信谣、不传谣"的良好氛围。

打好禁毒人民战争。实施摸清底数，认清形势，找准问题等战略，把握特点、落实责任，加快"阳光家园"的建设，坚定不移地打赢禁毒人民战争，为全镇经济社会发展创建了无毒环境。2015 年，辖区内派出所共侦破毒品案件 10 起，抓捕吸毒人员 129 人，社区戒毒、社区康复执行率达 97.5%，吸毒人员查处率达 43.75%，出所未满 3 年管控率达 88.65%。

安全生产形势良好。不断加强重点安全生产领域的执法力量建设，建立打击非法开采煤洞"三级包保"责任制，严厉打击偷挖盗采行为。建立健全工作例会、信息报送、宣传教育、动态巡查、设卡检查、应急援助、专项打击、举报奖励、案件查办和督查督办机制，2015 年共排查煤矿、非煤矿山、道路交通、烟花爆竹、水上交通等安全隐患共 994 余起，下达整改通知单 994 次，现均已全部整改完毕。对已填（砌）封非法开采洞口开展动态巡查 157 次。

## 二 新店镇"十三五"产业发展同城化、特色化的思路

### （一）产业布局："一城两区三园"

同城化是指区位邻近、人文历史相似、产业结构明显互补的两个或多个区

---

① "四个一批"：通过扶持生产和就业发展一批、通过移民搬迁安置一批、通过低保政策兜底一批、通过医疗救助扶持一批。

域在经济社会联系达到一定程度后，所呈现的空间一体化、经济一体化和制度一体化的地域现象。其目的是加强合作，统筹发展，充分发挥沿边优势，形成优势互补，实现区域之间又好又快地共同发展。[①]"十三五"时期，新店镇应将"一城两区三园"作为发展定位，以"东区工业、西区旅游商贸"为产业布局，全力推进全镇经济社会发展转型升级。

1. "一城"突出协同发展

协同发展是深刻把握发展战略机遇的现实要求。在协同发展战略中，"一城"是新店镇按照老的布局所划分的三个片区，1992年撤并建以前是三个小乡，因此又称为三个片区。基于此，"一城"需要体现出新店三大片区的协同发展。在讲求发展的平衡性及协调性的同时，做到可持续性发展。协同是持续健康发展的内在要求，要注意调整关系，注重发展的整体效能，坚持创新观念，打破惯性思维和路径，实现体制机制创新。

2. "两区"突出互补发展

互补发展是有效应对发展挑战的正确选择。新店镇的"两区"专指"东区"和"西区"，两区各有得天独厚的优势和互不相同的发展方向，其中，"东区"包括新店片区和化龙片区，主要依托中铝、塘寨电厂发展工业；"西区"是鸭池河片区，自然风光旖旎，拥有温泉等突出的资源优势，主要发展旅游观光、养老养生、大健康产业。因此，"东区"和"西区"应当协调一、二、三产发展，明确目标，突出重点。以新型城镇化和农业现代化协调并进作为重要载体，调整产业结构，加快发展第三产业。坚持农产品加工进入产业园区，夯实农业经济发展基础，创新经营模式，发挥品牌优势，增加综合效益。

3. "三园"突出联动发展

联动发展是破解新店镇当前发展短板问题的根本方法。新店镇的"三园"主要包括：依托中铝打造的铝及铝加工业；依托林新铁路新店站打造的铁路综合物流园，以大宗商品为主，为塘寨电厂和中铝电场服务；依托东风湖、鸭池河、索风湖自然景观打造旅游产业，实现产业高效联动。在此基础上，突出联动发展就是要实现"三园"建设的基础设施联动，加速区域之间

---

① 刘勇：《同城化：优势互补的快速发展战略》，人民论坛，2012年。

的基础设施互联互通进程。同时构建和优化产业价值链，优化产业升级。此外，形成文化和精神的联动发展，在共振中实现经济社会的发展。

### （二）产业重点：打好"五张牌"，打造"五条线"

特色化发展具有提升效率、扬长避短、优化资源配置、促进整体经济发展等优势，与中西部小城镇建设实际相契合。作为西南地区的典型小城镇，"十三五"时期，新店镇应当以改革创新为动力，挖掘比较优势，找准产业定位，突出地域特色，在产业发展上重点打好"五张牌"、打造"五条线"，走出新店特色化、差异化的发展之路。

**1. 打好"生态牌"，打造旅游产业线**

打好"生态牌"，就是要将坚持生态底线作为新店镇"十三五"时期的重点战略和重点任务。依托东风湖秀美的风光、壮观的水陆景观，联合流长乡凹河、暗流镇索风湖打造集生态旅游、休闲、娱乐于一体的乌江百里画廊风景区。引进有实力的开发主体，融入"大健康"理念发展养老养生产业。依托鸭池河得天独厚的自然条件，建设以生态旅游为主题，集旅游观光、度假养生、生活体验为一体的滨水温泉旅游特色小镇。

在符合土地利用规划和确保耕地占补平衡的前提下，调整具有旅游集散功能的乡镇产业用地规划，增加旅游设施用地。对旧村改造腾退的建设用地，在符合规划的前提下，优先用于发展旅游项目。准确定位新店镇旅游产业发展，结合新店镇的红色文化和民族文化资源，坚持"一镇一品"道路，凸出地域特色，实现差异化发展。充分挖掘新店镇红色旅游及民族风情资源的文化内涵，实现多渠道筹资、多元化投入、创新化发展，打造贵州西线极具价值的集湖泊、峭壁、峡谷、湖光山色、民族风情等为一体的旅游景区。

**2. 打好"职教牌"，打造农副产品"输送线"**

打好"职教牌"，就是要逐步打造职教园区农副产品"输送线"。清镇职教园区是贵州省、贵阳市、清镇市三级党委政府按照"世界眼光、国内一流、贵州特色"的理念，共同着力打造的"生态园地、科创基地、人才高地"。职教园区作为一个"大商圈""大市场"，对农副产品有极大的需求。因此，打好"职教牌"，需要新店镇统筹近期发展和长远发展，统筹生态涵养和产业发展，统筹政府保障和市场力量，推动基础设施和公共服务及产业转型升级在全

同城化、特色化、项目化、精细化并举 推动经济社会发展实现新跨越

```
打好"五张牌"          打造"五条线"

  打好"生态牌"         打造旅游产
                      业线

  打好"职教牌"         打造农副产品
                      输送线

  打好"贵安牌"         打造劳务和技
                      能流水线

  打好"中铝牌"         打造铝工业升
                      级版生产线

  打好"电商牌"         打造地方特色
                      营销线
```

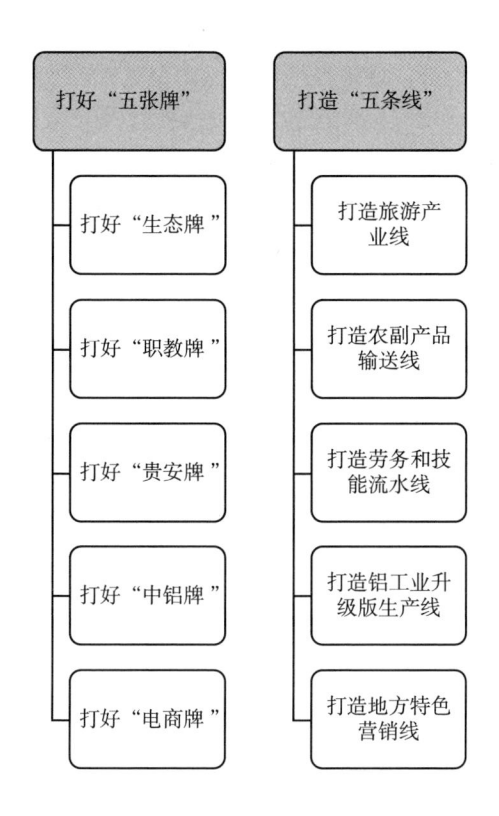

**图 2　新店镇"十三五"产业发展重点战略**

镇内的覆盖与延伸。

一方面，推动传统农业产业向现代农业转型升级。结合"六子登科"要求和新店镇独特的气候资源，优化"烟、果、蔬、药、茶"五个万亩农业产业种植基地布局，推进新店镇农业现代化建设步伐。另一方面，通过与入驻职教园区的职业院校建立"菜地—食堂"的食材直供模式，并由新店镇农业中心提供种养殖技术指导，保障食材天然、绿色、健康，力求在解决村集体经济发展的同时带动区域经济发展和农民增收致富。同时，拓宽特色果蔬销售渠道，探索线上销售，解决群众"种有所销、劳有所获"的问题。

**3. 打好"贵安牌"，打造劳务和技能流水线**

打好"贵安牌"，就是要形成贵安新区的劳务和技能输送流水线。清镇市在打好"贵安牌"中要加快与贵安新区同城发展，结合贵安新区的产业布局，

223

与贵安形成产业发展优势互补、差异发展、有序发展的利益共同体格局。基于此发展背景，新店镇不但要引导农民传统农业思维的转变，同时要实施人才培育工程，加大职教园区内技能人才的培训力度，重点围绕生产经营、大数据专业技能以及社会服务实施培训，有效提高劳动者市场就业能力。

打好"贵安牌"，应当积极融入周边地区谋发展。新店镇要着力构建"政校企"一体化机制，由政府牵头，积极与职教管委会及有关职业院校联系，搭建联合培养平台，逐步把全镇考不上高中和大中专院校的初高中毕业生及农村优秀的年轻党员、致富能手输送到职业技术学校，针对性开展职业技能培训，采取订单式为清镇市企业及贵阳、贵安输入技能型人才。充分发挥新店镇拟规划建设的农产品加工交易市场作用，整合新店镇及周边乡镇优质农产品，为贵阳及贵安新区大市场输入农副产品，丰富贵阳及贵安新区居民生活菜篮子。

**4. 打好"中铝牌"，打造铝工业升级版生产线**

打好"中铝牌"，就是要谋划实施工业升级"生产线"。根据"4+1"战略部署，王庄与新店同城化发展后，将依托中铝和塘寨电厂，以铝工业为引爆点，带动铝产品精深加工、粉煤灰深加工、脱硫石膏高端建材、碳酸钙等下游产业及附属产业发展，推进"煤—电—铝"一体化，打造西部铝城。同时，打造集农副产品加工、商贸、文教及行政管理为一体的集镇新区，为中铝及塘电提供生活配套服务。

打好"中铝牌"，应当全力推进煤电铝一体化项目建设。依托东风湖、索风湖和储藏量较大的煤炭资源，塘寨电厂配套的圣云红发展有限公司等煤炭仓储物流项目，以及中铝及塘寨电厂等大型企业的孵化带动作用，抢抓清镇市推动煤电铝产业发展的先机，在煤电铝一体化上取得重大突破，形成集聚发展效应。以中铝的建设作为一个切入点、引爆点，迅速聚集人气，打造铝工业促进产业转型升级的生产线，进一步拉动新店镇房地产、商贸、旅游等第三产业的发展。

**5. 打好"电商牌"，打造地方特色营销线**

打好"电商牌"，就是要坚持创新与发展，以特色产业引领农村电商发展，创建独特的新店镇域电商发展模式。新店镇既要抢抓国家农村电商发展的机遇，又要立足于本地农产品及红色文化和民族文化等资源优势，突出新店品牌。大力发展特色产业，强化特色产业基地、园区建设。提高农产品品质，培育龙头企业。充分发挥辐射带动作用和品牌效应，通过品牌培育为特色产业的销售市场打下坚实基础。强化水、电、路等基础设施建设，打通农村电商发展的"最后一公里"。

## 三 新店镇"十三五"建设管理服务项目化、精细化的思路

### （一）以项目为抓手，做好基础设施建设与项目配套服务

**1. 强基础，完善配套设施建设**

结合"四在农家·美丽乡村"基础设施建设小康路、小康水、小康房、小康电、小康讯和小康寨六项行动，改善农村人居环境和生产条件。水利方面，以迎燕水库"卫城—王庄—新店"远距离供水工程建设为契机，结合中铝集团电解铝项目取提水问题，规划新店镇中东部地区群众生产生活用水。交通方面，抢抓贵阳市大二环规划建设机遇，跳出区位局限谋划新店经济社会发展，融入清镇市、贵阳市、贵安新区及周边县市的发展大环境；推动新店镇绕镇公路项目落地实施，缓解老街运输压力，畅通经济发展通道；实施贵黔高速公路东风湖互通至椒园码头的旅游公路的基础设施配套项目。

**2. 引项目，增强发展内生动力**

以"一城两区三园"为产业定位，以"十三五"项目库为基础，深化制度改革，加强招商队伍，优化招商宣传，适时组织开展对外招商引资活动。强化中铝及塘寨电厂等大型企业的孵化带动作用，积极引进铝产品精深加工及煤炭物流等配套产业；强化滨水旅游小镇的项目孵化作用，引进四季果园、风情小镇、运动康体项目等大健康产业，实现西区旅游商贸深化发展。

### （二）以服务为导向，做好民生服务与管理保障

**1. 强措施，打好扶贫开发攻坚战**

在强调精准扶贫，"真扶贫、扶真贫"的大背景下，坚持实施扶贫开发这一主战略，找准扶贫工作的关键点和着力点，把扶贫攻坚作为重要中心工作，全力打好扶贫开发攻坚战。

找准对象，抓住扶贫关键点。贫困状况信息把握不准确会增大扶贫工作的

复杂性和艰巨性，不利于扶贫工作的顺利推进。制订低收入家庭帮扶计划，完善"一户一策"政策，切实做到帮扶计划精准、可操作。加大对低收入家庭孩子入学情况的核查统计，通过扶智开展扶贫攻坚。加快实施扶贫生态移民搬迁工程，有效宣传各项政策、措施，努力解决低收入家庭住房难问题。加快实施一批扶贫项目，通过产业扶贫提升低收入人群就业率。

齐抓共管，形成扶贫着力点。与职教园区入驻院校对接，将农村青年逐步输送到职业学校开展技能培训，努力实现农村闲散劳动力就业转化。研究制定金融扶贫相关政策，继续深化和完善"特惠贷"相关政策，努力通过金融政策缓解低收入家庭创业负担。加强对农村合作医疗及相关医疗扶贫政策的宣传力度，确保每个低收入家庭的病人都能得到医疗救助。探索"资源变股权、资金变股金、农民变股民"的"三变模式"，积极申报山地高效农业项目，努力实现扶贫开发工作措施多样化、方法多元化。

**2. 保民生，构建服务群众新体系**

坚决贯彻共享发展理念，突出社会稳定这一主体，全面提升群众获得感。运用交通云平台、"互联网+"、远程教育等平台，不断提升社会治理科学化水平，努力构建社会管理新格局。

推动和谐与发展，构建"爱民"体系。认真解决好事关群众利益的民生问题，尤其是要着力解决好留守儿童、鳏寡孤独群体、空巢老人等特殊群体的困难。推进农村危房改造，启动旅游大道建设，社会化康复站建设，新店幼儿园工程建设，进一步深化农村人饮工程、灌溉工程、亮丽工程及全镇垃圾设施配备工程建设。

深化"访评议"机制，构建"亲民"体系。多种形式推进面对面群众会、农家院坝会等会议的召开，通过召开群众会，深入排查、化解群众矛盾纠纷，确保"小事不出村，大事不出镇，矛盾不上交"，进一步完善领导干部接访制度，推进信访阳光化、法制化。形成有效沟通和反馈渠道，开展定期走访活动，积极了解群众热点难点问题，并采取有效措施为群众排忧解难。

加固维稳安全线，构建"安民"体系。深入推进"两严一降"和禁毒人民战争，继续抽调精干力量，协助辖区内派出所开展"两严一降"和禁毒人民战争工作，依法打击"两抢一盗"、坑蒙拐骗、挡工堵路等违法犯罪行为，继续实施"喇叭喊、警灯闪"工程，组建平安建设巡逻队伍，不断提高人民群众的安全感和满意度，治安整治有所提升。抓住各村警务助理选聘机遇，强化信息员队伍建设，及时搜索负面舆情并第一时间处理，舆情疏导有所提升，有效引导社会舆论。

3. 重责任，强化政府自身建设

面对新的形势和任务，新店镇应构建办事高效、运转协调、行为规范、环境优化的政务服务体系。

全面推进依法行政，加快政府职能转变。建立重大决策终身责任追究制度及责任倒查机制，坚决杜绝"有法不依、违法不究、执法不严"。自觉接受人大监督、社会舆论监督，认真办理人大代表建议、意见和提案。进一步树立民本思想，更加重视民生，努力为群众办实事、解难事，让广大人民群众共享发展成果；推进公车改革，研究并在事业站所中试行公车改革制度。

坚守廉洁从政底线，强化干部"三力"建设。严厉整治"庸、懒、散"行为，深入推进"为官不为""为政不廉"整治，切实解决工作中的不作为、慢作为、乱作为现象，加强对重点领域、重点部门、重点项目、大额资金的行政监察和审计监督，严格控制各类庆典活动，规范公务接待，精简会议和文件，改进文风会风，用制度管权、管事、管人。严肃查处违法违纪案件，营造干部清正、政府清廉、政治清明的良好政风。

着力搭建人才培养平台，深化人才培育机制。打造干事创业队伍，加强干部业务技能培训，转变政府各职能部门的工作作风。将政府职能向农村社区延伸，提高公共服务部门的服务质量。选拔年轻优秀的中层干部到村任职，参与村级各项事务处理，在基层一线扎实锻炼和培养一支执行力、落实力、担当力强的干部队伍，逐步形成村干部职业化、公职化及后备干部培养常态化的机制。

**参考文献**

徐顽强、周丽娟：《基于特色乡镇体系发展模式的中西部小城镇建设路径探析》，《湖北民族学院学报（哲学社会科学版）》2015年第6期。

清镇市新店镇：《新店镇"十二五"总结及"十三五"发展思路》，2015。

清镇市新店镇：《新店镇基本情况简介》，2015。

# B.13
# 以生态农业、苗乡旅游为特色打造农旅型小城镇
## ——清镇市流长乡"十三五"发展思路研究

**摘　要：** 2016年是"十三五"开局之年，流长乡民族文化、农旅资源丰富，如何充分发掘、利用好现有资源，推动流长乡的社会经济发展，实现农民的增收致富，是流长乡未来发展面临的挑战。本文通过理论研究与实证调研相结合的方法，深入了解流长乡的发展现状，分析其发展中存在的主要问题及成因，并提出相应的参考意见，以期为流长乡以及其他乡村地区的发展提供借鉴或参考。

**关键词：** 流长乡　民族乡　农旅一体化　新型城镇化

## 一　流长乡的发展基础与"十二五"发展成绩

### （一）流长乡的发展基础

**1. 流长乡地处清镇西大门，是清镇"西部大开发"组团之一**

流长苗族乡位于贵州省贵阳市、毕节地区、安顺地区交界处，地处清镇市西部，距贵阳城区60公里，距清镇城区40公里，东抵清镇市犁倭乡，西抵织金县，北抵清镇市卫城镇和王庄布依族苗族乡，南抵平坝县，流长乡总面积158平方公里。流长乡与织金县相隔一条河，被称作贵阳市的西大门，是清镇市"西部大开发"的协调区，也是清镇"西部大开发"组团之一。

**2. 流长乡是一个传统农业乡，农村经济具有一定基础**

流长乡自然环境和地理环境优越，具有良好的农业经济发展基础。流长乡

海拔高度在 700~1655.1 米之间,平均海拔 1400 米,属于亚热带气候,全年气温温和,雨量充沛。年平均气温 16℃~18℃,雨季明显,多集中于夏季,无霜期 270 天左右;年相对湿度为 80%。流长乡拥有林地面积 4460.97 公顷,森林覆盖率为 32.6%;土质优良,多为砂质壤土,PH 值为 6.5~7,总耕地面积 30660 亩。"十二五"期间,流长乡农民人均纯收入达到 10074 元,突破万元大关,增长 9.9%,绝对值高出小康标准值 3000 元以上。

**3. 流长乡是贵阳市最大的少数民族乡,以苗族居多**

流长乡的面积为 154 平方公里,流长乡是贵阳市最大的少数民族乡,现有人口 53048 人,少数民族人口占总人口的 54%,其中苗族在少数民族当中是占比最多的。

表 1 流长乡基本情况

| 概况 | 辖区面积 | 154 平方公里 | 辖区常住人口 | | | | |
|---|---|---|---|---|---|---|---|
| | 辖区范围 | 地处清镇市西部,东界犁倭乡,南连平坝县,西临织金县,北靠卫城镇和王庄乡,辖 27 个村(居)263 个村民组 | 户籍人口 | 14222 户 | 流动人口 | 22618 人 |
| | | | | 53048 人 | | |
| | | | 困难群体 | 低保人员 | 1758 人 | 外出打工 | 826 人 |
| | | | | 60 岁以上老人 | 618 人 | 建档立卡贫困户 | 5642 人 | | |
| | 自然资源 | 自然资源主要有煤、铝矾土、硫铁矿、硅石、重晶石、石灰石等 8 种 | | 残疾人 | 3420 人 | 失业人员 | 27 人 | 刑释解教人员 | 97 人 |
| | | | 特殊人群 | 留守儿童 | 674 人 | 吸毒人员 | 297 人 | 缠访、集访带头人 | 3 人 |
| | | | | 失学儿童 | 0 | | | | |
| 经济发展 | 村(居)民可支配收入 | | 地方财政总收入 | 村集体经济 | | 第一产业生产总值 | 第二产业生产总值 | 第三产业生产总值 | 辖区内企业 | 招商引资 | | 全社会固定资产投资 |
| | 村民 | 居民 | | 总数 | 资金总额 | | | | | 签约金额 | 签约企业 | 落地企业 | |
| | 11843.5 元 | 11843.5 元 | 4822 万元 | 26 个 | 386.14 万元 | — | — | — | 11 个 | 5.909 元 | 12 个 | 12 个 | 35.984 元 |

229

续表

| 基础设施建设 | 六个小康专项行动计划 ||||||
|---|---|---|---|---|---|---|
| | 小康路 | 小康水 | 小康房 | 小康电 | 小康讯 | 小康寨 |
| | 通村、进组、串户路硬化分别为：100%、90%、60% | 实施水利项目32个 | 实施危房改造1237户 | 完成27个村（居）电网改造 | 完成18个村（居）宽带通达 | 5个 |

| 教育资源 | 幼儿园 || 小学 || 中学（初中和高中） || 大中专及以上院校 |
|---|---|---|---|---|---|---|---|
| | 公办 | 民办 | 公办 | 民办 | 公办 | 民办 | 0 |
| | 3个 | 1个 | 10个 | 0 | 1个 | 0 | |

| 文体建设 | 人文资源 || 重点文化节庆活动 || 公共文体活动场所（包括广场、公园和体育运动场所等） ||
|---|---|---|---|---|---|---|
| | 苗绣、芦笙舞 || 跳花坡 || 30个 ||

| 医疗卫生资源 | 乡镇卫生院 || 1个 | 养老院 | 1个 |
|---|---|---|---|---|---|
| | 医护总数 | 床位数 | 床位占用率 | 村级卫生室 | 33个 |
| | 59个 | 63张 | 90% | | |

资料来源：表格数据由流长乡提供。

## （二）流长乡"十二五"发展取得的成绩

### 1. 产业转型取得新进展

"十二五"期间，流长乡在农业方面不断壮大特色产业，以"4+1"战略为契机，立足"生态牌"，以优化产业结构为重点，促进产业发展转型升级。主要表现为发展壮大四大核心产业。

巩固烤烟优势产业，稳定烤烟指标生产，保持烟农持续增收，并建成国家级现代烟草农业流长基地单元。新建核桃生态产业，发挥流长乡喀斯特地形地貌优势，发展现代高效生态山地农业，种植核桃6万余亩，建成贵阳市乌蒙山区最大的核桃产业带。壮大肉牛主导产业，做大做强"王院王牌"肉牛养殖专业合作社，合作社会员从2009年的305户发展到2015年的1050户，肉牛存栏从2740头发展到7800头，成为贵阳市、贵州省和国家级农业产业化经营重点龙头企业。培育刺绣民族产业，根据当地的苗族刺绣特点，流长乡在腰岩村发展刺绣产业，成立腰岩苗族刺绣农民专业合作社，现有会员20户，资产50万元，会员月收入2000元，带动了全村100多户农户增收。

与此同时,"十二五"期间,流长乡在工业方面,着力发展工业园区,建立大坝生态工业园。现阶段已经引进了多个项目(见表2)。

表2 流长乡加工业主要项目建设情况

单位:万元

| 项目名称 | 投资金额 |
| --- | --- |
| 贵州百味佳食品有限公司农副产品深加工项目 | 3365 |
| 流长乡诚鑫石材加工厂建设项目 | 2800 |
| 贵州青正汽车驾驶员培训学校流长培训基地 | 800 |
| 流长乡吉秀针织袜厂建设项目 | 350 |

资料来源:流长苗族乡人民政府《流长乡"十三五"规划发展思路》,2015。

**2. 城镇建设取得新进展**

规划布局取得新成果。"十二五"期间,按照"产城一体、以产兴城、以城促产、产城联动、融合发展"的思路,流长乡投入100万元做小城镇建设总体规划和控制性规划,确定了流长乡"一心一带一园多基地"的城镇空间布局,其中"一心"即以流长老集镇改造和开发为中心的独具苗族特色的生态旅游观光型小城镇;"一带"即沿三岔河、凹河、东风湖打造集民族风情、峡谷风光、户外拓展、温泉养生为一体的沿河旅游观光带;"一园"即以流长大坝生态产业为核心的农产品深加工产业园区;"多基地"即按照产业集聚化发展特点,打造生态产业示范基地、生态农业产业示范基地、服务业聚焦示范基地。

基础设施建设取得新成效。"十二五"期间,按照市级示范型小城镇"10个1"项目建设标准,流长乡大力实施旧城改造,着力打造绿色生态旅游观光型小城镇。目前已建成大元、茶元宜居小区;总投资20万元的规范性流长乡图书室;总投资91.5万元的敬老院;总投资30万元的运动场;总投资33.9万元的燕子街人行道改造、隔离带绿化、白改黑工程贯通路网;总投资100万元的民族文化广场。

**3. 民生保障取得新进展**

文教卫计设施不断完善。"十二五"期间,流长乡完成总投资1303.4万元的贵阳市首个农村寄宿制小学——流长小学改扩建工程;新建流长幼儿园,总投资780万元；完成流长乡卫生院改扩建项目，总投资750万元，实现村村拥有卫生室；建设乡综合文化站1个，并配置电子阅览室、健身室、娱乐室等文化设施；村村建有农家书屋，藏书达6.5万余册；村村通覆盖率100%。

社会治理模式不断创新。"十二五"期间，流长乡为打通联系服务群众最后一公里，创新工作机制，开展"树雷锋型驻村干部，建特派员工作机制"活动。"雷锋型干部"主要发挥"思想政策宣传员、经济发展建言员、矛盾纠纷化解员、民生满意服务员、文化传播引领员、人民群众特派员、科学党建指导员"等七大员作用。据统计，流长乡派出的"雷锋型干部"共深入走访群众6560户，调处矛盾纠纷161件，为群众代办事务1543件。"雷锋型"驻村干部搭建起了党员干部密切联系群众的桥梁和纽带，增进了党群干群关系，维护了社会和谐稳定。

## 二 流长乡"十三五"时期打造农旅型小城镇的发展思路

### （一）贯彻"4+1"发展战略，明确流长乡发展定位

**1. 明确定位：打造农旅型小城镇**

"十三五"期间，流长乡应明确打造农旅型小城镇的定位。依托良好的生态环境，完善村寨基础设施，推进农旅一体化，重点根据不同地区的地理特征、文化特质、农业特点，打造休闲旅游产业带、贵安新区乡村生态旅游休闲度假区，打造"四季花海"式美丽乡村、"周末花园""避暑山庄"田园风光村寨游，打造"天然养生温泉浴"品牌等。

**2. 突出特色：生态农业和苗乡旅游**

"十三五"期间，流长乡应突出生态农业和苗乡旅游两大特色。大力推广五种生态农业模式，即养加种生态循环模式、村寨环境净化美化生态化模式、休闲观光生态旅游模式、生物技术应用模式、园区小区龙头带动模式，形成独具特色的循环农业、生态农业。大力推广以苗乡旅游为特色的旅游业，以美丽乡村建设为契机，挖掘、利用沿线民俗文化、自然资源，发展苗乡旅游。

### 3. 优化布局："一心一带一园多基地"

"十三五"期间，流长乡应按照"一心一带一园多基地"，优化发展布局。形成以流长老集镇改造和开发为中心的独具苗族特色的生态旅游观光型小城镇；打造沿三岔河、凹河、东风湖集民族风情、峡谷风光、户外拓展、温泉养生为一体的沿河旅游观光带；建成以流长大坝生态产业为核心的农产品深加工产业园区；按照产业集聚化发展特点，打造生态产业示范基地、生态农业产业示范基地、服务业聚焦示范基地。

### 4. 坚持原则：新型产业化、新型城镇化和履职规范化

"十三五"期间，流长乡应坚持新型产业化、新型城镇化和履职规范化三大原则，在新型产业培育、城镇化建设及政府履职规范化方面有所突破。坚持新型产业化原则，加快培育和发展新型产业，向资源节约型和环境友好型产业转型。坚持新型城镇化原则，以人为核心，着眼于农民，涵盖农村，实现城乡基础设施一体化和公共服务均等化，促进经济社会发展，实现共同富裕。坚持履职规范化原则，以履职制度化建设为突破口，深入推进依法行政、不断强化公共服务、持续改进工作作风、切实加强反腐倡廉，加快法治政府和服务型政府建设，全面提升政府依法履职能力。

## （二）对标上位规划，确定流长乡发展目标

### 1. 经济增长目标

"十三五"期间，流长乡应利用老黑山一带拥有的矿产资源，着力发展资源精深加工产业，引进大型企业，形成集聚效应；大力发展民族文化旅游业，加快推动农旅一体化，提高经济发展增速，增加就业岗位。"十三五"期间，流长乡固定资产投资年均增长9%以上；财政总收入年均增长13%以上，地方财政收入年均增长13%以上；农民人均纯收入年均增长10%以上。到2020年，城镇新增就业870人；转移农村富余劳动力4000人以上；城镇化率达到50%以上。[①]

### 2. 设施建设目标

"十三五"期间，流长乡应坚持巩固更新、定期养护的原则，把水资源保

---

① 流长苗族乡人民政府：《流长苗族乡"十二五"期间特色亮点及"十三五"期间工作思路》，2015年12月2日。

护和有效利用纳入重要日程，加强对乡内现有水泥路的保护力度，用全新的理念开展生态建设，完善流长乡环境、水利、道路等各方面的基础设施建设。实现通村公路、进组路、串户路硬化率达100%，机耕道硬化率达80%；农村自来水入户率达90%，安全饮水率达95%，农田灌溉覆盖率达80%。[①]

**3. 环境保护目标**

"十三五"期间，流长乡应用全新的理念开展生态建设。将人工栽种与自然生长相结合，兼顾近期与远期、建设与保护、生态与经济各种效益。实施公益林建设、高效经济林建设、公路与村庄绿化等生态建设工程。鼓励各类投资主体积极参与植树造林，全面提升流长乡生态质量与效益。

## 三　流长乡"十三五"经济社会发展重点任务

### （一）大力推进新型产业化，用创新的举措挖掘转型升级新优势

**1. 紧扣"生态牌"，大力发展现代农业**

"十三五"期间，流长乡应紧扣"生态牌"，遵循山地经济规律，大力发展现代高效山地农业。特色农业方面，通过土地流转、农民入股分红、市场化经营、公司化运作、订单式农业等方式，发展规模化种养殖业，打造万亩"基地式"特色"果、蔬、粮、烟、畜"基地；围绕中铝"菜篮子"供给，重点打造果蔬保供基地，集群式推进农业产业结构调整，初步形成"一乡一业"、"一村一品"的产业格局。农村电商建设方面，把打造优势网销商品作为推动电子商务快速发展的重要环节，在调研摸底和广泛动员电子商务发展主体的基础上，挖掘和包装一批网销主推商品，开发电子商务发展主体企业、合作社，完善电子商务服务站。

**2. 紧扣"旅游牌"，大力发展特色旅游**

"十三五"期间，流长乡应紧扣"旅游牌"，大力发展特色旅游。依托良好的生态环境、如画的自然风光、奇险的峡谷风貌、天然的溶洞奇观、浓郁的

---

① 流长苗族乡人民政府：《流长苗族乡"十二五"期间特色亮点及"十三五"期间工作思路》，2015年12月2日。

**表3 流长乡现代农业发展目标**

| 产业名称 | 具 体 做 法 | 预 期 目 标 |
|---|---|---|
| 烤烟产业 | 建成贵阳市最大的国家级现代烟草农业基地单元 | 到2020年产值达2288万元,烟叶税5.3万元 |
| 蔬菜产业 | 引导兰鸿公司、鑫锐合作社逐年扩大种植面积 | 到2020年建成清镇市"菜蓝子"保供基地建设,蔬菜种植面积达1万亩 |
| 水果产业 | 发展以桃、李、梨为主的水果种植业 | 到2020年建成万亩果园 |
| 核桃种植业 | 建成国家最大核桃产业带之一 | 到2020年核桃种植面积扩大到8万亩,产量9600万斤 |
| 牛肉产业 | 做大做强做优"王院王牌"肉牛养殖专业合作社 | 到2020年发展会员达到1200户,实现肉牛存栏1.1万头。建成流长乡肉牛屠宰加工基地 |
| 生猪产业 | 依托贵州希望集团,建成清镇市生猪养殖示范基地 | 到2020年实现年出栏生猪30万头 |

资料来源:《流长苗族乡"十二五"期间特色亮点及"十三五"期间工作思路》。

民族风情等优势,在"凹河—白猫河—东风湖"沿线规划建设集温泉养生、户外探险、水上漂流、自然风光、峡谷风貌、洞穴奇观、苗族风情为一体的休闲旅游产业带,打造贵阳西部旅游黄金线。依托厦蓉高速公路建设的契机,以厦蓉高速为轴线,在"银厂—羊场—川心—阳雀"沿高速分层次、分阶梯种植李树、桃树、梨树等季节性经果林,建设"交通走廊绿色通道",打造"四季花海"式美丽乡村。以"羊场—川心—红岩—银厂"为中心,通过"美丽乡村"六项行动计划,完善村寨基础设施,打造"周末花园""避暑山庄""田园风光村寨游",实现农旅一体化。通过保温引流,将上游红岩村天然温泉引入凹河村,新建一个温泉疗养中心,打造"天然养生温泉浴"品牌。围绕流长现代农业观光产业园及腰岩、马陇等村的原生态苗族文化,打造"银厂—流长—腰岩"现代都市农业游、休闲农业观光游及民族风情体验游等特色旅游带。

**3. 紧扣"中铝牌",大力发展实体工业**

流长乡铝矿、石灰石等矿产资源丰富,"十三五"期间应紧扣"中铝牌",突破资源精深加工。发挥老黑山距离两大铝加工基地不足25公里的"三角区位"地理优势,结合清镇市工业发展布局,做大做强精深加工产业,沿高帮—银厂一线布局矿产品深加工产业带,给中铝、广铝提供资源。对境内流出的低品位矿产品进行"截流回收",依靠大公司在老黑山投资兴建矿产品深加工基地,运用现代科学技术,采用先进生产工艺,实现资源循环综合利用,再通过厦蓉高速、清织铁路快速物流外运,增加工业产品附加值。依托中铝集团和塘寨电厂,流长乡北靠王庄、毗邻卫城的区位优势和铝煤矿丰富的资源优势,推行煤电铝一体化,形成集聚发展效应。在天平建煤化工基地,在羊坝建石材加工基地,在老黑山建铝土矿深加工基地,为中铝配置铝土矿和煤矿资源,同时成为塘电用煤配送基地。

## (二)大力推进新型城镇化,用务实的行动提升城镇发展新形象

### 1. 强化基础设施建设

"十三五"期间,流长乡应强化基础设施建设,加快城镇建设步伐。具体来说,应以建设县级示范性小城镇为契机,通过对集镇街面房屋进行统一立面改造,打造具有地方苗族特色的民居,建设特色鲜明的民族小城镇;依托美丽乡村建设,通过争取财政资金投入,加大小城镇基础设施建设,尤其是集镇道路改造和外环路建设、集贸市场规范化整治,完善集镇功能,打造宜居、宜商美丽乡村集镇;盘活流长国有、集体存量土地,通过招商引资和市场化运作,建设流长集镇商业步行街,形成商业综合体,促进流长商贸业快速发展,激发城镇发展活力,聚集人气;继续加快集镇北部产业园区发展,全力服务在建项,让入驻项目早日见效益,发挥产业集聚效应,带动新城镇发展。

表4 "十三五"流长乡基础设施建设项目及目标

| 基建项目名称 | 预期目标 |
|---|---|
| 水利基础设施 | 实施水利项目40个,解决人畜饮水问题 |
| 道路基础设施 | 保证各个通村公路的安全通畅,构建乡、村、组三级公路网络,提高流长乡道路通达能力 |
| 电力基础设施 | 完成工业用电和农业用电的线路分离,杜绝线路滥用、相互影响的现象,实现农村电网改造率全覆盖 |

### 2. 提升服务管理水平

"十三五"期间,流长乡应重点在就业、社会保障、医疗卫生、教育文体等方面不断提升服务管理水平。

就业方面，依托政策，促进就业，拓宽就业渠道，并创造条件，鼓励有志青年回乡创业。注重发挥第二、第三产业对增加就业的积极作用，大力发展劳动密集型产业。社会保障方面，构建与流长乡经济发展水平相应的社会保障体系。使农村最低生活保障和特困群体帮扶救助等社保工作实现制度化。教育事业方面，发展好学前教育和九年义务教育，加强教师队伍建设，增加教育基础设施建设投入，全面改善办学条件。医疗卫生方面，重点提高流长卫生院的医疗条件和就诊水平，通过乡村两级院室的建设，建立起覆盖乡村、功能完备的疾病防治体系，提高公共卫生服务水平。文体事业方面，重点加强公共文化服务体系与基础设施建设，开展内容丰富、形式多样的文化活动，满足群众的文化娱乐需求。

### （三）大力推进履职规范化，用严格的制度实现效能建设新提升

**1. 建设务实政府**

"十三五"期间，流长乡应建立务实政府，加大重点工作督促考查力度，着力整治精神懈怠、慵懒疲沓、推诿扯皮、有令不行等突出问题。切实执行行政问责、限时办结等制度，大力整治行政不作为、工作不落实现象，坚决制止工作推诿和不负责任的行为，进一步营造"肯干事、敢担责、善破难"的良好风尚。推动政府管理和服务重心下移，建立健全流长乡村干部工作激励机制，不断提高乡村干部干实事、求实效的创造力和执行力。

**2. 践行群众路线**

"十三五"期间，流长乡应继续深入开展以"为民务实清廉"为主要内容的党的群众路线教育实践活动，主动查摆"四风"问题。深化"树雷锋型驻村包组干部"活动，促进干部为群众多办实事、多做好事、多解难题。坚决纠正形式主义、官僚主义、享乐主义和奢靡之风，认真落实各项反腐倡廉改革举措，全面落实党风廉政建设责任制，健全完善惩治和预防腐败体系。

**3. 加强文明建设**

"十三五"期间，流长乡应把提高公民的思想意识和科学文化素质结合起来，崇尚社会公德、职业道德、家庭美德和个人品德，积极推动中国特色社会主义精神文明建设，通过树立先进典型来弘扬正气，加大优秀传统文化宣传力度，用"中国梦"来凝聚力量，鼓舞斗志，使全社会文明程度提升到一个新

的层次。

#### 4. 推动民主法治

"十三五"期间,流长乡应强化制度建设,实现制度建设常态化。大力开展普法教育活动,在流长乡上下形成良好的法制氛围。同时,加强基层民主建设,着力推动村务公开和政务公开,提升选举、管理、决策和监督等环节的民主水平,保障人民群众的知情权、参与权、表达权和监督权。加大执法力度,严厉打击违法犯罪活动,为流长乡经济社会发展和人民群众安居乐业保驾护航。

#### 5. 创新社会治理

"十三五"期间,流长乡应不断加强创新社会治理工作的组织领导,根据新形势,制定新措施,研究新方法,全面提高社会治理能力。完善排查化解各类矛盾纠纷的机制,重点规范信访工作流程与处理方式;健全网格化管理模式,推动居民自治,全力维护社会安全和谐稳定。

**参考文献**

流长苗族乡人民政府:《流长苗族乡"十二五"期间特色亮点及"十三五"期间工作思路》,2015年12月2日。

流长苗族乡人民政府:《流长乡"十三五"规划发展思路》,2015。

杨成:《贵州少数民族地区山地高效农业发展研究》,《贵州民族研究》2015年第5期。

黄婧、史琼、欧国武、崔嵬、孙秋:《贵州现代山地高效农业发展的困境与对策》,《贵州农业科学》2015年第43期。

付敏君:《农村电子商务研究综述》,《中国经贸》2012年第12期。

# B.14
# 探索农旅型小城镇发展模式 建设实力犁倭、活力犁倭、美丽犁倭

——清镇市犁倭镇"十三五"发展思路研究

**摘　要：** 犁倭镇作为一个以传统农业为主导的乡镇，其文化旅游资源十分丰富，如何利用文化旅游资源来推动农业转型发展、农旅融合发展是当地十分关注的问题。在对犁倭镇进行实地调研和深度访谈的基础上，课题组对犁倭镇"十二五"发展进行回顾与分析，重点阐述犁倭镇的基本特点与发展优势，"十二五"发展取得的成绩，当前发展面临的三大机遇与相应挑战，并在此基础上对犁倭镇"十三五"的发展思路进行探析，提出犁倭镇"十三五"发展的四大重点任务——生态建设工程、产业提升工程、社会治理工程、诚信建设工程。该研究为我国不少以传统农业为主导的乡镇转型发展提供了一定的参考借鉴意义。

**关键词：** 农旅一体化　生态保护　经济发展　清镇市犁倭镇

## 一　犁倭镇"十二五"发展回顾与分析

### （一）犁倭镇的基本特点与发展优势

犁倭镇位于清镇市区西南部，距清镇市区 28 公里，东面与站街镇相连，南面与平坝县齐佰镇毗邻，西面与流长乡交界，北面与卫城镇隔河相望。总面积 144 平方公里，耕地面积 29997 亩。全镇下辖 14 个行政村、1 个居委会、

186个村民组，总户数13348户，总人口40884人，辖区内汉族与布依族、苗族、仡佬族、水族、白族等十多个少数民族杂居。①

表1 犁倭镇基本情况

| | | | | | | | | |
|---|---|---|---|---|---|---|---|---|
| 概况 | 辖区面积 | 144平方公里 | | 辖区人口 | | | | |
| | 辖区范围 | 东面与站街镇毗邻，南面与平坝县齐佰镇交界，西面与流长乡交界，北面与卫城镇衔接 | 户籍人口 | | 13348户 | 流动人口 | 18001人 | |
| | | | | | 40884人 | | | |
| | | | 困难群体 | 低保人员 | 1049人 | 外出打工 | 856人 | |
| | | | | 60岁以上老人 | 329人 | 建档立卡贫困户 | 435户1166人 | |
| | 自然资源 | 探明的矿产资源有铝、铁、硅、煤、重金石、大理石、硫铁矿和耐火黏土等8种，其中铝、铁、煤属于丰富矿产资源 | 特殊人群 | 残疾人 | 2769人 | 失业人员 | 50人 | 刑释解教人员 | 62人 |
| | | | | 留守儿童 | 769人 | 吸毒人员 | 286人 | 缠访、集访带头人 | 0 |
| | | | | 失学儿童 | 0 | | | |

| | 村(居)民可支配收入 | | 地方财政总收入 | 村集体经济 | | 第一产业生产总值 | 第二产业生产总值 | 第三产业生产总值 | 辖区内企业 | 招商引资 | | 全社会固定资产投资 |
|---|---|---|---|---|---|---|---|---|---|---|---|---|
| 经济发展 | 村民 | 居民 | | 总数 | 资金总额 | | | | | 签约金额 | 签约企业 | 落地企业 | |
| | 9532元 | | 2577万元 | 1858万元 | 398万元 | 1.81亿元 | 1.27亿元 | 0.83亿元 | 9个 | 2.2亿 | 8个 | 6个 | 10亿元 |

| | 六个小康专项行动计划 | | | | | |
|---|---|---|---|---|---|---|
| 基础设施建设 | 小康路 | 小康水 | 小康房 | 小康电 | 小康讯 | 小康寨 |
| | 49公里 | 13个 | 263户 | 1个 | 0 | 1个 |

| | 幼儿园 | | 小学 | | 中学(初中和高中) | | 大中专及以上院校 |
|---|---|---|---|---|---|---|---|
| 教育资源 | 公办 | 民办 | 公办 | 民办 | 公办 | 民办 | 0 |
| | 1个 | 3个 | 14个 | 0 | 1个 | 0 | |

---

① 贵阳研究院：犁倭镇党委书记访谈录音资料，2015。

续表

| 文体建设 | 人文资源 | | 重点文化节庆活动 | 公共文体活动场所(包括广场、公园和体育运动场所等) | |
|---|---|---|---|---|---|
| | 道文化 | | 桃花节 | 14个 | |
| 医疗卫生资源 | 乡镇卫生院 | | 1个 | 养老院 | 1个 |
| | 医护总数 | 床位数 | 床位占用率 | 村级卫生室 | 27个 |
| | 20人 | 32张 | 3% | | |

资料来源：表格数据由犁倭镇提供。

### 1. 生态环境优势

犁倭镇是一座集"山、桃、洞、河"于一体的生态文明乡镇，森林覆盖率达到40.5%，生态环境优势突出。

"山"：位于犁倭镇西北2公里处的玉冠山是明代道教文化遗址，因酷似皇冠而得名，东、西、南面均为崖悬绝壁，唯北面一夹道攀缘而上。"桃"：犁倭镇现有3.5万亩"玉冠桃"桃园①，并连续举办五届"中国·贵阳避暑季之清镇市避暑运动休闲游暨犁倭镇'玉冠山'桃园文化节"。"洞"：犁倭镇现有河溪躲匪洞与八仙洞，前者是从前当地百姓为逃避土匪烧杀抢劫的藏身之处，山高崖险，洞内通风良好，洞外风景秀丽；后者是喀斯特地貌溶洞，有多种岩溶堆积形态，形态各异，高大的石幔、石帷如从天上垂下。"河"：犁倭镇水资源丰富，有暗流河、油菜河两大河流，翁林水库、火锋冲水库两大水库及翁旮大塘。

### 2. 空间区位优势

从空间区位来看，犁倭镇的东西南北面分别与站街镇、流长乡、平坝县齐佰镇、卫城镇毗邻。按照清镇市"西部大开发"的战略部署，犁倭镇属于清镇市"西部大开发"的协调区；同时，犁倭镇位于黔中经济圈核心，贵安新区、清镇市工业西区、清镇市煤化工工业园区的辐射范围，有助于犁倭镇快速融入省市各大战略分区的发展之中。此外，就清镇市产业布局来说，犁倭镇既位于西部农业片区，又位于站街—犁倭—麦格产业带，拥有玉冠山旅游景区，在其三次产业发展中也有独特的区位优势。

---

① 贵阳研究院：犁倭镇党委书记访谈录音资料，2015。

### 3. 矿产资源优势

犁倭镇矿产资源十分丰富，现已探明的矿产资源有铝、铁、硅、煤、重金石、大理石、硫铁矿和耐火黏土等8种，其中铝、铁、煤是犁倭镇矿产资源的三大优势。

就矿区来说，犁倭镇的黄泥田矿山、老黑山矿山、猫场矿区已形成鼎立之势，分别坐落于乡中部、西部和南部，是清镇全市铝矿资源的主要集中地。其中，猫场矿区为全国特大铝矿床，储量为2.16亿吨，居全国首位，犁倭镇也因此被誉为"黔中宝库·生态铝镇"。此外，镇域境内的细岩、石牛、下寨等14个村都有丰富的煤矿资源。

### 4. 交通物流优势

犁倭镇辖区内有厦蓉高速公路、林织铁路、307省道、犁齐公路、犁蔡公路（中铝资源通道）经过，正逐步形成"三横两纵"的交通格局，交通便利度佳。加之犁倭镇具有良好的地理位置，距清镇老城区16公里，距贵阳老城区50公里，距贵阳市市级行政中心32公里，距贵阳龙洞堡国际机场60公里，距织金36公里，距贵安新区30公里，物流优势凸显。[①]

### 5. 传统文化优势

犁倭镇的传统文化优势集中体现在玉冠山600多年的道教文化。明洪武八年（1375年），玉冠山上兴建清泉寺。至明天启二年（1622年），安邦彦[②]反明，以此庙据守，多有毁损。经清雍正、光绪年间几度重修，殿、阁、楼、亭风格各异，规模壮观，面积达4500平方米。时庙堂香烟缭绕，四季不绝；寺内钟声，绵延数里。

## （二）犁倭镇"十二五"发展取得的成绩

### 1. 经济运行实现四个突破

"十二五"期间，犁倭镇经济运行实现了四个突破：地方GDP突破3亿元

---

① 中共犁倭镇委员会：《犁倭镇"十三五"经济社会发展规划（2016~2020年）》。
② 安邦彦（~1629.9），贵州织金那威（今织金官寨）人，明朝末年著名的彝族土司。天启二年二月，安邦彦起兵响应四川永宁宣抚使奢崇明叛乱，自称"罗甸大王"，掀起了一场声势浩大的彝族反明大叛乱，其领导下的叛军，波及贵州大部、四川、云南、湖南等地，三次围攻贵阳，1629年9月，叛乱平定，被杀于四川。

探索农旅型小城镇发展模式　建设实力犁倭、活力犁倭、美丽犁倭

大关，完成3.54亿元，增长0.66倍；固定资产投资突破10亿元大关，完成10.03亿元，增长3.8倍；财政总收入突破2400万元大关，完成2577万元，增长1.73倍；公共财政突破1000万元大关，完成1655万元，增长1.46倍。（见图1、图2）

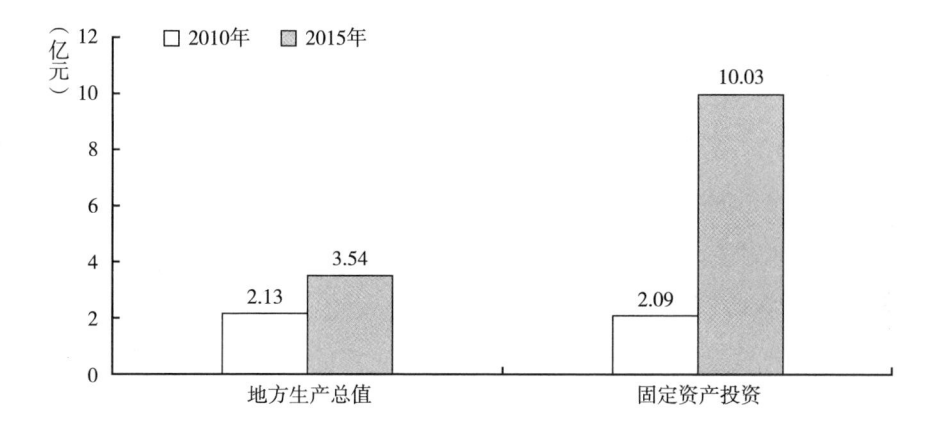

**图1　犁倭镇2010年与2015年地方GDP、固定资产投资对比**

资料来源：《犁倭镇"十二五"期间工作完成情况及"十三五"时期的工作思路》。

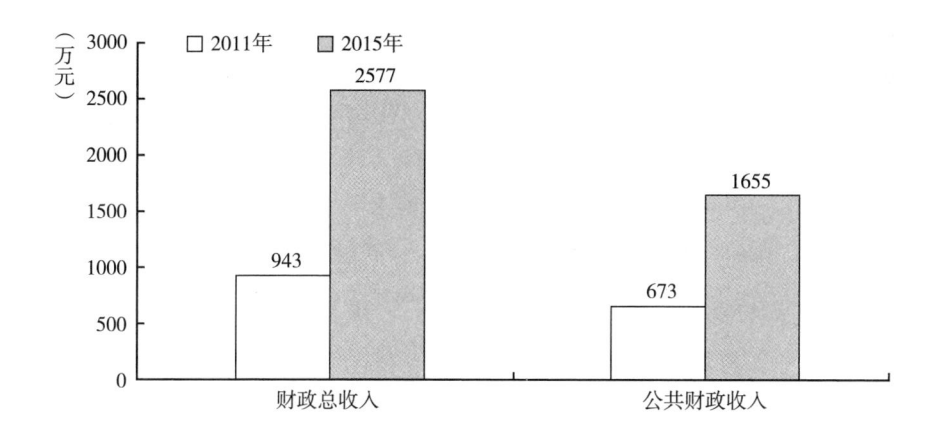

**图2　犁倭镇2010年与2015年财政收入对比**

资料来源：《犁倭镇"十二五"期间工作完成情况及"十三五"时期的工作思路》。

243

### 2. 社会建设破解民生十困

"十二五"期间，犁倭镇在社会建设方面投入资金1.1亿元，着力解决事关群众切身利益的"民生十困"问题。教育方面，通过全面落实义务教育"两免一补"、九年制义务教育政策，犁倭镇小学、初中辍学率分别为0.4%和2.5%，控制在3%和5%以内；新建犁倭镇幼儿园综合楼，引进民办幼儿园2所。公共文化基础设施方面，建村级农民文化健身广场1个，完成村村通入户10177户，入户率达97.5%；建村级文化室、农家书屋13个，实现全覆盖。社会保障方面，城乡统筹就业5210人，"零就业家庭"保持动态为零，完成城乡居民社会养老保险19194人，犁倭镇农村新型合作医疗参合率保持在97%以上，农村新型养老保险参保率达100%。社会治安方面，扎实抓好"一号工程"，深入推进"两严一降"和禁毒人民战争工作，群众安全感达97.39%以上。

### 3. 三类产业项目顺利推进

"十二五"期间，犁倭镇着力推动产业项目建设。

生态农业项目方面。犁倭镇启动生态农业产业规划、生态高效农业产业园区规划，进一步夯实农业发展基础设施建设。通过争取农业、移民、水利、交通、财政"一事一议"等项目，投资645.6万元，实施小屯、河溪、打鼓、石牛等村及玉冠山桃园机耕道建设，完成建设里程9.6公里；建成投资3200万元的"屯龙泉烟水配套工程"，解决了犁倭、流长、卫城镇三个乡镇72个村民组群众的饮水和灌溉问题；投资755.8万元，实施老院村土地整理；投资2370万元，建提灌站6个，实施渠道改造19.7公里，河溪、翁眷等4个村山塘维修，周家桥等26个冬修水利工程，犁倭水厂水池维修、供水应急、农村饮水安全工程及暗流河灌区中央小农水项目。同时，犁倭镇积极搭建农业营销平台，做强农民专业合作社，成立农民专业合作社及农业小微企业50余家。开展农民专业培训1800余人次。以小屯玉冠桃、岩脚优质烤烟、打鼓大红桃、红岩李子、石牛无公害蔬菜种植示范区、肉鸡养殖小区为重点，建成万亩桃园及千亩李、烟、菜、中药材种植基地，百户规模肉鸡养殖小区等农业产业，初步形成了"一村一品"特色新格局。

工业建设项目方面。在产业园区建设上，犁倭镇启动完成河溪、老院产业园区规划，重点完善园区的基础设施建设，建成河溪产业园1.5公里供电线路，安装变压器3台，建设供水管道2公里；盘活原372厂土地存量资产，投入资金53万元完成10KV输电线路迁改1.2公里，安装变压器1台，建成日供水500吨的提水站。此外，岩脚商贸物流园已列入清镇市经济开发区西区产业规划。在企业发展上，中铝矿山完成投资5.3亿元；广铝矿山已进场施工，完成了矿区初探、土地征用122.3亩；贵州金砖新材料实业有限公司加气砖项目投产达效；贵州华洲农业发展有限公司一期石斛组培室项目建成；贵州蜀丰机电设备有限公司特种机械加工项目、贵州南风生态印务包装项目完成平场；贵州重工程机械有限公司机械项目完成交地；贵阳东润混凝土有限公司年加工50万立方米商品混凝土生产线建成投产；柿花园矿产品检测站项目建设完工。

文化旅游项目方面。犁倭镇积极融入全市旅游规划，突出"一三对接"，争取"接二连三"①，完成玉冠山文化公园建设项目总体规划和单项规划。积极争取贵阳市整村推进项目资金1020万元，实施石牛、小屯美丽乡村示范点建设。全力抓好厦蓉高速路、林织铁路、307省道提升改造、资源通道等重点道路交通建设协调服务，实现了厦蓉高速路建成通车、林织铁路试运通车，完成了307省道提升改造，启动实施犁倭至王庄资源通道建设、犁齐公路升级改造，基本形成了犁倭"一纵三横"交通网络格局。投资733万元，实施小屯、岩脚、大寨、石牛、下寨、老院等14村41村民组35.87公里通组路、30.6公里串户路硬化；投资70.8万元，实施石牛村小河坝大桥建设。完成小城镇新区一期开发征地276亩，152户646人扶贫生态移民搬迁工程建设完成了场地平整，基础开挖。

**4. 基层党建争做三个示范**

阳光党建工程。"十二五"期间，犁倭镇紧紧围绕"聚精会神抓党建、一心一意谋发展"的工作思路，以科学发展观为统领，深入推进"阳光党建"工程，争做"四有新人"。落实"好干部"用人标准②和"实干为先"的用人导向，开展中层干部竞争上岗，实施公开招考和村支书"异地交流、跨村任

---

① "一三对接""接二连三"中的"一、二、三"指的是一次产业（农业）、二次产业（工业）、三次产业（服务业）；"一三对接"指的是一产、三产融合发展，"接二连三"指的是促进农业与二产、三产业融合发展。

② 2013年6月，习近平总书记在全国组织工作会议上指出："好干部要做到信念坚定、为民服务、勤政务实、敢于担当、清正廉洁。"

职",跨村任职的村(居)党支部书记3名,从事业单位中选派1名素质好、能力强、作风正的党员干部到河溪村担任支部书记,配合上级部门选派14名机关党员干部担任村"第一书记";选派干部到浙江大学、贵阳市委、清镇市委党校学习培训,选派15名村(居)干部到华西村学习考察,进一步提升干部政治理论素质和水平。

星级示范工程。"十二五"期间,犁倭镇投入资金105万元,对原27个行政村综合楼进行改造提升,新建杨柳村级综合楼,设置党员活动室、群众工作室、便民利民服务大厅、小广场等。投资10万元,着力打造提升石牛、河溪党建示范点,辐射带动并打造出一批"星级"党建示范点。目前,已创"四星级"党建示范点2个(石牛村、小屯村),"三星级"党建示范点3个(打鼓村、周家桥村、老院村),"二星级"党建示范点3个(河溪村、红岩村、犁倭社区)。

作风建设工程。"十二五"期间,犁倭镇立规定纪抓作风,制定了《犁倭镇领导干部"蹲点驻村夜宿农家"工作方案》,出台了《中共犁倭镇委员会关于处置不合格党员实施办法(试行)》,查处工作不作为、违法违纪和河溪村"小官巨贪"案,给予党纪警告处分4人,行政处分1人,开除党籍5人,移送司法机关1人。

### (三)犁倭镇当前发展面临的机遇与挑战

**1. 面临"大开发"机遇,但干部群众的发展意识有待提高**

随着国家新一轮西部大开发战略实施、清镇"西部大开发"的推进,作为铝资源贵州新铝城大粮仓的犁倭镇,将迎来社会经济发展"大开发"的重大机遇。尤其是对犁倭镇进一步完善基础设施建设,调整产业结构,加快培育特色优势产业,增强发展内生动力,实现跨越式发展等方面,"大开发"将带来良好的政策机遇。

但与此同时,当前犁倭镇的干部群众保稳定、促发展的思想还不强,小农经济意识浓、市场经济意识差,亟须提升发展意识,才能更好地把握发展机遇。

**2. 面临"大生态"机遇,但镇域发展的环境承载力有待提高**

随着国家"绿色"发展理念的提出,"绿水青山就是金山银山"成为全国的发展共识;清镇市委、市政府大力实施"4+1"战略,其中一张重要的牌就是"生态牌",拥有良好自然生态资源的犁倭镇,将迎来"大生态"的重大机遇。

但与此同时,也必须看到犁倭镇矿山粗放开发导致生态环境十分脆弱,镇域内基础设施建设仍较为薄弱——全镇病险水库多、农田水利化程度低、村庄道路硬化不够等;加之当前社会事业发展相对落后,犁倭镇解决民生需求的任务也较重,亟须提升其镇域发展的环境承载能力,来应对新机遇带来的新挑战。

3. 面临"大开放"机遇,但镇域发展综合实力和影响力有待提高

清镇市资源通道的建设穿越林织铁路,连接了厦蓉、贵黔两大高速路,为犁倭镇走出贵阳、贵州乃至全国奠定了开放发展的基础,迎来跨区融合、加速发展的黄金期。犁倭镇可以借机全力推进桃源新区、河溪产业园、玉冠山文化产业园、岩脚商贸物流园建设,促进社会经济持续稳定发展。

但与此同时,也必须认识到犁倭镇存在产业结构调整步伐不够快、经济结构单一的问题。犁倭镇是一个以农业为主导的乡镇,但农业特色产业并不强;在境内无一大型的工业企业,工业发展速度十分缓慢;第三产业发展也较为滞后。犁倭镇的常规性收入除资源税外几乎无其他税收,税源十分单一。总体而言,产业发展的薄弱性直接限制了犁倭镇的镇域发展综合实力和影响力的提升。虽然面对"大开放"的机遇,但如何驾驭机遇,吸引企业落地仍是犁倭镇亟待应对的挑战。

## 二 犁倭镇"十三五"发展思路探析

### (一)以"四化同步"为引领确定发展定位

"十三五"期间,犁倭镇以清镇市提出的"四化同步"发展为引领——推进新型工业化、新型城镇化、农业现代化、旅游产业化同步发展,应建设成为以文化旅游、观光农业为特色的农旅型小城镇,并以现代农业示范镇、文化旅游精品镇、新型工业特色镇、劳务经济诚信镇作为发展支撑。

**1. 现代农业示范镇**

"十三五"期间,犁倭镇应充分发挥烤烟、畜牧、玉冠桃、核桃、酥李、

石斛六大特色产业优势，进一步发展壮大农业龙头企业，加快培育现代新型农民，加快以土地为核心的农业生产要素的流转集中，推动农民向非农产业集中，土地向规模经营集中，以贵州金旺科技开发有限公司、贵州新大德信兔业股份有限公司为依托，着力发展石斛生物资源加工、农副产品深加工产业，建设现代农业示范镇。

**2. 文化旅游精品镇**

"十三五"期间，犁倭镇应依托得天独厚的文化旅游资源——优美的暗流河、神奇的洞穴、浪漫迷人的田园风光、飘香万里的玉冠桃李、玉冠山道文化遗址、明代屯兵古堡遗址等，大力发展生态旅游和文化旅游业，打造旅游精品线路，建设旅游综合服务中心，带动旅游交通、餐饮和住宿业、休闲娱乐业和商贸产业发展，形成以旅游为龙头的产业集群，建设文化旅游精品镇。

**3. 新型工业特色镇**

"十三五"期间，犁倭镇应着力加强园区建设，打造新型工业特色镇，以河溪产业园和老院产业园规划建设为重点，做大石材加工、铝深加工，做强建材、做特生物资源加工，努力将犁倭打造成全市特色生物资源加工基地、铝深加工和石材加工基地。

**4. 劳务经济诚信镇**

"十三五"期间，犁倭镇应充分发挥全镇交通、区位、劳动力资源丰富等优势，建设劳务经济诚信镇。通过集合犁倭诚信建设成果，整合清镇职教园区现有师资培训力量，加强与各级职业技术学校和各类培训机构的合作协调，全力加大农民技能培训力度。逐步建立城乡就业咨询信息库，快捷地为农村富余劳动力提供劳务供求信息，着力创建特色劳务基地，精心打造劳务诚信品牌。

**（二）以"产业发展有新业态，城乡建设有新形态"为指导确定总体布局**

以清镇市提出的"产业发展有新业态，城乡建设有新形态"两项要求为指导，犁倭镇提出发展的总体布局，即"一区两带三园四基地"，以推动犁倭镇三次产业融合发展，城镇化水平不断提升。

### 1. 一区

"一区"即桃源新区。犁倭镇计划在"十三五"期间,把"玉冠山下·桃源新区"纳入规划,立项进入市级层面的小城镇示范点进行开发建设,强化规划引领和基础设施建设,全力开发桃源新区,引导边远村寨人口向城镇中心聚居,加快犁倭镇城镇化进程。

### 2. 两带

"两带"即暗流河湿地公园生态旅游产业带、油菜河自然山水生态旅游产业带。犁倭镇规划以玉冠山道文化公园为核心,以暗流河湿地公园生态旅游产业带、油菜河自然山水生态旅游产业带为重点,大力发展生态农业观光旅游、民族文化旅游、农耕文化体验旅游,推进旅游业蓬勃发展。

### 3. 三园

"三园"即河溪—老院产业园、玉冠山生态文化园、岩脚商贸物流园。其中,河溪—老院产业园引进企业30家,投资达15亿元,预计产值将达到30亿元,解决劳动力1500人,税收达2.1亿元;玉冠山生态文化园引进企业15家,投资达20亿元,预计产值将达到30亿元,解决劳动力2000人,税收达2.1亿元;岩脚商贸物流园引进企业15家,投资达7.5亿元,预计产值将达到15亿元,解决劳动力750人,税收达1亿元。①

### 4. 四基地

"四基地"即优秀传统文化教育基地、铝矾土资源基地、石斛中药材种植基地、乡村旅游度假基地。具体来说,就是要利用玉冠山文化产业园的建设机遇,深入开展"传统文化七进"活动,打造弘扬传统文化教育基地;依托犁倭丰富的铝矿资源打好"中铝牌",打造贵州乃至全国铝矾土资源基地;采取"公司+基地+农户"的方式发展农户种植,把犁倭打造成为贵州最大的石斛种植培育基地;依托蔡水河沿线丰富的土地资源,良好的生态和优美的自然风光,打造乡村旅游基地。

## (三)以实施"六大工程"为方向确定发展目标

犁倭镇以清镇市提出的"生态清镇、创新清镇、宜居清镇、开放清镇、

---

① 贵阳研究院:犁倭镇党委书记访谈录音资料,2015。

和谐清镇、诚信清镇"六大工程为方向,确立了"十三五"期间建设"实力犁倭、活力犁倭、美丽犁倭"的发展目标。

**1. 实力犁倭**

GDP年均增长12%左右;固定资产投资年均增长18%左右;公共财政预算收入年均增长10%以上;社会消费品零售总额年均增长11%左右;农村居民人均可支配收入达2万元,农村低收入困难群体年人均可支配收入整体超过6500元,建成更高水平的全面小康社会。①

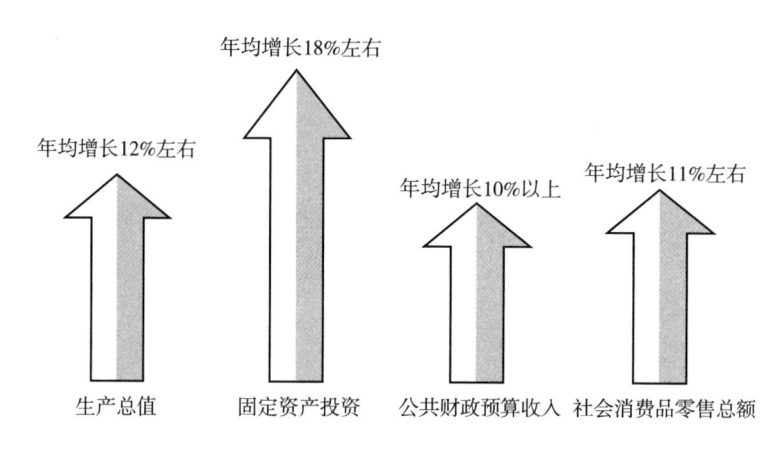

**图3 "十三五"期间犁倭镇主要经济指标目标**

**2. 活力犁倭**

到2020年,全镇的综合经济实力将明显增强,经济结构发生质的转变,农业经济发展方式由粗放型向集约型转变,现代服务业经济比重大幅度增加。科技对经济发展的贡献进一步加大,充满活力、富有成效、更加开放的体制机制基本形成,集镇的整体吸引力和影响力不断增强。

**3. 美丽犁倭**

到2020年,森林覆盖率达到50%以上,以风电、生物质能等新能源及新材料的应用逐步得到推广,资源节约型和环境友好型社会初步形成。社会事业全面发展,教育和卫生事业全面推进,社会保险覆盖率达91.4%以上,城镇

---

① 李海:《2016年犁倭镇政府工作报告》,犁倭镇第一届人民代表大会第五次会议。

登记失业率控制在4%以内；学前三年毛入学率达90%以上，九年义务教育巩固率达95%以上，高中阶段毛入学率达90%以上。精神文明建设切实加强，公平正义充分体现，信用体系逐渐完善，人民安全感、幸福感明显增强。①

## 三 对犁倭镇"十三五"发展任务的思考

### （一）持续推进生态建设工程

**1. 深入实施"蓝天守护"、"碧水治理"和"绿地保卫"三个行动**

"十三五"期间，犁倭镇应深入实施好"蓝天守护"、"碧水治理"和"绿地保卫"三个行动计划，在推进资源开发的同时，最大限度地保护生态，避免大开大挖、大拆大建和乱砍滥伐，最大限度地减少对生态的破坏，尽量减少对山、水、林、田、地，尤其是对地下水系的破坏。实施"蓝天守护"计划，积极协助有关部门加大对企业排放的治理、监测工作，确保达标排放；实施"碧水治理"，加强对暗流河流域、油菜河治理，积极争取席关水库、河溪水库、陀陇水库项目建设；实施"绿地保卫"，积极争取石漠化治理项目和积极协调林业执法部门，加大林木补植建设力度和加强对破坏森林资源的查处，不断提升森林覆盖率。

**2. 强力推进环境卫生"脏、乱、堵"三个整治**

"十三五"期间，犁倭镇应强力推进环境整治，加大环境卫生"脏、乱、堵"的治理力度，深入推进"绿化、美化、亮化、净化、序化、畅通"六大整治工程，争创国家卫生乡镇。同时，"十三五"期间，犁倭镇应全面实施行政村、自然村村庄规划，实施美丽乡村工程，大力开展农村环境污染综合整治，切实改善农村生产生活条件。

### （二）持续推进产业提升工程

**1. 科学编制总体规划与专项规划**

"十三五"期间，犁倭镇应以规划为引领，编制出台犁倭镇城镇总体规划

---

① 李海：《2016年犁倭镇政府工作报告》，犁倭镇第一届人民代表大会第五次会议。

和控制性详规以及各类产业发展专项规划,推动大健康产业高端化、优秀传统文化产业集群化、生态安全农业品牌化发展,保障犁倭镇经济社会发展的科学性、协调性和连续性。其中,犁倭镇应着力将产业发展规划与镇域交通规划相结合,全力推进交通物流网络建设,打通"清镇市经济开发区站街11号路—厦蓉高速路互通"连接线,促进工业西区与犁倭河溪工业园交通互通、资源互通。

2. 巩固提升农业产业质量与效益

"十三五"期间,犁倭镇应着力巩固提升农业产业的质量与效益,提高农业现代化水平和农民生活水平。首先,犁倭镇应全面巩固提升粮、烟、畜、蔬菜、林果产业质量效益,进一步优化产业布局,加快农业产业化经营,努力把犁倭镇建成特色农业先行镇;健全完善土地承包经营权流转机制,推进规范化运转,重点引导发展核桃、水果、蔬菜适度规模经营,扶持专业合作社和农业龙头企业发展,健全农业社会化服务体系,提高农业经营组织化程度。

同时,犁倭镇应重点加强农田水利基础设施建设和农民培训,为农业产业质量与效益的提升奠定物力和人力基础。通过不断完善监管机制,力争完成境内所有病险水库的除险加固,积极争取水库配套灌区工程项目,大力实施农村饮水安全工程,确保全镇饮上清洁、安全自来水;加大农民技能培训和劳务输出力度,着力打造劳务诚信品牌,创建特色劳务培训基地。

3. 发展扶持工业产业园区与企业

"十三五"期间,犁倭镇应重点扶持工业产业园区与企业。

园区建设方面,应不断加强基础设施建设,优化园区发展软硬环境,积极引进企业入驻。着力打造以新型建材为重点的老院产业园区,以玉冠桃、核桃、石斛种植及产品深加工为重点的种植加工基地,以贵州凯元恒通交通设施工程有限公司、贵州蜀丰机电设备有限公司等企业为依托,大力推进机械装备制造等轻型加工业为重点的河溪产业园区建设。

企业扶持方面,重点以贵州华洲农业发展有限公司、犁倭生态公司等企业为依托,大力推进石斛、玉冠桃、核桃、天锅酒等初加工,不断拓展生物资源开发,做特生物资源加工;以中铝、广铝为重点,推进铝资源开发,推动产品生产向系列化、精细化发展;以贵阳东润混凝土有限公司等企业为龙头,充分利用犁倭镇丰富的石材资源，整合现有石材加工企业，加快工艺技术改造，做强建材；充分发挥农业资源优势，大力推动贵州新大德信兔业股价有限公司长毛兔项目建设，做大农产品加工。

### 4. 加快推进农旅融合与文旅融合

"十三五"期间，犁倭镇应加快推进农旅融合与文旅融合发展。

农旅融合方面，犁倭镇应以"四在农家·美丽乡村"基础设施建设六项行动计划为统领，着力抓好农村基础设施建设。抓好"四在农家·美丽乡村"小康寨市级示范镇建设和"提高型"示范点建设，重点打造以石牛村、小屯村、河溪村、打鼓村为中心村寨的美丽乡村示范带动区；统筹规划全镇美丽乡村建设，因地制宜，最大限度挖掘文化内涵，展现地方特色，体现农家风情，打造出不同类型的美丽乡村，再以"连点成线、连线构面"的形式，力争将全镇建设成为"望得见山、看得见水，记得住乡愁"的美丽乡村，推动犁倭镇乡镇旅游发展。

文旅融合方面，犁倭镇应按照"规划与统筹先行、保护与开发并重、文化与生态相融、发展与民生同步"的四大原则，深挖犁倭特色文化，把"道文化"作为犁倭城镇的历史文脉进行弘扬与推广，并依托"玉冠山桃源文化节"等载体积极发展文化旅游业，通过道观恢复重建和"万亩桃园"建设，将文化资源优势转化为产业发展优势，将玉冠山打造成为黔中地区道教文化名山、休闲疗养胜地和优秀传统文化教习基地，逐步确立"问道玉冠山·崇礼孔学堂"的贵州宗教文化大格局。

### 5. 全面实施扶贫开发与农村改革

"十三五"期间，犁倭镇应实施扶贫开发与农村改革。

重点立足犁倭镇多样化的资源优势，大力发展特色农业、乡村旅游和农村电商等产业，着力推进农村产业融合发展，以产业带动犁倭镇精准扶贫。同时，在农村改革方面，应重点抓好产权制度改革，实行土地承包经营权确权登记颁证到户、集体经营性资产折股量化到户，引导农村土地经营权的流转；鼓励建立以农户承包土地经营权入股的股份合作社、股份合作制企业，并通过创新利润分配机制，保障农民入股收益；探索推进农村资源、资金、资产"三资转股"改革，带动村集体经济发展壮大。

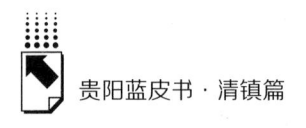

## （三）持续推进社会治理工程

**1. 重点任务：服务惠民、矛盾调处、治安整治**

"十三五"期间，犁倭镇应持续推进以服务惠民、矛盾调处、治安整治为重点任务的社会治理工程。

服务惠民方面，应认真解决好事关群众利益的"民生十困"问题，落实"十大举措"（产业扶贫、项目扶贫、教育扶贫、医疗扶贫、社会扶贫、就业创业、金融扶贫、社会保障、资源利用、改革创新），实现"五个确保"（确保每个低收入家庭的危房都能得到修缮；确保每个低收入家庭都能吃饱、穿暖；确保每个低收入家庭劳动力都有活干、有收入；确保每个低收入家庭的孩子都有学上、上得起学；确保每个低收入家庭的病人都能得到医疗救助）。矛盾调处方面，应持续推进"一号工程"实施，以群众工作统揽信访工作，领导干部要带头接访下访、包案督访，推进阳光信访、责任信访和法治信访。治安整治方面，深入推进"两严一降"和禁毒人民战争，依法打击"两抢一盗"、坑蒙拐骗、挡工堵路等违法犯罪行为。加快建设社会治安立体防控体系，做到人防、技防、物防、心防联动，不断提高人民群众的安全感和满意度。

**2. 工作体系：防线建设、机制创新、舆情疏导**

"十三五"期间，犁倭镇应持续提升和优化社会治理的三大工作体系，即防线建设、机制创新、舆情疏导。

防线建设方面，应聚焦重要节点、敏感问题和关键环节，筑牢镇、村、组"三道防线"。机制创新方面，应加快推进"数据铁笼""党建红云""社会和云"等项目建设，建立和完善群众工作制度，构建干事创业环境。舆情疏导方面，应建立健全舆情处置机制，充分发挥好驻村警务助理队伍的作用，对负面舆情要第一时间关注、第一时间反应、第一时间处理，切实做到主动发声、及时发声、正确发声，有效引导舆情。

## （四）持续推进诚信建设工程

**1. 打造犁倭诚信为民名片**

"十三五"期间，犁倭镇应深化政务诚信，不断提升政府公信力。清理规范行政审批事项，提高为民服务效率。同时，优化和提升乡镇政务服务中心大厅的服务水平，开展"延时、错时""绿色通道"等便民服务，重点打造政务诚信示范点。此外，继续利用"宣传部长上讲堂""社里乡亲、德师宣讲"等载体，增强党员干部诚信观念和诚信意识。

### 2. 打造犁倭诚信文化名片

"十三五"期间，犁倭镇应打造犁倭诚信文化名片。以诚信教育为切入点，通过"一堂"（道德讲堂）、"一本"（道德读本）、"一榜"（积德榜）和"十教"（十大教育工程：百姓宣讲、诚信为民、志愿服务、网络文明、百姓风采、公民道德、同心助学、爱国爱家、文明礼仪、传统文化）这一有效载体，深入推进社会主义核心价值观教育，进一步凝聚正能量。要扎实推进"六位一体"诚信升级版的建设，不断丰富载体和形式，继续弘扬"诚信实干·创新争先"的城市精神。

### 3. 打造犁倭生态文化名片

"十三五"期间，犁倭镇应依托玉冠山、暗流河、油菜河及万亩桃园特有的生态优势，特别是要通过"中国·贵阳避暑季之清镇市避暑运动休闲游暨犁倭镇'玉冠蟠桃会'"，提升犁倭生态文化影响力。同时，着力提升干部、企业、群众的生态文明意识与理念；推动生产方式与生活方式的绿色化，建设犁倭镇宜居宜游新环境。

### 4. 打造犁倭民族文化名片

"十三五"期间，犁倭镇应以下寨布依山歌、大寨苗族芦笙舞为引领，鼓励和引导民族同胞自觉传承民族文化，保留传承民族习俗、学民族语言、穿民族服装、唱民族歌曲、跳民族舞蹈；同时要加大民族文化的宣传和推广力度，逐步修建完善民族节庆活动场所、少数民族传统村寨建筑、富于民族特色的生活居所等载体，利用民族传统节日、文化旅游节等契机传播民族文化、提升文化体验，努力打造犁倭民族文化名片。

**参考文献**

中共犁倭镇委员会：《犁倭镇"十二五"期间工作完成情况及"十三五"时期的工作思路》，2016年8月12日。

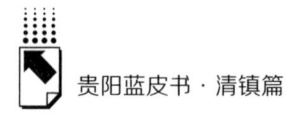

李海：《2016年犁倭镇政府工作报告》，犁倭镇第一届人民代表大会第五次会议，2016年6月8日。

中共犁倭镇委员会：《犁倭镇"十三五"经济社会发展规划（2016～2020年）》，2016。

林洪良：《2011年犁倭乡人民政府工作报告》，犁倭乡第五届人民代表大会第七次会议，2011年4月1日。

贵阳研究院：犁倭镇党委书记访谈录音资料，2015。

# B.15
# 实施"四个带动"战略 打造以铝工业、铝精深加工为特色的工贸型小城镇

——清镇市王庄布依族苗族乡"十三五"发展思路研究

**摘　要：** 随着原清镇电厂搬迁至王庄乡，王庄至此升级成为清镇西部工业开发核心区、千亿级铝工业产业园区核心区。为此，王庄乡将着力打造以铝工业、铝精深加工为特色的工贸型小城镇。本文以案例研究为主，通过对清镇市王庄布依族苗族乡的分析，总结其在发展以铝工业为主的工贸型小城镇的主要做法，梳理目前面临的三大问题，在此基础上，提出"四个带动"战略，作为王庄乡"十三五"发展思路的参考。王庄乡打造工贸小城镇是对我国特色小城镇建设新的探索，对于清镇市和其他地区乡镇打造特色小城镇，建设城乡新形态，具有重要的参考和借鉴意义。

**关键词：** "四个带动"战略　铝工业　铝精深加工　工贸型小城镇　清镇市王庄乡

## 一　王庄乡推进四化协同发展的基础

### （一）王庄乡是一个工业乡、民族乡、贫困乡

**1. 王庄乡地处清镇"西部大开发"的核心区**

随着原清镇电厂搬迁至王庄乡并改名为塘寨电厂之后，王庄乡逐步发展成

表1　王庄乡基本情况

| | | | | | | | | | | |
|---|---|---|---|---|---|---|---|---|---|---|
| 概况 | 辖区面积 | 77.0669平方公里 | | 辖区人口 | | | | | | |
| | 辖区范围 | — | | 户籍人口 | | 3661户 | | 流动人口 | | 1596人 |
| | | | | | | 16044人 | | | | |
| | 自然资源 | 煤、铝矾土、石灰石 | | 困难群体 | 低保人员 | 744人 | | 外出打工 | | 7143人 |
| | | | | | 60岁以上老人 | 4263人 | 建档立卡贫困户 | 4405人 | | |
| | | | | | 残疾人 | 497人 | 失业人员 | 11人 | 刑释解教人员 | 3人 |
| | | | | 特殊人群 | 留守儿童 | 315人 | 吸毒人员 | 110人 | 缠访、集访带头人 | 0 |
| | | | | | 失学儿童 | 0 | | | | |

| | 村(居)民可支配收入 | | 地方财政总收入 | 村集体经济 | | 第一产业生产总值 | 第二产业生产总值 | 第三产业生产总值 | 辖区内企业 | 招商引资 | | 全社会固定资产投资 |
|---|---|---|---|---|---|---|---|---|---|---|---|---|
| | 村民 | 居民 | | 总数 | 资金总额 | | | | | 签约金额 | 签约企业 | 落地企业 | |
| 经济发展 | 16657.25元 | 21013.5元 | 1910万元 | 10个 | 556万元 | 2.0238亿元 | 10.83亿元 | 6000万元 | 11个 | 4.9亿元 | 9个 | 9个 | 11.02亿元 |

| | 六个小康专项行动计划 | | | | | |
|---|---|---|---|---|---|---|
| | 小康路 | 小康水 | 小康房 | 小康电 | 小康讯 | 小康寨 |
| 基础设施建设 | 10个村均建成通村通组路 | 除6个偏远村民组外均实现通自来水 | "十二五"期间完成危房改造91户 | 10个村均实现通电 | 贵州省2016年实施的多彩贵州"广电云"工程,7个村已架设光缆,实现电视户户通 | — |

| | 幼儿园 | | 小学 | | 中学(初中和高中) | | 大中专及以上院校 |
|---|---|---|---|---|---|---|---|
| 教育资源 | 公办 | 民办 | 公办 | 民办 | 公办 | 民办 | 0 |
| | 2个 | 2个 | 5个 | 0 | 1个 | 0 | |

| | 人文资源 | 重点文化节庆活动 | 公共文体活动场所(包括广场、公园和体育运动场所等) |
|---|---|---|---|
| 文体建设 | 老红军杨顺清的故事 | 蚂蟥村仡佬族吃新节 | 每个村都建有小广场1个 |

| | 乡镇卫生院 | | 1个 | | 养老院 | 1个 |
|---|---|---|---|---|---|---|
| 医疗卫生资源 | 医护总数 | 床位数 | | 床位占用率 | 村级卫生室 | 14个 |
| | 34人 | 17张 | | 29% | | |

注:表格数据由王庄乡提供。

为清镇市西部工业开发的核心区及千亿铝工业产业园区的核心区。目前，华锦铝业和中铝①的氧化铝已经投入生产，电解铝项目已动工建设。铝工业相配套的产业有电厂、电解铝厂等，可以作为企业的发电站，降低生产成本，提高铝工业附加值。氧化铝投产之后，氯化铝和电解铝也将面世。电解铝可以转化为铝水，如此一来，铝的下游企业，如铝合金轮毂、铝合金门窗等铝合金制品，以及发动机等产品的生产就可以在王庄乡落地。企业落地之后，可以获得铝水的直接供应。氧化铝电解之后不再只是单纯做成铝锭，还可以从铝锭转化为铝水，在这个过程中，一吨铝最少可以降低600元成本，铝工业下游产品因此产生了非常强的竞争力，王庄乡也逐步成为铝工业产业的核心区域。

**2. 王庄乡是清镇三个少数民族乡之一**

王庄布依族苗族乡位于清镇市西北部，东与卫城镇隔河（跳蹬河）相望，南与流长苗族乡山水相连，西与新店镇毗邻，北与暗流镇连接。乡政府驻地王庄村，距清镇城区41公里，距贵阳城区62公里。王庄乡是清镇市三个少数民族乡②之一，居住有汉族、布依族、苗族、仡佬族、白族、彝族等多个民族，少数民族人口占31.72%。全乡辖10个行政村、1个居委会、96个村民组。③

**3. 王庄乡是清镇"减贫摘帽"乡镇之一**

"十二五"期间，王庄乡以经济建设为中心，全乡经济取得了较快发展。到"十二五"期末，基本实现村村通硬化路、通自来水、通电等，一举摘掉"贫困乡"帽子，成为清镇3个"减贫摘帽"乡镇之一。2011年以来，王庄乡完成5个贫困村、2215户、5849人建档立卡及脱贫工作，通过帮扶，实现贫困农户"户户有人帮，户户有人访"。按照"六个到村到户"④精准帮扶要求，王庄乡采取"一对一"方案，为贫困农户发放脱温鸡、鸡饲料、化肥等物资。2012年，王庄乡获"贵阳市扶贫开发攻坚工作先进单位"称号。2010年，王庄乡完成地方财政收入374万元，2015年完成919万元，增长率145%；2010

---

① 即贵州华锦铝业有限公司，中国铝业股份有限公司。
② 清镇三个少数民族乡分别为：麦格苗族布依族乡、王庄布依族苗族乡、流长苗族乡。
③ 中共王庄乡委员会：《王庄布依族苗族乡基本概况》，2016。
④ 即基础设施到村到户、产业扶持到村到户、教育培训到村到户、农村危房改造到村到户、扶贫生态移民到村到户、结对帮扶到村到户。

年完成固定资产投资5000万元，2015年完成8亿元，增长率1500%；2010年完成招商引资2000万元，2015年完成20000万元，增长率900%；2010完成农民人均纯收入4000元，2015年完成9781元，增长率144%。经济的快速增长带动了王庄乡的脱贫工作，2015年，全乡实现220户，640人脱贫（不含政府兜底低保、五保户）。[①]

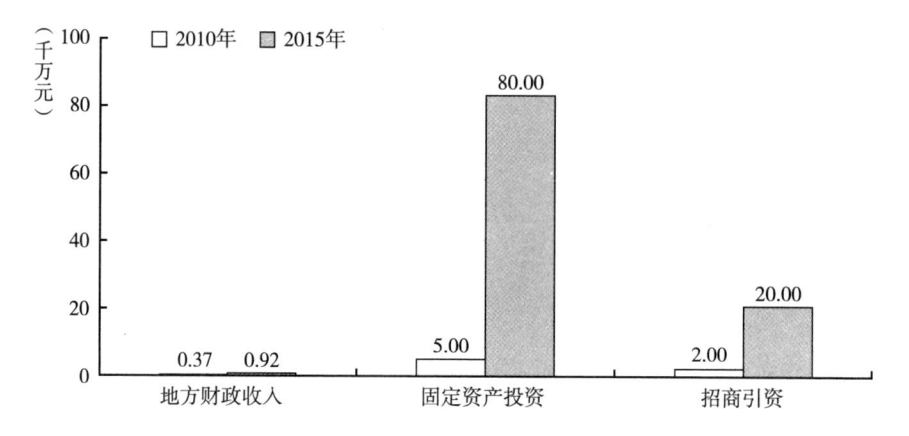

**图1　王庄乡2010年、2015年重要经济指标完成情况对比**

通过数据可以看出，"十二五"期间，王庄乡虽然经济增长速度快，但由于发展基础较差，经济规模仍然偏小。

### （二）王庄乡"十二五"发展回顾

**1. 工业发展速度加快**

在塘寨电厂入驻之前，王庄乡一直缺乏工业企业，工业发展长期处于停滞状态。2013年以来，乡政府按照清镇市委、市政府关于大力实施工业强市的战略部署，深入贯彻实施"4+1"发展战略，全力推进王庄工业发展。目前，王庄乡累计入驻企业11家，其中，国有大型企业2家，物流企业4家，洗涤企业1家，环保建材2家，农业龙头企业1家，制药企业1家。现已建成投产9家，2家正在建设之中。

---

① 中共王庄乡委员会：《王庄乡"十二五"期间工作完成总结及"十三五"发展思路》，2016。

## 2. 农业发展持续向好

农业产业结构优化。2011年以来，王庄乡不断致力于农民增收工程，并取得良好成效。依托中铝、塘电等生活服务大市场，推进专业合作社发展壮大，以"公司+合作社+农户"的发展模式来促进农业产业化结构调整。相继成立专业合作社15个，形成了化腊村盛意园合作社布朗李基地、铧口优质烤烟基地、高山核桃和酥李基地、罗田金秋梨基地、化腊果蔬基地等农业产业基地，促进了王庄农业产业结构的优化。引进农业龙头企业1家，投资3000万元的台湾日日新蛋鸡养殖有限公司已建成投产，现承担了清镇职教园区70%的鸡蛋市场供应份额，并同步销往沃尔玛等大型超市。

## 3. 基础设施逐步改善

农村基础设施日趋优化，人居环境得到改善。"十二五"期间，王庄乡不断加大基础设施建设力度，水、电、路、电信、电视等农村基础设施得到较大改善。水利基础设施建设方面，2011年以来，王庄乡共投入人饮工程、冬春修农田水利工程资金1375万元，解决人饮35000余人、灌溉1537亩。目前，全长7.3公里的迎燕远距离供水工程已全线动工实施，王庄段工程投入1375.3万元，解决王庄全部96个村民组及大牲畜3576头、鸡35万羽、经果林1万亩用水问题。电力设施建设方面，完成10个村农网改造工程，实现城乡电价同网同价。道路建设方面，完成王庄至暗流通乡公路建设7公里，完成蚂蝗至塘寨、亮坝至关庄、罗田至洛阳、王庄至小坡、蚂蝗至后坝、花围至水淹塘、高山至打冲、关庄至上寨等4级通村公路维修改造，里程共计60余公里；建成通组路、串户路15.731公里，惠及10个村1万余人。通信基础建设方面，实现了全乡行政村所在地村村通广播、卫星电视、电话，电信宽带覆盖100%。

## 4. 服务管理逐步提升

优先发展教育事业。"十二五"期间，王庄乡累计协调投入1500万元用于改善办学条件，完成王庄中小学食堂、学生宿舍、运动场等维修改造工作，完成王庄民族中学、王庄小学、王庄乡高山小学、王庄乡洛阳小学"班班通"工程及计算机教室的建设。积极开展王庄小学留守儿童之家建设，2014年，协调资金5万余元购置留守儿童之家设施设备，按照"五有五全"标准，建成王庄小学留守儿童之家。不断完善医疗卫生体系。王庄乡协调投入专项资金

500余万元，完成乡卫生院改造工程，建成村级标准化卫生室27个。强化安全生产管理。"十二五"期间，王庄乡保持无重大及以上安全生产事故和责任事故发生的良好态势。社会治安综合治理工作力度加强。全面推进社会矛盾化解和社会管理创新，继续发挥网格化管理作用，落实社会治安综合治理举措，获"2012年平安建设先进集体"称号。诚信创建成效明显。2012年，王庄乡成功创建"诚信乡"（信用乡），并连续三年在诚信创建工作方面获清镇市综合排名第一名；投资100余万元建成清镇市蚂蟥村仡佬诚信文化园。同步抓好民族宗教工作。"十二五"期间，王庄乡先后获得"清镇市2012年民族团结进步先进集体""贵州省民族团结进步乡""贵州省民族团结创建活动示范乡"等荣誉。

**5. 政府自身建设加强**

作风转变得到加强。"十二五"期间，积极开展党的群众路线教育实践活动，对"四风"和"庸懒散奢浮粗"等问题进行了整改。2013年，王庄乡结合各村实际情况进行资源整合，将原15个行政村合并为10个，优化了行政村结构，夯实了农村基层组织基础；完成公务用车改革；有序推进土地承包经营权确权登记；全面实施全口径财政预算管理，基本公开"三公"经费预算，全乡"三公"经费支出比2010年下降30%以上。

党的建设不断加强。实行"领导联村，干部包组"机制创新社会管理；依托驻乡国企开展"乡企联建，共创和谐"活动；推行村干部周四赶集日集中办公方式，深化便民利民服务，凸显王庄党建新品牌。先后获得"清镇市2011年度三星级党建示范点""清镇市2012年先进基层党组织""贵阳市'五好'基层党组织""贵州省'五好'基层党组织"等荣誉称号。

## 二 当前王庄乡面临的发展机遇与问题

### （一）抢抓三大机遇

**1. 抢抓清镇"西部大开发"机遇**

"十二五"期间，清镇市经济社会发展实现了量的扩大和质的提升，进一步夯实了全面打造清镇发展升级版的基础，但城乡之间、东部和西部地区之间发展仍不平衡，城乡二元结构矛盾还十分突出。为此，清镇市将加快实施"西部大开发"，打造新的经济支撑，构建保持经济平稳较快增长的长效机制，保持好当前来之不易的发展势头。清镇市计划实施"4+1"发展战略[1]，充分调动西部地区乡镇的积极性，加快推进"西部大开发"。王庄乡位于清镇市西北部，应积极抢抓清镇"西部大开发"机遇，加快推进千亿级铝工业产业园区建设，建设特色小城镇，打造新的经济增长极。

2. 抢抓清镇城镇化发展战略机遇

"十三五"时期，清镇市经济社会发展的总体要求中提出要坚持"新型工业化、新型城镇化、农业产业化、旅游特色化"四化同步发展[2]。王庄乡积极响应清镇市委号召，抢抓清镇城镇化发展战略机遇，加快推进小城镇建设，积极打造"千亿级铝城铝工业产业园核心区"和"西部民族特色集镇"。按照清镇市委"三中心、多组团"[3]城镇建设空间布局，王庄乡以城镇为中心，加快推进王庄—新店—流长组团建设，实施产城互动，以产业支撑推进新型城镇化建设。

3. 抢抓农村电子商务发展机遇

农村电子商务是农村实现跨越发展的重要机遇，是传统流通转型升级的重要方向，是农村经济发展的重要引领和精准扶贫的重要手段。为贯彻落实国务院办公厅印发的《关于促进农村电子商务加快发展的指导意见》精神，推动农村电子商务规范、健康、加快发展，王庄乡应积极抢抓农村电子商务发展机遇，改善物流配送、宽带网络等基础条件，建立农村电子商务公共服务体系；加大政策扶持，保障农村电商良好的发展环境，全面建成统一开放、竞争有序、诚信守法、安全可靠、绿色环保的农村电子商务市场体系，以提高群众增收致富能力和本领，争取实现更高水平的小康。

---

[1] "4"就是打好"四张王牌"，即生态牌、职教牌、贵安牌、中铝牌；"1"即"一个主战场"，即清镇"西部大开发"。

[2] 孙绍雪：《清镇市2016年政府工作报告——在清镇市第五届人民代表大会第六次会议上的报告》，中共清镇市委，2016。

[3] 即以站街、卫城、王庄三个城镇为中心，加快推进站街—犁倭—麦格、卫城—暗流、王庄—新店—流长组团建设。

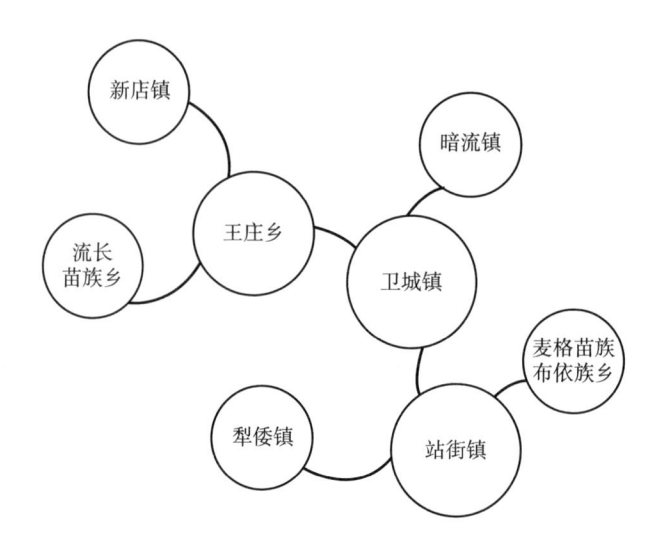

**图 2　清镇市"三中心、多组团"城镇建设空间布局**

## （二）面临三大问题

**1. 交通基础设施薄弱，造成"制约发展"与"影响生活"两个问题**

"十二五"期间，王庄乡优化了农村基础设施，加大了道路建设力度，完成乡级公路、通村公路、通组路、串户路的建设，缓解了道路交通压力，但这种缓解是在社会生产力和王庄乡人民生活水平总体不高的情况下实现的，是较低水平的。目前，王庄乡道路网层次仍然存在结构不完善、密度较低、通达深度不够等问题，尤其是004县道堵塞严重，困扰群众出行，影响群众生活。面对"十三五"国民经济的快速发展，王庄乡的交通基础设施仍显薄弱，或将成为制约王庄经济发展和地区开发的主要因素。

**2. 征地拆迁矛盾突出，面临"保障农民利益"与"维护和谐稳定"双重压力**

近年来，随着王庄城镇化、工业化进程的不断推进，土地征用、房屋拆迁工作进一步加强加快，征地拆迁的项目越来越多、规模越来越大、范围越来越广，征地拆迁矛盾日渐突出，已成为影响王庄经济社会发展的一个重要因素。在征地拆迁过程中，群众往往在拆迁安置补偿方式或赔偿标准等问题上与政府或用地单位产生争议。另外，由于社会保障机制比较滞后，部分农民土地被征用后成为失地农民,处于"务农无地、就业无岗、低保(社保)无份"的三无状态,拆迁工作因此矛盾频出,有时甚至引发恶性事件,危害社会政治稳定。王庄乡面临着"保障农民利益"与"维护和谐稳定"的双重压力。

**3. 农民增收渠道单一,凸显"全面精准脱贫"与"同步建成小康"任务艰巨**

"十二五"期间,王庄乡经过不断的努力与探索,农业产业结构得到优化,农业经济持续向好。但王庄乡在发展过程中还存在着一些矛盾和问题,尤其以农业问题为主,集中体现为农民增收渠道单一。此外,农业产业化程度低、进程慢、龙头企业少,导致竞争力提升缓慢,带动农民增收的能力不强;农业产业结构单一,功能不完善;农工观念陈旧、文化素质普遍偏低,劳动力转移困难等原因,都导致农民收入增长缓慢,拉大了城乡居民收入差距,严重影响国民经济协调健康发展,"全面精准脱贫"与"同步建成小康"任务依然艰巨。

## 三 王庄乡"十三五"时期实施"带动"发展战略的思考

### (一)以产业带动发展

**1. 逐步形成"一园一带一中心四基地"产业布局**

以"一园一带一中心四基地"产业布局为基础,搭建发展的总载体。"一园"即依托清镇市丰富的铝资源建设千亿级铝精深加工产业园;"一带"即依托王庄林场建设生态保护带;"一中心"即依托铝城王庄集镇建设商业配套服务中心;"四基地"即依托台湾日日新公司建设台湾山地生态立体农业示范基地,依托王庄盛意园等农民专业合作社建设洛阳无公害蔬菜保供电商基地,依托戈家寨水库建设戈家寨休闲农业亲子体验基地,依托铧口等老烟区建设铧口优质烤烟基地。

**2. 以千亿级铝城铝工业产业园核心区建设为重点推动工业发展**

通过打造"千亿级铝城铝工业产业园核心区",王庄乡在"十三五"期间应重点推动工业发展。

首先,结合塘电、中铝、贵黔高速、林织铁路等重大项目的建设,按照经

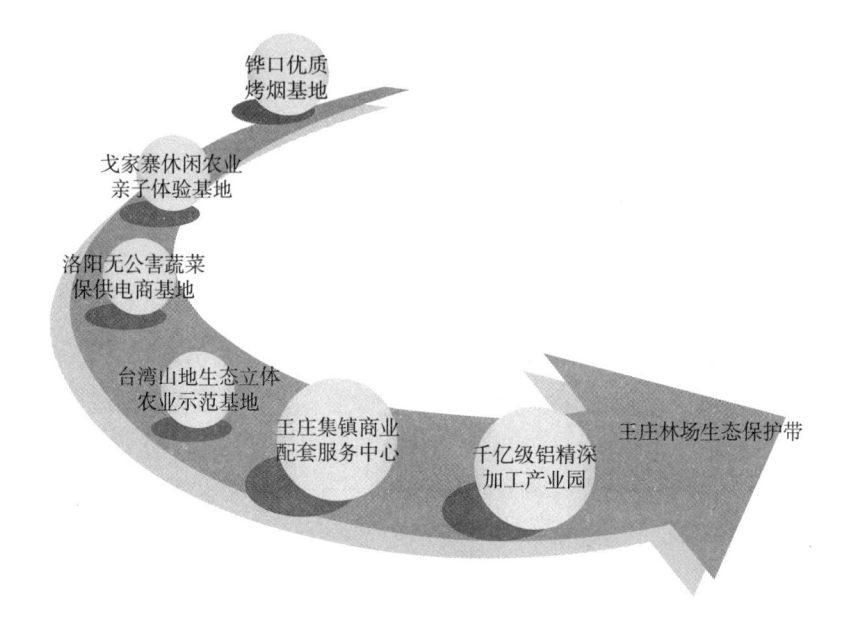

**图3 王庄乡"一园一带一中心四基地"产业布局**

济开发区总体规划,王庄乡应调整和完善铝精深加工园区建设规划,做好园区土地修编调规工作,为园区建设提供用地保障。其次,打好"贵安牌",做好贵安新区开发及上游涉铝制品、包装等产业项目的招商,为贵安新区开发做好配套、供给服务。再次,打好"中铝牌",充分利用厂电直供、厂气直供、铝水直供"三个直供"的优势,拉长产业链,做大上下游产业。最后,打好"职教牌",按照"9+3"计划,王庄乡应引导初高中毕业未继续就读的学生到职教园区就读职校,同时根据企业需求,组织和推荐适龄青年到职教园区定向培训,为铝工业基地提供技能人才保障,实现将"王庄农民转化为工人""将外出务工转化为就地务工"的两个转化目标。

**3. 以"四大基地"建设为核心发展现代高效农业**

通过强化"四大基地"建设,发展现代高效农业,推进农业发展转型升级。将王庄现代山地生态农业建设融入"大健康"发展。坚持按照"创新驱动、产业引领、空间整合、转型升级"的战略导向,构建有王庄特色的"大健康"农业产业;加大科技创新和产业融合力度,优化整合王庄产业基础资源和自然生态资源,打造一批特色鲜明、配套完善的现代山地生态农业产业化示范基地；扶持一批主业突出、核心竞争力强、带动作用大的农业龙头企业；把电子商务和现代山地生态农业相结合，以市场需求为导向，创新营销模式，形成王庄特色的山地生态农业体系。

## （二）以城镇带动发展

### 1. 完善城镇发展规划

通过紧抓清镇市委、市政府着力打造西部中心城镇（站街、卫城、王庄）一体化建设的契机，加强城镇发展规划布局，按照"三纵交叉、多线连接"组团布局的思路，整体规划、分步实施，促进产城互动、融合发展，加快城镇化发展。

### 2. 发挥集镇带动作用

作为千亿级铝城核心区，王庄乡城镇人口迅速聚集，呈积数增长。"十三五"期间，王庄集镇可抓住这一机遇，围绕园区服务，重点推动电子商务、教育、文化、卫生、商贸、餐饮、运输、金融、信息等产业向新集镇区聚集，培育新兴支柱服务业，形成城镇经济和产业支柱体系，带动集镇发展，努力打造西部民族特色集镇。

### 3. 加快美丽乡村建设

通过继续实施"四在农家·美丽乡村"基础设施建设和"六项行动"计划，加快美丽乡村建设，着力补齐小康建设短板，建成和打造独具民族元素、民族风格、民族文化的西部民族特色集镇和美丽乡村，缩小城乡差距，积极推进城乡一体化。

## （三）以环境带动发展

### 1. 加强水网建设

加强水网建设，解决缺水难题，突破发展瓶颈。首先要抓好迎燕水库远距离供水工程建设；其次要推进现代化水网体系建设，确保全乡自来水通户率达100%；最后，要改善生态环境，保障供用水安全。通过夯实水网基础，实现经济社会的跨越式、可持续发展。

### 2. 加强电网建设

加强农村电网提级改造建设，通过新架电网线路、组立输电线路铁塔等，

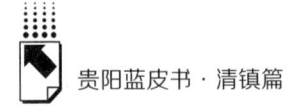

保障农村群众生活、照明及其他各项发展的用电需求，着力提升王庄电网建设速度和质量；优化电网结构，提高供电的可靠性，为保障农村群众生产生活用电构筑坚强的电力屏障。

#### 3. 加强路网建设

加强路网改造建设，构建覆盖全乡的公路路网，实现村村通油路、组组通水泥路，突破境内交通瓶颈，同时抓好对外交通道路网建设，为王庄乡的对外发展及外部沟通提供基础保障。特别是要抓好集镇"三纵交叉、多线连接"的路网建设，推动王庄集镇合理布局和快速发展。

#### 4. 加强绿网建设

加强生态文明建设力度，通过大力植树造林，巩固提高森林覆盖率，构建生态安全屏障；因地制宜，对主要交通道路等开展绿化提升工程；进行宣传引导，进一步发动社会力量积极参与绿网建设，提高城乡居民的生态意识和文明意识，共同建绿护绿，优化王庄生态环境。

#### 5. 加强互联网建设

加强互联网基础设施建设。为全力建好王庄乡互联网基础设施，夯实王庄乡实现"互联网+"、发展电子商务的基础，应积极向上级部门争取资金，同时向业务部门争取支持，加大投入，拓展资源，全面推进全乡互联网建设，提升互联网入户率，促进全乡发展。

### （四）以服务带动发展

#### 1. 强化服务，保障项目推进

"十三五"期间，王庄乡要通过强化服务，确保重点项目稳步推进。2015年4月29日，清镇煤电铝一体化项目华锦铝业已正式建成投产，并成为清镇市财政纳税支柱企业之一，王庄乡要保障华锦铝业的正常运营，确保千亿级铝工业产业园的基础牢固；积极开展资源通道征地工作，并配合做好基础开挖和场平工程的协调服务；努力实现村村通水泥路、村村有卫生室和图书室的目标。

#### 2. 强化服务，保障便民利民

通过主动作为，推进就业、教育、医疗、社保等民生事业，竭尽所能为民办实事。努力实现劳动力转移、确保新增城镇就业、降低城镇失业率；将新农保征缴收任务维持在清镇领先水平；积极对被征地农民实现养老保险身份认证；投入使用王庄乡小学学生宿舍、食堂，解决学生的食宿问题；对留守儿童建立台账，实行结对帮扶。

### 3. 强化服务，保障支农惠农

积极兑现支农惠农扶助政策，大力发展"三农"保险，拓展"三农"保险广度和深度，创新支农惠农方式；为农户争取财政贴息，并及时兑现养老保险金和农村合作医疗报销款项；发放困难群众救助款物和高龄老人补助等，多措并举，保障支农惠农政策落到实处，充分让全乡群众感受各级党委和政府的关怀，共享改革发展成果。

### 4. 强化服务，保障安全稳定

加强社会治安综合治理，全面推进社会矛盾化解和社会管理创新。发挥网格化管理作用，落实社会治安综合治理举措；深入实施"两严一降"，将群众安全感、满意率维持在100%；排查化解矛盾纠纷，提升化解成功率，保障全乡安全稳定。

## 参考文献

中国新闻社：《中国公路水路交通基础设施仍然薄弱》，人民网，http：//www.people.com.cn/GB/shizheng/3586/20010711/508888.html，最后访问日期：2001年7月11日。

陈子峰：《以民为本积极化解征地拆迁矛盾》，《理论导报》2004年第10期。

李新光：《浅析征地拆迁矛盾纠纷的成因特点及化解方法》，宜春司法行政网，http：//sf.yichun.gov.cn/Article_Show.asp?ArticleID=1452，最后访问日期：2015年6月9日。

中共王庄乡委员会：《王庄乡"十二五"时期工作总结及"十三五"时期工作思路》，2016。

贵阳研究院：王庄乡党委书记访谈录音资料，2015。

# B.16
# "三轮驱动"破解"三农"新难题的基层探索
## ——清镇市暗流镇"十三五"发展思路研究

**摘　要：** 2016年中央一号文件的主题为加快推进农业现代化，中央一号文件连续13年聚焦"三农"问题。在这一背景下，破解"三农"新难题成为我国农业农村发展必须完成的历史任务。本文在对暗流镇进行实地调研与深度访谈的基础上，通过对其基本特征的分析，总结在"三农"工作上的成效和面临的一些挑战，并充分依据中央一号文件和贵州省一号文件的重要指示，针对"三农"问题，提出"三轮驱动"的发展思路。作为对"三农"新难题破解方案的一种探索，暗流镇的做法对于实现农业现代化，实现全面建成小康具有重要的理论和现实意义。

**关键词：** "三农"问题　农业现代化　经济社会转型

中国是传统农业大国，农业、农村和农民一直都是立国之本。"三农"问题不仅仅关系到提高农民收入、改善农村面貌、稳定农业发展，更关系到整个国民经济与社会发展全局性，是一个涉及中国改革深化、经济社会转型和现代化发展的问题。因此，必须将"三农"问题置于中国改革深化、经济社会转型和现代化发展的视域中来加以考察与研判。

## 一　暗流镇的基本特征与解决"三农"问题的基础和挑战

### （一）暗流镇的三个基本特征

在清镇西部8个乡镇中，暗流镇属"两欠两典型"乡镇。"两欠"即欠发达、

**表 1　暗流镇基本情况**

| | 辖区面积 | 104.24 平方公里 | 辖区人口 | | | |
|---|---|---|---|---|---|---|
| 概况 | 辖区范围 | 暗流镇位于清镇市西北部，政府所在地距清镇市区40公里，距省会城市贵阳60公里。东南接卫城镇，西北连王庄布依族苗族乡、新店镇，西以鸭池河为界与黔西县隔河相望，东北以猫跳河与修文县相隔 | 户籍人口 | 7786 户 | 流动人口 | 11236 人 |
| | | | | 24620 人 | | |
| | | | 困难群体 | 低保人员 | 624 人 | 外出打工 | 365 人 |
| | 自然资源 | 镇境内蕴藏着丰富的煤、铝、铁矿、重晶石、大理石等矿产资源和瀑布、溶洞、天坑、峡谷等旅游资源 | | 60岁以上老人 | 246 人 | 建档立卡贫困户 | 3644 人 | |
| | | | 特殊人群 | 残疾人 | 1801 人 | 失业人员 | 人 | 刑释解教人员 | 25 人 |
| | | | | 留守儿童 | 554 人 | 吸毒人员 | 123 人 | 缠访、集访带头人 | 2 人 |
| | | | | 失学儿童 | 0 | | | |

| | 村(居)民可支配收入 | | 地方财政总收入 | 村集体经济 | | 第一产业生产总值 | 第二产业生产总值 | 第三产业生产总值 | 三次产业结构比例 | 辖区内企业 | 招商引资 | | 全社会固定资产投资 |
|---|---|---|---|---|---|---|---|---|---|---|---|---|---|
| 经济发展 | 村民 | 居民 | | 总数 | 资金总额 | | | | | | 签约金额 | 签约企业 | 落地企业 | |
| | 12495.07 元 | — | 262 万元 | 14 个 | 463.42 万元 | — | | | 70:25:5 | 14 个 | 5.6 亿元 | 18 个 | 14 个 | 43 亿元 |

| 基础设施建设 | 六个小康专项行动计划 | | | | | |
|---|---|---|---|---|---|---|
| | 小康路 | 小康水 | 小康房 | 小康电 | 小康讯 | 小康寨 |
| | 实施通村通组路、串户路等126条 | 实施农村人畜饮水工程48个 | 实施农村危房改造426户 | 全镇辖区内全部完成农网改造 | 全镇辖区内移动、联通、电信信号全覆盖。6个村(居)通网络 | 实施庭院整治等环境卫生改造2214户 |

| 教育资源 | 幼儿园 | | 小学 | | 中学(初中和高中) | | 大中专及以上院校 |
|---|---|---|---|---|---|---|---|
| | 公办 | 民办 | 公办 | 民办 | 公办 | 民办 | 0 |
| | 3 个 | 1 个 | 4 个 | 0 | 1 个 | 0 | |

续表

| 文体建设 | 人文资源 | | 重点文化节庆活动 | 公共文体活动场所（包括广场、公园和体育运动场所等） | |
|---|---|---|---|---|---|
| | — | | 仡佬族吃新节 | 16个 | |
| 医疗卫生资源 | 乡镇卫生院 | | 1个 | 养老院 | 1个 |
| | 医护总数 | 床位数 | 床位占用率 | 村级卫生室 | 13个 |
| | 22人 | 20张 | 15% | | |

资料来源：表格数据由暗流镇提供。

欠开发；"两典型"即典型的"边、旮、掉"乡镇和典型的喀斯特地区。由于开发较少、开放程度较低，导致暗流镇成为清镇西部的经济欠发达地区。

### 1. 暗流镇是一个典型的欠发达乡镇

暗流镇原属省级二类贫困乡镇[1]，地处清镇市北部，距清镇市中心40公里，距贵阳市中心60公里。全镇总面积104.24平方公里，下辖14个行政村、1个社区、106个村民组，共24620人，其中党员618人。暗流镇共有苗族、布依族、仡佬族、彝族、水族等10余个少数民族2677人。暗流镇的经济总量、农民人均纯收入在西部乡镇中最低，亟须摘掉"贫困"帽子。[2]

### 2. 暗流镇是一个典型的欠开放乡镇

从地理位置上看，贵阳市属于西部地区，清镇又位于贵阳的西部，暗流镇更是地处清镇西部，因受到地理条件的限制，暗流镇不具备发展优势，对外开放受到了制约；从区位上看，暗流镇地处清镇边缘位置，是清镇所有乡镇中唯一不沿公路主干线、不通高速公路的乡镇；从体制机制上看，暗流镇工业经济薄弱，依靠政府主导的招商引资项目少，且安商、稳商难度较大，从而导致支撑各项经济指标的项目少、规模小、产能低，固定资产等经济指标严重滞后。

### 3. 暗流镇是一个典型的欠开发乡镇

暗流镇是一个欠开发的乡镇，属于待开发的"净土"。镇内土地石漠化严重，属典型的山区农业，加之独特的喀斯特地貌，为暗流镇带来丰富的农业和旅游发展机遇。2014年，暗流镇成功申报为贵州省省级农业示范园区，而早

---

[1] 暗流镇于2012年实现脱贫。
[2] 中共暗流镇委员会：《暗流镇经济社会发展暨农业农村工作情况汇报》，2016。

在2003年,暗流镇暗流河风景旅游区已经批准成立。但是,由于受到地理位置、经济情况等各方面因素的制约,暗流镇的开发程度较低,自然资源优势亟待发挥。

## (二)"十二五"时期暗流镇"三农"工作成效显著

**1. 产业结构逐步优化,农业产业快速发展**

产业结构逐步优化。依照"稳烟、兴菜、扩药、强畜"的思路,暗流镇不断优化调整农业产业结构。在烟草种植方面,以清镇市烟草公司为带头,带动农户种植烤烟,在矿山、光明等9个村11个村民组种植烤烟1200余亩,2012~2015年产量共180余万斤,产值约1800余万元;在蔬菜种植方面,发挥金黔农业、金地康源、富云合作社的龙头作用,打造贵阳市蔬菜保供基地核心区;在药材种植方面,依托贵州瑞森科技农业发展有限公司,在矿山等村利用荒山坡地和流转闲置土地扩大天麻、红豆杉等中药材种植规模,解决当地富余劳动力就业;在牲畜养殖方面,以贵州观茂生态农业有限公司为依托,实施林下蛋鸡养殖6万余羽。此外,暗流镇积极创办农村新型合作经济组织,通过"公司+合作社+农户"的发展模式,持续壮大村级集体经济,目前暗流镇14个行政村集体经济积累均已突破20万元。[①]

农业产业快速发展。"十二五"期间,暗流镇立足农业乡镇基本定位,坚持"抓载体、找特色、突重点",以建设现代生态高效农业示范园为核心,作为农业增效、农民增收、农村稳定发展的突破口和切入点,积极抓园区规划部署,初步形成了南有省级农业示范园区、北有依托"大健康"产业导向的农特产品深加工工业园区格局。目前,入驻暗流镇南部省级农业示范园区的有金地康源、金黔、勇勇食品等农业龙头企业,主要以种植大葱、辣椒、卷心菜、烤烟、鲜花等经济作物为主。北部深加工工业园区有贵州瑞森农业开发项目、贵州观茂生态农业综合开发项目、老农民养心酸菜公司、贵州润康饮料公司等企业,直接带动暗流镇500余人就业。暗流镇充分发挥省级园区优势,农业产业取得了快速发展。暗流镇在关口、朝阳、鼓钟实施粮食增产工程4个,种植

---

① 中共暗流镇委员会:《暗流镇"十二五"时期工作总结及"十三五"时期工作思路》,2016。

水稻2.58万亩、玉米5.13万亩，完成粮食产量4.23万吨；种植蔬菜9.64余万亩，产量10.23万吨；油菜籽产量2006吨；水果产量1.21万吨；在蒋家院村、韩坝村种植核桃400余亩、牧草2000余亩；在鼓钟村采用"合作社+农户"模式，种植猕猴桃312.5亩；在光明村种植金银花2000亩。全镇出栏肉鸡268.31万羽，生猪出栏5.13万头，禽蛋产量412吨，肉类产量5010.3吨。①

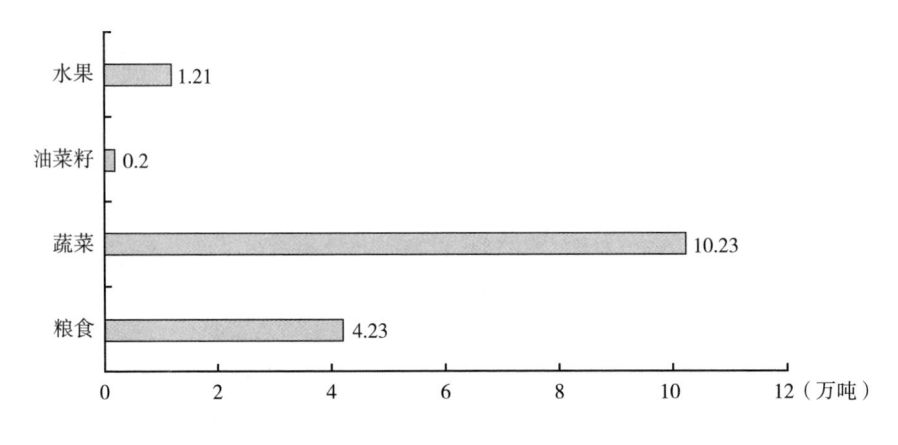

**图1 暗流镇"十二五"期间主要种植作物产量**

**2. 扶贫开发有序推进，成功摘掉省级一类贫困乡帽子**

"十二五"期间，暗流镇积极推进扶贫开发工作，并取得了良好成效。通过产业帮扶、项目支持、就业扶持、危房改造等方式，不断建立完善扶贫开发输血和造血机制，在2013年成功摘掉省级一类贫困乡（镇）的帽子。暗流镇共955户贫苦户，在扶贫攻坚战中，首先是完成了955户1941人的建档立卡、档案系统录入及资料装档工作，全面掌握全镇贫困人口情况。其次，暗流镇组织干部遍访贫困村贫困户，拟定发展计划。投入资金100多万元，为贫困农户制定相关扶贫项目，如发展肉鸡、肉牛养殖等，共解决600多户贫困人口产业扶贫问题。再次，暗流镇对接联系农业部门，在鼓钟村投入110万元，在韩坝村、蒋院村、光明村、沙田村、矿山村、响水河等村各投入10万元村级经济发展资金，用于入股"一代"食品，解决各村经济困难和村级集体经济发展

---

① 中共暗流镇委员会：《暗流镇"十二五"时期工作总结及"十三五"时期工作思路》，2016。

问题。最后，暗流镇对贫苦户实施危房改造，仅 2015 年改造一级危房 101 户，二级危房 65 户，三级危房 30 户，总共投资 200 余万元，有效改善了贫困农户的住房条件。①

**3. 基础设施逐步完善，民生难题有效改善**

基础设施逐步完善。"十二五"期间，暗流镇积极向上级各部门争取资金支持，不断加强道路交通、水利、农业等基础设施建设。累计新建维修串组路、串户路以及机耕道建设 81.82 公里；新建水利设施 48 处；新建文体广场 5 处，新增文体设备 9 套；实施暗流镇社会保障服务大厅、财政服务大厅综合服务大楼等便民设施项目；投资 208 万元用于人行道及路灯改造项目工程，投资 2000 余万元用于贵阳国家一级农业气象试验站建设项目工程，投资 700 万元用于加油站建设项目工程，暗流中小学教师周转房建设项目工程也在有序推进中。此外，暗流镇在沙田村、蒋家院村实施非集中式污水处理建设工程；在关口村、响水河村实施公厕建设工程；在鼓钟村、关口村、矿山村实施庭院硬化建设工程；并在暗流河等 6 村实施"村庄亮化"工程。②

民生难题有效改善。"十二五"期间，暗流镇不断拓宽群众就业门路，合理转移农村劳动力，农民收入明显增加，群众生活质量普遍提高，衣、食、住、行等生活条件得到进一步改善，各项民生行动计划成效明显。劳有所得方面：完成农村劳动力转移就业 1570 人，城镇新增就业人数 550 人，职业技能培训 783 人次，职业鉴定 260 人，发放小额贷款 36 人次。病有所医方面：全镇新型农村合作医疗参合率从 2011 年的 86.61% 提高到 94.46%，帮助群众报销医疗费用 1000 余万元，整改、扩建暗流镇卫生院门诊大楼，有效改善群众就诊条件。住有所居方面：争取资金 330 余万元实施矿山村青杠坝组、黄草坪组异地扶贫搬迁工程，争取资金 1000 余万元实施农村危房改造 1268 户。老有所养方面：投入资金 66 万元新建敬老院一所，计 40 张床位；新增新型农村养老保险参保 4389 人；办理失地农民参保 39 户 137 人。学有所教方面：争取资金 800 余万元新建寄宿制小学 1 所，争取资金 260 余万元新建暗流镇幼儿园，

---

① 中共暗流镇委员会：《暗流镇经济社会发展暨农业农村工作情况汇报》，2016。
② 中共暗流镇委员会：《暗流镇"十二五"时期工作总结及"十三五"时期工作思路》，2016。

基本满足全镇适龄儿童入园入学和寄宿需求。投入23万元，为全镇6所村级小学、4个教学点更换学生课桌椅1300余套；春秋季学期实施"营养午餐"2180人次；实现小学入学率为100%，初中毛入学率103.38%，高中毛入学率91.3%，高等教育入学率10.7%；各小学、教学点辍学率均实现"零"的目标。民有所乐方面：完成响水河村文化活动场所建设工程；暗流河村农民文化家园创建工程；小沟村、朝阳村、响水河村、蒋家院村、光明村农体工程建设；及时维护和安装农村地面数字电视无线覆盖工程。①

### （三）暗流镇解决农村农业农民问题面临的新挑战

**1. 在经济下行压力下加快经济增长，确保同步实现全面小康是必须完成的任务**

2013年以来，我国经济发展面对复杂形势，经历严峻考验，取得了重要成绩，整体保持持续健康发展态势。但经济稳中向好的基础还不牢固，经济增速下行压力明显，保持适度增速难度较大。立足经济社会发展的新阶段、新特点、新形势，暗流镇面临经济增长速度换挡降速的现实。在当前时机下，加快调整经济结构，培育新兴产业和新动能，提高经济增长速度和质量成为新的挑战。把下行压力转化为实现科学发展、加快转变经济发展方式的动力，实现更加公平、更加包容、更加绿色的发展，确保经济持续健康发展和社会和谐稳定、同步实现全面小康是暗流镇必须完成的任务。

**2. 加快转变山地农业的发展方式，实现产业转型，推动绿色发展是必须破解的难题**

贵州省农业人口和农业产业比重较大，但产业化程度低，发展方式相对滞后，加之贵州地形复杂，多为丘陵山地，土地零碎、耕地质量差，严重制约了贵州农业的发展。在此情况下，加快转变山地农业发展方式，实现产业转型，推动绿色发展成为贵州当前必须要破解的难题。2015年10月，贵州省委省政府出台《关于加快推进现代山地特色高效农业发展的意见》，明确指出要加快发展现代山地特色高效农业，促进贵州省农业现代化与新型工业化、信息化、城镇化同步发展，实现农业增效、农民增收、农村发展。立足发展和生态两条底线，暗流镇必须坚持走现代山地特色高效农业发展之路，保障生态环境持续向好。

---

① 中共暗流镇委员会：《暗流镇"十二五"时期工作总结及"十三五"时期工作思路》，2016。

**3. 财政收支矛盾突出，保刚性、保民生、保运转的压力持续加大是必须应对的挑战**

财政是国民经济运行的综合反映。当前，经济下行压力增大，暗流镇财政增收困难加剧，加之改善民生新增项目多，支出刚性强，导致财政收支矛盾突出，暗流镇"保刚性、保民生、保运转"的压力持续增大。如何在调整优化财政支出结构的同时保障民生，健全农业投入保障制度，减缓经济下行压力，保持经济平稳增长成为暗流镇面临的全新挑战。完成这一挑战，才能在推进经济结构优化和发展方式转变上有所作为，从而促进经济社会平稳较快发展，为全面建设小康社会做出新的更大贡献。

## 二 从连续13年一号文件聚焦"三农"看暗流镇"十三五"发展思路

### （一）中央一号文件连续13年聚焦"三农"问题的回顾

2016年1月发布的中央一号文件，是连续第13年聚焦"三农"问题，彰显了"三农"工作重中之重的地位。面对当前我国"三农"发展呈现出的新矛盾、新挑战，迫切需要落实发展新理念，调整优化农业结构，推进农业现代化，提升农业竞争力。

**1. 农业现代化成为发展主题，绿色发展与资源保护、生态修复要求趋紧**

自2014年以来，"农业现代化"连续三年成为中央一号文件的发展主题。当前，我国农业已经进入由传统农业向现代农业加快转变的关键时期，现代农业要求推动绿色发展，同时加强资源保护与生态修复，这就要求暗流镇必须大力发展生态农业、推动农业可持续发展。暗流镇应改变过去以资源、环境为代价的发展方式，降低农业开发强度，加速发展循环农业，提升资源使用率，修复农业生态环境，加快形成现代化农业发展新格局，提升农业竞争力。

**2. 美丽宜居乡村建设的重点是补齐农村基础设施短板**

"十三五"时期是我国全面建成小康社会的决定性阶段，但目前城乡发展的不平衡导致农村成为实现同步小康的工作重点与难点。为统筹城乡发展，实现全面同步小康的宏伟目标，必须深入推进新农村建设，积极打造美丽宜居乡村，做到"农业强、农村美、农民富"。目前，我国新农村建设发展迅速并卓有成效，但农村基础设施薄弱问题依然普遍存在。为加速美丽宜居乡村和农民幸福家园建设，暗流镇应补齐农村基础设施短板，以完善农村基础设施为基础，以村庄环境整治为重点，以美丽和宜居为导向，扎实推进美丽宜居乡村建设，改善农村人居环境，提高农村生产生活水平。

**3. 推动产业融合为农民持续较快增收提供支撑**

"十二五"期间，我国农民人均收入有所增长，但收入水平仍然不高，且保持持续较快增收难度仍然存在。面对发展新形势，暗流镇在"十三五"期间应依据自身条件和资源优势，积极推动农村产业融合，并将其与新型城镇化、美丽乡村建设结合起来，释放农村发展活力，推动产城融合；调整优化农业种植养殖结构，促进农业增效和内部融合；加快发展农产品加工和流通产业，完善农业产业链；深入挖掘农业的生态、文化等功能，推动休闲农业和乡村旅游发展；加快实施"互联网+现代农业"行动，发展农产品电子商务，促进农业与第二、第三产业交叉融合，为农民持续较快增收提供重要支撑。

## （二）贵州省2016年一号文件聚焦"三农"问题的六个重点

2016年1月，贵州省委、省政府出台《关于落实发展新理念推动"三农"新跨越实现全面小康目标的实施意见》（以下简称《意见》）。《意见》聚焦到"三农"问题，并确定了六个工作重点。

**1. 继续夯实现代山地特色高效农业发展基础，提高农业质量效益和竞争力**

为大力提高农业质量效益和竞争力，暗流镇应继续夯实现代山地特色高效农业发展基础。加强耕地保护和农田水利等基础建设，提高有效灌溉面积和高产稳产田面积；加快促进山地农业机械化；优化农业产业结构和区域布局；深入推进现代高效农业园区建设；加强良种繁育体系、饲草饲料体系、动物防疫体系等建设，推进畜禽水产品标准化规模养殖；加快培育新型职业农民。

**2. 守住生态底线，推动农业绿色发展**

为推动农业绿色发展，暗流镇应守住生态底线，坚持走可持续发展之路。这就需要暗流镇始终把保护生态环境放在首要位置，大力发展生态农业、循环农业，加快转变传统发展方式，改善和促进生产力发展；在此基础上，要尊重客观经济规律，有质量、有效益、可持续地发展。

### 3. 推进农村产业融合，促进农民收入持续快速增长

为促进农民收入持续快速增长，暗流镇应大力推进一、二、三产业融合。把农业园区作为三次产业融合发展的主载体、主平台，吸引各类要素资源集聚，坚持全产业链打造，推进园区功能拓展和转型升级；加快农产品加工业提质增效，发展农产品精深加工；拓展农业的综合功能，发展山地休闲农业和乡村旅游，促进农旅结合、城乡互动；实施"互联网＋现代农业"行动，大力发展农村电子商务等新兴业态，全面提升农业信息化水平。

### 4. 加快推进城乡一体化，提高新农村建设水平

为提高新农村建设水平，暗流镇必须加快推进城乡一体化，积极改善农村生产生活条件，提升公共服务水平。加强水、电、路、网等农村基础设施建设，深入推进"四在农家·美丽乡村"计划的实施，加快改善农村生产生活环境；在公共服务方面，暗流镇应积极办好农村基础教育，完善基本医疗卫生服务，健全农村社会保障体系，提高农村公共服务水平。

### 5. 深入推进农村改革，增强农村发展内生动力

为增强农村发展内生动力，暗流镇应深入推进农村改革。推动财政、金融支农政策创新，充分发挥财政资金杠杆作用，引导资本向农业倾斜；健全完善农业保险政策，提高农业保险保障水平；深化农村产权制度改革，全面开展农村土地承包经营权确权颁证工作；加快培育供销合作社、家庭农场、农业产业化龙头企业等新型农业经营主体，激发农村发展活力。

### 6. 加强和完善党对"三农"工作的领导

破解"三农"新难题，暗流镇需要加强和完善党对"三农"工作的领导。在组织领导上，要形成党委统筹协调、各部门各负其责的工作机制；在组织基础上，要坚持农村基层党组织领导核心地位不动摇；在治理机制上，要探索村党组织领导的村民自治有效实现形式，创新和完善乡村治理机制；在文化培育上，要深化农村精神文明建设，培育和弘扬社会主义核心价值观。

## （三）暗流镇"十三五"发展思路探析

从中央和贵州省一号文件来看，"三农"问题依然是暗流镇"十三五"期间需要聚焦的重点、难点。暗流镇应依据中央和省级文件指示，树立和落实五大发展理念，按照"123456"工作思路，着力解决"三农"新老问题。

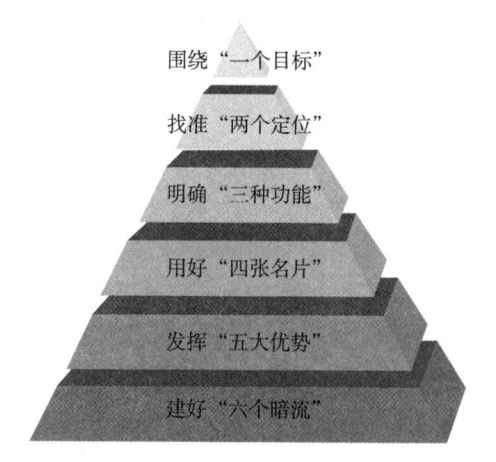

图 2　暗流镇"123456"工作思路

1. "一个目标"：创建生态文明示范镇

"十三五"期间，暗流镇应围绕"一个目标"，即"创生态文明示范镇、建美丽富饶新暗流"，积极建设生态佳、环境美、百姓富、经济强的新暗流。为确保建成生态文明示范镇，应重点加强生态文明建设，着力保护和改善农村生态环境，促进经济、社会、环境协调发展。

2. "两个定位"：打造贵阳市和贵安新区旅游观光、休闲度假的城市"后花园"和生态绿色的"菜园子"

"十三五"期间，暗流镇应找准发展的"两个定位"。依据自身产业特点和资源优势，暗流镇立足实际情况，在发展方向上确立了"十三五"期间的两个定位：一是打造贵阳市和贵安新区旅游观光、休闲度假的城市后花园，二是打造贵阳市和贵安新区的生态绿色"菜园子"。暗流镇应紧紧围绕定位，建好"后花园"、当好"菜篮子"，使自身资源优势得到充分发挥。

3. "三种功能"：形成特色轻工业产业区、现代生态农业示范园区和特色休闲旅游度假区

"十三五"期间，暗流镇应明确"三种功能"，即特色轻工业产业区、现代生态农业示范园区和特色休闲旅游度假区。特色轻工业产业区——按照清镇市"西部大开发"发展战略产业布局，结合暗流实际，打造以食品加工及农特产品初深加工为主的特色轻工业园区。现代生态农业示范园区——打好生态牌，围绕贵阳市、贵安新区以及职教园区和经济开发区餐桌做文章，打造贵阳

市绿色蔬菜的保供基地。特色休闲旅游度假区——利用暗流镇丰富的旅游资源及生态优势，打造贵阳市及贵安新区休闲度假的城市后花园。

**4. "四张名片"：用好生态乡镇名片、诚信乡镇名片、农业乡镇名片和扶贫示范乡镇名片**

"十三五"期间，暗流镇应用好"四张名片"。生态乡镇名片——暗流镇森林覆盖率52.06%，境内三河交汇，自然景观资源丰富，无"三高"企业驻镇，生态环境在清镇市乃至贵阳市得天独厚。诚信乡镇名片——作为贵州省诚信乡镇的首创地，暗流镇开创诚信体系创建先河，形成了淳朴的民风。农业乡镇名片——暗流镇为贵阳市生态绿色保供蔬菜基地之一，境内经济作物、经济林木覆盖率60%以上。扶贫示范乡镇名片——暗流镇为原省级二类贫困乡镇，虽已摘掉贫困乡帽子，但脱帽不脱政策，暗流镇需要在进一步突出示范性上做工作，争取项目、基础设施、农业产业发展方面更大的政策支持。

**5. "五大优势"：后发交通优势、土地资源优势、矿产资源优势、旅游资源优势、政策支持优势**

"十三五"期间，暗流镇应发挥"五大优势"。后发的交通优势——依托"两高"（贵黔高速、成贵高铁）建设，暗流镇即将进入贵阳市半小时经济圈范围。土地资源优势——镇政府驻地大部分土地和房屋均为原110厂国有建设用地，土地存量的利用和国有资产的可开发空间均大有可为。矿产资源优势——暗流镇境内蕴藏丰富的煤、铝、铁矿等矿产资源，是塘寨电厂、中铝、广铝重要的原材料供应基地。旅游资源优势——境内有风景秀丽的暗流河风景名胜区，独特的大湾溶洞、羊皮洞瀑布、地下暗河等均已享有较高的知名度。政策支持优势——暗流镇虽已"脱贫摘帽"，但相关产业、设施等政策扶持仍然有所倾斜；同时，作为贵阳市23个示范小城镇之一，中心集镇建设在政策上具备很大优势。

**6. "六个暗流"：建设生态暗流、美丽暗流、富饶暗流、诚信暗流、和谐暗流、阳光暗流**

"十三五"期间，暗流镇应建好"六个暗流"，即生态暗流、美丽暗流、富饶暗流、诚信暗流、和谐暗流、阳光暗流，确保形成"一心两园一带一路"的发展格局。"一心"即以小城镇建设为中心；"两园"即贵阳国家一级农业气象试验站和暗流河省级农业示范园区；"一带"即关口至暗流河两岸景观带；"一路"即卫城至暗流河风景开发区道路的升级改造，努力推进暗流镇经济发展再上新台阶。

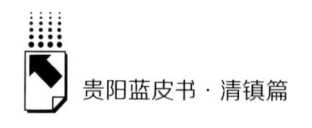

## 三 暗流镇"三轮驱动"破解"三农"新难题的思路探索

为破解"三农"新难题，暗流镇在"十三五"期间应坚持"三轮驱动"战略，即"推进农业现代化与生态化、推进农村发展的价值提升、推进城乡协调与均衡发展"，确保全面实现小康。

### （一）推进农业现代化与生态化，提高农业效益与质量

**1. 加大省级农业园区示范建设**

加大省级农业示范园区建设和电商培育力度。立足当地自然生态、蔬菜生产优势，以现代高效农业示范园区升级建设为载体，将暗流镇建设为贵阳市生态蔬菜种植、加工及销售等全产业链示范基地；紧抓园区建设，不断完善水利、机耕道、农业照明等基础设施建设，进一步打造更高水平农业示范园区。

**2. 促进农村电子商务加快发展**

"十三五"期间，暗流镇应积极促进农村电子商务发展。弯道取直，搭上电商快车，为暗流镇后发赶超积蓄长足动力；贯彻落实暗流镇"两免三减半"政策[①]，不断创新思路政策，加大电子商务人才培训力度，不断打开产品销路，形成"政策上有支持，业务上有能人，产品上有销路"的良好局面；抢抓市委、市政府支持大数据发展战略机遇，开展电子商务工作，找准定位，努力将暗流镇农业园区和电子商务进行无缝对接，点燃广大群众电商创业的激情。

**3. 强力推进旅游景区开发建设**

发挥资源优势，强力推进景区开发。积极争取景区旅游通道道路建设、暗流河生态型清洁小流域治理、暗流河景区综合开发、暗流镇旅游小镇建设、暗流镇宗教文化遗址修复、诸葛武侯驻军文化遗址恢复建设、暗流镇休闲养老养生度假中心、暗流镇亚南生态农庄建设、暗流镇瑞森农业生态旅游园、暗流镇暗流河村现代生态休闲观光农业示范区等项目；利用"生态乡镇""诚信乡

---

[①] 将暗流镇电商体验服务中心的门面用来大力支持暗流镇农村电商的发展，从事电商营业的两年免收租金，三年收取一半租金。

镇"名片，发挥五大优势，依靠"两高"建设，紧紧围绕旅游业招商思路，制定个性化招商方案，开展定向招商、定点招商，激发招商活力。

（二）推进农村发展的价值提升，形成共享与增收机制

1. "搬扶结合"，促进农民收入增长

紧抓生态移民搬迁，进一步改善集镇生活环境。将生态移民搬迁工程作为促进暗流经济社会又好又快发展的重要手段之一，不断加强镇村联动，形成一级抓一级、层层抓落实的工作格局；在各村进行宣传动员，不断加大生态移民搬迁政策的宣传力度，确保暗流镇生态移民工程顺利推进；结合暗流镇实际，通过合理制定搬迁政策，积极扩宽搬迁群众就业渠道，鼓励搬迁群众自主创业等方式，进一步解决搬迁群众生产生活问题，真正把"搬"和"扶"有机结合起来，促进农民增收。

2. "建管兼顾"，改善农民生活条件

加快完善基础设施建设，建管兼顾，改善农民生活条件。加大农村劳动力转移培训工作，扩大招商引资，解决更多的劳动就业；加大道路基础设施建设力度；加大水利设施建设力度；加大农村环境保护力度，积极争取垃圾处理设施建设、污水处理设施建设等项目；加大文化基础设施建设力度，积极争取体育场馆建设、山体公园建设、商业街建设等项目；加大教育基础设施建设力度，积极争取暗流中学易地建设、暗流小学提升改造建设等项目。

3. "帮服联动"，提高农民满意程度

"十三五"期间，暗流镇应进一步加强社会管理，狠抓精准扶贫，提高农民满意程度。

协调联动，进一步加强社会管理。抓牢"一号"工程，完善领导班子定期接访、重点约访、带案下访制度，积极开展矛盾调处化解，确保无重大信访维稳案件发生；推进平安建设，通过深入开展平安村寨、平安校园等多种形式的平安创建活动，将各学校、企业单位、道路交通、市场、建筑工地纳入创建范畴，筑牢平安建设堡垒；搞好安全生产，落实"一岗双责、党政同责、齐抓共管"的责任体系，加大隐患排查力度，对全镇各行业及领域开展安全生产大检查、巡查工作，建立隐患排查台账；打好禁毒战，摸清底数、认清形势、找准问题、把握特点，采取层层包保落实责任，加快"阳光家园"建设，

坚定不移地打赢禁毒人民战争，为暗流镇经济社会发展创建无毒环境。

突出问题导向，狠抓精准扶贫。为保障扶贫攻坚战的顺利推进，暗流镇应积极贯彻中央扶贫开发工作会议精神、推进落实大扶贫战略行动，全面掌握镇内贫困人口情况，坚持问题导向，查找致贫原因，对症下药，精准把脉、精准发力，制定切实可行的帮扶方案，确保暗流镇贫困户到2020年实现全面脱贫，达到小康水平。

### （三）推进城乡协调发展与均衡发展，建设美丽与宜居乡村

**1. 加速示范小城镇建设步伐**

开展创新争先，加快示范小城镇建设步伐。按照"十个一"的基本要求，在每个镇区建设一个贯通的路网，一个以上宜居住宅小区，一套标准污水、垃圾收集处理系统，一个标准卫生院，一所改扩建寄宿制小学，一个完善的社区服务中心，一个适度的商业综合体，一个高标准的农贸市场，一个规范性图书馆，一个标准文化体育设施，适度超前谋划、合理布局，以项目作为小城镇建设的抓手，完善小城镇建设项目库，加快小城镇基础设施、公共服务设施和产业配套建设，提高综合承载能力。

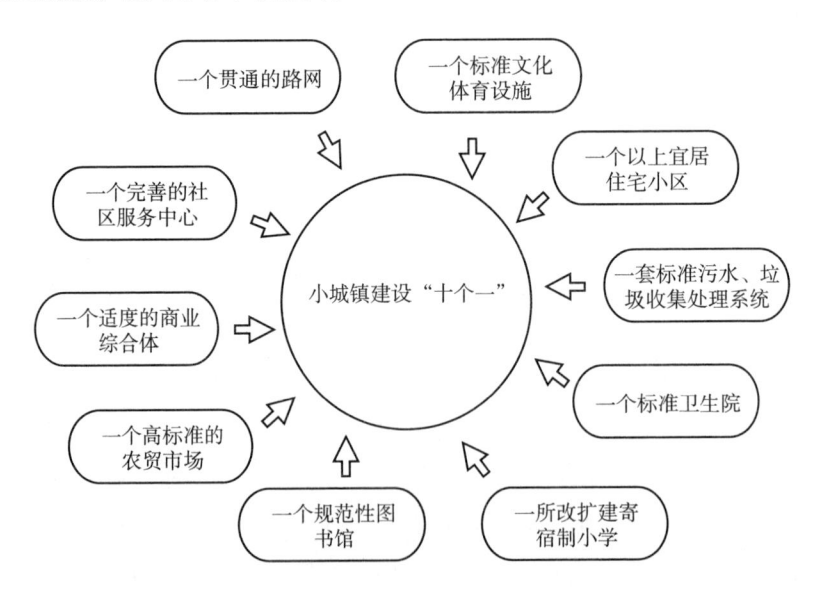

**图3 小城镇建设"十个一"基本要求**

## 2. 加速美丽乡村建设步伐

合理利用资金，抓项目落实，确保各村环境全面提升，深入推进美丽乡村建设。成立人居环境综合提升项目工作领导小组，对各村项目进行跟踪督促，确保各项目快速推进；结合暗流镇实际情况，下一步应以改善提升各村通组路和串户路为重点，全面推进危房改造、立面改造、庭院硬化、文体活动广场等项目，提升群众居住环境；在项目实施过程中，还应按照有关规定，严格把关各项目建设质量，坚持高标准、高质量，加快美丽乡村建设步伐。

## 参考文献

新华社：《2016年中央一号文件发布 连续13年聚焦"三农"》，环球网，http://china.huanqiu.com/hot/2016-01/8461402.html，最后访问日期：2016年1月28日。

黄祖辉、徐旭初、蒋文华：《中国"三农"问题：分析框架、现实研判和解决思路》，《中国农村经济》2009年第7期。

顾朝林、李阿琳：《从解决"三农问题"入手推进城乡发展一体化》，《经济地理》2013年第1期。

中共暗流镇委员会：《暗流镇"十二五"时期工作总结及"十三五"时期工作思路》，2016。

中共暗流镇委员会：《暗流镇经济社会发展暨农业农村工作情况汇报》，2016。

贵阳研究院：暗流镇党委书记访谈录音资料，2015。

# B.17
# 以产业生态化与城乡一体化为重点探索农旅型示范小城镇建设模式

——清镇市麦格苗族布依族乡"十三五"发展思路研究

**摘　要：** 示范小城镇是推进农村城镇化的产物。为增强小城镇示范带动效应，贵州省先后出台了小城镇建设评价地方标准等一系列相关文件和规划。在这一背景下，本文通过对麦格苗族布依族乡（以下简称麦格乡）乡情的分析，总结麦格乡在"十二五"时期的主要做法，梳理了麦格乡"十三五"发展面临的三大形式、发展的"四大板块"空间布局、发展的五项原则，并在此基础上，提出以产业生态化与城乡一体化为重点，对麦格乡建设农旅型示范小城镇模式进行了探讨。

**关键词：** 示范小城镇　产业生态化　城乡一体化　麦格乡

## 一　麦格乡乡情及"十二五"发展回顾

### （一）以"河"为生态轴

**1. 生态条件良好**

麦格苗族布依族乡（以下简称麦格乡）地处清镇市东北面，面积125.3平方千米。地貌以低中山槽谷地区为主，山地面积大，盆地、谷地少，海拔1200~1400米，年降雨量1100~1300毫米，森林覆盖率47.8%，乡域内山泉多，水质好。[①]

---

[①] 数据来源于清镇市人民政府政研室。

## 以产业生态化与城乡一体化为重点 探索农旅型示范小城镇建设模式

**表1 麦格乡基本情况**

<table>
<tr><td rowspan="7">概况</td><td>辖区面积</td><td colspan="2">125.3平方公里</td><td colspan="4">辖区人口</td><td colspan="3"></td></tr>
<tr><td rowspan="2">辖区范围</td><td colspan="2" rowspan="2">东抵百花湖乡，北和修文县谷堡乡隔河相望，西接卫城，南抵清镇市职教园区</td><td colspan="2" rowspan="2">户籍人口</td><td colspan="2">6410户</td><td colspan="2" rowspan="2">流动人口</td><td rowspan="2">275人</td></tr>
<tr><td colspan="2">25310人</td></tr>
<tr><td rowspan="4">自然资源</td><td colspan="2" rowspan="4">境内有铝、铁、煤等丰富的矿产资源，铝矿产储量1100多万吨，是全国49个优质矿点之一。铁矿产储量100多万吨</td><td rowspan="4">困难群体</td><td colspan="2">低保人员</td><td>311户</td><td colspan="2" rowspan="2">外出打工</td><td rowspan="2">4475人</td></tr>
<tr><td colspan="2"></td><td>422775元</td></tr>
<tr><td>60岁以上老人</td><td>3205人</td><td>建档立卡贫困户</td><td>1496人</td><td colspan="2"></td><td></td></tr>
<tr><td rowspan="3">特殊人群</td><td>残疾人</td><td>453人</td><td>失业人员</td><td>7人</td><td colspan="2">邢释解教人员</td><td>21人</td></tr>
<tr><td colspan="3"></td><td>留守儿童</td><td>131人</td><td rowspan="2">吸毒人员</td><td rowspan="2">77人</td><td colspan="2" rowspan="2">缠访、集访带头人</td><td rowspan="2">0</td></tr>
<tr><td colspan="3"></td><td>失学儿童</td><td>0</td></tr>
<tr><td rowspan="3">经济发展</td><td colspan="2">村（居）民可支配收入</td><td rowspan="2">地方财政总收入</td><td colspan="2">村集体经济</td><td>第一产业生产总值</td><td>第二产业生产总值</td><td>第三产业生产总值</td><td>辖区内企业</td><td colspan="3">招商引资</td><td rowspan="2">全社会固定资产投资</td></tr>
<tr><td>村民</td><td>居民</td><td>总数</td><td>资金总额</td><td></td><td></td><td></td><td></td><td>签约金额</td><td>签约企业</td><td>落地企业</td></tr>
<tr><td>11398.82元</td><td>—</td><td>1500万元</td><td>15个</td><td>3359681.45元</td><td>1.785亿元</td><td>6.5亿元</td><td>—</td><td>34个</td><td>13600万元</td><td>3个</td><td>3个</td><td>105600万元</td></tr>
<tr><td rowspan="3">基础设施建设</td><td colspan="13">六个小康专项行动计划</td></tr>
<tr><td colspan="2">小康路</td><td colspan="2">小康水</td><td colspan="2">小康房</td><td colspan="2">小康电</td><td colspan="2">小康讯</td><td colspan="3">小康寨</td></tr>
<tr><td colspan="2">已完成全乡建制村通村路硬化</td><td colspan="2">已完成全乡饮水工程</td><td colspan="2">危房改造65户</td><td colspan="2">全乡电网扩容工作已完成规划</td><td colspan="2">完成15个村广电云建设布线</td><td colspan="3">已完成3个村寨立面改造，2个美丽乡村示范点建设</td></tr>
<tr><td rowspan="3">教育资源</td><td colspan="2">幼儿园</td><td colspan="2">小学</td><td colspan="4">中学（初中和高中）</td><td colspan="5">大中专及以上院校</td></tr>
<tr><td>公办</td><td>民办</td><td>公办</td><td>民办</td><td colspan="2">公办</td><td colspan="2">民办</td><td colspan="5" rowspan="2">0</td></tr>
<tr><td>2个</td><td>2个</td><td>7个</td><td>0</td><td colspan="2">1个</td><td colspan="2">0</td></tr>
<tr><td rowspan="2">文体建设</td><td colspan="4">人文资源</td><td colspan="4">重点文化节庆活动</td><td colspan="5">公共文体活动场所（包括广场、公园和体育运动场所等）</td></tr>
<tr><td colspan="4">居住有苗族、布依族、彝族、亿佬族、土家族等十几个少数民族。拥有1936红色文化</td><td colspan="4">银杏歌节、年场节、跳花坡、迎军节</td><td colspan="5">已建成文化广场4处</td></tr>
<tr><td rowspan="3">医疗卫生资源</td><td colspan="4">乡镇卫生院</td><td colspan="4">1个</td><td colspan="2">养老院</td><td colspan="3">1个</td></tr>
<tr><td colspan="2">医护总数</td><td colspan="2">床位数</td><td colspan="4">床位占用率</td><td colspan="2" rowspan="2">村级卫生室</td><td colspan="3" rowspan="2">18个</td></tr>
<tr><td colspan="2">28人</td><td colspan="2">18张</td><td colspan="4">60%</td></tr>
</table>

资料来源：表格数据由麦格乡提供。

麦格乡地理狭长，辖区内有三条河：第一条是麦格河，自站街而下；第二条是猫跳河，猫跳河是我国梯级水电站开发最早并且较为完整的河流之一，猫跳河梯级电站中的三、四级电站在麦格境内；第三条是杨家河，是划分麦格和卫城的天然地理界线。麦格乡以麦格河为生态轴，从老的集镇位置一直延伸到新大门。

2. 人文旅游资源丰富

麦格乡境内不仅有长冲、观游岩溶洞群、猫跳河峡谷等丰富的自然景观，还有丰富的人文景观。龙窝十八寨的"四印苗"，在其上衣的胸前、后背及两袖上各缀有一个用五色丝线挑花而成的正方形图案，恍若四尊打印，古朴迷人，被不少前来采风寻古的专家学者称为"穿在身上的史书"。少数民族活动有苗族年厂、苗族四月八、布依族六月六歌节、银信歌节和画眉节等。特色食品有新厂苗乡腊肉，著名农产品有腊脚猕猴桃、酥梨、腊腮香葱，工艺品有小谷陇老韦民族服饰、刺绣、蜡染。

## （二）以"矿"为主产业

1. 矿产资源比较丰富

麦格乡境内铝、铁、煤等矿产资源丰富，其中，铝矿是全国49个优质矿点之一。麦格乡铝土矿资源目前已探明储量近3亿吨，远景储量在5亿吨以上，占全国总储量的10%以上，占贵州总储量的60%以上，占贵阳地区总储量的75%，居贵州第一、贵阳第一，且矿石质量优良。[①]

2. 产业转型开始起步

麦格乡依托市级工业园区核心起步区、中铝煤电铝一体化基地，正加快推进现有矿山技术改造，大力推广节水、节能、降耗新技术，发展麦格铝精深加工、装备制造、建材、磨具磨料产业带，积极打造"站街—犁倭—麦格"产业带功能服务区，打造全市重要的铝资源深加工原料供应基地，将境内的铝土矿资源优先配置给中铝。同时，麦格乡利用矿山废弃地及低品位矿、伴生矿，布局少量符合国家政策、环保标准的项目，逐步把原料供应基地提升为小型生态工业园区，配合流格路资源通道项目前期工作，加快完善

---

① 数据来源于清镇市人民政府政研室。

园区基础设施。

#### 3.复垦复绿逐步规范

按照清镇市加快推进省级生态文明先行示范区、贵阳市创建生态文明示范城市建设要求，麦格乡全面启动生态修复和污染治理，鼓励利用矿山废弃地开展山体复绿、土地复垦，建生态农庄。麦格乡重点实施了退耕还林、封山育林、天然林保护、水土流失治理、生态移民搬迁等生态建设工程，全乡森林质量和保有量持续增加，森林覆盖率达37.6%[①]。同时，麦格乡加强技术革新推动节能减排，鼓励矿山企业采用高新技术、先进适用技术和"绿色技术"改造传统工业，规范开采，推动工业向高端化、特色化、生态化发展。

### （三）以"城"为发力点

#### 1.基础设施建设力度加大

麦格乡基础设施建设进一步加强。农业生产性基础设施方面，按照小城镇建设项目"十个一"要求，强力推进路、水、电、气、排污等基础设施建设；农村社会发展基础设施方面，完成电网扩容和立面改造项目，完成麦穗路建设工程、寄宿制小学扩建项目、幼儿园新建工程、卫生院二期改造项目、图书馆以及标准化体育场项目；生态环境建设方面，实施大街环境治理、麦格河道治理项目，扶贫生态移民搬迁有序推进。其中，以"四在农家•美丽乡村"六项行动计划为契机，麦格乡初步完成观游村、麦格村美丽乡村建设，农村群众生活条件进一步改善。

#### 2.公共服务功能逐步完善

麦格乡通过实施教育提质工程、社会保障工程、医疗卫生工程、文体惠民工程"四大工程"，逐步完善了麦格乡公共服务功能。

实施教育提质工程。完成小学、中学寄宿制扩建，新建幼儿园即将投入使用。强力推进"控辍保学"工作，实现学前一年、学前三年入园（班）率分别100%以上和90.27%以上，小学入学率达100%，初中毛入学率为113.85%，高中毛入学率为91.3%。

---

① 数据来源于清镇市麦格乡"十三五"规划工作汇报。

实施社会保障工程。全乡参合农民19764人，参合率97.01%，养老保险征缴收入达636900元。兑现涉农资金190.25万元。对16户困难家庭实施医疗救助，发放医疗救助金156857元，对弱势群体、低收入人群以及受灾人群发放冬春救助粮及临时救助粮共1.5万公斤，救助人数1000人。

实施医疗卫生工程。投资115万元，完成卫生院二期建设项目，扩建业务用房600平方米，构建了覆盖村居的卫生服务体系，进一步提升了医疗环境，使群众就医更便捷，公共卫生服务满意率进一步得到提高。

实施文体惠民工程。配合开展银杏歌节文艺会演、"鸡扒田跳年场"活动、"苗族祭鼓节"、苗族村寨"打嘎"活动等，特色民族文化得到进一步传承与弘扬；完成7个村文体广场体育健身设施建设。

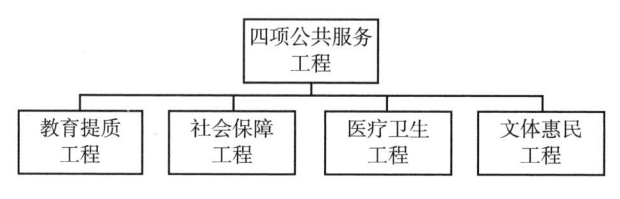

**图1 四项公共服务工程**

### 3. 群众生活环境得到治理

麦格乡通过综合环境治理，提升了群众生活质量。以实施文明创建工程为载体，2015年累计出动清运车辆23台，参与环境整治共计800余人次，清理淤泥垃圾3000多立方米，扶植树木80多棵，沿街白色垃圾、乱石、野广告得到了有效清理，占道经营、交通秩序、环境卫生整治成果得到巩固。开展以理想信念、诚信、革命传统、改革开放以及民族团结进步为主要内容的宣传教育活动，使社会主义核心价值观、公民道德、清镇精神进一步贴近群众、贴近民心。

## 二 对麦格乡"十三五"发展形势判断与思路研究

### （一）麦格乡"十三五"发展面临的三大形势

**1. 深入推进"四在农家·美丽乡村"，全面建设小康社会的机遇期**

"四在农家·美丽乡村"是麦格乡推动农民致富奔小康的重要基础。"十

以产业生态化与城乡一体化为重点　探索农旅型示范小城镇建设模式

三五"期间，麦格乡继续深入推进"四在农家·美丽乡村"基础设施建设六项行动计划，将更好建成小康路、小康水、小康房、小康电、小康讯、小康寨。

随着贵黔高速的建成，麦格乡作为距离贵阳市行政中心最近的民族乡和农业乡，将会得到贵阳市农业旅游发展的新机遇；同时，麦格乡还被列为贵阳市23个示范小城镇之一，这也是促进麦格乡推进城镇化建设的新机遇。在机遇期内，麦格乡通过抓住机遇，可积极全力争取上级资金和政策红利，为全面建设小康社会奠定基础。

**2. 深入推进清镇西部大开发，实现经济社会协调发展的加速期**

清镇市的"西部大开发"战略，是继2012年全市实施"东区城镇化、西区工业化、全市生态化"三大战略之后的一个新战略。近年来，清镇市围绕"4+1"战略，即打好"生态牌""职教牌""贵安牌""中铝牌"这四张"牌"，强力推进项目建设，助推全市经济社会更好更快发展。按照清镇市"西部大开发"的战略部署，麦格乡将肩负起清镇市"西部大开发"的东大门的重要历史使命。麦格乡在"十三五"期间，深入推进清镇西部大开发战略，将成为麦格乡实现经济社会协调发展的加速期。麦格乡经济实力和自我发展能力将进一步得到改善和优化。"十三五"期间，麦格乡可通过大力加强基础设施建设，加大招商引资力度，吸引大项目、发展大企业、培育大产业，为推动新一轮发展提供新的重要支撑，为乡镇转型奠定基础。

**3. 探索发展与生态"双赢"新路，推动发展方式转变的攻坚期**

发展与生态"双赢"新路是麦格乡在"十三五"时期，"在发展中保护、在保护中发展、在发展中转型升级"的具有麦格乡特色的新路。

"十二五"期间，麦格乡坚持以"打造麦格发展升级版、建设生态文明示范乡"为目标，牢牢守住发展和生态两条底线，经济社会实现又好又快、更好更快发展。"十三五"期间，麦格还面临着生态环境形势严峻，水环境和农村环境污染仍没有得到有效控制；产业发展不够成熟，标志性的大产业、大企业、大项目缺乏，大健康产业发展基础还不牢固的现实困难。因此，"十三五"时期仍是麦格乡推动发展方式转变的攻坚期，麦格乡需积极探索发展与生态"双赢"新路，推动发展方式的转变。

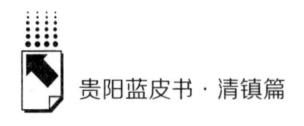

## （二）麦格乡"十三五"发展的"四大板块"空间布局

### 1. 南部生态工业区板块

南部生态工业区板块是麦格乡实施植被恢复、生态修复以及河流治理，以村矿区为中心，利用矿山废弃地打造轻工业园的板块。麦格乡应全力推进"工业强乡"战略。重点抓好铝及铝加工产业，在工业加工上做文章，引进一批精深加工企业，集中力量打造工业品牌。以中铝建设作为突破口，通过规范开采，改造传统工业提升矿山企业产能和品质，保障矿源输送。同时，麦格乡应进行资源就地转化。确保"十三五"期间，实现乡境内矿山企业100%依法规范开采，在市境内实现100%就地转化，废弃矿山按照国土和林业等部门相关要求进行土地复垦和恢复植被。

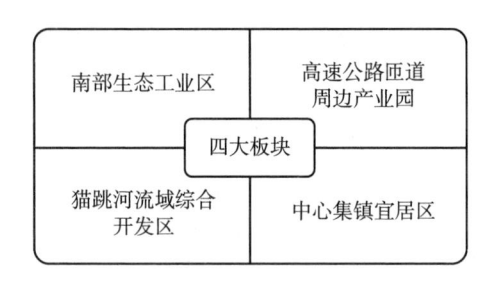

**图2 麦格乡"四大板块"空间布局**

### 2. 高速公路匝道周边产业园板块

高速公路匝道周边产业园板块是麦格乡以仓储、物流、中药材农副产品加工为主的板块。麦格乡要以贵黔高速匝道口、成贵铁路建设为契机，发展物流行业，建设物流集散中心；在物流中心的基础上，在匝道口附近建设麦格乡生鲜市场，带动周边产业发展，最终形成生鲜市场麦格本土品牌；利用贵黔高速开通契机，举全乡之力，组织开展麦格乡乡村旅游嘉年华活动，通过媒体推介麦格旅游产品和农特产品，助力麦格本土品牌推广。

### 3. 猫跳河流域综合开发区板块

猫跳河流域综合开发区板块是麦格乡带领猫跳河沿岸居民致富奔小康的板块，是麦格乡的文化聚集地，不仅拥有红色文化资源，还拥有历史文化资源。由于麦格乡境内土地破碎不连片，难以发展规模型农业。因此，猫跳河流域综合开发区板块以历史文化村—观游村为起点与重点，积极打造20平方公里的农业旅游综合开发区域，努力朝精品都市农业和农业旅游方向发展。

**4. 中心集镇宜居区板块**

中心集镇宜居区板块是以集镇"扩容""美容"为主的板块。麦格乡要实施城镇化带动战略，走生态化、城乡一体化道路，实现城镇化的重大突破。按照"布局合理、设施配套、功能齐全、生态协调、环境优美"的要求实施村庄整治；以人口、产业、空间、集聚为导向，以加快发展第三产业和现代交通体系建设为支撑；根据建设"民族文化型"小城镇的定位，推进城乡一体化进程，把麦格集镇逐步建设成为宜居、宜游的民族生态文化型小城镇。

## （三）麦格乡"十三五"发展的五项原则

**1. 坚持抓机遇明方向**

坚持抓机遇明方向的原则，抢抓发展机遇，以规划为引导，加快全乡经济社会发展。根据贵黔高速在2016年年底通车的实际情况，以高规格、高标准编制麦格乡"4+1"发展规划，完善匝道口周边产业园区规划、土地利用规划以及功能服务区规划，做到以规划明方向、用规划抓招商、依规划抓建设。大力发展大健康、铝加工产业，努力弥补短板，尽快缩小与周边乡镇的差距，推动全乡经济社会持续健康发展。

**2. 坚持抓项目扩投资**

坚持抓项目扩投资的原则，围绕战略定位特点，拓宽融资渠道，加快公共事业和基础设施建设。围绕资源禀赋、战略定位和区域发展重点，谋划实施一批大项目、好项目，以扩大投资拉动发展。按照示范小城镇"10个1"项目建设要求，完善基础设施配套。完善麦格乡招商引资工作方案，积极实施精准招商、产业链招商和专业化招商，拓宽融资渠道，探索推行政府和社会资本合作（PPP）模式，引导社会资本参与公共事业和基础设施建设。

**3. 坚持抓调整促转型**

坚持抓调整促转型的原则，打造现代观光农业，发展新型工业，培育特色旅游业，促进产业转型发展。着力打造现代观光农业、高效农业、特色农业等农业增长点。坚持南部矿区主战场地位不动摇，依托市级工业园区核心起步区、中铝煤电铝一体化基地，发展麦格铝精深加工、装备制造、建材、磨具磨

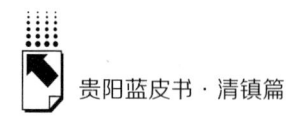

料产业带,打造"站街—犁倭—麦格"产业带功能服务区。以发扬和传承麦格特色民族文化、红色文化为宗旨,将文化资源有效转换为经济资源。

**4. 坚持抓打击保生态**

坚持抓打击保生态的原则,加大对破坏生态行为的打击力度,修复生态,多方共同治理,推动生态与新农村建设共同发展。加强对违法破坏森林资源行为的打击力度以及惩罚力度,切实搞好矿山植被恢复工作,加大森林保护的人力和财力投入,确保森林资源的生态安全。为绿色项目开通"绿色通道",鼓励矿山企业采用高新技术、先进适用技术和"绿色技术"改造传统工业,规范开采,推动工业向高端化、特色化、生态化发展。全面启动生态修复和污染治理,鼓励利用矿山废弃地开展山体复绿、土地复垦,建生态农庄。将城镇绿化工作纳入全乡经济和社会发展总体规划,实行政府、集体、个人多轮驱动,多力推动全乡植树造林,把植树绿化与新农村建设结合起来,实施生态公益林种植。

**5. 坚持抓服务惠民生**

坚持抓服务惠民生的原则,在文化、医疗、养老、就业等方面加强提升与服务,改善民生生活。加快完成麦格文化广场建设项目,提升医疗机构服务能力,深入推进新型农村养老保险工作,加大职业技能培训和创业培训力度,完成乡农贸市场建设,提高村级环境卫生管理水平,发展群众娱乐文化,丰富群众生活,深化"十个到组入户"服务机制,预防和减少矛盾纠纷。

## 三 关于麦格乡"十三五"发展实施"两化"战略的思考

### (一)实施产业生态化战略

**1. 全力推进生态工业发展**

随着麦格乡工业的不断发展,环境问题层出不穷,生态文明建设刻不容缓,麦格乡应全力加快推进生态工业发展。加强镇域内石漠化治理,荒山造林;大力推广节水、节能、降耗等新技术,鼓励采用高新技术、先进适用技术和"绿色技术"改造传统工业,规范开采,提升矿山企业产能和品质,为广铝、中铝保障矿源的输送。

## 2. 全力推进现代农业发展

调整农业生产结构，打造一批特色基地、产品、企业，优化升级一批产业。全力实施"一基三化"，围绕"九大生态农业产业"①，推行"六种生态农业模式"②，大规模、高标准调整农业产业结构，促进农业增效、农民增收和农村发展。力争在"十三五"期间，打造全市有名的中药材种植基地、绿色有机蔬菜基地；打造一批国家绿色、有机认证的农产品；扶持一批龙头企业做大做强、做优做精。促进特色种养殖业升级发展，全力打造一批规模化、标准化、现代化的种养殖业，着力打造促进以新厂村为代表的养殖业，观游村为代表的蔬菜种植业、腊脚村、麦格村、龙窝村、麦西村等为代表的果、中药种植业的规模化发展，打造特色的精品果茶园。

## 3. 全力推进旅游产业发展

立足自身特色民族文化和红色文化，将文化资源有效转换为经济资源，全力突进旅游产业发展。深化发展银杏歌节文化、画眉鸟文化、森林文化、麦西索桥红色文化；通过以旅游为载体、以特色文化为灵魂，大力开展民族文化活动、爱国教育活动；着力办好苗族传统的"年场节""跳花坡"，布依族"四月八""六月六"等活动；深入开发乡村游、科普游等休闲旅游产品，支持挖掘和开发民族刺绣等少数民族特有技艺，大力发展原生态民族文化旅游；加大旅游招商引资力度，着力开发观游溶洞旅游景点，力争形成旅游经济全新增长极。

### （二）实施城乡一体化战略

## 1. 全力实施民生保障"十大工程"

聚焦民生生活，全力实施"十大民生工程"，提升群众幸福感。"十大民生工程"包括扶贫解困、就业促进、教育助学、社会保障、百姓安居、基础设施、环境提升、文化体育、医疗卫生、社会管理。麦格乡要扎实推进"十大民生工程"，促使科技、教育、文化、卫生、体育等各项社会事业快速发

---

① 九大生态农业产业是指烟、菜、果、茶、药、苗、鸡、牛、猪九个方面的农业。
② 六种生态农业模式是指养加种生态循环模式、沼气清洁能源循环模式、村寨环境净化美化生态化模式、休闲观光生态旅游模式、生物技术应用模式、园区小区龙头带动模式。

展，居民基本公共服务体系更加完善，乡、村文明程度明显提升，人民满意度和幸福感切实增强。

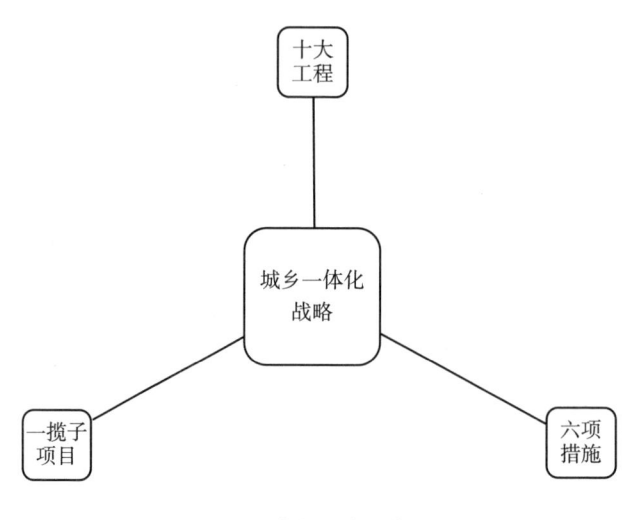

**图3　城乡一体化战略**

**2. 全力实施生态建设"六项措施"**

聚焦绿色发展，全力实施生态建设六项措施，建设人与自然和谐发展格局。

强化森林保护。利用好森林保护"六个严禁"和环境保护"六个一律"两把"利剑"，巩固和拓展森林保护"六个严禁"成果，加大对矿山生态环境和山体资源的保护与治理，按照"属地管理"原则，对辖区内的木材经营加工企业进行全方位监管。

强化河道治理。一方面，加强与上级部门对接，积极争取资金，加大对麦格河、观游防洪大沟的治理力度；加快完成15个村灌溉沟渠、山塘维修工程以及进组路道路硬化。另一方面，协调其他方面资金用于修建麦格河拦沙坝、过滤网。

强化农田保护。落实好耕地质量保护计划，对基本农田进行永久性保护，做好农户建房相关用地审批、报审工作，同时加强与市国土局对接，加快推进贵黔高速公路匝道口周边土地调规，保障入驻园区项目用地。

强化矿山废弃地利用。鼓励矿山企业利用废弃地开展山体复绿、土地复垦，建标准厂房建生态农庄，针对矿山低品位矿、伴生矿，布局少量符合国家政策、环保标准的项目，逐步打破原矿开采的土饭碗。

强化打非治违。宣传学习好新环保法，加强相关法律法规教育培训，进一步完善行政执法持证上岗；建立完善非法开采点重点区域台账，完成各非法开采点证据保全工作，对非法开采行为坚持露头就打，对屡禁不止且达到立案条件的，及时移送司法机关依照刑事案件进行处理，同时将执法关口前移，加强矿产品运输车辆盘查，切实守住运输关口。

强化农村环境综合治理。按照"一年见成效、两年基本达标、三年整洁美观"的总体目标，扎实开展好农村环境综合整治工作，围绕"一核二路四段"重点，打造好集镇"两创一整治"示范街，开展环乡公路沿线垃圾整治，以点带面，不断深化农村环境综合整治。

**3. 全力实施小城镇示范建设"一揽子项目"**

聚焦城镇化建设，全力实施一批小城镇示范建设项目，促进城镇化快速推进。加大对集镇改造与更新。加大对麦格大街改造、维修投入力度，开发建设麦穗路商业综合体，为促进麦格乡工农商贸行业社会经济发展和升级奠定基础。加快推进美丽乡村建设。进一步推进村组道路硬化建设，确保公共设施、美化绿化亮化工程、商贸农贸市场等得到完善，不断改善村民居住条件和提高群众生活质量。加强对镇区内文化、医疗、卫生、教育等公共设施的提升工作。进一步扩建休闲文化广场，完成垃圾中转站项目建设，完成乡农贸市场的建设，完成麦格小学的外观亮化工程；大力发展民众娱乐文化，丰富群众生活；提高村级环境卫生管理水平。规范镇区街道店铺及建房规划管理。不断壮大麦格乡综合行政执法队伍建设，坚决打击沿路、沿村乱建乱搭的违章建筑和违法占地行为，统一规划，统一管理。

## （三）加强党的建设，为实施"两化"战略提供保障

**1. 加强党员干部思想教育**

加强党员干部思想教育，为麦格乡的发展奠定思想基础。强化对中央、贵州省、贵阳市、清镇市重要会议精神的学习，进一步领会精神实质，把握深刻内涵。定期开展红色文化教育活动，进一步坚定党员干部理想信念，拧紧思想上的"总开关"。

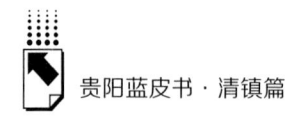

### 2.加强基层组织建设

着力抓好村支两委班子、农村致富带头人队伍建设。大力加强基层走访工作,继续在各村开展党建现场观摩会,切实形成"转转学"格局;加强整顿软弱涣散基层党组织,增强基层党组织的政治功能、服务功能和发展功能;同时,抓好基层党建示范点建设,以示范点引领基层党建新发展。

### 3.加强农村新型集体经济组织建设

借鉴经验,立足实际,加强农村新型集体经济建设。收集、借鉴其他地区壮大村级集体经济先进经验,并结合自身实际需求,逐一与各村研究制定麦格发展村级集体经济具体措施;着力抓好农村电商、"三资"转股和"互联网+"各项工作,推行村村或联村组建农村新型集体经济组织。

## 参考文献

麦格乡人民政府:《麦格乡总体发展情况"十二五"总结及"十三五"发展思路》,2015。

麦格乡人民政府:《麦格乡"十三五"规划工作报告》,清镇市政研室,2015。

贵阳研究院:麦格乡领导访谈录音,2015。

《清镇市麦格乡"四抓"助力电商发展》,http://www.gygov.gov.cn/art/2016/3/9/art_10687_896813.html,最后访问日期:2017年3月15日。

# B.18
# 以大数据深化社区模式创新实现治理精准化与服务高效化

——清镇市红新社区"十三五"发展思路研究

**摘　要：** 红新社区地处清镇市主城区、新老城区交接部，人口密集，党政机关单位多，老旧小区、老旧院落与散居住户多。"十二五"时期，红新社区在网格化管理、"一站式"服务、协同化运作的实践探索上取得巨大成功。"十三五"期间，为实现治理精准化与服务高效化，红新社区可以引入大数据理念与技术推动智慧社区建设。智慧社区建设的核心是创新，关键是转型，根本是精准高效。

**关键词：** 大数据　治理精准化　服务高效化　红新社区

随着大数据时代的到来，智慧城市建设已逐渐汇入大数据的发展之中，智慧社区建设也离不开大数据技术的应用。2015年9月，国务院出台《促进大数据发展行动纲要》，将"在社区服务等领域全面推广大数据应用"作为构建以人为本、惠及全民的民生服务新体系这一发展目标的重要内容，并提出政府要集中构建统一的互联网政务数据服务平台和信息惠民服务平台，在基层街道、社区统一应用，并逐步向农村特别是农村社区延伸[①]。

---

① 中共中央国务院：《促进大数据发展行动纲要》，www.scio.gov.cn，最后访问日期：2017年9月5日。

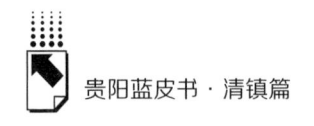

# 一 红新社区：从传统单位型社区向新型城市社区转型

## （一）红新社区的特点

**1. 地处主城区，人口密集，党政机关单位多**

红新社区地处清镇市主城区。红新社区成立于2011年6月，是贵阳市城市基层管理体制改革第二批试点社区。管理区域位于清镇市主城区，东起清镇云岭东路，西抵清镇云站路一标段，北至清镇云岭中路，南抵清镇富强路，总面积7平方公里。社区内有市民广场1个，湿地公园1个，文体活动场所8个，农贸市场3个，客车站1个，图书馆1个。随着城市建设发展，作为清镇老城区，红新社区失地农民数量大幅增加，由于失地农民就业技能较为欠缺，多数面临"失地—灵活就业—失业"的困难状况。

红新社区辖区人口密集。社区服务总人口17595户52460人，其中户籍人口13310户39960人。社区人口总数中，少数民族8265人；人户分离2913户8646人；租赁房屋住户4285户12500人；产权房屋9218户32560人。留守儿童52人；空巢老人43人；残疾人408人；60周岁以上老人2866人；失业人员292人；弹性就业人员405人；在建工地6处286人；打工子弟2030人；低保人员283人；贫困家庭86户；就业特困人员83人；社区矫正人员14人；刑释解教26人；少年犯罪2人；缠访、集访带头人7人；吸毒人员520人。

区域内党政机关多。社区内有清镇市委、市政府、市人大、市政协等党政机关12家，财政、民政、住建、农业等单位21家，国有企业8家。社区党委共下设9个党支部，有直管党员283人，流动党员3人，基本实现党建工作全覆盖。目前，社区8个村（居）党支部均全部创建星级党建示范点，其中"四星级"党建示范点1个（东北村）、"三星级"党建示范点5个（三星村、梯青塔居委会、红旗居委会、新民居委会、前进居委会）、"二星级"党建示范点2个（盘化居委会、地勘居委会），社区党委获得了贵阳市"五好"基层党组织、清镇市"五好"基层党组织称号。

表1 红新社区基本情况

| 社区概况 | 辖区面积 | 7平方公里 | 辖区人口 | | | |
|---|---|---|---|---|---|---|
| | 辖区范围 | 东起清镇云岭东路，西抵清镇云站路一标段，北至清镇云岭中路，南抵清镇富强路，总面积7平方公里，现有红旗、新民、前进、梯青塔、地勘、盘化6个居委会，三星、东北2个城中村，共划分为29个网格 | 户籍人口 | 39960人 | 流动人口 | 12500人 |
| | | | 18岁以下 | 8149人 | 失学儿童 | 0 | 留守儿童 | 52人 |
| 科技和教育资源 | 科研院所 | | 幼儿园 | | 小学 | | 初中高中 | |
| | | | 公办 | 民办 | 公办 | 民办 | 公办 | 民办 |
| | 0 | | 0 | 7个 | 3个 | 1个 | 2个 | 0 |
| 社会资源 | 辖区内单位 | | | | 辖区内社会组织 | | |
| | 行政单位 | 事业单位 | 企业（国有） | 孵化型（枢纽型）社会组织 | 专业型社会组织 | 自发型（草根型）社会组织 |
| | 12个 | 9个 | 8个 | 0 | 0 | 1个 |
| 体育文化休闲餐饮住宿设施 | 体育场（馆） | 影剧院 | 广场 | 公园 | 图书市场、书店 | 50平方米以上饭店、餐馆 | 旅店、招待所 | 写字楼 |
| | 1个 | 1个 | 1个 | 1个 | 5个 | 17个 | 12个 | 2个 |
| 医疗卫生资源 | 综合医院 | 专科医院（诊所） | 妇幼保健院 | 急救中心 | 疾控中心 | 社区卫生服务站 | 辖区药店 | 养老机构 |
| | | | | | | | | 公办 | 民办 |
| | 1个 | 2个 | 0 | 0 | 0 | 0 | 9个 | 0 | 0 |
| 困难群体与特殊人群 | 失业人员数 | 退休人数 | 60岁以上老人 | 残疾人 | 低保人员 | 刑释解教人员 | 吸毒人员 |
| | 292人 | 1754人 | 2866人 | 408人 | 283人 | 26人 | 520人 |

资料来源：表格数据由红新社区提供。

**2. 地处新老城区交接部，老旧小区、老旧院落与散居住户多**

作为清镇市主城区中的两个社区之一，红新社区处于新老城区交接部。辖区内人口密集，流动人口量大，社区治理难度较大。社区内有房开物管的小区20家，物业脱管老旧院落72个，物业托管老旧院落多为步梯房，以散居为主，难以形成自治。随着清镇市"疏老城、建新城"城市规划建设步伐进一步加快，相比新的城市区而言，红新社区内基础设施欠账大，配套十分滞后，许多破旧的老楼栋、旧小区连基本的值班守护、卫生保洁等物业都难以为继，物业脱管院落数量正在接连增加，居民生活质量受到影响。

3. 社区构成复杂，包括街道居委会、单位居委会及城中村

红新社区构成复杂，现有红旗、新民、前进、梯青塔4个街道居委会，地勘、盘化2个省属单位居委会，三星、东北2个城中村，共划分为29个网格。持续推进支持和培育社会组织参与社区服务，培育发展了武术协会1个、红白理事会8个、商业协会8个、社区文化艺术团1个、村居文艺表演队15支，备案组建小区业主委员会12家，建立道德讲堂、文艺宣传、和谐邻里、治安群防、禁毒宣教、绿丝带等社区志愿者队伍34支，开展社区志愿者活动256次，志愿服务受益群众2万余人。由于征地拆迁、旧城改造等原因，部分多年信访积案一时难以化解，新增群体性上访事件为数不少，社区的社会矛盾依然十分突出。

### （二）"十二五"时期红新社区在发展模式与体制机制上的实践探索

#### 1. 网格化管理

社区服务网格化建设是城市管理体制改革中最突出的特点之一。

**图1 红星社区网格化管理**

在社区网格化服务方面，为进一步推进精细化服务，红新社区按照200~400户为一个网格的划分原则，已经完成网格划分和人员配备，共划分为29个网格，完成了"一警两员三队"的建设，共有8个网格格长、60个网格管

理员、29个网格格警、平安守护队、平安巡逻队、平安和谐促进队共计800余人。同时，加强社区网格化服务管理，加强对网格员的培训力度，依托社区网格化服务管理信息系统处理各类事件。此外，社区发动网格管理员、社区干部和志愿者深入群众家中，广泛宣传城市创建、劳动保障、社会福利等政策法规，听民事、访民情、解民忧，让居民反映的事情第一时间在网格上得到解决，社区网格化服务水平不断提升。

在社区环境卫生网格整治方面，红新社区将社区保洁区划分为52个保洁网格区，每个网格区配置1名公益性岗位专职保洁员，实现了保洁常态化、全覆盖。在"三创"（创建文明城市、创建卫生城市、创建环保城市）工作中努力打造"六个好"管理服务示范网格。即在各个网格建立政府、部门、社区、社会、居民齐抓共管的创建工作机制，实现管理机制好；营造干净整洁的生活环境，实现环境卫生好；建立规范有序的生活秩序，实现生活秩序好；逐步完善市政公共服务设施配套，实现服务配套好；树立文明、和谐、诚信、法治的社区文化，实现文化氛围好；建立社区管理与群众自治的信息化平台，实现社群互动好。

在社区网格党建方面，红新社区党委共下设9个党支部，有直管党员283人，流动党员3人。社区不断加强党的建设，基本实现党建工作全覆盖，区域化党建初见成效，"网格+支部"的党建工作模式得到了升级，探索出"四在网格""六个好"网格、党建项目制等党建工作法，实施在职党员先锋行活动，党的建设水平得到了大幅度的提高。此外，抓好"网格党小组"建设，发挥党员先锋模范作用。持续推行网格党建项目制，每年推出"十大"网格党建项目，不断丰富网格党支部活动。通过"六诺双评"设岗定责，解百家难、串百家门、暖百家心、知百家情，发挥好党员的先锋作用，实现对居民的零距离、全覆盖、全方位、全过程动态管理和服务。

在网格治安治理方面，红新社区牢牢抓住平安建设、群众工作、社区服务三大重点，开展"社区满意战"工作。通过充分发挥"网格三员四队"和群众社会治安群防群治队伍作用，实现全天候、全区域治安巡逻防控，并强力推进平安建设"一打和七防"工作，辖区累计安装了监控摄像头200个、"平安E家"1625部，符合门禁系统条件的老旧楼栋单元安装防盗门达到100%，背街小巷新增安装路灯260盏。

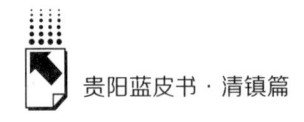

### 2. "一站式"服务

社区便民利民服务大厅严格按照"便民、利民、规范、高效"的目标，优化办事流程，提高服务效能，推行一窗受理、全程办理"一站式"服务，将民政、社保、低保申报评定等16项与群众生活密切相关的服务项目整合归口，统一设置2个窗口集中进行办理，主动、周到、热情办理群众事务。按照一体化设计、网格化管理、信息化支撑、人性化服务的"四化并举"模式开展为民服务。

### 3. 协同化运行

依托平台化开展工作统一调度，不断建立完善服务管理平台。建立社区网格化管理综合信息平台、政务服务平台、"12319"公共服务热线平台、平安建设综合防控平台、网格综合管理调度平台五大服务管理平台。建立"社工""辅警"和"社工＋辅警"的三大调度平台和联动协调机制，变多头管理为统一调度，通过"五定规程"，即定岗位职责、定工作流程、定工作内容、定事务公开（一道民生窗、一张服务卡、一本服务指南）、定考核管理，实现了"六统一"，即指令统一、行动统一、标准统一、管理统一、督查统一、考核统一。建立健全社区干部考核制度、财务制度、考勤制度、公车管理制度等一系列制度，社区管理更加科学、规范。

## 二 对红新社区"十三五"发展思路的思考

### （一）理顺机制，多元共治

#### 1. 实施三级管理，理顺运行机制

社区"大党委"统领。组织社区内的党政机关和企事业单位共同组成社区协调议事"大党委"机构，社区内机关单位选派领导干部兼任社区大党委委员，每月定期在社区召开协调会议，专题研究和帮助解决社区权限内无力统筹协调的各种困难，重点针对居民生活等民生领域协调项目，提供资金、人力、物力等帮扶支持。

优化社区服务中心"五部两办"机构设置。推行"前台受理""内部流转""后台办理""网格服务"4项制度，运用社会和云等信息化管理手段，

从网格收集民情民事，在村居统筹代办，到社区集中办理。

筑牢村居"一站式"服务网底。在社区管理的居委会、村委会统一建立"一站式"服务阵地，开展"信息全收集、事态全掌控、监管全到位、服务全覆盖"等工作，面向群众开展了各项服务。多元化共治：争取本地人民政府支持，住建、商务、市场监管、教育、卫生、消防、交警等相关部门面向社区职能下沉、人员下划，逐步建立共驻共建共管共治的大社区管理服务工作机制。

**2. 实施"一政二居三社联动"，形成共治格局**

为实现政府主体治理、顺应居民需求，发动居民参与。在创新基层治理能力方面，红新社区应以"一政二居三社联动"为治理目标。"一政"，即政府主体治理；"二居"，即顺应居民需求，发动居民参与；"三社联动"，即社区搭平台，社会组织齐力，社会工作者参与。

强化"三社联动"工作机制。形成社区内机关企事业单位共驻共建、共同尽责、齐抓共管工作机制，大力争取人、财物保障支持。以创建国家环境保护模范城市、创建全国文明城市、创建国家卫生城市及"多彩贵州文明行动"为重点，对市容环卫创建实行定人、定岗、定责、定标准、定考核、领导包、工作部包、村居包"五定三包"。

培育发展第三方社会组织，并引导他们积极参与到社区公共管理和公共服务中来，重点培育扶持公益慈善类和城市社区服务类"枢纽型"小微社会组织，积极探索建立相关措施、办法和机制，进一步促进社会治理协同机制良性发展。

组织开展社区志愿者服务活动。针对社区职能职责，广泛开展各类有针对性的公共服务志愿者活动，深入实施"5+2"志愿服务体系，推动志愿服务工作，即"爱心淘宝、爱心连线、爱心公益、爱心救助、爱心积分"+"爱心银行、爱心超市"，大力搭建社区志愿者"奉献社区、服务居民、创先争优"活动平台，提高社区志愿服务工作实效。探索社区志愿者适度有偿服务和"爱心银行"积分互助激励机制，促进志愿者服务工作健康蓬勃发展。

深化居民自治功能。推进星级居委会的打造，充分发动辖区群众参与社区建设和自我建设。一是着重突出"居民管事"，推行"日常生活1+1"的工作思路，即"一群'小区好事者'+一支'专业服务队'"。充分发动居民互相协调、互相帮助解决。推行"十个一"工作思路,即宣传发动居民做到"小区安全我守一夜""邻里之间我认一认""邻里困难我帮一把""居民活动我露一手""小区环境我管一管""居民陋习我劝一劝""安全隐患我查一查""陌生人来我问一问""好人好事我说一说""政策法规我讲一讲",努力营造和谐、幸福、温馨的社区建设氛围。

### (二)"五小"创建,全科服务

**1. 开展"五小"创建活动,实现同步小康**

开展"五小"创建,做有亲情力的社区。以同步达小康为契机,在全社区广泛开展"五小"创建活动:创建小康区——建成安居乐业的小区,重点抓好平安建设,打响禁毒人民战争,打造"充分就业社区"。创建小康院——建成环境优美的院落,继续组织实施好"新型社区·温馨家园"公益项目,在居民小区道路、绿化、亮化、安保、文化体育等公共配套中进一步改善群众生活环境。创建小康园——建成文化宣传教育的园地,在村居建立道德讲堂、文化活动小广场、群众文化活动室、文体健身室、图书阅览室、禁毒教育学校,组建群众业余文体队伍,进一步丰富社区群众的精神小康和文化生活。评比小康家——评比文明诚信的家庭,组织评定社区星级诚信市民、诚信计生、文明家庭、和谐小康之家、廉洁家庭等先进称号,为弘扬价值观、争做示范户、全面创小康营造浓厚的社会氛围。评选小康人——评选社风淳朴的居民,广泛开展寻找最美红新人、"社区积德榜"等活动,树立社区模范典型。

**2. 深化解决"民生十困",实现全科服务**

将民生服务作为检验社区服务的标尺,深化解决"民生十困",实现全科服务。按照建设"服务型、创新型、法治型和廉洁型"社会管理和公共服务单位的要求,加强社区公共服务站的规范化建设,注重社工人才队伍建设,切实为居民提供优质、便捷的服务,把社区公共服务站建设成为便民利民的群众满意窗口。重点完善就业与养老服务。充分用足用好促进就业的有关政策,挖掘资源,为闲置劳动力与用人单位提供全面信息服务,动态消除零就业家庭。建立和完善老年人社区管理与服务体制,建立社区养老服务网络,不断提高老年人的精神文化水平。不断扩大社会保障、住房保障覆盖面。广泛宣传城镇职工基本养老、医疗、生育、工伤、失业保险;城乡居民基本养老、医疗保险等社保政策，积极推进社保扩面征缴，做好退休人员社会化管理。深入宣传廉租房、经济适用房、限价房、住房租赁备案、公共租赁住房等各项住房保障政策，严格申报审核和执行住房保障准入制度，优化审核流程，全力扩大政策覆盖面，实现应保尽保、不错不漏。

### （三）重点突破，全域治理

#### 1. 重点人群的服务

加强困难人群的服务保障工作。持续推进居民民政救济救助、最低生活保障，确保应保尽保、应帮尽帮。协调争取各方资源和职能部门工作协同，全面加强居民住房、养老、医疗、教育、就业等服务保障。

加强流动人口的服务保障工作。加强流动人口管理和服务，大力搞好计划生育宣传工作。加强流动人口管理服务，将流动人口计划生育管理服务工作纳入户籍人口管理和社区服务体系。开展"惠民行动"，全面落实农村计生家庭奖励扶助、独生子女父母奖励、计生家庭特别扶助三项政策。做好计生"三结合"户帮扶工作。

加强青少年服务保障工作。利用市级示范道德讲堂、礼法歌堂，举办道德宣讲活动，培育和践行社区主义核心价值观。充分发挥社区学校功能，举办安全教育、禁毒预防、心理辅导等活动，促进社区青少年健康成长。大力弘扬诚信红新社区文化，树立一批诚实守信先进典型。积极开展最美红新人道德模范评选活动，树立道德标兵，引领精神文明社区新风尚。

#### 2. 重点工作的推进

打好"平安社区满意战"。继续深入开展"两严一降"整治行动，组织发挥好"网格一警两员"和社会治安群防群治队伍作用，定期开展社区警务联席会、村居警务议事会，以8个村居综治工作站为阵地，开展平安小区、平安村居等创建活动。以建立维护社会稳定的长效机制为立足点，加强法制宣传和普法教育，落实依法行政实施纲要，建立健全规章制度，提高全辖区的法制意识。在人流密集，治安重点区域积极推行电子监控等技防措施，在辖区内逐步建成覆盖主要街道、重点路口、重点地段的综合科技防范网络，实现治安防范无死角。继续加大机关、企事业单位以及居民住宅小区技术防范措施的推行和落实。

三管同步管好流动人口。继续强化房东登记报告制度"以房管人",强化劳动用工登记报告"以业管人",强化居住证办理"以证管人",继续加强人口计生 PS 系统和全员人口管理 PSM 系统信息建设,加强"社会和云"平台运用,强化社区流动人口的基层管理。

加强社区戒毒社区康复。认清吸毒人员 500 人以上,是清镇市毒情重灾区的严峻形势,按照分类管控、全区统筹的思路,落实"三找三抓"工作方法,探索推行"四个着力",深化禁毒人民战争的工作举措,即:着力强化禁毒专干专业管毒,着力强化执法整治重拳缉,着力强化综合治理社区康复,着力强化安置帮教回归社会,在社区建立"阳光服务站",在 8 个村居建立禁毒预防教育学校。构建社区戒毒社区康复"2+2"服务体系,即:构建 2 个社区康复服务体系——社区大党委统筹服务,社区阳光服务站综合管理服务;构建 2 个就业安置服务体系——一批社区戒毒康复回归安置阳光企业,"四包四帮"服务帮扶团队(包对象、包尿检、包档案、包宣传、帮思想、帮心理、帮康复治疗、帮生产劳动)。

**3. 重点区域的治理**

完成老旧院落整治。大力引导、指导居民小区自治管理,完善社区居民小区业主委员会组建,完善其章程、居民公约等制度,完善其议事决策、自治管理、自我服务等机制。用 1~2 年时间,全面实现社区物业脱管的老旧院落自建业主委员会,推选楼栋长,推选社区服务联络员,并整合资源、资金帮助老旧院落规范卫生保洁、值班守护、义务巡逻、自我监督、志愿服务等事务,逐步消除物业脱管现象。

加大环境卫生整治。加大区域"脏、乱、差"整治力度,严管严查运渣车辆,重点做好中环国际、铁鸡巷棚户区等拆迁地块的环境卫生管理工作。充分利用"三年千院"行动计划项目,实行"一院一策",力争每年实施 3~5 个社区公益项目,持续推进老旧院落综合整治,分期分批完善院落安防、绿化、照明等公共设施,不断优化宜居环境。以开展"七进""除陋习、树新风"等活动为载体,加大环境卫生宣传力度,增强居民爱护环境卫生意识,提高爱护环境卫生的自觉性。

强化市容环境秩序管控。集中对辖区商家店铺存在的摊位乱摆、广告乱贴、牌子乱挂、物料乱堆等现象进行强力整治,持续加大农贸市场及周边环境秩序的整治力度，加强对背街小巷野广告的清理及长效化管控，全辖区店招店牌统一规范化设置管理，实现一街一景。及时解决居民反映的噪音扰民、空气污染、水污染等环境问题，努力营造优美、整洁、环保的市容环境。

# 三 红新社区引入大数据理念与技术推动智慧社区建设的思考

## （一）智慧社区建设的核心是创新

### 1. 智慧社区需要理念的创新

智慧社区建设是智慧城市发展、社会需求平衡、资源优化分配的关键。创新是智慧社区建设的核心，应当理念先行，把"创新、协调、绿色、开放、共享"发展理念转化为社区基层管理创新服务理念，以"打造智慧社区、建设美丽红新"为愿景，以践行"三创一提"（创新思路、创新路径、创新方法，提高工作能力和水平）和"三找三抓"（找问题、找差距、找目标，抓统筹、抓落实、抓提升）为路径，做强社区，做实居委会，做精网格。

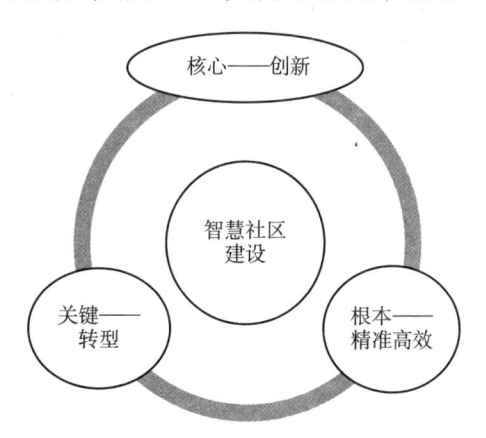

**图2 红新社区智慧社区建设示意**

### 2. 智慧社区需要技术的创新

技术是智慧社区建设的重要支撑，智慧社区建设更离不开技术的创新。随着大数据、云计算等一系列技术的升级发展，在智慧社区的基础设施建设方面，更要重视硬件设施和大数据、云计算及网络技术的运用，形成覆盖全社区的智慧基础设施网络。在智慧社区服务体系建设方面，应当探索智能配送体系、智能服务体系，探索指尖社区服务技术，以技术挖掘体系为突破口，形成高效便民的社区服务体系。

**3. 智慧社区需要流程的创新**

创新社区管理的核心是创新社区管理体制，再造社区管理体系。流程再造是社区管理体制改革的新视角。流程创新六个核心要素包括资源、过程、结构、结果、对象和价值，其中，结构表现为过程的相互作用。智慧社区流程再造的原则是以人为本，服务居民，在此基础上进行相同事物合并、简化流程、资源整合、人员整合。工作流程要从"串联"转变为"并联"，实现本质上的创新。

## （二）智慧社区建设的关键是转型

**1. 从网格化到扁平化**

网格化管理是社区创新管理模式的探索成果。在社区网格化管理中，社区是基础，网格是关键，服务是本质，管理是核心。红新社区一直以"做强社区、做实居委会、做精网格"为发展总目标，在社区内实现网格管理全覆盖。然而，在社区管理难度依旧较大、社区矛盾依旧突出的现状面前，社区管理应当实现从网格化到扁平化的转变。扁平化是社区网格化管理中的一项重大创新，围绕全程便捷服务、全程精细服务、全程监测服务来满足居民日常诉求。按照"社区统筹—部室指导—村居落实—网格服务"的扁平化管理要求，科学设置社区"五部两办一厅"服务机构（群众工作部、社会服务部、经济服务部、城乡管理部、党建工作部、网格管理办公室、社区综合办公室、社区便民服务大厅），整合社区便民服务大厅进入清镇市政务服务大厅联网办公。

**2. 从"一站式"到全程式**

全面推进群众服务事项全程代理代办，全面提升服务群众工作质量效益。推动社区电商惠民生促发展工程。把农村淘宝与社区电商充分整合，大力发展餐饮、娱乐、培训、家政、婚庆、旅游等城市社区电商服务业，实现水电费、燃气费、通信费等居民日常生活基本消费电子化，建成社区电商服务中心1个，建成8个村（居）电商服务示范店，新增社区居民电商服务网店10家以上，网购货物自提点 10 个以上，建成社区 E 家特色电商网点 3 个（一是清镇新鲜农产品一日到家，二是清镇特色食品一日到家，三是清镇百货代购一日到家）。

**3. 从协同化到平台化**

大数据在社区服务领域的应用不断扩大，清镇"社会和云"平台的建设和其在社区建设、社区治理方面的应用，将促使社区公共管理和为民服务质量效率进入"质"和"效"的飞速提升。在此背景下，红新社区应当全面建成社区"社会和云"计算大数据管理服务平台，把社区人口、地理、建筑、事件、应急等全方位数据信息运用于社区公共管理和公共服务事物，大力提升网络化、信息化管理质量效益。各村居设置服务群众窗口，与社区服务中心各部、各办实现电子政务等信息网络联通。各网格管理员实现手持终端数据连接，实时进入社会和云信息化管理系统。开通红新社区社会组织 QQ 群、便民服务微信群等信息平台，广泛动员社会组织和居民积极参与社区建设。大力搭建社区志愿者活动平台，提高社区志愿服务工作实效。

## （三）智慧社区建设的根本是精准高效

**1. 治理精准化**

基于社区治理主体的多元化和复杂性，在智慧社区治理过程中应当坚持党委领导、政府负责、社会协同、公众参与、法治保障"五位一体"社会治理架构。立足于红新社区当地实际，应创新治理手段，实行需求分析和精准分析，展现社区特色，按照积极有序推进的发展路径，实现智慧社区建设治理精准化。

**2. 服务高效化**

社区服务与居民满意度高度相关。在社区需求日益多元化、专业化面前，智慧社区建设应当积极转变思路、转移职能，为居民提供多层次、个性化的社区服务。同时健全社区服务体制机制，坚持智慧社区平台建设，丰富社区服务内容，拓展社区服务领域、聚合社会服务资源、激发社会组织活力，形成社会多方齐参与的社区建设协同机制，实现智慧社区服务高效化。

**3. 百姓获得感**

社区服务的宗旨是以人为本，以提升居民满意度和满足百姓获得感为根本

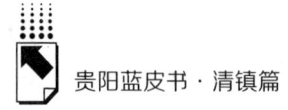

目标。社区服务是一种有温度的百姓服务，百姓获得感是智慧社区建设改革工作方向的风向标。因此，红新社区应坚持服务群众为宗，和谐稳定为旨，努力打造"新型社区·温馨家园"的群众金口碑，做有智慧力、有亲情力、有凝聚力的社区。

**参考文献**

施俊勇、李娟、陈豪：《网格化管理模式的创新之处——扁平化操作系统》，《教育教学论坛》2013 年第 2 期。

张大维：《流程再造理论与社区管理创新——以武汉市江汉区为例》，《城市问题》2013 年第 3 期。

清镇市红新社区：《清镇市委五届九次全会以来红新社区工作完成情况汇报》，贵阳市群工委，2015。

清镇市红新社区：《"十三五"时期清镇市红新社区发展规划》，贵阳市群工委，2015。

# B.19
# 探索"以人为本、分类服务、共建共享"的社区治理模式

——清镇市新岭社区"十三五"发展思路研究

**摘　要：** "以人为本"是开展社会工作的首要原则。在社区居民需求多元化的今天，坚持以人为本、开展分类服务成为社区治理的必然要求。本文以案例研究为主，通过对清镇市新岭社区基本情况、发展基础与工作亮点的分析，总结其在探索新型社区治理模式方面的主要做法，并梳理目前存在的一些问题。在此基础上，坚持贯彻以人为本的理念，针对各类人群的不同需求，提出"分类服务、共建共享"的建议和参考。作为社区治理模式的全新探索，新岭社区的做法对于社区治理模式创新具有重要的理论和现实意义。

**关键词：** 以人为本　分类服务　共建共享　社区治理模式　新岭社区

党的十八届五中全会明确提出要"构建全民共建共享的社会治理格局"。全民共建共享就是要坚持人民的主体地位，充分尊重和发挥人民群众的首创精神，秉持共同参与的理念，将"共建"的治理过程与"共享"的治理目标结合起来，将政府管理模式转变为以政府为主导的多元主体协同治理模式，紧紧依靠人民群众开创社会治理新局面。

## 一　新岭社区的基本概况、发展基础与工作亮点

### （一）从位置、人口、属性的角度认识新岭社区

**1. 位置的角度：新岭社区地处清镇市的老城区**

新岭社区位于清镇市主城区西南面，面积5.5平方公里，属于清镇老城区

表1 新岭社区基本情况

| 社区概况 | 辖区面积 | 5.5平方公里 | | 辖区常住人口 | | | |
|---|---|---|---|---|---|---|---|
| | 辖区范围 | | | 户籍人口 | | 24811人 | 流动人口 21214人 |
| | | 18岁以下 | 9574人 | 失学儿童 | 0 | 留守儿童 | 41人 |

| 科技和教育资源 | 科研院所 | 幼儿园 | | 小学 | | 初中高中 | |
|---|---|---|---|---|---|---|---|
| | | 公办 | 民办 | 公办 | 民办 | 公办 | 民办 |
| | 0 | 1个 | 10个 | 3个 | 4个 | 0 | 0 |

| 社会资源 | 辖区内单位 | | | 辖区内社会组织 | | |
|---|---|---|---|---|---|---|
| | 行政单位 | 事业单位 | 企业(国有) | 孵化型(枢纽型)社会组织 | 专业型社会组织 | 自发型(草根型)社会组织 |
| | 1个 | 24个 | 6个 | 3个 | 16个 | 1个 |

| 体育文化休闲餐饮住宿设施 | 体育场(馆) | 影剧院 | 广场 | 公园 | 图书市场、书店 | 50平方米以上饭店、餐馆 | 旅店、招待所 | 写字楼 |
|---|---|---|---|---|---|---|---|---|
| | 0 | 0 | 8个 | 1个 | 4个 | 203个 | 55个 | |

| 医疗卫生资源 | 综合医院 | 专科医院(诊所) | 妇幼保健院 | 急救中心 | 疾控中心 | 社区卫生服务站 | 辖区药店 | 养老机构 | |
|---|---|---|---|---|---|---|---|---|---|
| | | | | | | | | 公办 | 民办 |
| | 2个 | 2个 | 1个 | 2个 | 0 | 1个 | 25个 | 0 | 0 |

| 困难群体与特殊人群 | 失业人员数 | 退休人数 | 60岁以上老人 | 残疾人 | 低保人员 | 刑释解教人员 | 吸毒人员 |
|---|---|---|---|---|---|---|---|
| | 110人 | 2360人 | 5097人 | 424人 | 304人 | 128人 | 840人 |

资料来源：表格数据由新岭社区提供。

范畴，拥有完善的生活配套。超市、菜场、学校、医院、公园、商业等等应有尽有。社区医疗资源十分集中，共有医院5家、医疗诊所11所，病床1000余张，专业卫生人员700余人，其中执业医师200余人，执业助理医师100余人，注册护士200余人；诚信居民还可以享受医院免费挂号、优先安排床位的优先政策。但新岭社区教育资源较为匮乏，辖区内共有幼儿园11所（其中公立幼儿园1所），小学7所（其中公立小学3所），没有初、高级中学，对社区教育质量产生了一定负面影响。①

**2. 人口的角度：老年人口多，吸毒人员多**

新岭社区人员构成较为复杂。社区总人口4.6万人，其中常住人口2.6万

---

① 新岭社区：《"十三五"时期清镇市新岭社区发展规划》，2016。

人，流动人口约2万人，80岁以上老人535人。登记在册吸毒人员840人，是清镇所有乡镇社区吸毒人员人数之最。

3. **社区属性的角度：村居混杂，既有城市，又有农村**

新岭社区下辖岭南、云岭、青龙、周五井、新华5个居委会，青龙、大星、中心3个村委会。社区共辖76个村（居）民小组，其中居民小组60个，村民小组16个。从社区属性来看，新岭社区城市和农村交错，是一个典型的村居混杂社区。

### （二）新岭社区具备良好的发展基础

"十二五"时期，新岭社区通过不断探索，取得了显著成效，积累了良好的组织基础、服务基础、管理基础、制度基础和群众基础。

1. **组织基础：基层组织堡垒不断夯实**

新岭社区党委辖9个党支部，共计党员448名。自2012年以来，社区党委以创建贵阳市"先进社区党组织"为契机，不断完善社区大党委运行机制，加强干部职工思想教育，确保了社区各项工作有力推进。创建四星级党建示范点3个、三星级党建示范点2个、二星级党建示范点2个，两次获得贵阳市"五个好"[①]先进基层党组织称号。打造了一支有较强执行力的社区党员干部队伍，推动各项工作取得成效。

"十二五"期间，新岭社区通过实施"1211"计划（见图1），建强了村（居）党员队伍，使社区村居党员队伍思想素质得到大幅度提升，成为亮点工作。

2. **服务基础：公共服务水平不断提升**

新岭社区以服务为宗旨，完成了"一站式"服务大厅硬件改造和管理规范，推行AB角错时服务制度[②]，不断增强便民利民服务水平；建成社区阳光就业安置中心、残疾人康体中心、精神文明活动中心、红十字会工作站等服务阵地，完善了社会救助体系，拓宽了社会救助方式，公共服务水平不断提升。

---

① 领导班子好、党员队伍好、工作机制好、工作业绩好、群众反映好。
② 在每个窗口、每个岗位都设置两名工作人员，使在工作中能够互为补充、相互协作，避免发生缺位、空岗的工作制度。

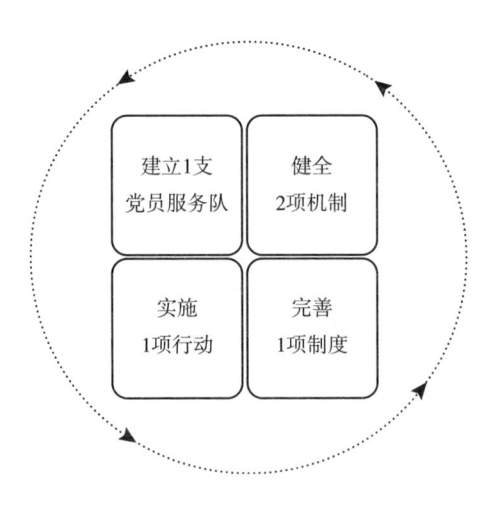

```
        ┌──────────┐  ┌──────────┐
        │ 建立1支   │  │ 健全      │
        │ 党员服务队│  │ 2项机制   │
        └──────────┘  └──────────┘
        ┌──────────┐  ┌──────────┐
        │ 实施      │  │ 完善      │
        │ 1项行动   │  │ 1项制度   │
        └──────────┘  └──────────┘
```

图1　新岭社区"1211"计划

**3. 管理基础：城市管理模式不断创新**

"十二五"期间，新岭社区坚持"四化"同步，不断创新管理服务模式，提升了城市管理水平。

矛盾化解多元化。新岭社区围绕"统一领导、综合协调、部门联动、社会参与"，将矛盾纠纷化解工作重心下沉、关口前移，确保矛盾发现在基层、化解在基层、消除在萌芽。自社区成立以来，共化解矛盾纠纷315件，获得了"清镇市十八大期间信访维稳杰出贡献单位"等荣誉称号。

禁毒帮教集中化。在禁毒帮教工作上，新岭社区围绕"四无一满意"的目标，以"三创三评"为抓手，以就业安置中心为平台，以网格为单位，倾力打造"小网格"，服务大社会，拓展就业帮扶新视角，落实"阳光工程"[①]新任务，全面推荐就业，高密度安置帮教，使社区戒毒、社区康复工作取得了新成绩，积累了新经验。

群防群治周密化。在群防群治工作方面，新岭社区整合辖区物业公司、业主委员会、网格责任单位、网格党员和网格志愿者的力量，组建了网格平安巡逻队、服务队、守护队和促进队。目前，已在网格建立480余人的群防群治队

---

[①] 贵州省结合实际情况摸索出的一种社区戒毒、社区康复的新途径，即最大限度安置戒毒康复人员就业，有效解决吸毒人员管理控制难、戒断巩固难、融入社会难等问题。

伍，24小时不间断巡逻守护。辖区单位宿舍值班守护率达100%，其他居民楼群院落值班守护率达90%。

物防技防数字化。在辖区新增高清监控探头，打造社区常态监控系统，并与公安局派出所监控系统进行对接，实现24小时监控；安装平安E家报警电话352部，超B级防盗锁564把，摩托车防盗U形锁240把，基本实现网络立体化、防控一体化和效益最大化。2015年1~6月，发案率同比下降19.05%；群众安全感和满意度测评为96.01%，同比上升3.5%。[①]

**4. 制度基础：社区机制制度不断完善**

在社区机制制度建设方面，新岭社区结合实际，建立健全从时间到空间、从大事到小事、从事到人的管理服务长效机制，有效夯实了制度基础。

建立村（居）统筹管理网格制度。新岭社区依托现有的管理体系，通过村居统筹管理网格运行模式，建立了社区与村居合理分工协作的高效工作运行机制，强化了村居自治和村居职能。最大限度调动了村居干部的主观能动性，将社区社会服务管理的重心下移，实现了社区抓村居、村居抓网格、层层抓落实的服务管理格局，进一步强化了社会管理能力，实现了管理与服务的有机统一。

建立新岭社区量化考评机制。社区制定了《新岭社区绩效量化考核办法》，科学设置量化考核内容，规范了考核程序，不断充实考核手段，建立了以工作实绩和德才素质评价为核心的量化考核长效机制，在保证公平、公正的前提下，使社区干部考核工作更具针对性和可操作性。

建立健全奖惩激励机制。新岭社区以"责任追究"等制度为依托，建立了奖惩分明的激励机制。同时，进一步完善了《新岭社区党委会议制度》《新岭社区大党委议事制度》《新岭社区公车管理制度》等系列制度文件，使领导班子决策行为更加规范，提高了科学决策、民主决策水平。

**5. 群众基础：群众的认可度不断提高**

自2011年成立以来，新岭社区积极推进社区"关爱老人、助残帮困"等活动（具体见图2），受益居民群众达2万余人，得到群众广泛认可。

此外，社区的优质服务和规范管理得到广大群众一致好评。截至2015年6月，服务大厅累计受理群众事项3530件，全程代理服务2515件，办结2515

---

① 新岭社区：《"十三五"时期清镇市新岭社区发展规划》，2016。

上报80岁高龄老人补贴190人
办理老年优待证30人
上报临时救助39人

打造休闲广场10个
安装路灯300余盏

关爱老人
助残帮困

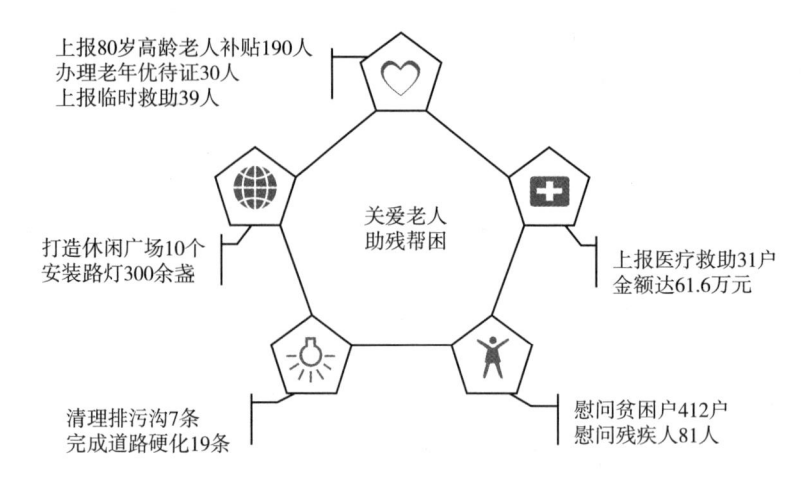

上报医疗救助31户
金额达61.6万元

清理排污沟7条
完成道路硬化19条

慰问贫困户412户
慰问残疾人81人

图2　新岭社区"关爱老人、助残帮困"活动成效

件，办结率100%。劳动就业与社会保障方面各项民生重点指标年年超额完成。在贵阳市开展的"万人评议服务大厅"和"基层站所"活动中，新岭社区服务大厅群众满意率在清镇市14个服务大厅中名列前茅，群众满意度逐年提升。①

### （三）新岭社区工作亮点："12364"社区戒毒新岭模式

新岭社区以贵阳市开展创建"无毒社区"工作的决定为指导，深入开展各项禁毒工作，运用"12364"工作法，开启了社区戒毒新岭模式，目前正在积极创建禁毒工作示范社区。

**1. 一个目标：创建"无毒社区"**

锁定一个目标：以创建"无毒社区"为目标，努力净化社区环境。新岭社区把创建无毒社区与社会治安综合治理、创建安全文明小区等活动有机结合起来，开展了各项无毒创建工作，努力实现社区内部无吸毒、无贩毒、无种毒、无制毒。

**2. 两个关键：狠抓严打整治减少存量，狠抓综合治理控制增量**

狠抓"两个关键"：狠抓严打整治，坚决遏制毒品的蔓延势头；狠抓综合

---

① 新岭社区：《"十三五"时期清镇市新岭社区发展规划》，2016。

治理，有效控制增量、减少存量。新岭社区通过抓宣传教育，立足事前预防控"增量"，通过抓戒断回归，致力事后矫治减"存量"，有效遏制了辖区毒情。

**3. 三大基础：夯实村居运行基础、服务基础和管控基础**

夯实三大基础：新岭社区通过社区康体中心、精神文化活动中心、阳光就业安置中心，夯实了社区禁毒工作的运行基础、服务基础和管控基础，积极探索基层禁毒工作运行机制，推进社区戒毒、社区康复再上新台阶。

**4. 六个到位：机构到位、人员到位、职责到位、机制到位、经费到位、考核到位**

强化六个到位：机构到位、人员到位、职责到位、机制到位、经费到位、考核到位。新岭社区通过健全组织、落实人员，强化各项工作，进一步完善了禁毒运行机制和责任机制，保障禁毒工作有序开展，不断提升禁毒工作水平。

**5. 四个成效：控制新增和复吸、管控有力、安置高效、群众满意**

检验"四个成效"：新岭社区紧紧围绕控制新增和复吸、管控有力、安置高效、降低发案等四项指标，确保社区禁毒工作终端良好。社区在禁毒工作中既评定终端，又关注过程，保证了社区戒毒、社区康复取得实实在在的效果，开创禁毒工作新局面。

## 二 对新岭社区"十三五"发展思路的思考

### （一）以问题为导向梳理发展需求

**1. 城乡接合部，矛盾纠纷多，社区村居需求各异**

新岭社区地处城乡接合部，是一个村居混杂的社区，村民、居民需求各异，导致村民、居民对社区公共服务需求的多样化；加之外来人口多，人员流动大，同样也导致社区成员观念与利益诉求多元化，矛盾纠纷时有发生，增加了社区协调与整合的难度。

**2. 老年人口多，退休人员多，养老助老需求激增**

新岭社区目前有80岁以上535人，"三无"老人2人，空巢老人93人，失独老人5人。此外，辖区内共有企事业单位60余家，因此有较多的退休人员。老年人口的增多，使得社会养老助老的工作需求日益加剧。

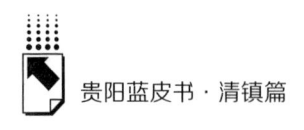

### 3. 涉毒人员多，管理服务难，特殊人群需求复杂

新岭社区现有登记在册吸毒人员 840 名，涉毒人员较多，为清镇所有乡镇社区中涉毒人员最多的社区。涉毒人群的复杂需求，增加了社区管理服务工作的难度，并极有可能增加社会安全隐患，危害社会秩序，威胁社会治安稳定。

### 4. 宗教场所多，信教群众多，宗教服务需求突出

新岭社区现有宗教活动场所 3 处，其中天主教堂 1 处，基督教堂 1 处，佛教寺庙 1 处，信教人员达 600 余名。信教群众人数之众导致社区宗教服务需求突出。在满足信教群众的正常宗教信仰需求、依法加强宗教事务管理工作力度和切实解决宗教领域重点、难点问题方面，新岭社区面临着新的挑战。

## （二）以理念为支撑确立发展方式

社区建设发展到今天，需要更加专业化的理论指导，需要引入专业的工作团队，也需要更加注重社会参与。在"十三五"期间，应继续深入利用社会工作方法开展社区服务与管理。

### 1. 以人为本是开展社会工作的首要原则

社会工作是一种由社会工作者以利他原则为目标，以系统知识为指导，运用"助人自助"理念，帮扶弱势群体，并促进社会正义和社会进步的服务活动。新岭社区在社会工作的实践中，必须坚持以人为本的理念。运用人本主义价值取向、构建以人为本的社会工作模式，是当代中国社会发展的强烈诉求，也有利于专业社会工作的健康发展。

### 2. 需求分类是开展社会工作的重要方法

社会工作的重要方法是按需开展服务。不同的人群，对服务的需求是各异的。新岭社区在开展社会工作的过程中，应依据实际情况，针对居民村民、老年人口、涉毒人群、信教人员等不同群体的不同需求，提供分类服务，协助政府部门，更有效地帮助群众解决基本民生问题，使人民安居乐业，进而促进社会公正，形成安定和谐的社会秩序。

### 3. 参与互动是开展社会工作的关键手段

社会治理强调共同参与、协商共治。开展社会治理必须将政府治理、社

会组织（包括社会工作机构和群体）参与、广大民众参与联系起来，使社会组织更好地认识自身定位，与政府形成良性互动。新岭社区在社会治理中，必须提高社会组织的参与度，促使社会组织与政府建立良好的治理关系，以便提供更优质的社会服务，更有力地促进社会治理，构建更良好的社会秩序。

### （三）以政策为指引明确发展方向

#### 1. 坚持以人民为中心的工作导向

全民共建共享就是"人人参与、人人尽力、人人享有"，体现了以人民为中心的工作导向。人民群众是社会的主人，也是推动发展的根本动力，社会的事情要想办好，必须有全体人民的积极参与和共同建设。社会是全体人民的社会，我国要实现2020年全面建成小康社会的目标，就是为全体人民而服务，让全体人民共享发展的成果。新岭社区在开展各项工作的过程中，应始终坚持以人民为中心，始终将人民放在首位，使人民群众能够共享发展成果。

#### 2. 构建全民共建共享的社会治理格局

面对当前基层治理中存在的诸多问题，《中共中央关于制定国民经济和社会发展第十三个五年规划的建议》指出，应创新社会治理，构建全民共建共享的社会治理格局。全民共建共享的社会治理是将政府治理、社会调节和居民自治协调起来，实现三大机制的良性互动。新岭社区在构建全民共建共享的社会治理格局时，应充分调动社区基层的积极力量，如社会组织、社区志愿者等，真正做到共同参与、共同治理、共同享有。

#### 3. 增强社区服务功能的要求

增强社区服务功能，必须巩固和完善新型社区建设。新岭社区首先应推进网格化管理，以社区网格为基础加强基层服务管理工作，同时要推进管理精细化，可通过建立完善网格智慧调度平台等方法，来实现服务管理的精准化、精细化；其次应积极探索和实践新型社区服务模式，在此过程中，必须坚持将群众利益放在首位，着力提升社区工作便民利民程度，保证服务质量，全方位满足居民需求。

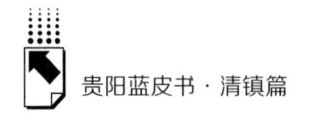

## 三 新岭社区探索"分类服务、共建共享"模式的建议

社区服务是建设和谐社区的重要组成部分。新岭社区可探索"分类服务、共建共享"治理模式，主要针对居民村民、老年人口、涉毒人员以及宗教人员进行分类服务，满足各类人群需要，实现共建共享。

### （一）针对居民村民的需求，实施保障惠民计划

**1. 开展民生救助工作**

通过实施"爱心计划"开展各项民生救助工作。加强对各项民生救助的审核把关，严格执行有关政策，把握尺度，以城乡低保、救灾救济、住房保障等工作为重点，做好鳏寡孤独、留守儿童和残疾人等特殊困难家庭的各项救助工作。将人均住房面积在15平方米以下的中低收入群体纳入求助和保障范围，将经济收入低于本地最低生活标准的困难群体纳入低保范围。做到应保尽保，不错保、不漏保，真正把党的温暖和政府的关怀及时送到困难家庭。

**2. 开展社会保障工作**

通过实施"保障惠民"计划开展社会保障工作。以解决劳动力就业为重点，努力增加公益性就业岗位，加强就业培训，用好优惠政策，鼓励创业带动就业，积极帮助残疾人、低保对象、下岗职工和就业困难的普通高校毕业生就业，确保城镇新增就业率上升。广泛宣传养老保险相关政策，使国家及地方相关优惠政策知晓率达100%，变"要我参保"为"我要参保"，争取参保率达90%以上，真正实现"老有所养""老有所医"。

**3. 开展便民服务工作**

在便民服务工作方面，以"筑城微治"等平台为支撑，建设完成社区群众生活服务平台。通过"便民利民服务进网格"活动，及时推进手持终端的运用，实现服务"入网格、进家庭、聚人心"。同时，可依托大数据平台，做好社区各项服务管理工作，不断提升服务发展水平。加强计划生育管理服务工作，促进优生优育。

#### 4. 推动城乡环境治理

在推动环境治理工作方面，依托"三年千院"等项目的实施，每年改造老旧小区院落 1 个以上。加大对辖区脏乱差情况的治理力度，提升城市品位。积极与城市管理局对接联系，对辖区需要修缮的环卫设施进行修缮及更换。到 2020 年，应保证辖区范围内环卫设施能满足城市发展的需要，有效遏制辖区脏乱差情况，逐年提高群众对环境卫生的满意度。

在物业管理工作上，通过列举实例、入户宣传等方式，使物业小区的业主认识到物业管理工作的重要性，如电梯的维修维护、路灯的维修管理、卫生清扫管理等工作与小区住户生活密切相关。规范辖区物业小区的物业管理工作，促使辖区内没有物管的小区聘用物业管理公司，或是成立业主委员会参与对小区的环境治理和治安管理等工作。

#### 5. 推动村级经济发展

坚持因村制宜、分类指导、政策扶持，发展壮大集体经济，增强村级实力，打好全民共建共享的经济基础。通过组建建筑工程公司，积极发展电子商务等方式，组织村民就近务工，带动村民致富。社区还可以通过培育特色产业见图 3，推动村级经济大跨越：中心村——依托物流园区及建材市场，修建虎场坝停车场、工农桥铁路边餐饮食宿接待中心和砂石原料供应场；青龙村——利用闲置土地建成一个驾校培训及考试场地，成立一个规模经营的家政服务公司或组织一个家政服务中介机构；大星村——利用石灰窑 80 余亩土地建一个大型停车场，解决城区停车难问题，或依托"温泉小镇"建设温泉养生山庄，解决部分村民就近就业。

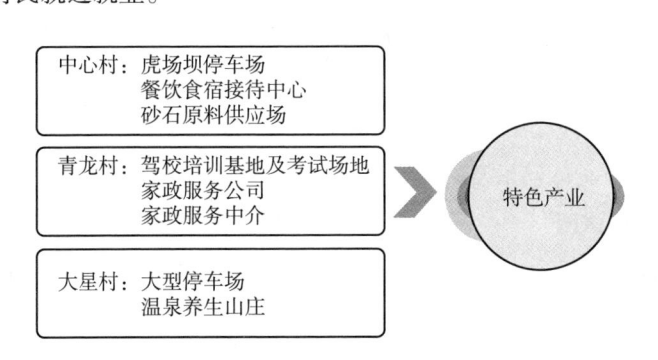

**图 3 新岭社区特色产业培育计划**

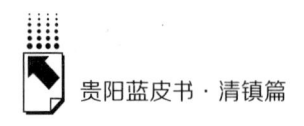

## （二）针对老年人口的需求，实施养老助老计划

**1. 打造三级养老服务网络**

立足老年人口较多的现实情况，积极实施"养老托老"计划。推进形成（清镇）市直部门、社区及村（居）委会居家养老三级服务网络建设；以社区、村（居）精神文明活动中心为依托，配备完善相关设施设备，长期向老年人开放，真正实现"老有所乐""老有所依"。

**2. 建设慢性非传染性疾病综合防控示范区**

积极实施"健康行动"计划，保障老年人口健康状况。以慢性非传染性疾病综合防控示范区建设为契机，逐步建立政府主导、多部门合作、专业机构支持的慢性病综合防控工作机制，推动慢性病防治工作的有效展开；大力宣传慢性病致病因素及防治知识，倡导健康的生活方式。

**3. 开展慰问孤寡、爱心助残、送医义诊等志愿服务**

积极推进"志愿服务"计划，及时为老年人送关爱、送温暖。以社区红十字志愿服务工作站及残疾人"爱心桥"为服务平台，吸纳辖区企事业单位、卫生部门及社会各界爱心人士，组建各类志愿者队伍，经常性开展慰问孤寡、爱心助残、送医义诊等志愿服务活动。

## （三）针对涉毒人员的需求，实施阳光服务计划

**1. 完善"一办两会三中心"平台**

2015年，新岭社区被贵州省列为"禁毒工作示范点"。在此基础上，社区应在禁毒工作上抓源头、抓转换，即抓增量的预防和抓存量的消除，建立社会化戒毒康复站。通过建章立制，规范运行"一办两会三中心"[①]，整合社会资源，"一站式"为戒毒康复人员提供巩固治疗、心理疏导、困难救助、技能培训、就业扶持、文体娱乐及融入社会等帮扶服务。

**2. 织密"四张网"**

抓全民预防教育，织密宣传教育网。把全民宣传发动作为重头戏，以"六进"活动为载体，扎实开展对无业人员、娱乐场所、流动人口等高危人群

---

① 指社区禁毒办、禁毒协会、家委会、康体中心、精神文化活动中心、阳光就业安置中心。

和轻微犯罪、在校学生、闲散青少年等重点人群的预防教育活动,营造人人都是禁毒卫士的良好氛围。通过不定期组织社区干部、村居综治工作站成员和广大志愿者上街宣传,以发放宣传材料、每月办黑板报等方式,进一步激发和调动广大群众参与禁毒工作的积极性和主动性。

抓毒品排查登记,织密管控信息网。以辖区现有吸毒人员为重点,定期或不定期组织社区、村(居)及网格三级工作人员,与派出所互通信息、协同登记。建立禁毒信息员队伍,进一步畅通举报渠道。同时,可将清镇市的禁毒工作举报奖励办法在辖区重要路段、重点场所进行公布,发动干部群众自觉参与禁毒工作,及时对辖区范围内的吸毒、贩毒、种毒现象进行举报。

抓查处、戒毒,织密打击立体管控网。在禁毒工作中,突出派出所民警、格警禁毒的主力军作用,全面落实限时抓获吸毒人员责任制和吸毒人员管控责任制。公安干警在获取涉毒违法犯罪信息后,应按照时限要求,及时进行查处。社区可根据不同人员的具体情况,因人施教,制定帮教方案,实行一人一档管理。对符合强制戒毒条件的吸毒人员,一律采取强制隔离,并做好"清毒源""挖毒友""强戒毒""学技能"四件事。

抓阳光工程推进,织密大社会戒毒康复网。以推动"阳光工程"为载体,继续推进"以阳光企业安置为主体、以阳光家园、阳光岗位为补充、以扶持创业为延伸"的阳光工程安置体系构建,助力社区戒毒、社区康复人员回归社会。积极动员辖区企业进入新岭社区阳光就业安置中心,并规范管理,按企业需求定向推荐就业;积极推荐出所人员到市级阳光家园和阳光苗圃就业,鼓励扶持戒毒康复人员自主创业。[①]

### 3. 深化"五心五上"工作法

新岭社区应以"五心五上"工作法为切入点,按照"人格上尊重、感情上贴近、生活上关心、就业上安置、创业上扶持"的工作理念,做到对社区内的吸毒人员"服务得好、管控得了",形成具有特色的特殊群体服务管理阳光工作体系。通过扎实抓社区戒毒、社区康复工作,实现"一年建机制、两年见成效、三年出拐点"的禁毒工作目标,为创建"无毒社区"打下坚实基础。

---

① 清镇市:《清镇市新岭社区织密"四张禁毒网",净化社区环境》,贵阳市人民政府门户网站,http://www.gygov.gov.cn,2014年12月18日。

## （四）针对宗教人员的需求，实施团结引导计划

**1. 发挥基层党组织在做好宗教工作中的作用**

针对社区信教群众人数较多的状况，大力发挥党的基层组织在宗教工作中的作用。首先，要全面贯彻党的宗教政策，加强和改进党对宗教工作的领导，保护正常宗教合法活动，提高社区处理宗教问题能力。其次，要尊重群众宗教信仰自由，充分理解信教群众的宗教感情，并加强对信教群众的团结引导，使他们正确理解宗教教义，积极投身全面建成小康社会的伟大实践。

**2. 发挥中华优秀传统文化在做好宗教工作中的作用**

在宗教工作中，积极弘扬中华优秀传统文化的内容，使之与中国特色社会主义相适应，契合当代中国的发展方向。用社会主义核心价值观及中华民族优良传统来引导广大信教群众，使其形成爱国爱教的责任意识，以国家主人翁的姿态积极投身中华民族伟大复兴的伟业；对于各宗教教义教规中有利于社会和谐、时代进步、健康文明的内容，在保持宗教基本信仰、核心教义、礼仪制度的前提下，支持各宗教进行深入挖掘。[①]

**3. 发挥依法治理在做好宗教工作中的作用**

做好新形势下宗教工作，实行依法治理，大力发挥依法治理在宗教工作中的作用。首先，社区应提高宗教工作法治化水平，这就要求社区必须用法律来规范政府对宗教事务的管理，用法律来调节涉及宗教的各种关系；其次，社区应提高信教群众依法开展宗教活动的自觉性和主动性，通过引导广大信教群众正确认识、处理国法和教规的关系，使他们认识到遵守法律法规的重要性；同时，社区应不断改进管理方式，保护广大信教群众合法权益。

**参考文献**

李强、温飞：《构建全民共建共享的社会治理格局》，《前线》2016年第2期。

---

[①] 卓新平：《积极引导宗教的关键在于"导"》，人民日报，http：//opinion.people.com.cn/n1/2016/0710/c1003-28540533.html，2016年7月13日。

刘春燕、徐艳枫：《以人为本的救助模式——社会工作介入流浪儿童救助》，《青少年学刊》2010年第3期。

王思斌：《社会工作在创新社会治理体系中的地位和作用——一种基础—服务型社会治理》，《社会工作》2014年第1期。

新岭社区：《"十三五"时期清镇市新岭社区发展规划》，2016。

贵阳研究院：新岭社区党委书记访谈录音资料，2015。

# B.20
# 构建新型农村社区服务体系 增强社区服务功能

——清镇市百花社区"十三五"发展思路研究

**摘　要：** 新型农村社区是我国城镇化进程中，城乡一体化的阶段性产物，是城镇化的基本单元和重要部件，也是城乡二元结构下实现城乡统筹发展、推进公共服务均等化的重要载体。加强新型农村社区服务建设、增强服务功能，提升服务供给能力是推动公共服务均等化、加快推进城乡一体化进程的重要内容。贵州省清镇市百花社区是一个典型的新型农村社区，文章通过对百花社区的深入实地调查，了解百花社区服务建设现状，发掘个中存在的问题并对其成因进行剖析，为新型农村社区增强服务功能、推进城乡一体化提出有效的建议。

**关键词：** 百花社区　农村社区　服务体系　服务功能

## 一　从三个维度看百花社区的基本情况

### （一）百花社区是一个新型农村社区

百花社区是清镇市全面推进城市基层管理体制改革工作，撤销街道办事处新成立的社区之一，位于清镇市东北面，总面积23平方公里。辖区内村居混合，下辖7村（东门桥村、鲤鱼村、青山村、凉水井村、石关村、毛栗山村、梁家寨村）、3居（东山居委会、岭北居委会、115居委会），百花新城、职教园区均在百花社区有项目建设。可以说，百花社区是新型城镇化进程中形成的一个典型的新型农村社区。

## 表1 百花社区基本情况

<table>
<tr><td rowspan="4">社区概况</td><td>辖区面积</td><td>23平方公里</td><td colspan="6">辖区人口</td></tr>
<tr><td rowspan="3">辖区范围</td><td rowspan="3">东山居委会、岭北居委会、115居委会；鲤鱼村、毛栗山村、梁家寨村、青山村、凉水井村、石关村、东门桥村</td><td colspan="2">户籍人口</td><td colspan="2">33876人</td><td>流动人口</td><td>13716人</td></tr>
<tr><td>18岁以下</td><td colspan="2">—</td><td>失学儿童</td><td>—</td><td>留守儿童</td><td>—</td></tr>
<tr><td colspan="7"></td></tr>
<tr><td rowspan="3">科技和教育资源</td><td colspan="2" rowspan="2">科研院所</td><td colspan="2">幼儿园</td><td colspan="2">小学</td><td colspan="2">初中高中</td></tr>
<tr><td>公办</td><td>民办</td><td>公办</td><td>民办</td><td>公办</td><td>民办</td></tr>
<tr><td colspan="2">0</td><td>0</td><td>5个</td><td>9个</td><td>0</td><td>1个</td><td>1个</td></tr>
<tr><td rowspan="3">社会资源</td><td colspan="3">辖区内单位</td><td colspan="5">辖区内社会组织</td></tr>
<tr><td>行政单位</td><td>事业单位</td><td>企业(国有)</td><td colspan="2">孵化型(枢纽型)社会组织</td><td colspan="2">专业型社会组织</td><td>自发型(草根型)社会组织</td></tr>
<tr><td>7个</td><td>1个</td><td>0</td><td colspan="2">0</td><td colspan="2">0</td><td>0</td></tr>
<tr><td rowspan="2">体育文化休闲餐饮住宿设施</td><td>体育场(馆)</td><td>影剧院</td><td>广场</td><td>公园</td><td colspan="2">图书市场、书店</td><td>50平方米以上饭店、餐馆</td><td>旅店、招待所</td><td>写字楼</td></tr>
<tr><td>5个</td><td>1个</td><td>4个</td><td>1个</td><td colspan="2">1个</td><td>20个</td><td>13个</td><td>1个</td></tr>
<tr><td rowspan="3">医疗卫生资源</td><td>综合医院</td><td>专科医院(诊所)</td><td>妇幼保健院</td><td>急救中心</td><td colspan="2">疾控中心</td><td>社区卫生服务站</td><td>辖区药店</td><td colspan="2">养老机构</td></tr>
<tr><td></td><td></td><td></td><td></td><td colspan="2"></td><td></td><td></td><td>公办</td><td>民办</td></tr>
<tr><td>1个</td><td>0</td><td>0</td><td>0</td><td colspan="2">1个</td><td>1个</td><td>15个</td><td>0</td><td>0</td></tr>
<tr><td rowspan="2">困难群体与特殊人群</td><td>失业人员数</td><td>退休人数</td><td>60岁以上老人</td><td>残疾人</td><td colspan="2">低保人员</td><td colspan="2">刑释解教人员</td><td colspan="2">吸毒人员</td></tr>
<tr><td>37人</td><td>2人</td><td>390人</td><td>398人</td><td colspan="2">651人</td><td colspan="2">31人</td><td colspan="2">58人</td></tr>
</table>

资料来源：表格数据由百花社区提供。

### （二）百花社区是清镇城市建设的主阵地

百花社区主要在建项目有百花新城和新职教园区，是清镇城市发展主战场、项目建设的主阵地。辖区内有联塑科技发展有限公司、贵州科伦药业有限公司等51家企业，有实验中学、东门桥小学等6所学校，有红树东方、阳光左岸、湖城国际、水岸尚城、百花新城等规范居民小区。此外，清镇市市委、市政府搬迁选址也在百花社区的辖区范围内，将逐渐成为清镇市政治文化中

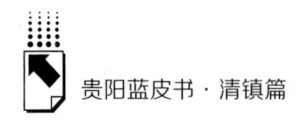

心。清镇市的城市建设，为百花社区带来了发展的良好契机，百花社区在服务城市建设项目的同时，抓住机遇使社区自身与城市发展同步，提升了服务效能。

### （三）辖区处于清镇市城市规划区

随着清镇市城市建设和经济社会的发展，百花社区成为清镇城市建设的主阵地，辖区各村均处于城市规划区，职教园区在建设中还同期配套规划建设多个综合小城镇和产业园区。辖区内百花新城和新职教园区这"两新城"的建设为百花社区带来了新的机遇和挑战。一方面，"两新城"的建设为百花社区加快社区推动普职教育、提升居民素质、改善居民生活环境、打造文化教育示范社区提供了坚实基础；另一方面，也对社区健全服务体系、提升服务水平、增强服务功能提出了挑战。

## 二 当前百花社区在服务供给方面的基本情况

### （一）逐步完善社区服务机制，社区服务水平稳步提升

#### 1. 推动基层党建，保障服务水平提高

百花社区通过开展"六抓六破六创建"活动，加强基层党组织建设，强化组织保障。

表2 "六抓六破六创建"

| | |
|---|---|
| "六抓六破六创建" | 一抓"教育培训"，破解工作能力不强的难题，创建学习型堡垒 |
| | 二抓"创先争优"，破解党员活力不足的难题，创建先锋型堡垒 |
| | 三抓"问题整改"，破解精神文化滞后的难题，创建诚信型堡垒 |
| | 四抓"平安建设"，破解群众安全感不高的难题，创建维稳型堡垒 |
| | 五抓"民生关怀"，破解群众满意度低的难题，创建服务型堡垒 |
| | 六抓"扩面提升"，破解"两新"党组织作用发挥不够的难题，创建创新型堡垒 |

百花社区从多方位、多角度开展党员培训，增强党员思想意识。通过建学习型堡垒，强化学习、扩大民主、增进团结、科学分工、规范制度、形成长

效，提高组织队伍的凝聚力、战斗力、领导力。积极引导群团组织开展社区义工、志愿者活动。社区共注册登记义工（志愿者）168名，其中，长期进行志愿者活动的有69人，党员志愿者57人。针对孤寡老人、空巢老人、残疾人、低保家庭等社会弱势群体情况建立专门档案，以社区党员为主的志愿者队伍以"一助一、一助二"、党员志愿者与服务中心签订结对帮扶协议等方式，为辖区内弱势群体提供生活救助、情感陪护、爱心捐赠等服务，努力形成整个社区"人人关心、人人支持、人人参与"的志愿者活动氛围。百花社区党委充分发挥其引领作用，通过下派党建工作指导员，帮助辅导开展企业党建工作，同时加强群团组织引导，联合工会、妇联、团委等群团组织开展好各项活动；联合社区、企业各类群团组织，组建企业志愿者服务队，履行企业服务社会的义务，充实企业反哺社会的力量，通过抓党建促企建，建创新型堡垒，增强企业凝聚力，形成合力，助推企业发展，实现"多元参与，共驻共建"。通过开展"六抓六破六创建"活动，有效夯实了基层党建基础，为社区服务水平提升提供了有力的组织保障。

2. 创新网格管理，支撑服务水平提高

百花社区以开展"三创一强一提升"创建活动为载体，以建设"六型网格"[①]为抓手，推动社区网格服务建设。首先，充实网格服务力量，确保社区服务事项在网格得到承接。公开临聘网格管理员41名，通过培训学习，让网格管理员能像"全科医师"似的开展服务，提升网格服务水平。其次，成立网格管理调度中心，对网格临聘管理员实行"四统一"[②]管理。最后，百花社区制定了《百花社区网格临聘管理员考核管理实施细则》《社区网格临聘管理员作息考勤制度》《社区网格临聘管理员考核加减分制度》等激励机制，全面提升网格管理员工作的积极性。另外，百花社区整合资源，集中资金打造网格服务示范点，探索15分钟网格服务圈建设路径。利用网格内闲置的楼房，以"六型网格"为创建标准，统一设计、装修、布置，精心打造网格服务阵地。在一楼按照便民服务大厅的标准建立服务吧台，开设网格代办、综合服务、政

---

① "六型网格"的内容包括平安网格零发案、和谐网格零上访、服务网格零投诉、幸福网格心情好、诚信网格民风好、生态网格环境好。

② 统一管理、统一使用、统一报酬、统一考核。

策咨询、网格调解等服务窗口，为打造15分钟服务圈找到落脚点。通过建设网格服务室，开设网格代办、综合服务、政策咨询、网格调解、党员服务等窗口，全面受理和代办网格居民服务事项，让居民享受15分钟服务圈成为可能，全面提升网格居民满意度。

### （二）明确服务重点，落实服务内容

**1. 政治社区环境卫生，改善社区人居环境**

在社区卫生环境方面，百花社区实行分组定点，分片做好环境整治管理工作，建立村（居）民党员、村（居）民小组长动员机制，发动群众参与环境整治工作，主要以"三个强化"推进农村环境综合整治。首先，强化宣传发动，召开村、组干部环境综合整治推进大会，同时村利用各种会议、道德讲堂讲座，广泛宣传农村环境综合整治活动内容，调动广大群众积极参与农村环境综合整治活动，提升村民村庄文明卫生创建意识，营造"两创一整治"活动氛围。其次，强化堡垒作用，完善治理机制。百花社区大力加强村党支部为核心的基层组织建设，充分发挥网格的作用，加大农村环境卫生整治宣传教育，建立村、组农村环境管理协会等群众自治组织，引导群众以自治的方式参与到社区环境整治活动之中，使环境卫生清扫保洁变为村民自己做、自己管、自己评的自觉行为，将环境卫生工作常态化。再次，社区以问题为导向对环境进行整改，开展全面治理。清理积存垃圾，整治卫生死角，治理病媒生物滋生地，预防传染疾病发生。百花社区还在城乡接合部推行"村寨收集、社区转运、环卫部门处理"的方式解决垃圾堆放，逐渐完善环卫基础设施，合理设置垃圾收容器，并明确管理人员。最后，百花社区以"四在农家·美丽乡村"建设为契机，开展对水源地保护和水质监测工作，保障农村饮水安全。同时，加大违法建筑管控，强化农村公路建设、管理和养护，开展美丽乡村建设，进一步推进社区乡村经济发展。

**2. 加强基础设施建设，群众满意度逐步提高**

"十二五"期间，百花社区通过多方协调资金，抢抓"新型社区·温馨家园"项目申报，争取到资金13万元，改造了东山居委会东门广场排污沟243米，安装水泥排污管，安装更换下水道井盖8个；投入资金30万元在凉水井网格安装太阳能路灯30盏。争取到资金56万元，对岭北居委会、石关村文化

墙进行打造；成功申请小康路建设项目5个，已全面完成4个，总投资106.85万元；协调到移民局出资15万元对青山村半坡组已毁道路进行硬化和加固改造；解决了青山村弯刀岩组上寨、钟寨13.02千米进组道路的修建，投资33.97万元，解决了全组125户436人出行难问题。这些项目的建成，打通了乡村道路，加快了社区同步小康进程。

### 3. 加强社区社会治理，打造平安小区环境

在社会治安综合治理方面，百花社区积极采取行动及时排查和调处各类矛盾纠纷50余件，排除化解各类不稳定因素16件，已完成上级交办的各类信访积案7件。帮助300余人次困难群众解决困难。社区共计接待来访群众56批220余人次，对来访问题已做登记办理或转办到涉及的部门单位。其中，反映征地拆迁安置补偿类问题32批次，反映个人矛盾纠纷类问题11批次，反映环境卫生物业管理类问题6批次，反映涉军群体补助及认定"两参"身份类问题4批次，反映家庭困难类问题2批次，反映道路交通类问题1批次。社区党委、服务中心以"促进和谐，推动发展、建设幸福百花"为主题，创新社会管理，畅通和规范群众诉求表达、利益协调、权益保障渠道，有效提高了处置各类社会矛盾纠纷的能力。

### 4. 加强对失地农民服务

由于百花社区在建项目多，征地拆迁工作量大，由此也产生了大量的失地农民，失地农民如何安置关系到百花社区的社会和谐与稳定。对此，百花社区从多方面下功夫服务好失地农民。第一，针对失地农民出台了专门的养老保险，项目方必须在被征拆农户的征拨款里面算出农户人均要交的养老保险，并从项目方赔偿款里为失地农民交养老保险。第二，针对失地农村子女教育问题，百花社区辖区内的失地农村子女在初中以上，考不上高中或没有钱外出读书的，可以进职教园区的学校免费就读。第三，在失地农民就业保障方面，百花社区有专门的就业技能培训。如焊工、驾驶、理发等。第四，百花社区还通过召集农村淘宝合作人的方式，对有创业需求的年轻人进行扶持，建立电商服务站。电商服务站由阿里集团对其进行投资，包括工作服、标识标志设计等全部都由阿里集团出资。以社区的村办公楼作为电商服务站，电商服务站内为农村淘宝合作人提供办公场地，社区对农村淘宝合作人有专门的培训服务，还为其提供相关宣传服务。

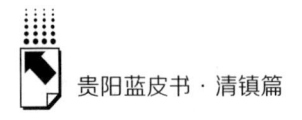

## （二）百花社区服务供给面临的难点问题

**1. 村居混合，服务需求多元**

百花社区下辖7个村和3个居委会，辖区内另有百花新城和新职教园区在建，流动人口多，社区主体多元，由此也导致了社区服务对象多元化。一是城乡一体化进程中的百花社区村改居拆迁征地工作量大，失地农民安置、社会维稳等任务繁重，农民迫切需要就业技能培训和就业指导方面的服务。二是社区居民就业相对较稳定，对提升生活质量和改善居住环境方面的服务需求比较大。三是百花社区内的在建项目则对征地拆迁过程中与农民的协调服务需求更大。由于村民、居民以及新城建设等项目的服务对象之间存在差异，因而不同服务对象的服务需求不同，由此也带来服务对象需求的多元化。这样的情况使社区面临的服务工作境况更加复杂，对社区的服务机制、服务能力提出了挑战。

**2. 人口较多，服务体量大**

由于百花社区是清镇市城市建设的主阵地之一，辖区内在建项目多，且有职教园区坐落其内，随着在建项目转移而来的劳动力以及职教园区的师生为百花社区带来了大量的流动人口，增加了社区人口基数，导致服务体量大。就目前而言，百花社区服务队伍还不健全，服务机制还不完善，很难支持如此大的服务体量。

**3. 辖区面积大，服务半径大**

百花社区目前辖区面积23平方公里，平均每平方公里有居民2826人，而社区的服务队伍目前仅有84人，人均服务面积0.27平方公里。这样的现状导致百花社区服务队伍的服务空间跨度较大，社区服务的时效性得不到有效保障，制约了服务水平、服务质量的提升。虽然百花社区在积极探索建立社区15分钟服务圈的路径，但并没有形成有效机制，服务半径大仍是制约着社区服务效能的一个重要影响因素。

## 三 百花社区"十三五"完善服务体系的思考

### （一）坚持需求导向

**1. 对接群众需求**

为了更加精准地对接群众的需求，把服务群众落到实处，百花社区应建立群众需求反馈机制,通过定期调查、不定期走访、设立网络反馈平台等方式,聆听群众的声音,从群众中获取意见和建议,准确把握群众需求,利用有限的服务资源进行精准地服务,做到资源不浪费,服务更到位。逐步建立各村(居)、网格便民服务室,下沉服务指导人员,对网格员、志愿者、社会组织等进行业务指导,提升服务队伍的业务水平,增强社区服务能力。

**2. 满足建设需求**

作为清镇市城市发展和项目建设的主要区域之一,百花社区的服务对城市发展有着重要的推动作用。百花社区在项目建设过程中,征地拆迁不可避免,个中矛盾复杂,对社区服务能力是一个巨大的考验。征地拆迁工作的顺利开展是项目建设的基础,也是推动社会建设、促进城市发展、维护社会和谐稳定的保障。对此,百花社区应针对城市项目建设建立一套服务协调机制,做好失地农民的安置、就业服务,使农民没有后顾之忧,积极配合社会建设工作,促进城市健康有序地发展。

## (二)完善服务体系

**1. 完善服务设施**

面对百花社区面积大、人口多的客观情况,社区现阶段的服务能力和服务设施还不能很好地满足社区服务的需求。对此,百花社区应加快推荐基础服务设施建设,并匹配相应服务队伍。要加大资金投入,建立和完善服务基础设施,综合考虑服务人群和覆盖半径,完善村居服务站的建设。为网格、居民议事会、村民议事会等提供综合办公地点,科学合理地划分社区网格,在网格内建立网格服务站,设立固定办公地点,并匹配网络、电脑等基本办公设备。逐步建设起以社区综合服务设施为依托,专项设施为补充、服务网点为配套、居民信息平台为支撑的社区服务设施网络。

**2. 丰富服务内容**

服务内容方面,百花社区应积极开展面向居(村)民群众的劳动就业、社会保险、法律援助、人民调解、环境治理等综合服务项目,满足居民群众多样化的服务需求,特别要重点加强失地农民的就业安置服务。首先,要充分利用职教园区资源优势,为居(村)民提供专业技能培训服务,使其技有所长。其次,以辖区内城市建设项目为契机,通过提供保洁、维修、后勤等服务业务，与企业建立长效合作机制，输出社区劳动力，进一步完善社区就业服务机制。

**3. 健全服务队伍**

百花社区现有服务队伍力量仍较薄弱（见表3），主要表现在两个方面：一方面人手明显不足，另一方面专业人才紧缺。

表3 百花社区服务队伍情况

| 班子成员（体制内） | 7人 | | 男 | | 5人 | |
|---|---|---|---|---|---|---|
| | | | 女 | | 2人 | |
| 年龄结构 | 35岁以下 | 1人 | 36~45岁 | 5人 | 46~55岁 | 1人 | 56岁以上 | 0 |
| 知识结构 | 研究生 | 1人 | 本科 | 4人 | 大专 | 2人 | 中专以下 | 0 |
| 科室名称 | 工作人员 | 主要职责 |
| 党政工作部 | 9人 | 社区人事、行政事务、基层党建、保密网站、精神文明、小康建设 |
| 社会事务部 | 8人 | 民族宗教、民生 |
| 城市管理部 | 8人 | 农林水工作、城市环境卫生、农村电子商务 |
| 群众工作部 | 6人 | 信访维稳、禁毒、综治 |
| 志愿者总数 | | 56人 |
| 总人数 | | 84人 |

资料来源：表格数据由百花社区提供。

面对23平方公里的服务面积和4.7万人的服务需求，目前百花社区的服务队伍显然不能满足，健全服务队伍是百花社区增强服务能力的紧迫任务之一。健全服务队伍主要应从以下几方面着手。首先，继续加强网格建设和网格管理员的全方位培训，培养网格"全科医生"，以缓解目前基层服务人员和专业服务人才不足与服务需求量大的矛盾。其次，应以职教园区为依托，与职教园区建立长期合作，一方面职教园区可以为社区输送社会工作、大数据、网络信息技术等方面的专业服务人才，另一方面在一定程度上也解决了职教园区学生的就业问题。通过职教园区的人才输送，逐步建立社区服务"专科医生"队伍，针对社区服务中的一些专业性较强的问题，由"专科医生"主刀，对阵下药，提高服务效能。通过"全科医生"和"专科医生"相结合的人才队伍建设模式，逐步实现社区服务能力的全面提升。

**4. 建立服务网络**

基于网格化，将大数据引入社区服务中，形成网上服务平台，形成网上网下 15 分钟服务圈。以农村电商平台为依托，做好居（村）民就业、创业服务。完善社区便民利民服务网络，鼓励和支持各类组织、企业和个人兴办居民服务业，积极推进社区服务网络平台建设，吸引社会组织参与到社区服务建设中来，积极构建综合服务和专业服务相协调的服务网络体系，全力打造 15 分钟服务圈，让群众办事少跑路。

**5. 创新服务机制**

建立健全以社区党委为核心的"一核多元"服务参与机制，强化社区党委的核心领导作用和政治引领作用。完善以社区党委为核心，社区服务中心、居民议事会、居委会、村民议事会、驻社区企事业单位、社会组织等多元主体共同参与的社区治理体系，形成"党委全力、政府主力、社会协力、群众得力、制度给力"的"五力共治"格局。建议采取以下举措。

第一，优化机构设置。按照社区服务中心扁平化、网格化管理的原则，合理建立部门、划分职能。进一步将党委、政府及相关职能部门对居民的事务性社会管理和公共服务直接"沉入"社区，减少中间环节，提高办事效率。

第二，强化社区党委引领作用。全面抓好辖区内居（村）、非公企业和社会组织党的建设，实现党的组织和党的工作全覆盖，着力打造结构优、能力强、作风硬、服务好的高素质社区党员干部队伍。同时，建立长效健全民意反馈机制、民意快速反应机制、民意定期研判机制和利民惠民服务机制，使社区党员队伍"明群众所想，知群众所需"，进一步增强党在社区服务中的引领作用。

第三，建立社会参与服务机制，构建多元参与共治格局。首先，加强社会组织培育和发展，积极推进社会治理向基层延伸，细化治理单元，结合社区、居委会实际，大力推进"小微社会组织联合会""院落楼栋物管自管会""商户摊贩自治会""志愿服务联合会""驻地单位共治会""商务楼宇园区服务社"等组建工作，有效推进居民自我管理、自我教育、自我服务。建立社区层面的社会组织发展服务中心，积极培育扶持社区公益性社会组织，完善政府购买公共服务机制，通过政府购买服务、以奖代补、公益创投、项目委托管理等方式，建立公共财政对社区社会组织和社工机构发展支持机制，推动公众力量参与。

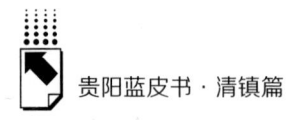

## 参考文献

贵阳研究院：《百花社区调查表》，2015。
贵阳研究院：清镇市百花社区服务中心访谈录音稿，2015。
清镇市百花社区：《清镇市百花社区"十三五"规划思路》，2015。
清镇市百花社区：《清镇市百花社区"十二五"总结》，2015。

# B.21
# 强化服务优环境　筑巢引凤促发展
## ——清镇市巢凤社区"十三五"发展思路研究

**摘　要：** 贵阳市基层管理体制改革后，服务成为社区这一层级的核心功能。如何通过强化服务、优化环境，推动社区发展，是不少基层管理者面临的问题。本文通过实地调研与理论研究，总结出巢凤社区"城与乡""新与老""远与近"的特点，梳理其五大发展基础，并针对服务这一核心功能展开探讨，提出"十三五"期间巢凤社区应重点服务居民与农民、服务产业与项目、服务周边与大局。

**关键词：** 服务　基层　社区治理　巢凤社区

## 一　认识巢凤社区的三对关键词

巢凤社区位于清镇市东部，距贵阳市22公里，距观山湖区16公里，面积12.2平方公里，辖五村三居，总人口3.1万人，其中农业人口1.09万人，现有布依族、苗族、仡佬族等民族，少数民族占总人口的13.78%。

巢凤社区作为清镇市的东大门，是贵州省西线旅游的枢纽，区位优势突出，贵黄、清镇、夏蓉三条高速公路从巢凤社区穿境而过，321国道和滇黔、湖林铁路支线在巢凤社区内纵横交错。

巢凤一词源于辖区内东山巢凤寺。社区以巢凤为名，既取清镇市加强生态文明建设、实施"三化"战略中"筑巢引凤"之意，也寓意着不断提升社区人民幸福指数，促使社区和谐发展。现阶段巢凤社区的主要特点，可以用"城与乡""新与老""远与近"三对关键词来概括。

表 1　巢凤社区基本情况

| 社区概况 | 辖区面积 | 12.2 平方公里 | 辖区人口 | | | | |
|---|---|---|---|---|---|---|---|
| | 辖区范围 | 5村3居委 | 户籍人口 | | 22478人 | 流动人口 | 7712人 |
| | | | 18岁以下 | 6217人 | 失学儿童 0 | 留守儿童 | 52人 |

| 科技和教育资源 | 科研院所 | 幼儿园 | | 小学 | | 初中高中 | |
|---|---|---|---|---|---|---|---|
| | | 公办 | 民办 | 公办 | 民办 | 公办 | 民办 |
| | 0 | 1个 | 7个 | 2个 | 0 | 1个 | 0 |

| 社会资源 | 辖区内单位 | | | 辖区内社会组织 | | |
|---|---|---|---|---|---|---|
| | 行政单位 | 事业单位 | 企业(国有) | 孵化型(枢纽型)社会组织 | 专业型社会组织 | 自发型(草根型)社会组织 |
| | 0 | 4个 | 2个 | 0 | 0 | 2个 |

| 体育文化休闲餐饮住宿设施 | 体育场(馆) | 影剧院 | 广场 | 公园 | 图书市场、书店 | 50平方米以上饭店、餐馆 | 旅店、招待所 | 写字楼 |
|---|---|---|---|---|---|---|---|---|
| | 1个 | 0 | 7个 | 1个 | 0 | 2个 | 0 | 0 |

| 医疗卫生资源 | 综合医院 | 专科医院(诊所) | 妇幼保健院 | 急救中心 | 疾控中心 | 社区卫生服务站 | 辖区药店 | 养老机构 | |
|---|---|---|---|---|---|---|---|---|---|
| | | | | | | | | 公办 | 民办 |
| | 1个 | 1个 | 1个 | 0 | 0 | 1个 | 17个 | 0 | 0 |

| 困难群体与特殊人群 | 失业人员数 | 退休人数 | 60岁以上老人 | 残疾人 | 低保人员 | 刑释解教人员 | 吸毒人员 |
|---|---|---|---|---|---|---|---|
| | 327人 | 3080人 | 4083人 | 1600人 | 176人 | 6人 | 204人 |

资料来源：表格数据由巢凤社区提供。

## （一）城与乡

**1. 村居混杂，辖五村三居**

村居混杂是巢凤社区的一大显著特点。社区内共有五村三居，即扁坡村、王二寨村、干河坝村、黑泥哨村、平原哨村、水晶东部居委会、水晶西部居委会、伟宏居委会。村居具体情况见表2。

村居混杂导致巢凤社区在管理方面面临诸多挑战，如城乡居民对社区管理认同感存在偏差、社区资源配置机制难以有效满足城乡差异性需求、城乡居民社区活动参与度较低等。

**2. 村级集体经济薄弱**

巢凤社区当前所辖5个行政村的村集体经济仍较为薄弱。主要原因在于将

表2　巢凤社区所辖村居基本情况

| 名　称 | 区域面积(平方公里) | 人口(人) | 流动人口(人) |
|---|---|---|---|
| 扁坡村 | 5 | 4253 | 2352 |
| 王二寨村 | 4.5 | 2294 | 622 |
| 干河坝村 | 2.3 | 1250 | 273 |
| 黑泥哨村 | — | 1387 | 483 |
| 平原哨村 | — | 721 | 249 |
| 水晶东部居委会 | 1.5 | 1808 | 326 |
| 水晶西部居委会 | 2 | 7860 | 1380 |
| 伟宏居委会 | 2.4 | 418 | 5 |

资料来源：《巢凤社区调查表》。

5个行政村纳入"物流新城"[①]整体规划后，村里的各级土地相继被征用。此后村民无法进行种养殖等发展村集体经济的相关活动，部分村仍然依靠征地提留款来支撑村集体经济，没有依托物流园区和贵安新区的有效资源和地域优势，找到路径和项目来发展壮大村集体经济，导致村集体经济尚处于产业转型的过渡阶段。

**3. 基础设施薄弱**

基础设施薄弱是巢凤社区村居普遍存在的问题。一方面是由于巢凤社区自身仍处于城镇化进程中，村居混杂，城乡发展不均衡，基础设施配置不健全。另一方面社区经历基层管理体制改革后，经费改为上级拨款，基础设施投入有限，在基础设施维修保护与更新方面缺乏充足资金，造成辖区内下水道管网老化严重、环卫设施难以满足需求等问题，由此又导致辖区存在"脏、乱、差"，下水道垃圾堵塞等现象。

## （二）新与老

**1. 产业集中，是清镇市建设发展的重点区域**

巢凤社区主要以清镇市规划的"物流新城"作为重点发展方向，推动形成以现代物流和大数据产业为核心，大健康、商贸市场等关联产业协同发展的

---

[①] 清镇市物流新城，位于贵阳百花生态新城和贵安新区两个城市带的核心区域，规划面积约30平方公里，重点发展物流、商贸、汽车、城市开发等产业。

格局。辖区内产业较为集中，已引进了世界500强普洛斯仓储物流、云南华丰东盟绿色产业园、贵州省电商联盟、贵阳清镇汽贸城等29个项目，是清镇市建设发展的重点区域。其中，电子商务产业方面，与阿里巴巴、京东、苏宁等5家国内外知名电商企业结为战略联盟。汽贸产业方面，辖区已入驻汽车经销商共152家，其中，品牌4S店26家、二级经销商126家。工程机械方面，入驻16家销售企业、22个国内外知名品牌，个体工商户708户、微企29户（不含5户村集体微企），企业321多家。①

**2. 老的国有企业破产关停，历史包袱沉重**

新兴企业不断入驻的同时，巢凤社区仍面对老旧国有企业破产关停的问题，企业职工面临就业和生存的诸多困难，职工与企业、企业与社会管理矛盾交织、纷繁复杂，社会治理形势严峻。如辖区内的贵州省水晶有机化工（集团）有限公司，曾是以石灰石、煤、焦炭为基本原料生产多种有机化工产品的综合化工企业，占地面积达巢凤社区的1/3。但该公司之前是集团内部社会化管理，自行供水、电、煤气、通信以及污水处理，破产倒闭后，社会化管理体制改革不彻底，加之基础设备使用年限较长，老化严重，维修费用较大，地方财政无法支付，导致政府至今无法接管，企业交不出去的困境。

**3. 物流新城的主战场，项目开发与拆迁工作压力大**

巢凤社区作为"物流新城"主要区域，正处于大规模开发建设时期。在快速推进开发建设项目的同时，征收拆迁矛盾也频频出现，群体性事件多发高发。此外，巢凤社区在建项目拖欠农民工工资问题也较为突出，由此也引发了不少群体性事件和极端事件。如何有效应对转型期复杂的群众矛盾，并帮助拆迁人口在失去土地又缺乏其他基本生存技能的情况下实现可持续发展，是巢凤社区亟待解决的问题。

## （三）远与近

**1. 区位优越，是连接贵阳市区、贵安新区的"桥头堡"和"城市客厅"**

巢凤社区地理位置优越，是连接观山湖区和贵安新区的"桥头堡"和"城市客厅"，距省城贵阳仅22公里，距离观山湖区仅16公里。辖区交通十

---

① 巢凤社区：《"十三五"时期清镇市巢凤社区发展规划》，2015。

分便利，贵黄高速、沪昆高速、102省道以及贵安新区主干道白马大道、金马大道、贵红大道等道路穿辖区而过，多条铁路、高铁和轻轨在辖区内设置站点。

**2. 毗邻观山湖区和贵安新区，在共享政策红利与发展空间的同时也面临更高的服务要求**

巢凤社区优越的区位为其带来发展机遇与挑战。主要表现在巢凤社区毗邻着观山湖区和贵安新区，一方面可以充分与它们共享政策红利，为辖区发展创造更好的环境与机遇。另一方面，巢凤社区也面临着服务好观山湖区与贵安新区的挑战。尤其是在自身基础较为薄弱，难以满足辖区居民服务需求的情况下，巢凤社区亟待强化服务的硬件设备与软件实力，加强与观山湖区和贵安新区的互动认知，为将来更好地服务两区衔接地带奠定基础。

**3. 距离主城区相对较远，经济条件、基础设施与群众生活需求存在一定差距**

从清镇市内部来看，巢凤社区距离清镇市主城区相对较远，客观上导致其发展条件逊于其他区域。一方面，城乡发展存在较大差异，巢凤社区所辖的村（居）经济条件、基础设施同比其余社区、乡镇较差，与群众的生活需求仍存在一定差距。另一方面，与城区较远的距离，也十分不利于巢凤社区共享主城区的发展环境与基础设施。

## 二　巢凤社区的发展基础

巢凤社区自成立以来，以"为人民谋幸福"为统领，着眼于满足居民群众与区域发展的多层次、多样化需求，积极创新服务方式，提高服务水平，为"十三五"甚至更长时期的发展奠定良好基础。

### （一）社会治理水平不断提升

**1. 五个抓手强化平安建设**

"十二五"期间，巢凤社区着力通过五个抓手，强化平安建设。强化宣传教育，通过入户发放资料、书写标语、利用宣传栏、组装宣传车、安装广播，建立群众QQ群、组织群众观看电影、召开网格群众家常会，以及现场指证等方式，展开宣传攻势，提高群众知晓率，营造出平安建设的强大声势和浓厚氛围；强化治安巡防，以网格为阵地，强化巡逻守护制度，组织网格巡逻队、守护队、服务队、促进队、群众以及志愿者、治安积极分子，排班轮班巡防，组建流动治安卡点便衣干警盘查队，在人员复杂、发案率高、群众反映强烈的重点区域、路段、路口设立流动治安卡点，对可疑人员和车辆进行询问盘查，采取社区补助和村级自行出资的方式组建村（居）专职巡防队，同时出台考核办法严格队伍管理。突出企业与村（居）及网格的联合巡防。组装宣传巡逻车，深入各村（居）及网格，特别是高发案的村（居）及网格深入开展宣传并巡逻；强化物防技防措施推进，全面推广"单元防盗门""平安E家""超B级锁芯"、二轮摩托车U形锁等行之有效的防护措施；强化违法犯罪活动打击，充分发挥辖区派出所干警队伍主力军作用，坚持"严打"不动摇，以打开路，以打促防。对"两抢一盗"、治安乱点定期排查，实行重点整治；对易发的盗窃摩托车、诈骗案件，开展专项打击；对吸毒人员经常开展大收戒专项行动；强化为民办好事，大力开展"访民情、化民怨、解民忧、保民安""创先争优亮党员身份、凝心聚力保百姓平安"等活动，认真进行梳理汇总老百姓疑难问题，逐一抓好落实，确保群众满意。

**2. 五个机制推进信访维稳**

"十二五"期间，巢凤社区着力通过五个机制，推进信访维稳。落实责任与考核机制，通过成立信访维稳工作领导小组，明确社区主要领导负责，分管领导直接抓，其他分管领导配合，各部（室）、村（居）和网格齐抓共管；实行矛盾纠纷（信访问题）研判制和领导包案制，限时调处化解；层层明确目标，层层落实责任，把信访维稳工作纳入部（室）、村（居）网格的目标考核，实行月考核、月排位、月公示，并与年终目标考核挂钩。实施三项制度机制，即社区领导班子成员开门接访、带案下访、包案处理制度，促进社区领导班子成员开门接访、领导班子成员带案下访、领导班子成员包案处理信访问题，切实做到"一个问题、一名领导、一套班子、一个方案、一包到底"。完善调处控稳机制，实行社区领导班子成员、部（室）、村（居）、网格四级包案调处、稳控的工作机制，突出调处化解，强化盯防稳控，确保排查出来的社会矛盾纠纷基本案结事了，做到"难事不出村、大事不出社区、矛盾不上交"。健全工作网络机制，成立社区、村（居）群众工作站（室），建立健全群众工作网络；以村民小组、居委会楼栋为单位，建立健全信息员网络；实行社区领导班子成员和部（室）负责人、社区民警包保村（居），社区干部包保网格，村（居）干部、网格"一警二员"包保案件的工作机制，建立以村（居）为网底的信访维稳党、政、警、群工作网。强化应急机制，制定预防和处置突发事件应急预案，成立突发事件应急指挥部、明确突发事件报告程序、突发事件处置程序；建立健全情报信息收集研判机制、社区与派出所协调联动机制；组建社区、村（居）应急分队，储备了相关物资，落实值班制度。

### 3. 六项举措加强反邪工作

"十二五"期间，巢凤社区着力以六项举措加强反邪工作，通过对邪教的打击，使群众认清邪教的危害，看到参与邪教的后果，自发杜绝参加邪教组织和参与邪教组织活动，达到"惩治一小撮，挽救一大批，教育全社会"的目的。具体举措包括：强化组织领导、层层落实责任；深入开展全民反邪宣传教育工作；加强摸底排查，情况清，底数明；抓好回访帮教，提高教育转化率；抓好防控，维护社会和谐稳定；强化打击，教育人民群众。

### 4. 七个重点落实禁毒任务

"十二五"期间，巢凤社区着力在七个重点方面落实禁毒任务。具体包括：预防为主，加强宣传教育；做好无缝衔接，夯实社区戒毒（康复）工作基础；抓好社区戒毒（康复）；巩固"五上五心"理念，抓好帮扶；落实八项政策，促使特殊群体融入社会；抓好村（居）自治，创建阳光无毒村（居）；助推阳光就业，搭建服务平台。截至2015年年底巢凤社区共计解决131名吸毒人员的就业问题，就业安置率达到99.24%。

## （二）社会环境品质不断提高

### 1. 基于城乡统筹发展格局加强环境建设

"十二五"期间，巢凤社区首先以统筹城乡发展格局为出发点，集中财力、物力，以环境卫生整治工作为重点，先后投入了60余万元，实施一系列惠民工程。具体来说，巢凤社区在水晶东西部居委会投入资金7.2万元，设置果皮箱60个；投入资金2000元，落实2名人员专门负责保洁；投入资金17万元对水晶东部菜场公厕进行改造；投入资金18万元，在桂花网格修建文化长廊和休闲露台；多方筹措资金20余万元购置密闭垃圾箱40个，在辖区进行安置并协调垃圾清运车进行清运,辖区环境得到进一步改善。①

**2. 以创建绿色社区、国家环境卫生城市、国家环保模范城市为契机加强环境建设**

"十二五"期间,巢凤社区抓住创建绿色社区、国家环境卫生城市、国家环保模范城市的契机着力改善环境。通过召开工作会议研究制定相应创建工作方案、环境卫生考核办法,成立相应的工作小组,把创建工作列入日常议事日程;同时发展志愿者队伍,成立了30人的生态志愿者队伍、40人的居民义务宣传队、义务监督员和居民义务劝导队;对8个村(居)路段及公共场所实行网格化管理,共配备保洁人员20人,为创建活动提供人力保障,确保了创建工作的顺利开展;并且通过网格入户宣传、宣传单张贴、流动广播车、村(居)广播、宣传栏等方式多层次、多角度发动宣传,提高了居民参与性;通过家常会、宣传栏、宣传横幅、"爱卫月""六五宣传日"等形式及活动,公众知晓率达100%,公众对环境保护的满意率达80%以上。

**3. 制定《社区环境整治的实施方案》加强环境建设**

"十二五"期间,巢凤社区通过制定《社区环境整治的实施方案》,规范环境建设各项标准与制度,有效保障社区环境整治工作依法依规进行。重点包括:明确"三废"排放和噪音控制制度考核标准,实行全日保洁制度;制定环卫保洁管理责任制,保证环卫清洁服务达到相应规范要求;制定环保工作职责,环保、管理、环卫清扫保洁岗位责任奖惩制度,环境卫生保洁工作包干责任书,门前三包卫生责任制管理制度,门前三包责任书,环卫设施设备质量标准与管理规范,实行"谁管理、谁负责"的卫生岗位责任制。与此同时,通过执行贵阳市生态文明条例、清洁卫生及环境保护管理规定、绿化管理规定、绿化养护管理工作等政策法规,在污染源拉网式普查中,保证社区内各种污染源基本实现达标排放;做好工地、道路扬尘治理工程、机动车尾气治理工程、工业废气治理工程、饮食油烟治理工程、环境绿化工程等工作。

## (三)社会服务力度不断增强

**1. 强化管理,调整服务模式**

"十二五"期间,巢凤社区通过不断强化管理,调整社区服务模式。首先

---

① 巢凤社区:《巢凤社区"十二五"以来工作开展情况汇报》,2015。

通过成立网格指挥调度中心，由指挥调度中心统一管理村（居）和网格，精简工作流程。其次，通过整合资源，将网格和村（居）合并办公，网格工作室设在村委办公楼，实施"一条龙"服务。再次，通过实行"统筹化"管理，由村（居）支书任网格格长，统筹协调两委成员和网格社工工作。最后，网格和村（居）实行合并考核，统一考评办法、考评标准和考评内容，统一加减分，强化服务。

**2. 示范带动，打造服务亮点**

"十二五"期间，巢凤社区注重打造服务亮点，以示范带动服务提升。通过转变思想观念，将"要我服务"转变为"我要服务"，从社区层面成立了阳光服务工作队，每月定时下派到村（居）开展服务工作，面对面向群众提供服务；在村域面积最大，人口最多，流动人口最为复杂的扁坡村建立便民利民服务站，设立村级便民利民服务大厅，实行轮流坐班服务。并将轮流服务与入户访视进行有机结合，既实现坐班受理，也能做到上门服务，把服务送到群众家中。

### （四）公共文化服务不断丰富

**1. 营造文化氛围**

"十二五"期间，巢凤社区注重营造社区文化氛围。通过在8个村（居）建设主题活动场所，打造包括党建文化、党风廉政文化、诚信文化、禁毒文化等在内的12个主题文化小广场，作为居民学习文化、休闲娱乐的场所，所有村（居）共计修建了800余平方米的文化长廊。并通过彩绘的形式，展现社会主义核心价值观、清镇城市精神等文化宣传内容，为居民营造浓厚的精神文化氛围。

**2. 完善文化设施**

"十二五"期间，巢凤社区积极完善文化设施，为居民文化活动创造载体。巢凤社区服务中心目前已建有文化活动室和电子阅览室，乐器、电脑、放映器材等设施齐全，一半以上的村（居）已建有文化广场、农家书屋（图书室）、文化活动室、道德讲堂。此外，巢凤社区也积极与辖区单位联络，以共驻共建的形式完善文化设施建设，如以贵州水晶集团图书馆为依托建成社区文化站，截至2014年已有各类藏书5000多册，各类报刊100余种。[①]

---

① 陈贵均：清镇市巢凤社区建设社区文化站，《贵州民族报》2014年8月18日。

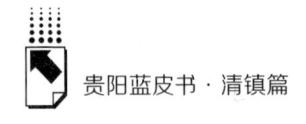

### 3. 组建文化队伍

"十二五"期间，巢凤社区通过组建文化队伍，鼓励居民参与文化演出，有效丰富居民业余生活，提升凝聚力。巢凤社区着重鼓励村（居）干部、大学生村干部、道德模范、在校学生、"五老"、文艺爱好者等，组建舞蹈队、功夫扇队、太极拳队、书画社、山歌队等文体队伍，确保每个村（居）有一支文艺队伍，并邀请专业老师对文艺队伍进行教学指导，多次组织参加清镇市、社区的演出。

### 4. 开展文化活动

"十二五"期间，巢凤社区开展多种文化活动，倡导文化活动常态化。定期开展全民阅读、全民健身、送文化、送电影等文化活动，丰富群众文化生活。通过在社区所有村（居）建设"道德讲堂"，每月邀请道德模范、身边好人等典型人物开展宣讲活动，宣传社会主义核心价值观。在中国传统节日，巢凤社区开展"我们的节日"活动，引导社区居民传承中华传统习俗。每周组织1次志愿者服务，体现"促邻里和谐，建幸福巢凤"主题。

## （五）基层党建覆盖不断扩大

### 1. 加强党的组织建设，党组织的凝聚力、战斗力不断提高

"十二五"期间，巢凤社区着力加强党的组织建设，不断提高党组织的凝聚力、战斗力。首先重点落实"大党委"运行机制，形成共驻共建、齐抓共管局面。根据社区"大党委"运行模式中出现的问题，进一步修改议事规则和"大党委"兼职委员聘任、考核、激励和退出机制；完善联席会议制度，定期组织召开工作例会，分析研究解决共驻共建中存在的问题，与辖区的单位企业签订共驻共建、资源共享协议书，实现了在基础设施、能源资源等方面的共享，有效提升党组织的凝聚力。此外，巢凤社区也积极探索网格党建工作，组建了网格联合党支部以及各网格联合党小组，将党组织的触角延伸到最基层，发挥基层党组织战斗堡垒作用。

### 2. 加强干部队伍建设，整体工作水平不断提高

"十二五"期间，巢凤社区注重干部队伍培养，以提升工作水平。利用社区党校、市民学校等载体，采取多种形式教学，进行政治理论学习和专门业务培训；按照上级组织部门的统一安排，社区主要领导、分管领导以及科级后备

干部等按类别分批外派到省内外大学、市委党校的高级研修班进修学习，切实提高工作统筹能力和领导水平。

**3. 加强能力建设，服务群众水平不断提高**

注重党员发展，为党组织培养后备人选。按照贵阳市委组织部党员发展工作的要求，社区每年均对党员发展的指标进行分解到各党支部负责落实；每年7月组织对社区入党积极分子进行培训考核，严格执行实行了党员发展公示制度，确保程序完善合法。

多种形式结合，提升现代党员远程教育管理。将远程教育规范化建设作为村党组织工作日程之一，由社区统一制作上墙，村委设置专门远程教室，有条件的村还设立电子阅览室；为推进此项工作的常态化管理，将其列进组织工作月检查考核范围；完成了组织部安排的远教成果十年展活动展板素材的收集、整理和制作，展板电子模板交市委组织部远教办备案。

开展机关党员进社区服务活动，发挥党员先锋模范作用。认真落实好"清组办通128号文件精神"，将社区全体党员全部下派到辖区居委会开展服务活动，根据各人的特长，进行设岗定责，使得党员参与率达到了100%。

## 三 巢凤社区"十三五"发展思路研究

### （一）立足社区实际进一步明确社区发展作用与地位

**1. 服务居民与服务农民**

立足当前城乡结合、村居混杂的情况，建设具有共同体意识的社区，着力服务好居民与农民。重点根据居民与农民的实际生活需要，构建完善的公共服务体系，提升公共服务水平，并充分发挥社区"自我管理"的能力，放手让社区住户主动参与到社区管理当中来。针对农民群体，社区应创造更多平等政策为其融入社区大家庭扫除障碍。

**2. 服务产业与服务项目**

立足当前正处于城镇化进程中，产业与项目建设快速推进的实际，服务好产业与项目，稳步推进社区发展。围绕重点产业与重点项目，创新服务模式与机制，着力完善区域化党建机制与常态化沟通联络机制，建设服务型党组织，

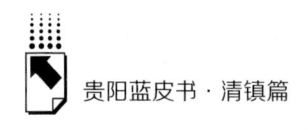

以重点企业为落脚点，推进非公党建，不断完善服务内容与提升服务水平。

**3. 服务周边与服务大局**

立足当前区位的特殊性，即距离贵阳市中心城区、观山湖区、贵安新区较近的情况，巢凤社区不仅应服务好自身发展，而且要从大局出发，满足周边地区的发展需求。这就要求巢凤社区要树立大局观念，完善社区服务网络体系，在公共服务、社会治理、城市管理、城乡一体化发展等多个方面有所突破，为自身和周边地区发展营造良好的生活环境、发展环境与人文环境。

### （二）围绕核心功能进一步完善社区服务网络体系

**1. 提升公共服务水平，打造宜居的生活环境**

着力提升公共服务水平，为城乡居民打造宜居的生活环境。硬件方面，加大投入，完善公共服务基础设施；同时，依托现有的资源，不断加大村（居）民便民服务工作站的硬件设施投入和业务指导。软件方面，进一步强化社区工作人员和社工的服务意识，加强培训，不断提高服务质量和服务水平；加强信息化建设，利用发展"大数据"的契机，构建智能服务网络，满足居民多样化服务的需求。

**2. 提升社会治理水平，打造优质的发展环境**

提升社会治理水平，重点强化治安和安全生产，打造优质的发展环境。治安方面，以平安网格为阵地，以村（居）为主战场，强化严厉打击，强化重点整治，筑牢"人防、物防、技防"三张网，狠抓特殊群体管理、办理好实事、矛盾纠纷调处、宣传发动等工作，深入推进平安建设"两严一降"，进一步维护良好的社会治安环境。安全生产方面，建立健全"党委领导、政府监督、行业管理、企业负责、社会监督"的工作格局，以进一步落实企业安全生产主体责任为重点，以事故预防为主攻方向，以法制建设为重要保障，以科技进步为重要手段，以监管能力建设为重要支撑，推进安全发展，努力为巢凤社区转变经济发展方式、调整产业结构和全面建设小康社会提供可靠的安全生产保障。

**3. 提升城市管理水平，打造良好的人文环境**

提升城市管理水平，重点优化社区卫生环境和公共文化氛围，打造良好的人文环境。卫生环境方面，实施卫生环境整治工程和社区亮化工程，以净化、美化、亮化为目标，大力解决辖区主要街道、广场以及繁华地段车辆乱停乱放、摊点乱摆乱设、广告乱贴乱画、垃圾乱倒乱丢、亮化破损残缺等问题，进一步改善辖区"脏、乱、差"现象，保证社区主次干道和街巷路面清洁、普遍亮化，果皮箱、垃圾中转站配置齐全、亮化设施完善，主要街道两侧整洁明亮美观。公共文化方面，基于辖区居民文化需求，争取实现基层文化设施全覆盖，每个村（居）都有文化广场、图书室、健身室等文化设施；鼓励和支持成立各类民间文化社团，规范社团管理，吸收、改造、创新和发展优秀传统文化，研究与保护少数民族文化；积极开展群众性文化活动，突出村（居）特色，着力打造文化品牌，开展各项富有特色的文化活动。

### （三）立足发展大局进一步聚集合力促发展

#### 1. "大党委"建设引领共建共驻新格局

依托"大党委"建设，引领共建共驻新格局。在不改变辖区单位党组织隶属关系的情况下，将辖区内有影响的公共户单位党组织、企业党组织、非公支部、新社会组织支部以及居委会支部等纳入社区大党委管理范畴，成立"大党委"。通过"大党委"共驻共建，抓住为基层群众服务这一主题，提升社区服务能力，化解矛盾，促进关系和谐。通过搭建社区"大党委"这个平台，让辖区各类型单位明白"社区的事就是自己的事"，并以此举突破服务难瓶颈，将"独唱"变为"合唱"，让驻区单位充分发挥自身优势，服务社区居民、推动社区党建的开展。

#### 2. 创新载体，推进城乡党建工作一体化

通过创新城乡互动载体，优化城乡资源配置，拓宽城乡党建领域，形成以"党群共议、城乡共建、支协共带、村企共赢，促进城乡统筹、促进农民增收"为主要内容的"党群共建"党建新模式。在参与主体方面，重点推动社区党委、基层党组织、村民党小组、党员群众发挥各自作用，以城乡联合、党群共议保障决策民主化。在党建内容方面，主要以关乎全局的战略性和前瞻性问题为重点，以城乡党建一体化促进城乡建设发展一体化。

#### 3. 党建"抱团"促发展，打造非公党建新模式

在组织关系的架构上，构建点块结合的"1+N"型非公党建发展模式，即由社区党委从党员干部中精选一批党建专职指导员组成党务团队，将企业凝

聚为一个党建共同体。将过去的"单打独斗"变成"抱团发展",让党建从"企业小圈子"走向"社会大圈子",实现"1＋N"型非公党建发展新模式。在工作模式方面,探索推行非公企业"二带五"区域化党建工作模式,即根据行业性质及地理位置,将新成立的党组织划分为5个片区,每个片区依托2家产业集群核心企业,带动周边5家以上党建基础较好的中小微企业,凝聚成非公党建共同体,实现同舟共济、联动提升、抱团发展。

**参考文献**

熊乐:《我国混合社区模式初步分析》,《城市建设理论研究:电子版》2011年第17期。

盖宏伟、孔超:《村居混合型社区管理中存在的问题及其原因分析》,《中国公共管理论丛》2013年第1期。

陈贵均:《清镇市巢凤社区建设社区文化站》,《贵州民族报》2014年8月18日。

巢凤社区:《"十三五"时期清镇市巢凤社区发展规划》,2015。

巢凤社区:《巢凤社区"十二五"以来工作开展情况汇报》,2015。

巢凤社区:《贵阳市基层社区工作调查表》,2015。

# B.22
# 创新工作方法 建立长效机制 维护安全稳定 保障村居混合型社区转型发展

——清镇市红塔社区"十三五"发展思路研究

摘　要： 随着我国城镇化进程的不断推进，加速了农村向社区的转型。村居混合型社区是城镇化建设过程中的一种过渡形式，它的转型发展已经成为必然趋势。本文以案例研究为主，通过对清镇市红塔社区的分析，总结其在推动村居混合型社区转型发展方面的主要做法，梳理"十三五"发展可能面临的一些问题，并针对社区的平安建设，提出建立长效机制的建议和参考。作为一种机制创新的探索，红塔社区的做法对于清镇乃至贵阳市的社区平安建设具有重要的理论和现实意义。

关键词： 社区治理　村居混合　基层转型　红塔社区

近年来，我国城镇化进程不断加快，大量农村被逐步纳入城市发展规划当中，加剧了农村向社区的转型。尤其是在城乡接合部，出现了村居混合型社区。这类社区在性质上相对独立，社会情况相对复杂，给村居管理工作带来一定难度。加强村居混合型社区社会管理工作，保障其转型发展，有助于推进社会发展和城镇化进程。

**表1 红塔社区基本情况**

| 社区概况 | 辖区面积 | 8.3平方公里 | 辖区人口 | | | | |
|---|---|---|---|---|---|---|---|
| | 辖区范围 | 3村3居 | 户籍人口 | | 13414人 | 流动人口 | — |
| | | | 18岁以下 | 5091人 | 失学儿童 0 | 留守儿童 | 7人 |

| 科技和教育资源 | 科研院所 | 幼儿园 | | 小学 | | 初中高中 | |
|---|---|---|---|---|---|---|---|
| | | 公办 | 民办 | 公办 | 民办 | 公办 | 民办 |
| | 0 | 2个 | 3个 | 2个 | 1个 | 2个 | 0 |

| 社会资源 | 辖区内单位 | | | 辖区内社会组织 | | |
|---|---|---|---|---|---|---|
| | 行政单位 | 事业单位 | 企业(国有) | 孵化型(枢纽型)社会组织 | 专业型社会组织 | 自发型(草根型)社会组织 |
| | 2个 | 1个 | 2个 | 1个 | 1个 | 0个 |

| 体育文化休闲餐饮住宿设施 | 体育场(馆) | 影剧院 | 广场 | 公园 | 图书市场、书店 | 50平方米以上饭店、餐馆 | 旅店、招待所 | 写字楼 |
|---|---|---|---|---|---|---|---|---|
| | 0 | 0 | 0 | 0 | 0 | 20个 | 12个 | 0 |

| 医疗卫生资源 | 综合医院 | 专科医院(诊所) | 妇幼保健院 | 急救中心 | 疾控中心 | 社区卫生服务站 | 辖区药店 | 养老机构 | |
|---|---|---|---|---|---|---|---|---|---|
| | | | | | | | | 公办 | 民办 |
| | 0 | 0 | 0 | 0 | 0 | 1个 | 0 | 0 | 0 |

| 困难群体与特殊人群 | 失业人员数 | 退休人数 | 60岁以上老人 | 残疾人 | 低保人员 | 刑释解教人员 | 吸毒人员 |
|---|---|---|---|---|---|---|---|
| | 47人 | 2100人 | 2783人 | 1004人 | 121人 | 12人 | 131人 |

资料来源：表格数据由红塔社区提供。

## 一 红塔社区的基本概况

### （一）红塔社区的主要特点

**1. 红塔社区是一个位于城乡接合部的社区**

清镇市红塔社区成立于2012年4月28日，位于清镇市西北部，因毗邻红枫湖，坐拥梯青塔而得名。红塔社区东邻百花社区，南接新岭社区，西邻红枫发电总厂，北抵老马河，是一个典型的城乡接合部社区。社区东西长4.1公里，南北宽2.02公里，面积约8.3平方公里，人口约2.19万。地貌呈西高东低之势，辖区内有猫跳河经过，有红枫湖、百花湖两大淡水湖。辖区内有机关、事业单位、学校、国有企业、非公企业近50余家。

**2. 红塔社区是一个村居混杂型的社区**

红塔社区下辖红湖、塔山、河堤3个村委会和红枫、塔山、弘业3个居委会，是一个典型的村居混杂型的社区。和贵阳市中心城区的社区不同，红塔社区由于村居混杂，村居界限并不明显。如塔山村和塔山居委会，塔山居委会是在原塔山村的基础上分离出来的，因此界限不明，村民、居民混合居住。虽然居委会主要管理居民，村委会管理村民，但是在工作上仍然存在一些交叉，如"创文""创卫"、平安建设等工作。

## （二）红塔社区存在的主要问题

**1. 流动人口多，结构复杂**

从人口结构来看，红塔社区的流动人口较多且结构较为复杂。红塔社区有流动人口7000余人，仅塔山居委会2000多人中，就有一半为流动人口。由于红塔社区位于城乡接合部，房屋租金较为低廉，容易吸引流动人口到此居住。加之辖区内不少居民外出务工，空置房屋较多。流动人口选择此区域租房居住，以低廉的租金开设小门面。此外，社区居住有少数民族3845人，租赁房住户3411人，也增加了社区人口结构的复杂性。[①]

**2. 民生欠账多，基础薄弱**

民生欠账多，基础设施薄弱是红塔社区的一大难题。主要表现在一方面是基础性配套设施不健全，难以满足居民生活基本需求。如红湖村境内有红枫发电厂、贵州电力职业学院等单位，辖区人口达8000余人，因离城区较远，该村村民自发在进入红枫湖的湖滨大道旁形成了马路市场，社区和城管部门多次取缔无果，群众"卖菜难"和"买菜难"问题严重。另外，星坡路排水设施不完善，导致路面损毁严重，直接影响车辆通行，亟待改造。另一方面，由于社区没有财政收入，基础设施投入不足，加之由于城市建设需求大，土地多用于支持项目建设，红塔社区的公共文化服务设施仍旧不到位，群众性文化活动缺乏开展场所。社区的公共服务设施建设还需进一步改善。

---

① 红塔社区：《"十三五"时期清镇市红塔社区发展规划》，2016。

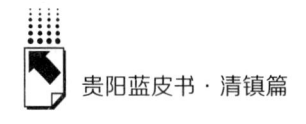

### 3. 安全隐患多，管理困难

由于红塔社区正处于城镇化进程中，城市建设力度加大，安全隐患增多。主要表现在大量房开企业涌入，征地拆迁矛盾突出，维护稳定形势压力增大。加之红塔社区自身管理力量不足，难以应对管理任务。按照贵阳市明确的社区职能，社区服务中心主要承担基层党建、社会服务、维护稳定等任务，但在实际工作中，社区仍需要完成大量行政性事务，导致社区服务群众时间少；从年龄层次来看，社区工作人员平均年龄为43岁，年龄结构不合理，较为缺乏复合型人才，导致部分工作推进效果不理想。

### （三）红塔社区创新工作方法，示范维稳难题破解

在平安建设方面，红塔社区取得了显著成效。2013年、2014年连续两年，红塔社区在贵阳市群众安全感和群众满意度测评中达到满意度100%，社区平安建设的经验也多次被媒体刊登报道。

#### 1. "一管五服务"做实城郊党建

红塔社区立足社区地处城乡接合部的实际情况，以"一管五服务"为抓手，积极探索城郊社区党建工作新模式。"一管"即强化流动人口党员管理，让流入党员有"新家"，流出党员有"娘家"。"五服务"即通过进一步完善社区便民利民服务大厅和村（居）全程代理工作站功能建设，打造便民服务平台；以全面实施"'四最'进网格，服务大民生"活动为载体，打造民生服务平台；以实现增收为目标，全面推进城乡居民实用技能培训和村集体经济建设，打造全民创业就业服务平台；积极争取社会各界支持，对辖区孤、老、病、残、幼等弱势群体适时开展救助和关怀行动，搭建特殊群体关爱服务平台；依托远程教育、农家书屋、道德讲堂、党员活动室等阵地，深入开展形式多样的群众性文化活动，加强社会主义核心价值体系建设，进一步巩固书香社区创建成果，打造社区文化服务平台。

#### 2. "四小媒介""三个必访"架起干群连心桥

在网格化管理中，红塔社区着力打造"四小媒介"，向社区群众宣传党的惠民政策，传递党和政府的温暖，搭建服务民生的"大舞台"。"四小媒介"即"一张小名片"开启监督窗口、"一面议事墙"打造知情快车、"一间心语室"架起服务桥梁、"一个QQ群"搭建民生舞台。红塔社区设计制作的"社

工民情联系卡",集工作职能、服务事项、公开承诺、热线电话等内容于一体,接受群众咨询和监督,第一时间受理群众诉求、解决居民困难、化解邻里纠纷;在居民区内设置议事墙,通过小小的知情板,及时发布国家法律法规、党的惠民政策、社区各类科普知识、用工信息等,拉近了社区与居民群众的距离;在网格服务室单独开辟"心语"服务,方便居民反映问题、交流心声和提事议事;此外,社区还开通了"网格QQ群""社区小康微博""社区微信",第一时间发布社区工作动态,梳理网格居民意见建议、回复群众的咨询和求助,推进了社区党建工作全覆盖。

红塔社区围绕自身功能定位,通过"有需要必访、有大事必访、有困难必访"三个"必访",积极做好服务群众工作;通过"把干事当成创建事业来做,把解决问题当成创造成果来做,把创新当成目标追求贯穿工作始终"实现优化管理;通过全力"访民情,解民忧,办民事"维护社会稳定大局。社区还建立"社区公共服务中心、居民服务中心、居民活动中心"三大平台,依托"社工""义工"两支队伍,充分发挥居民议事会桥梁和网格阵地作用,广泛开展"广听民声,汇聚民意,兑现民愿,接受民评"活动,全力推进各项工作创先争优,使"服务"成为社区工作者的自觉行为,成为联系群众的纽带,成为推进和谐社区建设的强大动力。

3. "六大网格"实施分类管理

根据辖区14个网格的不同特点,红塔社区将所有网格划分为"流动人口,均等服务""院落自治,民主管理""民生服务,党旗飘扬""社企联动,共筑平安""传承文化,民族和谐""示范引领,全面小康"六种特色,并按照不同特色进行倾力打造,目前已成功打造"流动人口均等服务"网格1个,"院落自治,民主管理"网格2个,"示范引领,全面小康"网格2个,"社企联动,共筑平安"网格1个,并对网格实施分类管理。

4. "四最"进网格服务大民生

在开展党的群众路线教育实践活动中,红塔社区党委探索出"四最进网格,服务大民生"的服务群众工作方法。四最"即在群众"最盼"上赢民心,在群众"最急"上见真情,在群众"最怨"上改作风,在群众"最需"上办实事,社区立足这些要求,依托社区党员干部,在群众中广泛开展"听民声、解民困、化民怨、畅民意"活动,打通服务群众"最后一公里"屏障，推进服务型社区建设。红塔社区通过开展"四最"服务，巩固了党的群众基础，提升了基层党组织在群众中的形象，凝聚了民心，促进了"平安社区""文明社区"和"绿色社区"建设。2014年，清镇电视台、《今日贵阳》、新华网贵州频道等多家媒体对此进行报道，进一步肯定了红塔社区在服务民生方面的作为。

5. "四随四进五门"创新流动人口管理模式

在流动人口管理方面，红塔社区创新了"四随四进五门"的管理模式。"四随"即对外来人口随时登记、随时建档、随时录入、随时清理；"四进"即社工进网格主抓管理、计生辅导员进网格细化管理、楼栋中心户长进网格亲情管理、模范典型进网格对重点户进行引导管理；"五门"即开门办实事、敲门送温暖、串门送服务、进门送健康、守门保平安。作为贵阳市流动人口管理试点单位，红塔社区通过采取"四随四进五门"工作法，创新了流动人口网格化服务管理模式，变被动管理为主动服务，进一步提升了服务水平，得到贵阳市流动人口管理工作领导小组的好评。2014年9月2日，《贵阳日报》以《清镇市红塔社区"四随四进五门"主动服务流动人口》为题对红塔社区进行了报道。

## 二 把维护安全稳定放到社区建设的更加突出位置

安全稳定是红塔社区发展的重中之重。"十三五"期间，红塔社区的发展思路应聚焦到安全稳定，以安全稳定作为红塔社区"十三五"规划的发展主线。

### （一）如何看待社区建设中的安全稳定的问题

**1. 安全稳定是社区建设的出发点和落脚点**

社区是社会的基层组织，社区的安全稳定直接影响整个社会的稳定，对于社区的建设和发展起着举足轻重的作用。强化社区安全稳定，是社区建设的基础性工作，有助于为社区的建设创造良好的社会秩序，促进社会关系的协调发展，从而推动社区形成团结稳定、安居乐业的良好局面，创造和谐稳定的社区

创新工作方法　建立长效机制　维护安全稳定　保障村居混合型社区转型发展

环境。

### 2. 服务是维护社区安全稳定的强大动力

社区服务是联系群众的纽带，是维护社区安全稳定、推进社区和谐建设的强大动力。社区是维护社会稳定的"第一道防线"，做好社区服务，能够把社会治安综合治理的各项措施落实到基层，有效解决社区发展中出现的社会问题。社区服务对于提高居民生活质量、调节利益关系、化解社会矛盾、维护社会稳定都有着重要意义。

### 3. 实现平安建设要有活动、有载体、有机制

红塔社区开展平安建设，需要通过"有活动、有载体、有机制"来凝聚人心。利用社区组织和人才优势，以群众喜闻乐见的形式，将社区平安建设融入各项活动中，对平安建设的群众基础起到巩固作用；通过实现以"平安小区、平安企业、平安校园"等为载体的平安建设，加强社区对小区、企业、校园等基本单元的管理，完善社区功能；实现平安建设，需要依靠协调互动、资源共享、运转有序的工作机制，才能充分整合各类社会资源，形成平安建设工作合力，保障社区安全稳定与和谐发展。

## （二）如何解决社区建设中的安全稳定问题

### 1. 平安贵州：完善立体化社会治安防控体系

建设平安贵州需要不断完善立体化社会治安防控体系。全力加快完善立体化社会治安防控体系，需要形成以党委和政府为主导，各部门积极参与，社会力量广泛支持的工作局面。完善立体化社会治安防控体系的重点是健全完善"五个机制"，即建立健全组织领导机制、全面保障机制、社会协同机制、公众参与机制和督导落实机制，同时要做到"六个坚持"（如图1所示），着力

图1　健全立体化社会治安防控体系"六个坚持"

六个坚持：坚持共建共治、坚持问题导向、坚持信息支撑、坚持法治引领、坚持制度创新、坚持基础为先

359

突出解决治安问题，筑牢"平安贵州"建设基础，为贵州经济社会发展创造良好的治安环境。

#### 2. 平安贵阳：全面提升社会治安综合治理水平

建设平安贵阳的关键是以"一降、两严、三管、四强、五创新"举措提升社会治安综合治理水平。"一降"指降低刑事发案率。加强社会治安综合治理与安全感提升工作，降低刑事案件发案率。"两严"指严打、严防。整合"天网"工程视频资源，形成"五位一体"情报研判打击模式①，实现对职业犯罪的体系化、规模化打击；实行人防、技防相结合，组建社区巡防队伍，新增高清探头，安装更换"平安E家"防盗报警电话、超B级防盗锁芯，最大限度挤压违法犯罪空间。"三管"指服务管理流动人口、吸毒人员、特殊人群。通过开展"大排查"加强流动人口服务管理，开展"大收戒"加强吸毒人员服务管理，开展"大帮教"加强特殊人群服务管理，着力消除治安隐患。"四强"指强化党委主责、基层基础、网格管理、社会共治。以"一社一所"为目标，设立社区派出所，新增社区民警，为社区配备网格管理员；开展"两严一降"绿丝带志愿者活动，组织各界志愿者参与社会面防控工作。"五创新"指创新指挥调度机制、民意监督机制、联动协作机制、宣传发动机制、责任倒逼机制。通过"五创新"，克服运动式、突击式倾向，形成打造平安贵阳升级版的长效机制。

#### 3. 平安清镇：打造城乡社区村寨治安防控网

"平安清镇"建设的主要内容是打造城乡社区村寨治安防控网，红塔社区应积极构建以大数据为引领的立体化社会治安防控体系，全面推进"六张网"建设（如图2所示），其中以城乡社区村寨治安防控网为重点。全面落实总体国家安全观，推进公共安全法治化；严密防范、依法打击敌对势力、暴力恐怖、涉黑涉恶、邪教和黄赌毒等违法犯罪活动。坚持问题导向，突出重点区域和重点群体，逐步实现对流动人口、吸毒人员、特殊人群的精准服务管理。深入开展禁毒人民战争，全面提升禁毒工作的能力和水平。

---

① "刑侦、技侦、网安、视频、情报信息"一体模式。

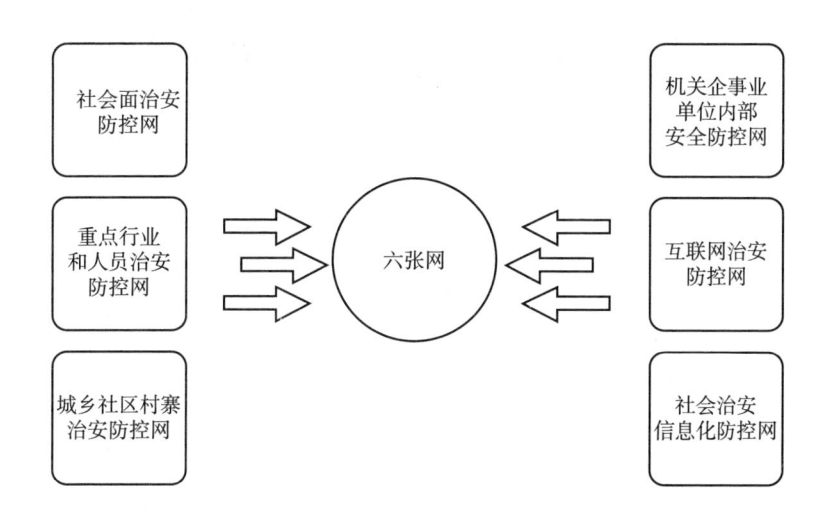

图2　社会治安防控体系"六张网"建设

# 三 "十三五"时期红塔社区以平安建设为主线推动社区全面发展的思考

## (一)发展目标:建设"六个红塔"

"十三五"期间,红塔社区应以平安建设为主线,推动社区全面发展,以"生态""创新""宜居""和谐""诚信""阳光"为目标,全力打造"六个红塔"。

**1. 强力推进项目建设,打造生态红塔**

在生态建设方面,红塔社区应积极配合有关部门,推进重点项目建设。全力推进清镇市淘宝商城、工商职业学院二期、"时光贵州"二期、塔山村和河堤村棚户区改造、红枫国际等市重点建设项目,争取各级支持,完成星坡路改造和红湖村农贸市场建设任务。

强化"两湖"保护,推进生态保护项目。重点推进"两湖"保护工作,杜绝生活污水、垃圾排入湖中,保护好贵阳市"两口水缸"。同时,积极推进节能减排工作,推广绿色环保产品使用,进一步巩固绿色社区创建成果,打造

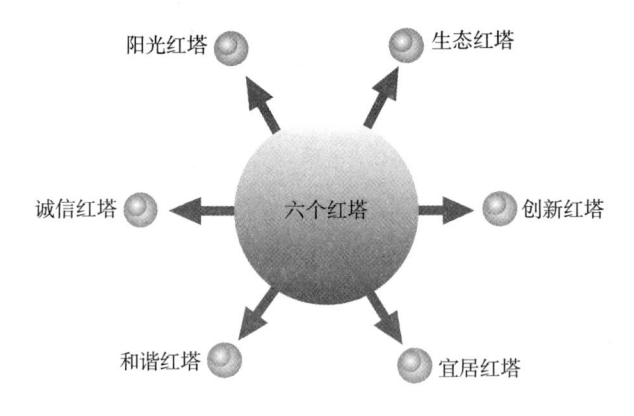

**图3　"六个红塔"建设**

生态红塔。

**2. 全力破解社区建设难题，打造创新红塔**

从思想上和工作上全力破解社区建设难题，打造"创新红塔"。开展"三严三实"主题教育活动，查找社区"创新难"问题源头，对症下药，提升干部职工抓统筹、抓落实、抓提升的能力和水平，突破工作难点，推动工作创新；结合社区优势和实际情况，明确"十三五"期间社区亮点工作及努力方向，争取做到"措施得力、亮点突出、反响积极"。

**3. 推进"创文""创卫"工作，打造宜居红塔**

积极推进"创文""创卫"工作，创造优美宜居的生活环境。按照市文明办"创文""创卫"工作目标及要求，开展"贵州文明行动""质量先进县""文明城市""卫生城市"等创建活动，做好社区环境卫生整治、拆违控违工作，提升社区文明程度。积极争取"一事一议""新型社区·温馨家园"等项目资金支持，进一步完善辖区基础设施建设，安装太阳能路灯，实施"健身路径"安装工程，加强绿化建设，努力打造宜居红塔。

**4. 全力推进平安建设，打造和谐红塔**

为打造和谐红塔，社区应从信访维稳工作、社会治安综合治理、禁毒人民战争三方面着手，全力推进平安建设。

抓好信访维稳工作。将信访维稳工作纳入"一号工程"，按照"六个零"目标，不断完善信访维稳排查、调处、信息、稳控工作机制，及时处置信访突出问题，积极预防群体性事件和公共突发事件发生。

做好社会治安综合治理。挖掘、发挥、利用各项社会资源参与治安防范，做到人防、物防、技防全方位防范，提高人民群众安全感；加强楼群院落管理，排查治安乱点，开展"严打"专项行动，进一步完善网格治安防控体系；每月至少组织1次综治宣传活动，努力提高人民群众的知晓率；加强校园周边治安防范、整治工作，营造良好的校园周边环境。

打好禁毒人民战争。以《禁毒法》为依据，以创建"无毒村（居）委会"为重点，全面开展禁毒工作。加大吸毒人员的排查管控力度，控制失管失控吸毒人员数；加强指导、检查、督促，控制吸毒人员年新增率；同时积极指导吸毒人员帮教工作和康复人员就业安置工作。

**5. 全力推进诚信体系建设，打造诚信红塔**

创新载体，针对多类群体开展"倡导诚信新风，促进社会文明"建设，打造"诚信红塔"。在学校开展"传统文化进校园"活动，培养学生明礼、诚信、敬老、重诺等处世原则。在机关开展"建设诚信机关"活动，不断完善制度建设，推进制度管人管事，推进干部队伍清正廉洁，做到"言必行，行必果"，树立机关诚信形象。在村居开展"诚信农户""诚信市民"评定，形成"人人重诚信，个个讲信用"大环境。

同时，创新政策与服务，推进"诚信优先，失信惩戒"建设，积极培育社会诚信人。制定诚信优先优惠措施，在各工作部门开辟"诚信绿色通道"窗口，优先为守信重诺的群众办理各项业务，使诚信人享受"七大扶持、诚信三优"特殊政策，变过去的均等化服务为诚信星级化服务，在全社会形成"诚信走遍天下，失信寸步难行"氛围，推动辖区居民自觉守信履诺。

**6. 全面加强基层组织建设，打造"阳光红塔"**

营造"阳光环境"。通过"道德讲堂""书记上党课""组织部长党课""警示教育"等形式，加强党员干部党性修养和党性锻炼；通过开展反"四风""十风"，发挥"两张监督网"作用，打造风清气正干事环境。树立"阳光形象"。开展党员干部作风建设，树立党员干部阳光形象；加强廉政文化建设，使勤政廉政理念深入人心；继续加强对党员干部的教育和监督，促进党员干部廉洁自律。打造"阳光队伍"。始终坚持以党的先进性和纯洁性来教育党员干部，实现选拔和监管透明化，强化监督、加强考核，优化党员干部队伍结构。建强"阳光组织"。全面提高基层党建工作科学化水平，实现网格党建和

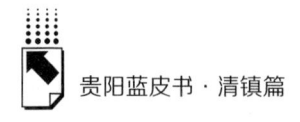

社会组织党建工作新突破，充分发挥基层党组织的战斗堡垒作用，奋力争创省级"五好基层党组织"。

### （二）发展重点：实施民生"十大工程"

"十三五"期间，红塔社区应继续坚持以人为本的工作原则，把居民群众的利益放在首位，着力解决民生问题，实施民生"十大工程"，改善就业、扶贫、教育、医疗、养老、住房、道德、人口、治丧、安全等重点民生问题。

民生"十大工程"
- 就业和增收工程
- 扶贫济困工程
- 普教优教工程
- 健康工程
- 养老敬老工程
- 安居工程
- 传统美德弘扬工程
- 人口质量提升工程
- 殡葬改革工程
- 安全管理工程

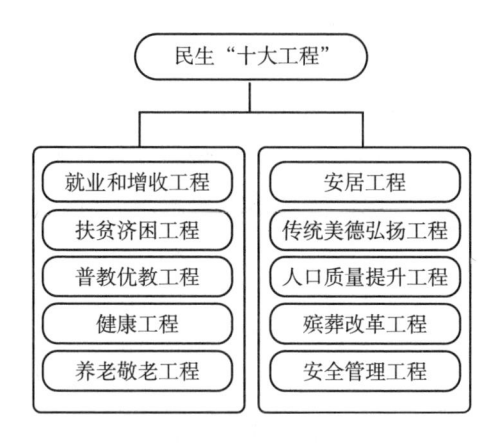

图4 红塔社区民生"十大工程"

**1. 以促进就业为目标，实施就业和增收工程**

首先，重点推进城乡统筹培训。组织开展职业技能培训、SYB 培训①、企业富余人员转岗培训、岗前培训、职业技能鉴定工作，努力提高社区成员就业竞争力，确保完成城乡统筹培训目标。其次，引导企业优先吸纳失地农民、城乡困难家庭就业，确保城镇登记失业率控制在 4.5% 以内；培育社会组织，争取一批就业岗位，优先提供给贫困大学生、城乡低保、失地农民和"4050"人员就业，继续保持社区"零就业家庭"动态为零。最后，落实自主创业补助政策，鼓励大中专毕业生、下岗失业人员、外出务工返乡人员进行自主创业。

---

① 全称是"START YOUR BUSINESS"，意为"创办你的企业"，SYB 创业培训是国际劳工组织针对培养微小型企业经营者而开发的培训项目。

**2. 以消除绝对贫困为目标，实施扶贫济困工程**

对于符合城乡低保制度要求的家庭，全部纳入低保范围；建立民政救助快速反应机制，及时对辖区内弱势群体提供援助，确保无冻死、饿死现象发生；落实农村各项惠民措施，增加农民收入，力争实现消除绝对贫困目标。

**3. 以控辍保学为目标，实施普教优教工程**

首先要确保学龄阶段儿童及青少年"有书可读、有学可上"；其次，积极配合教育部门开展师德教育和教师素质提升培训，使辖区内在校学生都能享受良好教育；最后，要力争实现辖区应届初中毕业生整体就读高中阶段学业目标。

**4. 以实现"病有所医"为目标，实施健康工程**

积极开展"卫生服务进社区"活动，推进慢性病防治工作，巩固和完善新型农村合作医疗制度，确保新农合参合率达100%，确保惠民医疗政策100%覆盖城乡低保户、五保户和困难群众。

**5. 以实现"老有所养"为目标，实施养老敬老工程**

落实城镇职工基本养老和医疗、失业、工伤、生育保险制度，扩大社保（五险）覆盖面，做好养老保险、城乡低保、老年人生活补贴工作，巩固"老年文明号"创建成果；积极争取各级部门支持，完善社区居家养老服务站功能设施建设，开设"居家养老"服务，做实红塔"敬老文明号"品牌。

**6. 以实现"住有所居"为目标，实施安居工程**

积极协助有关部门建好保障性住房及廉租房，做好廉租房建设补贴申报工作，将人均住房面积在15平方米以下的中低收入群体全部纳入保障范围，并及时做好无住房农民、灾民、优抚对象的建房申报工作。

**7. 以提升文明素质为目标，实施传统美德弘扬工程**

加强社会精神文明宣传力度，组织志愿服务，开展"步行日""让座日""无烟日""环保日"等宣传活动，弘扬社会精神文明；利用"我们的节日""诚信讲堂"等形式，广泛开展群众性活动，宣传身边好人好事，以榜样的力量来鼓舞居民"做好事、扬美德"。

**8. 以开展"生育关怀"为目标，实施人口质量提升工程**

实施"诚信计生"，确保计生惠民政策落实到位；落实"三按月"绩效管理制度，完善计生优质服务体系建设；发挥计生协会的桥梁纽带作用及宣传服务功能，引导市民摒弃"传宗接代"思想，树立新型婚育观念；确保"出生人口性别比"保持在正常范围，进一步深化人口和计划生育综合改革，大力提高出生人口素质；打造"流动人口管理示范区"，力争在流动人口计生管理和服务方面出经验、见成效。

**9. 以实施"文明治丧"为目标，实施殡葬改革工程**

开展殡葬改革宣传，使"敬老爱老、厚养薄葬"成为时代潮流，使"文明治丧"理念深入人心；及时为辖区死亡人员提供优质高效殡葬管理服务，严格实行遗体火化后"三不准"和"文明治丧"规定；定期或不定期对村级公益性公墓进行检查，及时整改违规行为。

**10. 以保障群众生命安全为目标，实施安全管理工程**

针对消防安全、森林防火、项目建设、道路交通安全工作，强化安全生产责任制，制定相应的应急处理措施；明确各安委会成员单位工作职责，落实责任；联合交通、公安、农机管理部门，强化交通安全管理；做好塔峰路地质灾害防范工作，确保住户生命财产安全；做好森林防火工作，确保无重大森林火灾发生；完善各类安全生产及监管预案，防范重特大生产事故发生，促进辖区安全生产形势稳定。

### （三）发展机制：推动六个长效机制建设

"十三五"期间，红塔社区应继续深入推进平安建设，将"十二五"时期成效显著的具体措施转变为长效性长远机制建设，保障社区平安建设长远、有效运行，保障社区和谐、平安、稳定。

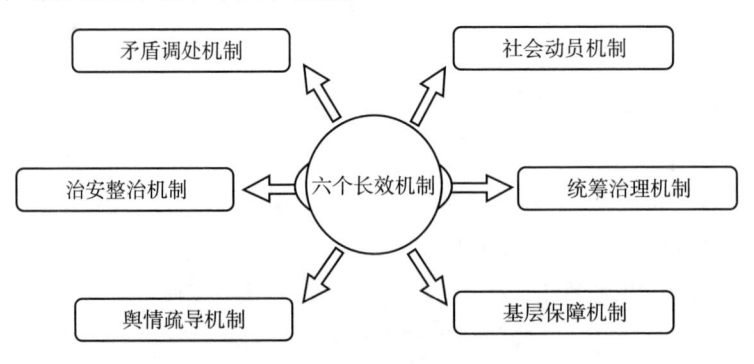

**图5 红塔社区六个长效机制建设**

创新工作方法　建立长效机制　维护安全稳定　保障村居混合型社区转型发展

1. **矛盾调处机制**

建立健全矛盾调处机制，将矛盾化解在基层，保障社区和谐稳定。将维护广大居民群众的根本利益放在首位，建立健全社区矛盾调处工作领导制度，完善矛盾调处工作网络，全面化解基层社会矛盾。同时，更好地发挥居民自治在矛盾调处中的基础作用，进一步加强宣传和示范推广工作，支持引导多方面力量深度参与相关工作，形成全社会关心、支持和参与社区矛盾化解的良好氛围。

2. **治安整治机制**

建立、创新治安整治机制。定期或不定期开展综合性社会治安大整治，通过严打各类刑事犯罪，加大治安防控力度，开展全面扫毒工作等方式，对于严重影响社会治安稳定的突出问题，进行集中整治，排除安全隐患；坚持问题导向、改革创新，开展社会治安重点地区排查整治工作，消除各类治安隐患和安全漏洞，为居民群众创建安定有序的生活环境，提升群众安全感和满意度。

3. **舆情疏导机制**

通过直接手段和间接手段建立健全舆情疏导机制，将民间纠纷和基层矛盾解决在社区。直接手段是指畅通民意反映渠道，通过搭建基层诉求表达平台，使政府的各项政策可以畅达到最基层，百姓能及时倾诉、反映意见和要求，政府也可以通过这个渠道及时汇集民意、检验政策，更加有的放矢地为群众服务；间接手段包括通过多种途径维护社区稳定，如营造良好的治安环境、通过邻里守望、设立社区警务等方式来保障社区居民的生活安全，稳定人心，缓解矛盾，从而实现舆情疏导。

4. **社会动员机制**

建立社会动员机制，向广大群众宣传平安建设的方针政策，进一步发动和依靠广大人民群众。社区领导干部和工作人员深入群众，密切联系群众，了解基层情况和群众需求，善于从群众中汲取智慧；进一步把群众组织起来，具体到每一栋居民楼、每一个村庄，通过建立"楼道居民小组"和"邻户居民小组"等方式来组织群众；建立基层群众的平安建设机制，明确居民小组在平安建设中的责任，使居民积极参与到打击违法犯罪和维护社会秩序中来。

5. **统筹治理机制**

整合资源力量，形成党委领导、政府主导、综治协调、相关部门齐抓共管、社会力量积极参与的统筹治理机制。首先，完善治安整治机制，关键是处理好政府和社会的关系，确保各归其位、各担其责；加强和完善党委、政府对平安建设的统一领导，将平安建设作为一项重要工作来抓，统一平安建设工作队伍的思想认识和行动方针；发挥统揽全局、协调各方的作用，动员和组织各部门统一行动，统筹解决实际工作中的问题，协调各方面的力量，真正形成齐抓共管平安建设的局面；对广大群众进行宣传动员，提高群众参与平安建设的积极性。

6. 基层保障机制

建立基层保障机制，进一步整合各方面力量，形成纵向延伸、横向拓展的基层平安建设格局。以基层党组织为领导，发挥基层党组织的核心作用；加强社区警务室、公安派出所的建设，发挥基层综合治理组织的骨干作用；广泛开展各项基层平安创建活动，发挥基层社会组织在平安创建中的基础作用；同时，积极动员广大群众参与基层平安创建活动，从根本上保障平安创建的顺利开展。

**参考文献**

张伟：《我国社会治安综合治理中的平安建设问题论析》，硕士学位论文，东北师范大学，2010。

于才年、朱际民、林吉爽：《略论中国的"平安建设"》，《中共中央党校学报》2004年第4期。

易永胜：《深圳社区矛盾调处机制研究》，《特区实践与理论》2012年第4期。

于家琦：《论社区社会组织在居委会舆情疏导机制中的功能定位》，《理论月刊》2010年第3期。

毕宏音：《论社区居委会舆情疏导机制的功能与结构》，《社会工作》2010年第7期。

温淑春：《试论维护社区稳定与安全的舆情疏导功能》，《社科纵横》2008年第1期。

汪永清：《完善社会治安综合治理体制机制》，中国共产党新闻网，http://cpc.people.com.cn/n/2015/1116/c64102-27821367.html，2017年3月15日。

红塔社区：《红塔社区"十二五"时期工作成效》，2016。

红塔社区：《"十三五"时期清镇市红塔社区发展规划》，2016。

# B.23
# 关于创新校区、园区、社区联动发展模式的研究

——清镇市时光社区"十三五"发展思路研究*

**摘　要：** 校区、园区、社区"三区联动"是一种特殊的社区组织发展模式。时光社区是一个新建社区，因职教园区而成立，是典型的"校区+园区+社区"。"十三五"时期，时光社区应立足清镇市发展升级版的大背景——争当创新型中心城市建设排头兵，借鉴上海杨浦区"大学校区、科技园区、公共社区'三区联动'政府支持、政策支撑，定期会商、合作联动，资源聚集、联合创新，属地责任、服务保障"的发展经验，明确时光社区调解关系、整合资源、服务保障三大功能，坚持党建引领、项目驱动、模式创新、全员参与、制度保障五个原则，优化生活环境与生态环境，提供政务服务和社区服务，创新社会治理与社会动员，做实基层党建与群众工作。

**关键词：** 时光社区　社会治理　基层党建　发展模式

2004年，上海杨浦区结合自身特点制定了校区、园区、社区"三区联动"的发展战略。经过10余年的努力和发展，杨浦区成功建成知识创新区，经济发展方式不断转变，自主创新能力不断提升，知名度、创新力和国际化水平显著增强，"三区联动"发展模式也逐步成为全国各地学习效仿的先进典范。

---

\* 以上数据截至2015年12月。前职教城东区，后更名为时光社区。

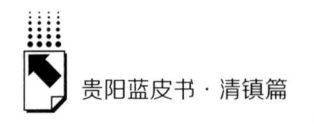

## 一 时光社区：新社区、新架构、新特质

### （一）时光社区是一个新建社区，社区组织运行机制基本形成

随着清镇市职教园区的不断发展壮大，其自身的管理能力和社会服务能力日渐捉襟见肘，因而成立了时光社区和乡愁社区，以提升职教园区的服务管理水平及健康有序发展。时光社区位于清镇市主城区北面，辖区面积12平方公里。东与百花社区凉水井村毗邻，西至"时光贵州"与职教园区乡愁社区隔老马河相望，南抵百花新城以北门河为界与河堤村相邻，北临百花湖与观山湖区石操村交界。

**1. "一社二村多居"的组织架构**

时光社区组织按照"一社二村多居"的格局，在管理服务范围内设置两个村委会和多个居委会。其中，"一社"是社区服务中心；"二村"专指辖区内从百花社区剥离过来的鲤鱼村、青山村两个行政村，共17个村民组；"多居"则是指多个居委会。

**2. "二办五部"的机构设置**

时光社区服务中心内部机构设置"二办五部"，包括综合办公室、网格管理办公室、党建工作部、群众工作部、社会服务部、城乡管理部、经济服务部。目前，社区党委班子共7人，包括社区党委书记、副书记兼中心主任、副书记兼组织宣传委员、纪委书记、政法委书记兼武装部长各1人，社区副主任2人。

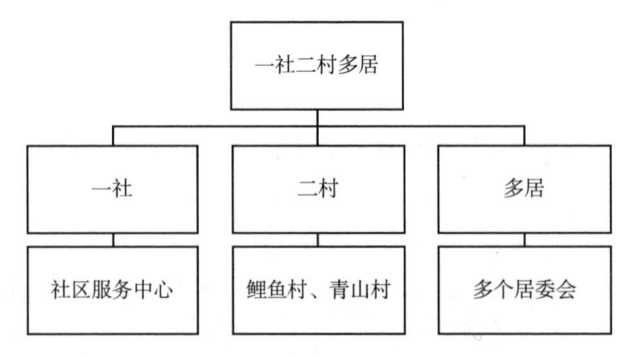

图1 时光社区"一社二村多居"的组织架构

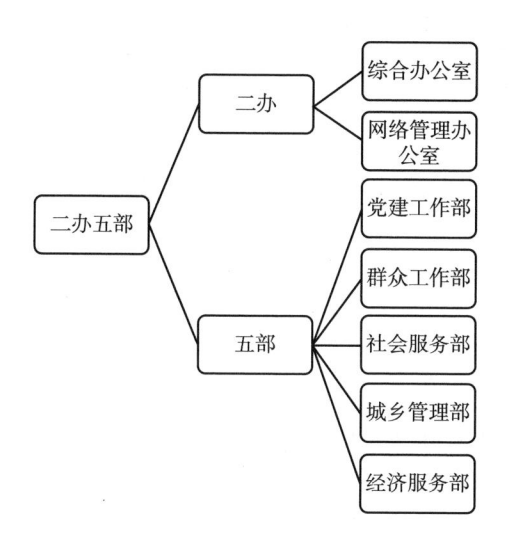

图2 时光社区"二办五部"的机构设置

（二）时光社区因职教园区而成立，是典型的"校区+园区+社区"

**1. 重点项目多**

时光社区辖区内在建重点项目涉及面广，主要包括职教园区时光校区规划展示中心、尚湖城展示中心、"时光贵州"古镇、盛源新天地、半山壹号、消防队应急中心、时光实验中学、兴邦银行、和颐酒店、移动公司、东区一号污水提升泵站、二号污水提升泵站、爱恩酒店、金枫影城、建校校企合作项目、公共实训中心、职教园区东区污水处理厂、凤凰栖、职教园区时光校区安置区、110KV鲤鱼变电站等。另外，还有清镇市敬老院、市政务服务中心、清镇市城投公司、假日酒店等单位（企业）。

**2. 职业院校多**

目前，清镇职教园区入驻职校达19所，而时光社区辖区内共有9所职业院校，占据了半壁江山。这些职业院校的主攻方向也各有所长，分别有贵州省旅游学校、贵州建设职业技术学院、贵州省机械工业学校、贵州工业职业技术学院、贵阳幼儿师范高等专科学校、贵阳经济贸易学校、清镇市继续教育培训中心、贵州工商职业学院、贵州电力职业技术学院。其中，贵州电力职业技术学院是首批10个"中国—东盟教育培训中心"之一。

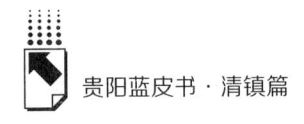

### 3. 辖区人口多

时光社区现有辖区人口65859人，其中，鲤鱼村、青山村两个行政村有居民1661户5325人，外来人口3500人；9所职业院校有在校学生41239人、教职员工1795人；辖区入驻企业人员15000人。辖区有村党支部2个，党员52人；有65岁以上老人464人，15~64岁的人员3761人，享受低保人员125人，残疾人155人，失业人员1580人，特困人员146人，享受基本养老保险425人，农村合作医疗保险参保5305人。有幼儿园2所、小学1所，有医院（村级卫生服务中心）2个。

## 二 借鉴上海杨浦区大学校区、科技园区、公共社区"三区联动"发展经验

### （一）杨浦区"三区联动"的提出背景

"三区联动"依托于杨浦区丰富的科教资源优势而提出，起源于上海市杨浦知识创新区的建设和形成。杨浦区位于上海中心城区东北部，区位优势明显，区域内聚集了14所全日制高校，包括复旦大学、同济大学、上海财经大学等全国知名院校。此外，杨浦区内重点实验室云集，是国内知识人才密集的高地，拥有22个国家级重点实验室、66个国家重点学科、150余家科研机构以及49名两院院士、5000多名教授及副教授。早在2003年，围绕杨浦区的发展基础和发展定位，杨浦区区委、区政府基于知识创新区建设的重大决策，提出了大学校区、科技园区、公共社区"三区融合、联动发展"的建设理念，由此开创了"三区联动"的发展之路。

### （二）杨浦区"三区联动"的理论基础

#### 1. 区域创新强调多主体相互联动与相互作用

区域创新系统理论以区域创新环境及参与技术创新的企业、大学，科研机构和政府机构之间的相互联系与相互作用为研究对象。区域创新强调的是多主体间的相互联动与相互作用。"三区联动"模式由区域创新系统理论衍生得出。因此，"三区联动"，其实就是大学校区、科技园区和公共社区三者之间的相互联动、相互作用及相互融合和发展。

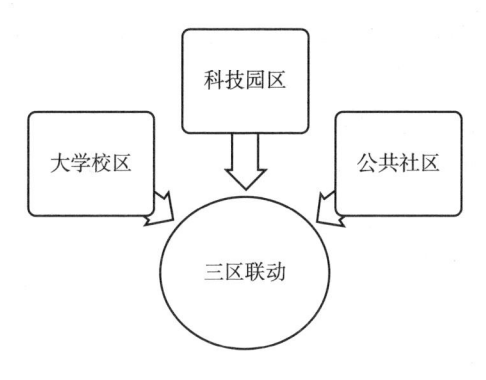

**图3 "三区联动"模式**

**2. 区域创新要求公共社区为大学校区和科技园区提供公共服务**

公共社区是"三区联动"发展基础的重要纽带。在区域创新理论中,"三区联动"要求公共社区的职能是发挥自身作用,服务大学校区和科技园区。为大学校区和科技园区提供政务服务、社区服务、生态环境服务、社会治理与社会动员等公共服务,并结合经济社会发展形势适时做出调整,为大学校区和科技园区创造一个集生态宜居、科研发展的环境。

**3. 区域创新的本质是打造资源集聚、价值共享的区域发展模式**

结合区域创新理论的研究方法,以"三区联动"理念为基本出发点,结合大学校区的创新理念,以及科技园区的创业理念,二者相互融合实现观念汇通互融及文化联动;通过高校知识创新与园区技术创新实现知识融合、创新联动;通过价值创造及价值再造过程的融合联动实现创造融合、价值联动;通过教育科技、产业经济与社会发展的整合协调实现大学校区、科技园区和公共社区的利益融合、发展联动,打造资源集聚、价值共享的区域发展模式。

### (三)杨浦区"三区联动"的实践经验

**1. 政府支持,政策支撑**

杨浦区政府大力支持"三区联动"发展。对于高校发展,主动为高校校区环境建设,重点工程的项目建设等提供服务。对于科技园区建设,杨浦区实施"三个舍得",舍得将好地块、舍得将商业项目、舍得将资金拿给科技园区供其发展。先后建成了多个专业化大学科技园区及科技创业孵化基地。为鼓励创新创业，制定落实科技研发、风险投资、政府购买服务等政策措施，提供全方位的支持和鼓励，形成优势互补、合作共赢的"三区联动"发展格局。

**2. 定期会商，合作联动**

打破传统体制机制束缚，建立定期会商的合作联动机制。杨浦区构建以校区、园区、社区三方领导为主的定期会商制度，在工作中强化对接机制。每年举行一至两次会商，定期总结三区合作情况，并研究决定重点合作的目标和任务，形成区校干部挂职交流工作机制。强化基础教育，联合各大高校以建立附中的形式打造优质教育集聚区。此外，支持、鼓励高校师生创新创业活动，培育良好的创新创业氛围。

**3. 资源聚集，联合创新**

杨浦区充分发挥高校、科研院所及科技园区的创新基础、活力和优势，利用区域内智力资源集聚优势，打造"产学研"联盟。积极推进高校、科研院所之间的技术联动，鼓励彼此之间进行物质、信息、资源等的有效交换，形成合作互助的良性关系。通过资源共享和优势互补，共同推进科研成果的转化、落地及发展。同时，与名校签署推进自主创新框架协议，搭建公共服务平台，创建高校、政、企三方联合创新发展的体制机制，进一步推动"产学研"的一体化建设。

**4. 属地责任，服务保障**

强调属地责任是深化"三区联动"的关键。大学校区和科技园区是"三区联动"的支点和源泉。强调三者的利益共生、互助互惠，推动"三区"在价值观念和文化理念上的融合；出台优惠政策措施，引导和推动高校参与"三区联动"建设；积极探索"三区"联合培养人才的有效路径；充分调动大学校区及科技园区的积极性，实施"属地"发展战略，尽最大可能提供一切服务保障，唤起"三区"尤其是高校和园区的属地责任，在空间、发展和共赢上形成"聚拢"效应。

## 三 时光社区"十三五"创新"三区联动"模式的思考

### （一）创新"三区联动"模式亟待明确时光社区三大功能

**1. 调解关系的功能：调节政府、学校、企业与百姓之间的关系**

时光社区因其成立背景的特殊性，调解功能的主体包括政府、学校、企业与百姓之间的关系。时光社区坚持在改善民生和创新管理中加强社会建设,通过强化社区党建,矛盾化解,探索体制机制创新,力争经过五年的奋斗,实现社区管理体制运转高效、设施基本功能完善、社会治理稳步推进、工作队伍不断加强,最终将社区建设成为"建设管理有序、福利服务完善、治安秩序良好、生态环境优美、社会文明祥和"的新型智慧社区,实现政府治理、社会调节、居民自治良性互动。

**2. 整合资源的功能:整合区域品牌资源、知识资源、人力资源**

随着城镇化进程的快速推进,清镇市职教园区的规模逐渐扩大,人口也在逐步增加,随之带来资源分配紧张、社会管理规范滞后,各种利益冲突增多等问题。因此,要强化"三区联动"整合资源的功能,全面整合时光社区内校区、科技园区、社区的品牌资源、知识资源以及人力资源,让校区的知识资源与科技园区的品牌资源及社区的人力资源充分联动融合,实现共赢发展。

此外,时光社区在政府治理、社会治理和城市治理中应当突出其核心作用。将创新作为社区高效工作的核心动力,逐步探索完善"互联网+"、大数据、多部门数据融合等治理方式,让"三区联动"建设在诸多挑战面前拥有更好的创新发展空间。

**3. 服务保障的功能:服务群众、服务院校、服务职教园区**

时光社区应清镇职教园区而生,"服务群众、服务院校、服务职教园区"是其最重要的三条工作主线,旨在不断增强社区的服务功能。因此,充分发挥社区服务功能有利于促进"三区联动"保障制度的进一步完善。时光社区应当继续以贵阳市《关于进一步加强和改进社区工作的十条具体意见》为纲领,秉承"抓发展、促稳定、保民生"的工作理念,从社区基本情况出发,以创新管理为突破,以现代技术为依托,努力将社区建设成为管理规范、服务精致、环境优良、社会和谐的新型社区,服务于贵州(清镇)职教园区发展建设。

## (二)创新"三区联动"模式必须坚持五个原则

**1. 坚持党建引领原则**

深入贯彻落实贵阳市《关于进一步加强和改进社区工作的十条具体意见》,强化社区党建工作。落实党建工作责任制,强化基层党建工作,充分发

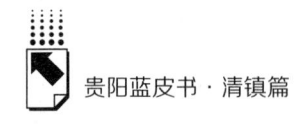

挥其推动发展、服务群众、凝聚人心、促进和谐的作用，以党的基层组织建设带动其他各类基层组织建设。

2. 坚持项目驱动原则

清镇职教园区是校城融合、产教互动、职教改革、技能培训的"引领区、创新区、示范区"，也是"生态园地、人才高地、科创基地"。因此，时光社区应当紧紧依托贵州（清镇）职教园区项目建设发展，不断完善基础设施，建成优美的生态环境。同时大力发展商务商贸、文化休闲、旅游服务产业，拓宽辖区群众的劳动就业、经济发展渠道，全面实现同步小康。

3. 坚持模式创新原则

模式创新就是要以创新为引领深化模式探索，突出网格化、网络化、信息化手段，利用贵阳建设大数据中心的优势，转变工作思路、更新工作方式，强化信息平台应用。进一步完善社区网格化信息管理系统，加强信息收集、分析、处理、运用能力，在此基础上借助"社会和云"大数据云平台，打通与公安、交通、民政等部门的数据通道，促进社会治理信息的聚集利用，全面提升社会治理能力。

强化区域创新能力，营造良好创新创业生态环境。充分发挥"三区联动"的积极作用，坚持创新驱动，开创全面创新新格局，把创新放在社区发展全局的核心位置，突出人才发展支撑作用，激发社区内及周边的创新创业活力，构建众创空间等创业服务平台，有效整合资源，有效推进校区、园区、社区大众创业、万众创新发展，推动企业技术创新、产业技术创新和社会发展创新。

4. 坚持全员参与原则

基于"三区联动"多主体参与的特性，要强化辖区院校、公司企业、社区部门、社会组织等的责任意识，鼓励和引导群众积极参与社会事务建设。加强居委会建设，健全基层管理和服务网络，强化人民群众在基层公共性事务和公益性事业中的基础性作用。进一步探索政府购买社会服务模式，培育和发展社会组织，逐步形成"党委领导、政府主导、社会协同、公众参与"的社会治理模式。

### （三）创新"三区联动"模式亟待推动的四大任务

**1. 优化生活环境与生态环境**

强化基础设施建设。加强基础设施建设，不断提高辖区内的城镇化水平。

充分利用职教园区项目建设，积极争取上级专项资金，不断完善辖区水、电、路、气、通信等基础设施建设，搞好职教园区时光校区内安置小区建设。以多彩贵州文明行动、创文、创卫等为工作载体，切实做好辖区整脏治乱改差工作，健全督促巡查机制，重点做好各居民小区、院落以及村寨的环境卫生，整体提升辖区生活环境、生态环境。

开展低碳社区试点。积极探索社区低碳发展新途径和新模式，开展低碳社区试点。通过降低社区、园区内的能源资源消耗，建成实现低碳排放的城乡社区。探索建立有利于低碳发展的政策体系，调动辖区单位、居民群众参与的积极性、主动性和创造性，引导低碳发展。控制温室气体排放，推进社区生态文明建设。

**2. 提供政务服务和社区服务**

不断提高政务服务水平。完善社区"一站式"服务大厅的建设，为群众办理相关事务提供更加便利的条件。充分利用网格手持终端平台，积极收集解决群众的意见和建议，及时化解群众难题。完善"两办五部"的建设，不断提高社区工作人员的服务水平，实现服务零距离。加强公共文化建设，每年举行大型社区文艺活动，丰富群众文化生活，着力培育和践行社会主义核心价值观；举办道德宣讲活动，着力提高居民群众的思想道德水平；每年开展丰富多彩的科普讲座，倡导科学的生活方式、普及科学的文化知识。着力推动诚信居民、诚信市场、诚信政务"三位一体"的诚信体系建设，不断推选诚信先进典型。

不断提高社区服务水平。积极发展社区电商服务。依托社区"社会和云"综合平台，大力发展餐饮、娱乐、培训、家政、婚庆、旅游、再生资源回收等社区和生活服务电商，推行社区居民日常生活基本消费电子化，着力打造智慧社区。打造特殊人群服务平台。做好居家养老服务工作，为孤寡老人提供更加便捷服务；充分发挥社会力量，做好关爱留守儿童工作，提升特殊人群服务水平。加强人口计生工作。扎实开展计生优质服务，减少出生缺陷，改善妇女的身心和身体健康，构建幸福家庭。强化计生政策宣传氛围，提高群众对计生政策的知晓率，使群众能做到主动参与、积极配合计生工作。强化社会救济工作。积极关心和帮助临时困难人员和医疗救助人员，及时解决他们的生活困难和矛盾，提高困难人员和医疗救助人员的生活水平。

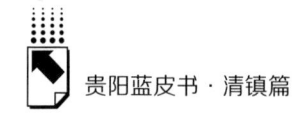

### 3. 创新社会治理与社会动员

加强社会组织建设工作。大力培育娱乐类、服务类等社会组织，健全社会组织党建工作管理体制和工作机制，每年开展心理咨询、家庭教育、法律服务等活动，积极争取市级社会组织参与社会服务项目，发挥社会组织助推社区发展的作用。

深入推进居民自治工作。调动各方力量，鼓励人民群众积极参与社区建设。一方面，突出"居民管事"，充分发动居民相互协调、互相帮助，解决日常生产生活困难。另一方面，引领"居民说事"。以召开"居民见面会"为载体，以尊重民意，集中民智的民主方式，发动群众积极参与社区建设和管理。此外，深化"居民做事"。引导社区居民共同担当，共同维护集体利益，构建起温馨、幸福、和谐的生活共同体。

深入推动志愿服务工作。准确把握社区志愿服务的时代内涵，深刻认识推进社区志愿服务工作的重要性和紧迫性。搭建社区志愿者活动平台，积极开展社区人居环境建设、便民利民服务活动、社区文明志愿服务活动，通过加强组织体系建设、志愿者队伍建设、服务项目筛选对接机制建设和志愿者回馈机制建设，推进志愿服务工作制度化、常态化、规范化，提高社区志愿服务工作实效。

### 4. 做实基层党建与群众工作

切实做好基层党建工作。强化区域化党建工作。主动协调各职业院校党委，最大限度整合力量、资源和智慧，夯实党的基层组织基础。强化村居党支部、网格党小组的建设，把党组织延伸到网格上，着力打造党建示范点，树立网格服务先锋，发挥党员先锋模范作用。抓党风、促政风、带民风，按照"干部清正、政府清廉、政治清明"的要求，以诚信建设为先导、民主法制为基础、作风建设为保障，引导辖区党员干部群众树立廉洁自律意识，带头自觉遵纪守法。不断提高清廉服务，着力打造清正队伍，努力营造风清气正的政治生态和生活环境。

精准做通群众工作。时光社区作为一个新建社区，应当做好辖区状况分析，强化对校区、园区、社区的资源及问题分析，做好三区基本情况分析和需求分析。同时进一步了解辖区内的重点问题和重大难题，全面掌握校区实际情况，园区发展情况，百姓需求情况。实施"三个走访"战略，走访高校，走访园区，走访百姓，建立有效沟通与高效反馈的渠道，形成协调发展的工作方案和运行机制，达到和谐凝聚发展的良好效果。

## 参考文献

姚芳：《"三区联动"：高校集聚地区发展的新模式——上海市杨浦区的实践与探索》，《经济研究导刊》2009年第6期。

王廷：《"三区联动"上海杨浦模式与宁波镇海模式比较研究》，《科技进步与对策》2013年第21期。

张永庆：《"三区融合、联动发展"理论研究》，《青岛大学科技学报》2007年第4期。

清镇市时光社区：《"十三五"时期贵州清镇时光社区发展规划》，贵阳市群工委，2015。

# B.24
# 加强顶层设计　推动协同创新　探索社区发展新模式

——清镇市乡愁社区"十三五"发展思路研究*

**摘　要：** 为加快发展现代职业教育，深入实施创新驱动发展战略，国务院于2014年颁布了《国务院关于加快发展现代职业教育的决定》。清镇市近年来抓住国家加快发展现代职业教育的机遇，大力推进职教园区建设，以职业教育发展带动地方经济社会发展。本文通过对乡愁社区成立背景和特点进行梳理与分析，在此基础上，以"加强顶层设计为重点、推动协同创新为核心、维护和谐稳定为关键"架构了乡愁社区"十三五"时期发展的总体思路，探索了社区在基层党建新路径、治理新模式、社区服务新机制、社会动员新方式等方面亟待解决推进的四个重点任务。

**关键词：** 乡愁社区　职业教育　社区发展　协同发展

由于当前职业教育还不能完全适应经济社会发展的需要，国务院于2014年出台了《国务院关于加快发展现代职业教育的决定》。贵州省为构建贵州特色现代职业教育体系，大力发展现代职业教育，为把清镇职教园区建设成全国一流职教园区，于2016年出台了《关于支持清镇职教园区加快发展的若干意见》，明确从完善发展规划、基础设施建设等七个方面支持清镇职教园区的发展。为更好地服务于职教园区的建设与发展，清镇市专门成立了时光社区和乡

---

\* 乡愁社区前身为职教城西区社区，目前尚未正式挂牌成立。

愁社区。乡愁社区由于所占面积较大、处于建设初期等因素，当前应积极探索社区发展的新模式与新路径。

## 一 乡愁社区的成立背景与特点分析

### （一）为满足职教新城的管理服务需求，成立时光社区和乡愁社区两个社区

**1. 职教新城的建设是清镇市、贵阳市乃至贵州省的重要项目，需要强化管理服务**

清镇职教园区位于贵州省中部腹地清镇市城区西北部，规划面积50平方公里（约75420亩），规划区内总投资约1000亿元，建设工期为5~10年。

职教园区是贵州省唯一职业教育示范区，与花溪大学城共同构成贵州教育发展的"两翼"。"北有天津海河教育园，南有贵州清镇职教园区"，清镇职教园区的建设承载着贵州职业教育现代化的希望，服务青年学生是清镇职教园区的基本定位。因此，贵州省出台了《关于支持清镇职教园区加快发展的若干意见》，贵阳市特批成立了贵州（清镇）时光社区和乡愁社区两个社区服务中心，以加强职教园区的服务功能。

**2. 职教新城进入建设、管理、服务并重阶段，需要强化管理服务**

随着清镇职教园区项目建设的不断推进，职教园区现已从建设阶段过渡到

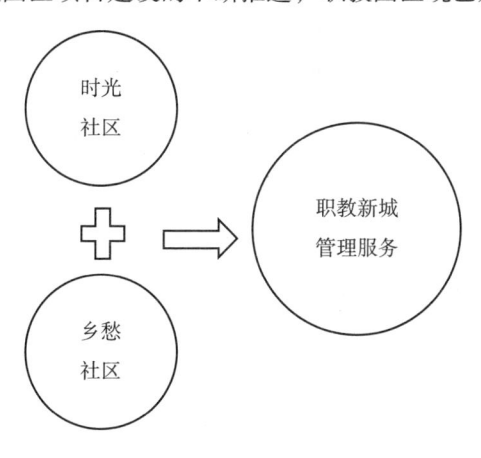

图1 职教园区时光社区、乡愁社区功能图

建设、管理、服务并重阶段,管理服务亟待加强。职教园区于2012年开始启动建设,这一阶段主要为征地拆迁、安置、招商融资、规划建设等工作;2013~2015年,这一阶段主要围绕职教园区硬件设施建设;2016年及以后一段时期,则将重点聚焦职教园区的内容建设与人文建设。随着职教园区的不断建设与发展,其对管理与服务有了新的更高要求。

### (二)时光社区与乡愁社区两个社区的共性特征

**1. 地处职教园区核心规划区,正处在项目集中建设阶段**

时光社区和乡愁社区两个社区服务中心均处于清镇职教园区的核心规划区,其中时光社区占规划区的1/3,乡愁社区占2/3。两个社区辖区内的院校和企业都仍处于项目集中建设阶段。其中,乡愁社区规划入驻院校10所,现已经入驻2所,还有8所正在建设当中;产业项目已入驻4个。职教园区乡愁校区因其面积范围广,拓展空间大,重点项目多,是清镇市推动西部大开发建设带动清镇西部乡镇发展的战略重点。

**2. 社区正处在成立初期,组织管理结构初步形成**

乡愁社区根据贵阳市城市管理体制要求,按照"一委一会一中心"的管理结构,依据贵阳市《进一步加强和改进社区工作的十条具体意见》,筹建了"五部两办"①。单位共计编制20个,包括7名党委班子成员和部长、工作人员在内的13名成员。辖区按照院校企业4000人,居民200~400户为1个网格的划分原则,共划分为13个网格。网格划定要求范围相对闭合、人口相对集中,以便于管理。在安置区,网格数量相对较多;在人口稀少地区,网格范围就相对较宽。接下来,乡愁社区将完成网格人员的配备,使网格化信息服务系统尽快投入使用,不断提升社区网格化服务水平。

### (三)乡愁社区区别于时光社区的特点

**1. 乡愁社区正处在城镇化快速推进阶段,辖三个行政村**

乡愁社区辖三个行政村,目前正处于城镇化快速推进阶段。乡愁社区包括

---

① "五部两办"指的是综合部、党建工作部、城乡管理工作部、经济服务部、群众工作部、社会事务部、网络管理办公室。

站街镇三河村、黄柿村和燕尾村三个行政村,入驻院校均集中在这三个村。目前乡愁社区正面临着新型城乡接合部社会转型、辖区居民由农村向城市身份转变、村集体产业建设规划问题,亟待加强基础设施建设,强化组织队伍管理,创新服务方式,以满足辖区内群众、企业和学生多层次、多样化需求。

**2. 乡愁社区面积占职教新城的2/3,是贵阳市面积最大的社区**

乡愁社区处于职教园区核心规划区,总面积29.5平方公里,占核心规划区面积的2/3,是目前贵阳市面积最大的社区。乡愁社区辖区内院校规划面积约3.067平方公里,入驻师生8.55万人;安置区规划用地0.205平方公里,安置约2万人,安置居民以三河、黄柿、燕尾三个村的拆迁户为主。

## 二 系统构架乡愁社区发展的总体思路

### (一)重点:加强顶层设计

#### 1. 市级统筹

清镇职教园区承载着贵阳市职业教育现代化的希望,是实现后发赶超、同步小康的重要战略平台。职教园区乡愁校区的建设与发展应有高起点和高站位,在立足社区实际的同时,统筹各类资源,加强顶层设计,稳步推进建设。这需要清镇市市级层面统筹职教园区管委会、学校、重点企业、社区各主体,共同谋划区域发展,众志成城,"合"字兴城。

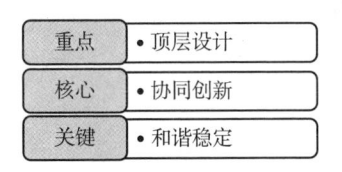

| 重点 | 顶层设计 |
| --- | --- |
| 核心 | 协同创新 |
| 关键 | 和谐稳定 |

图2 乡愁社区发展的总体思路系统构架

#### 2. 整体规划

职教园区作为一个整体,面对着多元化的管理与服务对象,如何满足各类群体的服务需求,发挥社区管理功能,需要整体考虑和统筹规划,并且要与职教园区的定位相匹配,与职教园区的建设相配套,与区域的发展阶段相适应。

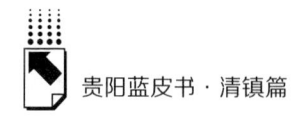

因此，乡愁社区亟须加强对服务管理的对象、内容、机制、模式等的研究与创新，在此基础上整体谋划社区的发展。

## （二）核心：推动协同创新

### 1. 民校互惠

民校互惠，是指群众和院校要实现互惠协同发展。群众和院校之间应最大限度地形成利益共识，形成相互尊重、求同存异、合作共赢的关系，建成协同发展机制，民校之间的协同发展，可以促进双方互利共赢。当前由于乡愁校区在征迁的过程中，村民的诉求没有得到及时满足，村民对院校抵触情绪较大，因此产生了村民和院校之间的矛盾。通过民校互惠，乡愁社区可以借助院校对失地农民进行良性引导，为他们提供劳动密集型的就业岗位。

### 2. 校企联动

校企联动是指院校注重学生培养质量，以院校与企业的资源、信息共享，推动学生在校学习与企业实践相结合。乡愁社区可优化校企合作，坚持开放办学，积极引进优强企业参与职业教育发展；坚持校企联动，产教融合发展；坚持统筹协调、协力带动。加强与企事业单位协调配合，发挥协同互补作用，形成保障合力。

### 3. 分工协作

分工协作是指乡愁社区与时光社区、管委会两者之间，既要分工明确，又要相互沟通、协作。只有加强职教园区内部各部门之间的分工协作，才能更好地共同服务于职教园区的院校、企业、群众。就职教园区时光社区与乡愁社区而言，应着力完善连接两个社区的交通要道，尤其是龙凤大道的建设，以加速两个社区互联互通、分工协作发展。同时，两社区应整合优化两个社区的资源，如可利用两个社区辖区内的呼叫中心、电商与院校，共同进行大数据平台的搭建。此外，乡愁社区应与发挥经济职能的管委会密切配合，服务好辖区入驻的企业，更好促进社区发展。

## （三）关键：维护和谐稳定

### 1. 清除管理盲区

乡愁社区目前还存在较多管理盲区，亟待进行清除。由于乡愁社区是清镇职教园区的中心区域和建设区，社会治理难度大，管理盲区主要集中在城乡建设、环境卫生、市容秩序、市政设施管理、安全生产等方面。乡愁社区应积极联络并配合相关专业部门，加强对重点防治整治区域进行管理，尽快消除管理的盲区。

**2. 调解征迁矛盾**

在职教园区的发展建设中，乡愁社区对农民耕地进行征收、拆迁，双方所产生矛盾是较为突出的一个问题，需要及时和有效地进行调解。土地对农民来说是极为重要的资源，如果征迁矛盾得不到妥善解决，将会给清镇市乃至贵阳市带来信访维稳问题，直接影响社会和谐稳定发展。因此，在未来五年乃至十年中，乡愁社区要坚持做好农民征迁矛盾的调解工作，协调好多方的利益关系。

**3. 保障红利共享**

多渠道保障群众共享职教园区开发建设"红利"，富民惠民，帮助弱势群体真正摆脱贫困，走上致富之路。具体来说，乡愁社区要充分利用职教园区发展契机，以云站路为大动脉，完善通村路、通组路、串户路的拓宽、改造、硬化，打通发展的致富路；大力发展社区服务业，尽可能地为他们提供技术、信息等创业和就业的帮扶，通过创业和就业实现真正长久的富裕。

## 三 乡愁社区当前亟待推进的重点任务

### （一）探索基层党建新路径

**1. 以"社区社会建设党委"强组织**

乡愁社区当前应加快建设社区社会建设党委，以"六联六推"做实做强社区党建工程。社区联机关，推动区域化党建"服务升温"；社区联企业，推动区域化党建"便民升华"；社区联学校，推动区域化党建"幸福升级"；社区联卫生，推动区域化党建"康乐升阶"；社区联政法，推动区域化党建"平安升秩"；社区联组织，推动区域化党建"凝聚升力"。乡愁社区要全面增强资源整合力、统筹协调力、组织动员力，最大限度整合力量、资源和智慧，使辖区各级党组织同声相应、同气相求、同心同德，从而进一步增强基层党组织

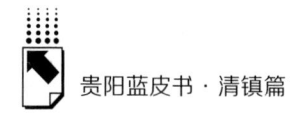

的凝聚力、向心力和战斗力。

#### 2. 以"网格小组"夯基础

以"网格小组"为抓手,夯实党建基础。强化4个支部,其中包括1个机关支部和3个村支部,13个网格党小组的建设,不断加强"网格+支部"的模式,把支部建在"连"上。持续推行网格党建项目制,通过"当好一名联络员、带好一栋居民楼、帮好一户困难户、办好一件群众事"的"四个一"项目,推进党的组织进小区,践行一份承诺解百家难、串百家门、暖百家心、知百家情,积极打造一批示范点。

#### 3. 以"六廉""三清"建设正党风

通过"六廉""三清"进行党风廉政建设。以作风建设为保障,通过宣廉,营造风清气正良好氛围;看廉,引导树立廉洁自律意识;听廉,做到耳清目明廉政在心;倡廉,从我做起自觉遵纪守法;评廉,树立典型加强示范教育;颂廉,寓教于乐传递廉政文化。

营造清明环境、提高清廉服务、打造清正队伍。通过律师小分队、居民议事会等着力营造清明的环境;以"一键式"服务平台、"一站式"服务大厅、一张"权力清单"为载体,不断提高清廉服务水平;通过组建"三重队伍"、成立"村委会民生监督队伍"等方式,着力打造清正队伍。

### (二)探索社会治理新模式

#### 1. 加强多元治理

坚持多元治理,推动社会管理从政府单向管理向政府主导、社会多元主体共同治理转变。

坚持社区党组织在基层社区的领导核心地位,充分发挥基层党组织在引领、统筹和协调方面的作用,使多元利益得到协调;提升居委会自治能力,通过"居民管事""居民说事""居民做事"逐步推进居民自治;推动辖区单位参与社区共驻共建,其中辖区院校和企业等单位可将文化和体育等活动设施向社区居民开放,实现资源共享。

#### 2. 加强依法治理

坚持依法治理,从治理方式、管控规制向法治保障转变,有效推进社会治理规范化。

深入推进律师进社区、进网格活动，发挥好律师志愿者队伍的作用，为社区居民提供免费法律咨询和服务，指导居民群众正确处理法律问题。比如，群众在征地拆迁的过程中，遇到有关的法律问题，都可以通过法律咨询，以解决实际问题。

依法加强禁毒工作。坚持预防为先，深入开展禁毒宣传，在辖区营造浓厚的禁毒氛围；坚持打击为主，扎实推进缉毒工作；坚持打合成战、信息战、线索战，全面提升主动发现和侦办案件的水平，堵牢外围防线，最大限度地减少毒品流入辖区。

3. 加强综合治理

坚持综合治理，从以行政手段为主向多种手段综合运用转变，提升社会治理水平。

加强平安建设。强化意识防范，加强对辖区居民安全教育，增强群众安全防范意识，提高自我保护能力；强化家庭防范，充分发动群众安装平安E家、楼栋电子锁、防盗门等；强化楼栋防范，加强楼栋硬件设施建设，建立楼栋值班室，强化校区封闭管理，严格注意陌生人进出；强化街巷联防，社区义务巡逻队、派出所专职巡逻队开展联合防范。加强流动人口管理。加强以房管人、以业管人、以证管人、以格管人措施，抓好流动人口信息采集和出租房屋的登记管理，及时更新人口信息平台，精确控制误差，积极推进社会基本服务均等化。加强安全生产。全面加强日常安全生产排查和安全知识培训工作，不断规范社区安全生产、消防安全管理，落实安全责任，确保辖区无重大安全事故发生。

4. 加强源头治理

坚持源头治理，从事后处置向事前和事中延伸转变，使问题在群众自治范畴和基层工作范围得以解决。

建立三级矛盾化解调处网络，以社区调委会为一级网络，各功能区行政村为二级网络，街道网格小组为三级网络。各级网络强化配合协调，把拆迁纠纷、涉军问题、村民矛盾、劳资纠纷等化解在企业、基层和萌芽状态。重点研究出台新的服务举措和保障措施，建立健全组织责任体系、政策研究体系和绩效考核体系，有效推动落实各项均等化服务，促进社会发展规范有序、和谐稳定。

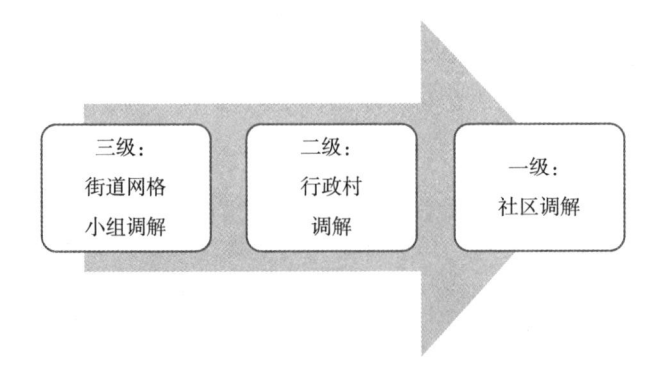

```
三级：              二级：           一级：
街道网格           行政村          社区调解
小组调解           调解
```

**图3 三级矛盾化解调处网络**

## （三）探索社区服务新机制

**1. 坚持普惠均等，完善服务体系**

以推进新型城镇化建设为契机，坚持普惠均等的原则，完善公共服务体系，满足群众基本公共生活需求。积极开展面向居民的各项服务，面向失地农民的社会保障服务，面向特殊人群的优抚保障和社会福利等。同时，立足于小区、网格，建立QQ群、微信群等居民交流平台，通过线上互动、线下服务保障的方式，解决居民的实际需求，推进互联网社区建设；在社区开发主题墙、小区大喇叭、便民服务、民情民意投票等基本功能板块，充分利用贵阳市综合城市管理系统平台载体，社区便民利民服务中心大厅等，在线上线下方便群众随时办理业务，以解忧为民。

**2. 坚持便民利民，拓展服务领域**

以"民思我想、民困我帮、民需我助、民求我应"作为社区服务的宗旨，积极开展面向居民的便民利民服务。重点建设"一站式"服务大厅，使便民利民服务不断增强。全力抓好服务窗口建设，进一步提升社区服务质量，拓宽社区服务渠道，构建治安、教育、卫生、医疗保健、弱势群体帮扶、文化、计生、物业等社区服务体系，着力打造"15分钟社区服务圈"。

同时，着眼于延伸服务，拓展社区服务领域。建设社区电商服务中心，建立农村电商服务示范点，发展网格电商，依托"社会和云"综合服务平台，实行智慧管理，大力发展餐饮、娱乐、培训、家政、旅游等社区和生活服务电商，为群众和企业提供方便快速、更加优质的服务。

**3. 坚持重点帮扶，提升服务水平**

坚持重点帮扶的原则，重点针对家庭困难人员、留守儿童、老年人、残疾人、吸毒人员等特殊人群，打造特殊人群服务平台，提升针对特殊人群的服务水平。具体来说，可健全机构、完善制度，建立特殊人群服务管理新机制；发动群众、专兼结合，构建特殊人员服务管理新格局，组建特殊人群管理专职队伍；开展形式多样的帮扶活动，积极帮助弱势群体、留守儿童等。通过关心和帮助特殊群体，解决辖区群众突发性、临时性的生活困难，及时化解他们的矛盾，提高其生活水平。

## （四）探索社会动员新方式

**1. 集合力量**

坚持社区主导，发挥社会组织的作用，通过资源整合，吸引社会力量广泛参与社区建设。在区域内大力培育服务类、文娱类等各类社会组织，尤其是志愿者服务队伍建设。推进发挥好社区的指导作用，发动区域主体共同参与，结合辖区具体情况，每年开展心理咨询、家庭教育、法律服务等活动，积极争取市级支持社会组织参与社会服务项目，发挥社会组织在助推社区建设方面的作用。

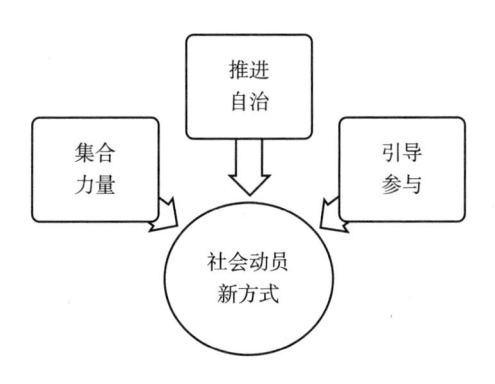

**图4 社会动员新方式**

### 2. 推进自治

强化居民自治功能，大力推进居民参与社区自治。着重突出"居民管事"。充分发动居民互相协调、互相帮助，引导各村委会发挥文体委员会、综治委员会、人民调解委员会、社区社会福利委员会等的作用。着重引领"居民说事"。以村委会召开的居民见面会为载体，"有事情大家说一说，有问题大家议一议"，居民说事以尊重民意、集中民智的民主方式，创新组织和发动群众积极参与社区建设和管理的载体，使居民群众参与社区管理从无序到有序。着重深化"居民做事"。让居民群众能够真正参与到社区各项建设活动中来，充分发挥好主人翁精神，深化居民做事，使居民群众融为一体，共同维护社区家园，构建起一个温馨、幸福、和谐的生活共同体。

### 3. 引导参与

以"5+2"志愿服务体系为抓手，着力引导志愿者参与社区建设与服务。通过"5+2"志愿服务体系，搭建起社区志愿者奉献社区、服务居民的平台，提高社区志愿服务工作实效。

"5+2"志愿服务体系，"5"即爱心淘宝、爱心连线、爱心公益、爱心救助、爱心积分；"2"即社区"爱心银行"志愿服务信息平台和社区爱心超市。"爱心淘宝"方面，在淘宝网上专门开设一个特殊店铺，把社区困难群众的需求打包成爱心商品出售，并把出售得到的款项转化为困难群众需求的生活物品；"爱心积分"方面，让困难群体通过义工劳动、特长发挥等形式参与社区服务和建设，同时获取相应爱心积分，用爱心积分在社区的爱心超市换购各种生活用品；"爱心连线"方面，通过媒体宣传，联系社会爱心人士，对辖区独居老人、残疾人、留守儿童、困境儿童等群体进行爱心连线帮助；"爱心救助"方面，采取多渠道为困难群众募集资金和物资；"爱心公益"方面，组织党员志愿者、医疗志愿者、心理疏导志愿者等相关志愿者对辖区困难群众采取多种形式的帮扶。将志愿者参与社区服务时间存入"爱心银行"，在志愿者需要帮助时，可根据本人服务记录，优先获取其他志愿者的服务，另外，志愿者参与服务按时间获得相应积分，可到社区"爱心超市"兑换物品；设立"爱心超市"，配备群众生活中需要的物品，帮助困难群众解决生活困难，同时，参加志愿服务的困难群众也可凭借所得到的"爱心积分卡"，随时到社区兑换生活用品。

## 参考文献

贵州省人民政府：《省人民政府关于支持清镇职教园区加快发展的若干意见》，http：//www.gzgov.gov.cn，最后访问日期：2017年3月15日。

政前方：《连续3年，陈敏尔为何都去清镇职教园区？》，http：//www.gzsedu.cn/Item/127729.aspx，最后访问日期：2016年5月6日。

清镇乡愁社区：《"十三五"时期乡愁社区发展规划》，2015。

贵阳研究院：乡愁社区书记访谈录音，2015。

**权威报告·热点资讯·特色资源**

# 皮书数据库
## ANNUAL REPORT(YEARBOOK) DATABASE

### 当代中国与世界发展高端智库平台

## 所获荣誉

- 2016年，入选"国家'十三五'电子出版物出版规划骨干工程"
- 2015年，荣获"搜索中国正能量 点赞2015""创新中国科技创新奖"
- 2013年，荣获"中国出版政府奖·网络出版物奖"提名奖
- 连续多年荣获中国数字出版博览会"数字出版·优秀品牌"奖

## 成为会员

通过网址www.pishu.com.cn或使用手机扫描二维码进入皮书数据库网站，进行手机号码验证或邮箱验证即可成为皮书数据库会员（建议通过手机号码快速验证注册）。

## 会员福利

- 使用手机号码首次注册会员可直接获得100元体验金，不需充值即可购买和查看数据库内容（仅限使用手机号码快速注册）。
- 已注册用户购书后可免费获赠100元皮书数据库充值卡。刮开充值卡涂层获取充值密码，登录并进入"会员中心"—"在线充值"—"充值卡充值"，充值成功后即可购买和查看数据库内容。

卡号：279628448179
密码：

数据库服务热线：400-008-6695
数据库服务QQ：2475522410
数据库服务邮箱：database@ssap.cn
图书销售热线：010-59367070/7028
图书服务QQ：1265056568
图书服务邮箱：duzhe@ssap.cn

# 子库介绍
# Sub-Database Introduction

## 中国经济发展数据库

涵盖宏观经济、农业经济、工业经济、产业经济、财政金融、交通旅游、商业贸易、劳动经济、企业经济、房地产经济、城市经济、区域经济等领域，为用户实时了解经济运行态势、把握经济发展规律、洞察经济形势、做出经济决策提供参考和依据。

## 中国社会发展数据库

全面整合国内外有关中国社会发展的统计数据、深度分析报告、专家解读和热点资讯构建而成的专业学术数据库。涉及宗教、社会、人口、政治、外交、法律、文化、教育、体育、文学艺术、医药卫生、资源环境等多个领域。

## 中国行业发展数据库

以中国国民经济行业分类为依据，跟踪分析国民经济各行业市场运行状况和政策导向，提供行业发展最前沿的资讯，为用户投资、从业及各种经济决策提供理论基础和实践指导。内容涵盖农业，能源与矿产业，交通运输业，制造业，金融业，房地产业，租赁和商务服务业，科学研究，环境和公共设施管理，居民服务业，教育，卫生和社会保障，文化、体育和娱乐业等100余个行业。

## 中国区域发展数据库

对特定区域内的经济、社会、文化、法治、资源环境等领域的现状与发展情况进行分析和预测。涵盖中部、西部、东北、西北等地区，长三角、珠三角、黄三角、京津冀、环渤海、合肥经济圈、长株潭城市群、关中—天水经济区、海峡经济区等区域经济体和城市圈，北京、上海、浙江、河南、陕西等34个省份及中国台湾地区。

## 中国文化传媒数据库

包括文化事业、文化产业、宗教、群众文化、图书馆事业、博物馆事业、档案事业、语言文字、文学、历史地理、新闻传播、广播电视、出版事业、艺术、电影、娱乐等多个子库。

## 世界经济与国际关系数据库

以皮书系列中涉及世界经济与国际关系的研究成果为基础，全面整合国内外有关世界经济与国际关系的统计数据、深度分析报告、专家解读和热点资讯构建而成的专业学术数据库。包括世界经济、国际政治、世界文化与科技、全球性问题、国际组织与国际法、区域研究等多个子库。

# 法律声明

"皮书系列"（含蓝皮书、绿皮书、黄皮书）之品牌由社会科学文献出版社最早使用并持续至今，现已被中国图书市场所熟知。"皮书系列"的LOGO（ ）与"经济蓝皮书""社会蓝皮书"均已在中华人民共和国国家工商行政管理总局商标局登记注册。"皮书系列"图书的注册商标专用权及封面设计、版式设计的著作权均为社会科学文献出版社所有。未经社会科学文献出版社书面授权许可，任何使用与"皮书系列"图书注册商标、封面设计、版式设计相同或者近似的文字、图形或其组合的行为均系侵权行为。

经作者授权，本书的专有出版权及信息网络传播权为社会科学文献出版社享有。未经社会科学文献出版社书面授权许可，任何就本书内容的复制、发行或以数字形式进行网络传播的行为均系侵权行为。

社会科学文献出版社将通过法律途径追究上述侵权行为的法律责任，维护自身合法权益。

欢迎社会各界人士对侵犯社会科学文献出版社上述权利的侵权行为进行举报。电话：010-59367121，电子邮箱：fawubu@ssap.cn。

社会科学文献出版社